国家社科基金项目"当代中原作家群资料整理与研究"成果
河南省哲学社会科学基础研究重大项目"中原作家群资料库建设"成果
本成果出版得到淮河文明研究中心资助

中原作家群研究资料丛刊（第二辑）

吴圣刚　沈文慧　主编

YAO XUEYIN YANJIU

姚雪垠研究

禹权恒　编著

河南大学出版社
HENAN UNIVERSITY PRESS

·郑州·

图书在版编目(CIP)数据

姚雪垠研究 / 禹权恒编著. —— 郑州：河南大学出版社，2017.3
ISBN 978-7-5649-2775-2

Ⅰ.①姚⋯ Ⅱ.①禹⋯ Ⅲ.①姚雪垠(1910—1999)—文学研究 Ⅳ.①I206.7

中国版本图书馆 CIP 数据核字(2017)第 068528 号

出 版 人	张云鹏
出版统筹	侯若愚
责任编辑	辛德萱
责任校对	贾迎峰
封面设计	侯一言

出　　版	河南大学出版社
地　　址	郑州市郑东新区商务外环中华大厦 2401 室
电　　话	0371—60993151(人文社科出版分社)
	0371—86059753
网　　址	www.hupress.com
印　　刷	河南瑞之光印刷股份有限公司
版　　次	2017 年 7 月第 1 版
印　　次	2017 年 7 月第 1 次印刷
开　　本	710mm×1000mm　1/16
印　　张	22.5
字　　数	416 千字
定　　价	78.00 元

本书如有印装质量问题，请与河南大学出版社营销部联系调换。

编选说明

"中原作家群研究资料丛刊"第二辑的编选是在第一辑的基础上进行的,其体例和编著方式也是相同的。第二辑的编著花费时间将近一年,编著者投入的精力也是较为可观的,因为丛书绝不仅仅是已有研究成果的简单整合。首先,编著者必须通读该作家的所有作品,包括文学作品、演讲报告、论文等,形成对作家作品的感性认识及理性判断,这是编著作家研究资料的基础和前提。其次是收集研究资料,编著者通过期刊、报纸、著作、网络、访谈作家本人及其亲友故交等各种途径获取材料,尽可能做到细针密缕的程度。最耗时、最费力的工作是资料的甄别、遴选和整理,它体现了编著者的眼光和学养,决定了研究资料的学术品质。典型性、历史性、多元性是编著者选文的基本原则,每册研究资料的编著都力求能够展现作家的全部创作活动状况,研究论文选辑则兼顾专家批评和新锐批评,呈现不同时期的文学生态和文化场域。总之,整个编著过程没有捷径可走,编著者花费的多是笨功夫、苦功夫。尽管如此,丛书中的疏漏之处也肯定不少,恳请专家学者不吝指正。

每册研究资料主要分为四个部分,即"自述·访谈·印象记""研究论文选辑""作品年表""研究资料索引"。"研究论文选辑"以时间为线索,以"问题"为中心,先总论、后分论,同一"问题"相对集中,体现逻辑性和层次感,并努力体现作家作品研究的历史进程。对入选的文章,为了出版上的便利,做统一技术处理,删减了摘要、关键词,注释一律改为脚注;出于保存历史氛围的考虑,编著整理中除对一些明显的文字和标点符号的疏误做订正外,其他方面包括注释的不完整、不规范,词语使用的不当等,一律保持原貌。"作品年表"部分按时间顺序排列整理收录,截止时间为 2015 年 12 月。作家的作品只列出作品的首发、首印时间,其再版、转载情况不再列入年表,海外翻译版本尽可能列入年表。期刊、著作均按年、月排序,报纸具体到日期。重要散文、发表的重要演讲等列入作品年表,但作家编辑的书目、研究资料等均不列入。"研究资料索引"包括单篇学术论文索引、学位论文索引、研究专著索引三部分,截止时间同样为 2015 年 12 月,均按刊发或出版的时间先后顺序编排。

需要说明的是,由于各种原因,编委会没能与被选用论文的作者一一取得联系,丛书出版后,将赠送样书,以示歉意和谢意!且本丛书仅用于学术研究而非商业目的,想学界同人亦能理解支持,在此真诚致谢!如需稿费,请与编委会联系。

编委会

2017.3.31

总　序
程光炜　吴圣刚

　　新时期以来，中国当代文学呈现为多样、多态发展的趋势。在当代文学的版图中，"文学豫军"或"中原作家群"早已成为中国当代文学的重要现象和重要构成。之所以称之为"文学豫军"或"中原作家群"，是因为它呈现出群体性，是一个集合的概念。但是，这绝不意味着这个群体中的个体是孱弱的，没有独立呈现的分量。相反，正是一个个有分量的个体组成了一个有广泛影响的作家群体：姚雪垠、魏巍、李准、叶楠、白桦、苏金伞、宗璞、张一弓、南丁、田中禾、张宇、郑彦英、李佩甫、二月河、周同宾、刘震云、阎连科、周大新、刘庆邦、李洱、柳建伟、孙方友、墨白、邵丽、乔叶、计文君等，每位作家都有不凡的创作业绩，每个人都有自己的独特之处，都是文学中的"这一个"。

　　地处中原的河南，在当代中国政治、经济版图上不是核心地带，但在历史、文化地理图上却是积淀深厚的重镇。这里也在接受全球化的荡涤，也在搭载现代化的快车，但这里与中国当下的经济前沿存在着距离，呈现着现代化的滞后性。因此，河南在时代的节奏中存在着"时间差"。这使得中州大地在现代化的浪潮中还氤氲着农业文明、历史文化的气息，也使得中原儿女在这种相对的"慢节奏"中对历史、现实和文化进行思考，精神和灵魂回归这片土地，并以中原文化的思维方式进行着多种表达。走进历史、走进中原文化是豫籍作家的共同选择。无论是身居河南的作家，还是移居他乡的作家，他们的灵魂仍然栖居在家乡故土，并用他们敏感的触角细腻地联系和感受着中原文化，中原文化是他们精神发生的原点，河南历史和家乡生活是他们创作的源泉。对于这些河南作家来说，似乎只有这片故土和其中的点点滴滴才能够激活创作的灵性。正如阎连科所说："我家住在一个镇子上，那是一个很大的村庄。那个村庄是我写作取之不尽的生活源泉、情感源泉、想象的源泉。一句话，是我写作的一切的灵感之源。那个镇子奇妙无比，任何现实中的一件事情都可能是荒诞的、合理的。"正是在这种表达中，作家们完成了自己的一个个皇皇巨篇，成就了当代河南文学的气象大观。

　　"中原作家群"不仅是河南的文学现象，也是全国的文学现象；产生于中原大地的河南文学，早已超越了这一区域空间。姚雪垠、魏巍、李准的作品在中国当代文学史上占有重要分量,二月河的作品红遍全国,阎连科、李洱的作品传播域外,在九届茅盾文学奖四十余位获奖作家中,豫籍作家有八位,都说明豫籍作家的作品是全国性的,也具有世界性的分量。这足以构成河南自己的文学史。关于河南文学和"中原作家群"研究,近十年来,随着作家作品的动态性呈现,更多表现为个案化的文学研究,而当代河南文学的整体性、系统性研究则不够。这一方面与河南的经济实力及其对文化提升、带动能力的不足有关,另一方面也与学界、文学界对河南文学在当下中国文化地理学上的地位认识不足有关,特别是与本土学界的研究、推介的成绩有关。弥补这一不足,是一项浩繁的工作。但起步必须从基础开始。

资料整理无疑是学术研究中最基础性的工作。学术界目前关于河南作家的研究资料,主要是 20 世纪 80 年代出版的《李准研究资料》《姚雪垠研究资料》等有限的几种。相关研究主要体现在三个方面:一是关于"文学豫军""中原作家群"正当性和合理性的阐述,这方面的研究成果主要有孙荪的《文学豫军论》等,该文系统性地评述了"文学豫军"的由来、构成及文化特征;二是"中原作家群"形成的历史文化原因以及具体作家作品的研究。刘增杰主编的《精神中原》以论文集的形式综合了学界对于中原作家群整体把握和作家研究的成果;张鸿声主编的《河南文学史·当代卷》则是系统描述当代河南文学发展的第一部史著;梁鸿的《外省笔记:20 世纪河南文学》以"外省"的视角考察河南文学,从文化的角度寻觅和审视河南文学;何弘的《超越还是重复——中原文学论稿》试图对"中原作家群"或中原文学做出一个整体性的描述。这些研究对于解说一种文学现象的发生、发展是必要的,但都是初步的,特别是对"中原作家群"形成的历史文化原因和整体性特征的研究,远未形成对"中原作家群"完整的、核心的解说,更没有评估、揭示出"中原作家群"的应有价值。因此,就需要有人真正深入下去,沉入到纷繁的资料中去,耐心、细密地梳理,把那些能够反映和体现作家创作实绩、作品价值和当代河南文学整体面貌的资料整理出来,形成完整、系统的当代河南文学的资料体系,为文学史的生成奠定坚实的基础。

信阳师范学院文学院的一些老师近年来致力于河南文学研究,逐渐形成了自己的方向和领域,引起了学界的关注。作为一所本土的有长期人文积淀的高校,研究河南文学、推动河南文学发展是应有的责任。2013 年起,文学院整合文艺学、现当代文学和写作学等学科的十几位教授、博士组成研究团队,集中开展当代河南文学研究,并在此基础上,建立了"当代河南文学发展与中原文化建设"协同创新中心,把当代河南文学研究与中原文化建设纳入统一视野,研究的空间更加广阔。这个团队以博士为主,中青年结合,队伍整齐,潜力很大。他们首先从资料整理开始,扎扎实实开展研究工作。第一批选取"中原作家群"中影响最大、创作力仍然旺盛的十五位作家,经过近一年的努力,整理出《白桦研究》(陶广学讲师)、《张一弓研究》(吕东亮副教授)、《田中禾研究》(徐洪军讲师)、《张宇研究》(杨文臣讲师)、《李佩甫研究》(樊会芹讲师)、《二月河研究》(吴圣刚教授)、《刘震云研究》(禹权恒讲师)、《阎连科研究》(方志红副教授)、《周大新研究》(沈文慧教授)、《刘庆邦研究》(杜昆讲师)、《李洱研究》(王雨海教授)、《墨白研究》(杨文臣讲师)、《邵丽、乔叶、计文君研究》(李群副教授)十三卷,2015年5月,已由河南大学出版社出版。资料选编力求翔实、准确、有代表性,中国现代文学馆将其作为当代文学研究的重要著作,永久性收藏入馆。《人民日报》、《光明日报》、《中国青年报》、《中华读书报》、新华网、搜狐网、新浪网等国内主流媒体相继进行了介绍和报道,在文学界和学术界产生了广泛的影响。

第一辑告罄之后,团队立即启动第二辑的编著工作,又经过一年的努力,整理出了《姚雪垠研究》(禹权恒讲师)、《李准研究》(王雨海教授)、《魏巍研究》(刘家民博士)、《叶楠研究》(陶广学博士)、《苏金伞研究》(樊会芹讲师)、《宗璞研究》(徐洪军讲师)、《周同宾研究》(吕东亮副教授)、《柳建伟研究》(王丹副教授)、《孙方友研究》(杨文臣讲师)、《乔典运研究》(王海涛教授)十卷,目标是把"中原作家群"主要作家的资料完整、系统地拓展出来,真正为当代河南文学的深化研究做些基础性的工作。

由于编选者的眼界、学识、水平有限,疏漏、不足,甚至差错定然存在,敬请学界批评指正。

目 录

自述·访谈·印象记

3	姚雪垠	学习追求五十年（一、二、三）
17	姚雪垠	创作体会漫笔——《李自成》第五卷创作情况汇报
27	姚雪垠	文学创作问题答问
37	俞汝捷	高志不移　征鞍未卸——追怀姚雪垠先生
42	姚海天	怀念父亲和母亲
50	姚海天	上海解放前夕姚雪垠的革命活动
57	王维玲	矢志不渝的姚雪垠
69	刘增杰	文学生命之始——姚雪垠在河南大学
76	刘增杰	永葆创作活力的中原智者——关于作家姚雪垠的片断回忆
83	周勃	姚雪垠往事——告别东西湖农场
101	程涛平	"文革"中姚雪垠对"三突出"的质疑

研究论文选辑

109	冯天瑜	义理·考据·词章——姚雪垠创作特征探微
114	刘增杰	在语言民族化的道路上不懈追求——姚雪垠文学语言略论
122	吴永平	论姚雪垠抗战前夜的思想和小说创作
131	周勃、吴永平	抗日民众的战斗雄姿——重读《差半车麦秸》
140	罗维	重读姚雪垠的现代土匪题材小说《长夜》
149	徐亚东	承续与深化——从《长夜》到《李自成》
160	姜玉琴	"两个姚雪垠"：政治时代的艺术创作——重读创作于十七年中的《李自成》第一卷
172	严家炎	《李自成》初探
186	严家炎	漫谈《李自成》的民族风格
195	严家炎、胡德培	气壮山河的历史大悲剧——《李自成》一、二、三卷艺术管窥之一
204	阎浩岗、李秋香	《李自成》：被曲解遮蔽的当代长篇小说杰作

222　吴秀明、蒋青林　走向最后的历史主义典型化写作——评《李自成》后
　　　　　　　　　两卷的艺术成就兼谈历史小说的典型观问题
232　董之林　观念与小说——关于姚雪垠五卷本《李自成》
250　王维玲　《李自成》在中国现当代文学史上的贡献
254　姚　伦　《李自成》中的悖论
266　许建辉　《李自成》的遗憾
282　徐亚东　《李自成》研究的现象及其反思
290　熊元义　姚雪垠与当代文学批评

作品年表

299　姚雪垠作品年表

研究资料索引

319　姚雪垠研究资料索引

344　编后记

自述・访谈・印象记

学习追求五十年

姚雪垠

一、从十九岁开始的征途

一九一〇年十月十日，我生于河南邓县西乡姚营寨的一个破落地主家庭。我原名冠三，八周岁以前不曾认字，进入九岁时候，起初由我父亲教我认字，几个月后开始进入私塾读书。在私塾读了一年半，考入教会办的高等小学。三年毕业后到信阳一家教会中学插班初中二年级。这是一九二四年的秋季，第二次直奉战争爆发了。这一学期没有告终，吴佩孚在战争中失败，退到了鸡公山。信阳一带登时空气紧张，车站外挖掘战壕。教会为怕信阳遭受战祸，命令学校提前放假。我同我的二哥和另外两个学生从信阳到了驻马店，然后向西，往邓县奔去。我们走到唐县或泌阳境内被李水沫的杆子抓去，我二哥成了肉票，而我成了一个土匪头目的义子。过了一百天，到了第二年春天，杆子被打散，我回到家中。抗战末期我写了一部自传性质的长篇小说《长夜》，就是写的这一段土匪生活，反映二十年代中国农村的一个重要侧面。这一段土匪生活，对我以后写《李自成》很有关系。

从此以后，我的少年生活有几次变化，基本上是失学在家。有一段不长的时间到樊钟秀的部队当兵。到了一九二九年春天，我为要找出路，到了开封。一位同乡学生替我造了一张假文凭，暑假考入了河南大学预科。由于我是失学青年，在大约三个月的时间里要无师自修各门应考功课，包括英文、代数、几何等等，所以非拼命用功不可。那时家中无钱给我，有一段时间因内战交通中断，更得不到家中接济。开封有担挑卖豆面丸子的，挑子放在街边，供劳动人民和穷人充饥。我基本上靠这种食物度过多日。附近两条街上的几个卖豆面丸子的小贩，谁的盆中大概多盛一个丸子，我都十分注意。我每顿只敢买一碗，根本吃不饱。有时我为节省钱，不去蹲在街边吃丸子，便出去买一个甜瓜回来，连皮吃下去充饥。我试着写了一篇小说，投寄《河南日报》副刊，幸而发表出来，到下月初通知我去领取五毛钱的稿费。这是我第一次发表小说，第一次得到稿费。

那时候是使用银元,所以五毛钱对我是重要接济,可以帮助我度过几天。由于过分的用功和严重的营养不良,我的身体垮了,随时会头晕,眼冒金星,一睡觉便梦魇,一梦魇就必须别人将我用力推醒,或者我自己滚到床下跌醒。

由于我对当时的社会充满愤恨,所以入学不久就积极参加共产党开封地下党领导的政治斗争。第二年暑假被捕。被释放后继续上了一年学,到三一年暑假,学校当局趁着在校学生很少,以"思想错误,言行荒谬"为理由将我开除。挂牌开除的那天午后,一个同学借给我十几块钱,叫我立刻逃走,免得第二次被捕。我很快上火车逃往北平。从此以后,我艰难地走上了文学创作的学习道路。

开封的两年学生生活,是我一生中的关键年代。第一,中国共产党当时在白区执行的是"左倾"路线,学生们不断地发动学潮,还常搞"飞行集会",向工人和市民突击宣传,散发传单,作不必要的暴露,招到不必要的牺牲,但是在政治思想方面却教育和锻炼了一大批青年。我当时参加了开封地下市委领导的学潮委员会和其它活动,永远不能忘记这短短的两年时间中给我的深刻的政治思想教育。第二,在这短短的两年中,我读了在当时白色恐怖条件下我在一个内地省城能找到的介绍马克思主义的书籍,使我初步掌握了一些关于历史唯物主义、辩证唯物主义以及马克思主义政治经济学的常识,对我以后的学习起了启蒙和引路作用。第三,同新文学和新史学发生了特别浓厚的兴趣。

当时由中国共产党领导的奔腾前进的时代潮流,宏伟的历史运动,鼓动着、教育着我们那个时代的知识青年前进,无数人为着崇高的理想而战斗,而献出生命。我是这一时代潮流中比较蹩脚的学生,但是到七十岁回顾来路,假若我还有一点点成就的话,我不能不感激那时中国共产党所领导的历史运动(包括文化和思想的革命运动)对我的启蒙、教育和熏陶。

我是"五四"新文学革命以后成长起来的一代青年,尽管我处在风气闭塞的故乡,又上的教会学校,但是时代的春风也徐徐地吹到了我的身上,北伐的浪潮更给了我强烈影响。我到了开封时候,国内史学界、社会科学界正在热烈讨论中国社会性质和社会发展史的问题,建立新史学,而文学界正在掀起普罗文学运动,同时大量介绍苏联的新作品和文艺理论,这后者被称作"新兴文艺理论"。史学界的新浪潮和文学界的新浪潮都给了我很大影响。虽然我国当初所谓普罗文学的作品犯了作家缺乏生活和艺术粗糙的毛病,致命弱点是"标语口号文学",但是另一方面,它对那个时代具有积极冲击的力量,它呼唤着青年们投身到革命的斗争中去。这一派公然用文学为武器同反动势力战斗,认为文学是无产阶级革命斗争的工具。它的积极方面,对我有巨大作用,使我对文学的使命有了新的认识。可以说,"五四"新文学革命给予我第一次启蒙作用,而一九二七年大革命失败后的革命文学运动(普罗文学运动包括在内)给予我第二次启蒙作用。如今回顾往事,我衷心感激二十年代到三十年代初的文学先驱者。

还有一种历史情况,如今一般青年人大概不清楚,我愿在这里顺便谈谈。"五四"以后,文学的主流虽然是健康的现实主义,但实际情况并不简单。既有现实主义,也有反现实主义。反现实主义也有各种流派。在反现实主义的不同流派中,最容易使天真青少年受不良影响的是宣扬颓废思想,消极厌世,灰色人生,以及感伤情调。这一思潮的出现,既有我国的社会条件,也受了欧洲近代文艺思潮中所谓"世纪末病"或颓废倾向的影响。我少年时代的家庭生活,本来是毫无生气,充满着忧郁和没落气氛,恰好读了一本"五四"新作家的感情不健康的小说,使我对人生很悲观,曾经将自己的名字改为"浮生",是出自李白的《春夜宴桃李园序》中一句"而浮生若梦为欢几何"。一个十五、六岁的少年,竟有这种思想!到开封以后,我开始学写文学作品,用的笔名是"雪痕",出自苏东坡的两句诗:"人生到处知何似,应似飞鸿踏雪泥。"在三十年代前期,某些中国古典文学作品的流行,与一部分人的苦闷、悲观、没有出路的心情大有关系。例如人们喜欢读李后主的词,因为其中有许多感情沉痛的、感怀身世的句子;人们喜欢读李清照的词,因为其中有"帘卷西风,人比黄花瘦",有"只恐双溪舴艋舟,载不动,许多愁",有像《声声慢》那样的"凄凄惨惨戚戚"等等抒写愁思的佳句名篇;对于黄仲则的诗,人们都喜欢他的《都门秋思》一组七律,而在这一组七律中,最脍炙人口的是"全家都在风声里,九月衣裳未剪裁";人们对于沈复的《浮生六记》欣赏,不仅因为它生动地描写了生活,写出了对封建家法的一定反抗,而更重要的恐怕是写出了封建社会中小知识分子的不幸遭遇和感伤情调。对古典作家的全面评价是一回事,而读者欣赏文学往往各取所需,借他人杯酒浇自己胸中块垒。

以上曾经流行一时的中国古典文学作品我也曾经爱读,然而我之所以能够很快地摆脱悲观、厌世思想和感伤情调,以及反对周作人等所提倡的冲淡和闲适情趣,不能不归功于中国共产党所领导的政治运动、马克思主义的传布和革命的现实主义文学斗争。思想感情的变化促使我将"雪痕"的笔名抛弃了。

我国"五四"以后的史学界,除陈旧的"正统"史学外,以顾颉刚为代表的古史辨派从二十年代到三十年代前期曾起过较大的影响。我曾经以很大的兴趣阅读他们的著作和他们编辑的前人的辨伪著作。我认为古史辨派是从"五四"新文化运动派生的,是对墨守旧说的"正统"史学的一次猛烈冲击,具有一定的积极意义。轻视古史辨派的人们认为这一派的学者们不懂得社会发展史的科学理论,不懂得历史唯物主义,并且嘲笑顾颉刚先生将禹解释成一条爬虫,鄙视胡适怀疑屈原如荷马那样是传说中的人物。但这不是古史辨派的主要方面,我们不应该以偏概全。我当时从这一历史学派受到很有益的启发,例如打破对许多古圣先贤的著作和古史传说的迷信,只要证据确凿就可以怀疑,进行考辨真伪,还使我知道有些重大问题(例如孔子"删诗"说)原来是不可信的,而且早就有人提出怀疑了。这一学派还使我明白:有些历史人物常常经过"加工",好的愈好,坏的愈坏,与本来面貌相去渐远,这叫作"箭垛式的人物",也可以算是一个小小的规律。直到现在,我仍然肯定古史辨派有这些积极方面的贡献,不容抹煞,它是属于"五四"新文化的一个组成部分。

到开封以后,有一本史学著作对我这一生起了重大影响,就是梁启超《清代学术概论》。这本书使我初步知道从顾炎武以来清代学者们的值得我们认真继承的治学态度和治学方法。那种实事求是的严肃态度和勤于收集资料,以众多经过推敲辨析的资料为基础,以老老实实的态度论证问题,然后得出结论,这种治学方法,使我非常佩服。后来我读了清代学者的著作,加深了认识。等到我读书渐多,知道外国较有成就的史学家与其他学者都是如此。我也明白,像梁启超这一代学者以及古史辨派,都懂得使用进化论作武器,已经比清代朴学家们有了发展。我认为倘若将这种治学态度和方法同马克思主义的方法论结合起来,就会更利于学术研究。如今人们多知道我为写《李自成》使蝇头小楷抄写了不少卡片,而很少人会想到是由于我在青年时期受到梁启超的《清代学术概论》的启发,是学习了前代学者们的部分经验。(他们还有不少可贵的经验我没有能力学习。近代态度严肃的学者,都重视卡片工作,被认为是起码的一种科学方法。)我自己没有机会除写小说外兼从事学术研究,但我喜欢看别人的学术著作。我每读到别人的学术论文,看见态度不严肃的种种海派学风,总不免产生反感,这也是从青年时候养成的脾气,而重要的是在三十年代前期,即一九二九年我到开封读书到"七·七"事变爆发这几年。

一九二七年大革命失败后,我国先进的知识分子为要解决中国革命道路的理论问题,投入了关于中国现代社会性质问题的讨论,同时展开了对中国古代社会史问题的论争。我国的马克思主义新史学就是在社会史论战中产生的。我对这次论战相当感兴趣,也浏览了不少文章。后来郭沫若同志的《古代社会研究》出版,为新史学奠定了基础,尽管我当时不能完全读懂,但我是有些常识,知道这是充分利用了罗振玉、王国维、董作宾三位学者研究甲骨文的成果,加上马克思主义的社会发展史观点而写出的开创性著作,不尚空论。正如一般小青年常有的天真热情,我在封面上写了四个字:"心爱的书"。这是我对郭沫若在学术上最崇拜的阶段,到我三十岁以后,这种崇拜心情就逐渐减退(有些问题,在这部回忆录中将提到)。总之,我当时是一个求知欲旺盛的小青年,是中国马克思主义新史学建立时的热心读者,对我后来所走的道路有重要影响。

每一个有特点的作家都有自己的成长道路：生活的道路和学习的道路。以上所谈的是我在青年时代所走的学习道路，和当时许多青年作家的道路既有相同处也有不相同处。

我的学习道路，概括起来，约有以下几点：第一，在我的"可塑性"较大的时候，我接受了中国共产党所领导的政治斗争的深刻影响，在某些方面也参加了一些斗争。但在这个问题上我是个比较蹩脚的学生，可以说辜负了党的期望。第二，我从"可塑性"较大的时候就接受了马克思主义的理论影响，虽然只是最初步的粗浅常识，但是我很珍惜当时所获得的常识，以后总在不断地学习运用和要求提高，不肯丢掉这个武器。第三，我接受了从"五四"到三十年代新文学运动的现实主义传统。第四，我对历史科学发生浓厚兴趣，初步认识到什么是较好的治学态度和治学方法。第五，我这时对我国的古典文学也有广泛兴趣，以后不断地提高我的修养。为什么我在中年时代决定向写长篇历史小说发展？为什么我的历史小说《李自成》在处理历史问题和表现手法上不同于别人所写的历史小说？为什么《李自成》在风格上带有浓厚的中国气派？我在前边自述的十九岁开始，以后几年中所奠定的学习基础和道路，起了很大作用。另外，我也附带说一下，在我的少年时代，尽管常常在失学中，但我通过自学，初步掌握了写"文言文"的技巧，基本上会做"古文"，也大体上可以做不很严格的骈体文。这些少年时代的初步锻炼，随着后来读书渐多，有所增进，对我写《李自成》很有帮助。如果缺乏对古典文学写作能力的长久锻炼，临阵磨枪，《李自成》中一部分人物的对话、书信、奏疏、诏谕、祭文等等，是没有办法按照小说的艺术要求随手写出来的。在河大预科的两年中，我虽然忙于读各种书籍和参加学生运动，不再投稿，但是我的写作能力仍然有所提高，这为我以后过投稿生活准备了条件。

二、在贫病艰难中开始了作家生活

我逃到北平以后，断绝了再进学校读书的念头。当时北京大学继承"五四"时代由蔡元培开创的自由传统，校外青年可以自由旁听，自由找教授求教。北平当时不再是政治中心，被称作文化城。很多失学的、失业的青年想寻找知识，来到了文化古城。许多在政治上受迫害、被追捕的青年，从内地来到文化古城，暂时住下去读读书，再做计较。还有许多有雄心壮志的青年，想在艺术上有所成就或想在文学写作上谋出路，害怕上海费用高，兼喜欢有最好的读书环境，来到了安静的北平。那些想过写作投稿生活的，在当时叫作"爬文坛"。我是以上三种性质兼而有之。但是我始终没有到北大旁听过,没有拜访过任何教授,不拜访文学界的知名作家。我最初来到北平,并不希望将来做作家,而是希望自己通过若干年埋头图书馆刻苦努力,能够成为一个马克思主义史学家或中国文学史家。后来因为生活问题没法解决,不允许我长期坐图书馆,不得不靠投稿生活,转向"爬文坛"的道路,一步一步地变成了青年作家。但是我仍是那个脾气,依靠自己努力,硬着头皮投稿。现在随便谈一个小笑话,说明当时北平的文坛情况和我是如何地不与文学界名人接触,自己埋头用功。

当时住在北平的有两位作家威望很高,人们称作"京派作家"。老一代的作家以周作人为代表,好像是居于"盟主"地位,人们尊称他"知堂老人"。我尊重他有学问,但不赞成他提倡冲淡和闲适情调,不但没有去拜访过他,后来还在曹聚仁主编的《芒种》半月刊上发表过两篇文章批评和讽刺他。在北平的年轻一代的"京派"代表是沈从文同志,他在当时地位之高,今日的读者知道的人很少。他为人诚恳、朴实,创作上有特色,作品多产,主编刊物,奖掖后进,后来又是《大公报》文艺奖金的主要主持人,所以他能够成为当时北平的文坛重镇,许多在北平的青年作家都常去看他,那是很自然的。我也喜欢他的文笔风格,喜欢他的一些短篇和中篇《边城》,但是我始终没有拜访过他。一九六二年秋天,我因《李自成》第一卷在准备出版之前要听取专家意见而来到北京。一天,我由江晓天同志陪同,去拜望从文同志。他拉着我高兴地说:"我们是三十年的老朋友,今天第一次见面!"他的意思是在北平时他住在西城,我住在东城,我给他寄过稿子他发表了,为稿子事通过一次信,但没有见过面。他对过去的事比我记的还清楚,又说,"你给我的信虽然是随手写的,可是我看出来你那时对古典文学有相当根柢。"我那时是初学创作的文学青年,这唯一的一次通信竟被他牢牢记住,而我早已淡忘了。现在回顾数十年的经历,我的不喜欢看朋友,拜访有名望和社会地位高的人,是我的一大缺点,也给我前半生带来了一些困难;但从老年看,也有好的一面,即时间抓得较紧,强调作家和学者的事业成就要靠自己从扎扎实实的努力得来,不依靠如今天有些人所讲的"关系学"。

"七·七"事变前,知识青年在北平的居住处大体群集在三个地方,即西城的中国大学一带,东城的北京大学一带和朝阳大学一带。朝阳大学一带我没有去过,西城也几乎不去。我的根据地是在北京大学附近的沙滩一带,往东去是逛东安市场的旧书摊,往西去坐北平图书馆的阅览室。至今时隔四十多年,我感谢北平图书馆,它是我为打知识基础而读书的地方,我常常怀念它,可惜我再也分不出时间重去。

我初次来北平是落脚在沙滩的一家小公寓,名叫蓬莱公寓。我住的是一间坐西朝东的小房间,每月连伙食、茶水、电灯在内只要十块钱。正如我前边说过的,那时我还没考虑专心走创作道路,而是希望通过艰苦的自学,将来能够成为一位马克思主义的史学家或文学史家。当然这全是一个小青年的天真幻想。我常到北平图书馆看书。生活暂时靠朋友接济,日子过得很苦。往往每天早饭后步行到北平图书馆看书,中午或回公寓吃饭,或在图书馆附近随便吃点东西。那时图书馆不像解放以后,除星期一以外,天天开馆,晚上九点闭馆。我常常等到响过第二遍闭馆铃声以后才从图书馆走出来,步行回沙滩。那时的金鳌玉蝀桥比解放后的桥面窄得多,两边都种莲。我印象最深的是深秋之夜,冷月悬空,行人稀少,枯荷败叶在秋风中瑟瑟作声。我每晚走在金鳌玉蝀桥上,总要对着月下的北海停留一阵。风吹空筒蓝布长褂(当时我没有穿过毛背心或毛线衣),颇有寒意。在图书馆中用心看书时候,别的事不多去想;回沙滩的路上,特别是月下站立在冷冷清清的金鳌玉蝀桥上,常不免想到下月住公寓的钱如何解决,冬衣如何解决,今后长此下去,如何养家糊口(当时我在开封结婚不久)等等迫切的生活问题,心中发愁。

在沙滩,我住的公寓门前有一片空地,搭一个大布棚,晚上卖稠稠的小米粥。我从图书馆回来时,买一碗小米粥,同拉黄包车的和各种苦力挤在一起,喝完粥,浑身温暖,回公寓睡觉。

"九·一八"事变这年冬天,我回河南。第二年春季我因生活没办法,到豫北淇县的楚旺中学教书。秋天到信阳义光女子中学教书。寒假我回到开封,找不到工作,同妻子住在岳父家中,经济很困难。有时在家看书,有时到河南省立图书馆看书。这一段生活,楚旺中学和河南省立图书馆给我的印象较佳,较深,令我常常怀念。楚旺是卫河边上的一个小镇,利用卫河楚旺关的一部分厘金款子办这个中学(当时淇县没有县立中学),经费充足,学校周围是农村风光,办学的几个人也都热心于本地教育事业,朴实肯干。河南省图书馆设在开封龙亭湖边的二曾祠内,垂柳摇曳。阅览室较大,但看书的人不多,有时少得只有两三个人,甚至剩下我一个人。檐际小雀啁啾,更增加阅览室的寂静。坐在高柜台里边管出纳书的是一个叫作薛连仲的青年工人,默默无言。像这样的看书环境,我以后再也没有遇到了。

大概就是这一年,我同王国权、苗化铭等几个朋友在开封北书店街办了一个小书店,名叫大陆书店,出了个小刊物《今日》。《今日》第二期出版后,国民党要抓人,我同王国权、苗化铭逃离开封,到巩县康店王国权同志(国权本姓康)的家中住了一段时间。大陆书店的一个店员被抓走了。

这几年,一直到抗战爆发,我有时住在北平,有时回河南。在开封读书时我大概就患了肺结核病,这时因为我比较用功,生活又苦,肺结核病严重起来,差不多每隔半年就来一次大口吐血。吐血之后,我有时留在北平,有时回到河南去杞县大同中学居住,等身体稍好一点再离开。大同中学是河南大学教授王毅斋先生办的。他是我的老师。他很喜欢和进步青年接近,也愿意帮忙。大同中学就是在进步青年的推动下办起来的。在当时国民党白色恐怖严重的历史条件下,学校中有中共地下党组织,抗日救亡和民主空气很浓厚,而相反的却没有国民党和蓝衣社组织。这一群进步教员都是青年,有时作得过于露骨,当然要引起当地的国民党忌恨。学校各教室都用东北沦陷地方命名,用小木牌悬在教室的门楣上,如乌苏里、鸭绿江、哈尔滨等等。这里不但经常可以听到救亡歌声,还可以听见教员中有人唱《囚徒之歌》,也有时悄悄地唱《国际歌》。在学校中和外边的进步运动息息相通,所以手头字和拉丁化拼音字(当时叫作新文字)的推广,在那个小天地里进行得很积极。在三十年代的中国,世界语运动是无产阶级革命文化运动的一个组成部分。在大同中学的教员中,学世界语成为风气,我就是住在大同中学时跟着朋友们学会了世界语,并从《La Mondo》上翻译了一个短篇小说发表在上海《大公报》文艺副刊上。(但如今学的世界语已经忘光,那篇翻译的小说也是去年萧乾同志告诉我的。)像大同中学这样情形,在内地小县城中是极其特殊的,而当时军统特务和中统特务在河南省已经日益猖獗。大同中学的教导主任王鸿儒曾被国民党逮捕,赖王毅斋先生奔走营救,获得释放。王毅斋先生在解放后是河南省民盟的主要负责人,一九五七年被错划为右派分子,去年得到平反,举行了隆重的追悼会。我给治丧委员会拍去的唁电中特别说明王先生在三十年代的艰苦环境中创办大同中学为地下党掩护了一批干部,培养了大批革命的青年学生,为党做出了有益的工作。

"一二·九"运动时我在邓县家中养病,常以不曾参加这一伟大运动而抱憾。"双十二"事变时我在大同中学作客。事变和平解决,把蒋介石放回南京,我们一时想不通,情绪很坏,我气得几乎一天吃不下饭。没有多久,教员中的赵伊坪被地下党调往别处工作。在他离开学校的前夕,更深人静,四、五位好朋友(多是地下党员)为他悄悄饯行。在一盏煤油灯下,大家围着小方桌,一边饮酒一边低声谈话。下酒菜是黄昏时从街上买来的咸牛肉和花生米之类,没有热菜。赵伊坪同志是诗人,戴着深度近视眼镜。在快要散场时候,大家要伊坪说几句话,算作临别留言。他说了几句什么赠言,我一句也没记住,倒是被他最后讲的一个颇有诗意的小故事深深地打动了心。抗战初期,我将伊坪留下的小故事加以丰富、改造,多次讲给救亡青年们听。在我讲这个故事时,满会场青年们寂静无声,姑娘们和男孩子们在灯影下浮着泪花,这就是《红灯笼的故事》。《红灯笼的故事》先作为短篇小说发表,被译到国外,连同《差半车麦秸》收入莫斯科出版的《中国短篇小说选》中。后来写长篇小说《春暖花开的时候》又将它作为其中的一章。抗战时期,伊坪到了聊城,协助范筑先从事抗战,任中共鲁西北特委书记。日寇进攻聊城，伊坪在突围时失去眼镜，迷失方向，被日寇捉去，英勇不屈，被绑在树上烧死。

"七·七"事变爆发，大同中学的革命教师和大批学生奔赴抗日救亡前线，梁雷去山西参加牺盟，被派到偏关做县长，曾给我写了两三封信。我写一篇散文《雁门关外的雷声》在武汉发表。不久，日寇进攻偏关，梁雷率领武装抵抗，被日寇杀死，将头颅挂城门上。他在作战之前，嘱咐一位同志说，如果他牺牲了，就赶快将他牺牲的消息写信告诉我，所以我得到消息最快。三八年夏天，我于旅途中写了一篇《悼梁雷》，寄到武汉发表。

一九三七年春末，我离开大同中学。这是最后一次和大同中学的好友们、同学们告别。我到了新乡，住在豫北日报社，等候我的妻子从邓县出来。在过去三年多的时间里，我已经给北京、天津、上海的报纸和刊物上发表过一些短篇小说、散文、杂感之类的作品。在抗日战争以前，上海是全国文化中心。如果一个青年在上海报刊上发表几篇作品，就容易被全国注意。三七年春天我是打算在北平长住，写一部长篇小说，并估计靠稿费可以勉强生活，所以决定将我的妻子带到北平。我已经将近一年不再大口吐血。虽然仍有咳嗽，偶尔痰中带点血丝，但病情显然趋向好转。

我的妻子在邓县教小学，提前结束了她的功课，到了新乡。于是我们一起到北平，在沙滩附近的中老胡同租了两间房子住下，安排了贫困的简单生活。我开始写长篇小说《五月的鲜花》，有时仍然去北平图书馆看书。但是这样安定的生活大约过了不到一个月，"七·七"事变爆发了。初起，我们还希望在全国的支援下，能够将日军击退，可以在北平继续生活一段时间。但是过了几天，看看情况不像是能够迫使日军退走的样子，连南苑也失守了。我们有两个小孩留在邓县，害怕如果北平长期被围（当时没料到北平会沦陷的那么快），家里的孩子和岳母，还有我妻子的妹妹，一家人的生活毫无办法。经过两天犹豫，决定让我的妻子赶在北平被围前回邓县，我自己参加北平保卫战。西班牙内战时，"保卫马德里"的口号不仅响彻西班牙，响彻了欧洲，也传遍了国际。尽管佛朗哥已经胜利，西班牙内战已经结束，但是住在北平的青年对这一口号记忆犹新，爱国主义的精神激动着每个人的心。

很感激《光明》半月刊的主编人之一的沈起予同志，及时地为我汇来了存在他那里的两篇小说的稿费。当时上海和北平已经不通汇兑，他将款子汇给在天津女子文理学院教书的李辰冬，然后通过大陆银行转汇给我。这真是雪中送炭！那时我在《光明》等刊物上发表稿子大约是五块钱一千字，两篇小说的稿费很管用。（当时银元改为"法币"没有多久，物价仍很稳定，大约一块多钱可以买一袋面粉，做大褂用的安安蓝布只要几分钱一市尺，在开封一块钱向馆子要活菜可以吃到荤素八个菜,一个汤。)我得到这笔稿费,借给河南同乡青年一些,送我的妻子回故乡,留一部分供自己暂时留居北平使用。

一天上午,我同妻子坐火车到门头沟,替她雇好驴子,望着她随着大群逃难的人们往长辛店去。那时长辛店还在中国军队手中,往南的火车未断,只有时受到敌人的飞机扫射。

七月中旬某日,宋哲元从北平退走,将维持北平治安的责任交给张自忠,实际上是将北平放弃。早晨,看见报纸在头版头条发表了这一重大消息,我同一位名叫刘兴唐字尧庭的朋友立即决定从平绥路逃出北平。刘尧庭是我的南阳府同乡,在北平住了几年,依靠北平图书馆自修研究中国史,发表过几篇文章参加中国社会史论战,解放后在开封师范学院(今河南师范大学)教书,文化大革命中被整死了。我们赶快收拾好行李,乘黄包车奔到西直门火车站。知道铁路已经不通,赶快返回城内,到什刹海附近前炒米胡同徐炳昶先生家里。徐也是南阳人,与尧庭同县,是我们在学术界的同乡前辈。尧庭同他很熟,我同他是第一次见面。我们谈到北平的沦陷,十分悲愤,徐先生老泪纵横。徐先生的前院住的也是一位学术界同乡前辈,就是粉碎"四人帮"前后一段时期被有正义感的人们呼为"长乐老冯道"的这位先生。尧庭去"长乐老"家中坐一阵,回来后十分不满意。他说冯先生的态度出乎意外地冷静,认为日本人占领北平后清华大学还可以照旧办下去。

我们把一部分东西寄存在徐先生家中,带着一部分东西去找尧庭熟识的一位姓麦的学生。他在辅仁大学读书,住在辅仁大学北边一个十分僻静的地方。我们就借住在他那里,等候逃出北平的机会。

八月八日,日军正式进城。平津铁路开始通车。这一天,我同尧庭去前门车站,上车去天津,同行的还有他的叔伯弟弟。在车站又遇到我在河南大学预科的同学,曾一道搞地下工作,名叫郑西林,解放后搞文字改革工作,笔名林曦,当时在清华大学读书。还有什么人同我们结伴,现在记不清楚了。火车上坐得满满的乘客,绝大多数是青年知识分子和大、中学生。沿路大小车站都有日军警戒,但不上车查问。在"七·七"事变后仍有日本人办的两家日文报纸在北平继续出版,中国政府不敢干涉。那两家报纸上有关于住在北平的抗日文艺界人士的报道,我的名字也列在里边。所以我故意好久不刮脸,留下胡子。这一天我穿着平日惯穿的半旧安安蓝洋布大褂,提着一口装衣服的箱子,衣服上边放着一本上海出版的《青青画报》,封面是一幅裸体女子摄影。

黄昏时火车到达天津北站。因为社会秩序不好,时有枪声,并听说有日本浪人和朝鲜浪人,所以我们赶快找一个小旅馆住下。车站一带经过炮火之后,房屋残破,灯光稀少,一片恐怖景象。郑西林说旅馆的房子不好,惹恼了茶房,非要拉他去日本宪兵队不可。我们大家帮他说了好话,化为无事。第二天早晨,我们分开行动。我进了法租界、转入英租界,两天后便搭乘私营直东轮船公司的一艘客轮出大沽口了。

这一年我二十七岁,结束了我的历程的一个重要阶段。

三、四十年后看当时

我十九岁从故乡到开封,至今五十一年。"七·七"事变至今也有四十三年。这半个世纪的变化实在惊人,它经历了军阀混战、蒋介石统治、抗日战争、解放战争、解放后的三十年。就我个人说,也经历了不少坎坷与曲折的道路,达到了今天而仍能努力不懈,与时俱进,这和青年时期的学习道路和得到的锻炼有相当关系。现在我专就这方面的问题,补充一些情况并谈一谈我在六十岁以后一种想法。

我在青年时期的生活特点是在贫穷和疾病中顽强地为事业奋斗,顽强地学习和追求。忍受着贫与病的折磨,坚持下去,为自己希望从事学术研究准备了一定的知识修养,同时闯开了文学创作的大门,为自己的一生事业初步奠定了基础。在三十年代前期,有许多爱好文艺的青年到了北平,希望走写作道路,有的住两三年,有的住一两年,投稿不顺利,干别的营生去了。也有人开始发表了两三篇稿子,但忍受不了那种没有把握的清贫生活,赶快改行了。我是一旦下了决心,就作为背水之战,有进无退,不管多么艰难困苦,决不半途而废。这是我的性格。倘若我没有这种顽强劲,我将熬不过那段日子,一事无成。

肺结核这种病,在三十年代前期还没有特效药,至少在落后的中国还没有听说有什么特效药,死亡率相当高,人们对肺结核几乎是"谈虎变色"。我没钱治病,没有条件躺下去休息,常常认为自己大概不会活到三十岁。但是这不幸景况并没有使我对事业灰心,意志消沉。在大口吐血停止的三四天后,我就起床,继续写作和读书。因为天天咳嗽,左胸肌肉疼痛。常常,我左手按着左胸,右手执笔写稿,害肺痨病的人总是一到下午四五点钟后开始轻烧,脸颊发红。我在工作中常常忍不住用左手摸一摸发热的脸颊,继续工作。我想,假若我活不到三十岁,多写点东西岂不更好?假若我的病能够痊愈,我更不应让青春在病床上白白度过。到了抗日战争期间,我的肺结核病未经医治,不去管它,竟然好了。后来每次检查身体,医生在透视之后总是问我:

"你得过结核病?"

"青年时得过。"

"怎么好的？"

"不知道。糊里糊涂好啦。"

老年回想，我认为这可能与我的性格开朗、顽强，不无关系。我不是医生，但是对我来说，重要的不是分析肺结核不治而愈的"奇迹"，而是这件事使我总结了一个经验：假若我当年因为得了肺结核病而意志消沉，放弃了努力读书和写作，断绝追求，病未必就会好；纵然病好，蹉跎了最宝贵的青春，这一生大概也必将一事无成。

我的岳父于一九三三年冬天死了以后，我岳母于第二年秋天带着我的妻子、姨妹和我的两个小孩从开封回到邓县居住。以后，我如果在北平病情不好，也回到邓县去住。邓县的地理条件是属于南阳盆地，夏天十分炎热，而冬天冷得滴水成冰。特别是我的家中连木炭也烤不起，十分寒冷。我岳母带着我的姨妹和小孩们住在两间坐南朝北的屋子里，我们夫妻住在一小间坐西朝东的屋里。夏天，全家都在小院中乘凉，也睡在院中。家人不管如何叫我，逼我，我坚决守在小屋中，坐在煤油灯下用功，还得不断地用破蒲扇赶走小腿上的蚊子。冬天，因为没有大衣，也没有皮袄，只能披着被子，脚下放着瓦火罐，坐在桌边用功。不仅在邓县住家时是如此打发炎夏和隆冬，在开封时也是如此。我的妻子经常把我在青年时代这种用功情况告诉我的儿子们，但遗憾的是，我的儿子一代成长于红旗下，读书的条件好得不能相比，却看不见像我在青年时代所具有的强烈的求知欲和拼命的奋斗精神。我想这责任不完全在他们，恐怕要研究我国过去的教育制度、生活待遇上的铁饭碗制度和平均主义制度，以及长期形成的有害的社会风气。

回看我从十九岁到二十七岁这段时间，在学习文学创作上，仅仅是走上长征的第一步，而在研究学问方面，更无成就。从各方面说，我都是处在十分幼稚的阶段。但是我这几年所走的学习道路，大概有两点可以肯定：

第一，我是"五四"以后成长起来的青年，受到了中国共产党的思想影响和革命文化熏陶，所以在我初学的幼稚阶段是按照革命现实主义的道路走。我一方面揭露国民党的统治，一方面批判非现实主义思潮，一方面歌颂和憧憬革命。我的青年时期的作品正在由武汉师范学院一个研究组织进行收集，将来有机会重新与读者见面，便会说明我所走过的第一阶段的文学创作道路与政治斗争的联系。我之所以能够遵循这一健康道路，是由于我的青年时期是在中国共产党所领导的革命文学运动和国际革命文学运动的哺育下成长起来的，我是在左翼文化战线对新月派和第三种人的战斗中成长起来的青年作家。我在老年时候回顾自己在青年时候的学习创作和一大批同代人所经过的道路，悟出来什么是我们所需要的现实主义，文学与政治的关系到底应该怎样对待，为什么狭隘地和教条主义地理解文学与政治的关系,给予不适当的要求和过多的条条框框,都不利于党的文学事业的发展。

第二,在青年时候,我的求知欲很强,兴趣较广,读书较杂,这由于我总是梦想在学术上能够有所贡献,即妄想自己将来既是作家,也是学者。我是按着这样的梦想走我自己的学习道路。直到中年时代,此志未泯。由于生活曲折,尤其是解放后一个运动接一个运动,我想在学术上稍有贡献的追求落空了。但是正因为我有自己在学术上的追求,促使我在二十几岁时,在历史和文学方面掌握了较多的知识。后来我沿着这条道路继续往前,继续丰富我的知识,对我中年以后在小说创作上的发展,对我探索和形成自己的有特色的写作道路,有许多好处。

根据我的经验和多年观察,认为谁要想在学术上有较好的贡献,抓紧青年时期打好基础十分重要。倘若青年时代没有基础,中年以后或老年想临时找资料写出有价值的学术性文章,十分困难。困难在于你的常识不足。你会将别人视为普通常识的问题当做了新发现的不传之秘,别人在常识上都知道不对的话而你会在论文中夸夸其谈。又因为你的基础又窄又浅,只能抓住一点看问题,而不能全面看问题。有些人到中年以后才努力治学,做出了很好的成绩,那多是在青年时就有相当好的基础。另外,我们年纪愈大,读书的时间愈少,在知识上支出的多、收入的少。所以青年时期应该有苦读精神,读书要广,不妨"杂"一点。不要太窄,限制了自己的发展。

对于专搞文学创作的人说,我也主张在青年时期读书要广,尽可能将基础打好。最后,你会体会到"根深叶茂"的好处。学习的基础宽广而厚实,会帮助我们更深地理解现实、理解历史、理解理论问题,也将帮助我们最终能够将各方面吸收的知识营养融会贯通,提高我们的创作水平。

在这几年中,我做了一件对我从事文学创作有一定意义的工作,就是我利用回河南养病的时间,收集中原人民口语中的精彩语汇。这一工作,在一九五一年秋我回河南后又继续进行了两三年。

我所学习的文学语言有三个来源:一是"五四"新文学运动以后的白话文;二是唐宋以来的古文,也学了一点四六体;三是从河南人的口语中学习很多活语汇。一九三三年左右的大众语运动是中国共产党所领导革命文学运动的组成部分,对改变"五四"以后的欧化文风和知识分子腔调起了重大作用。我是在这运动的启导下开始有目的地收集河南口语中的精彩语汇,并对某些语汇追究了语源,与元曲中的道白互相印证。一九四一年秋天,我发表过一篇《我怎样学习文学语言》的论文,有下边一段话叙述我收集河南群众语汇的经过:

大概是一九三四年的夏天，我因为沉重的吐血病离开北平，路上辗转耽误，直到秋末才回到故乡。在故乡的七八个月中我既不能坚持写作，也不能用心读书。无聊的时候，我便读一点世界语，或把故乡的口语记录下来。日子久了，收集的语汇多起来了，便按照编词典的方法把所收集的语汇编写在笔记本上，题名曰《南阳语汇》。这工作虽然没有做到完成，但是得到了很大益处。我从此真正认识了口语的文学美，那美是在它所具有的深刻性、趣味性，以及它的恰当、真切、朴素与生动。一位朋友曾对我说过外国农民的语言往往很富于幽默性，而我也对故乡的农民语言发现了浓厚的幽默趣味。我读过莱翁·托尔斯泰的传记，这位伟大作家对于故乡农民语言的种种赞美，我全可以借用来赞美我的父母之邦。

古典文学、"五四"白话和河南群众口语，是我形成自己的文学语言风格的三种来源。我的作品中语汇不十分单调，没有半通不通的生造词儿，抵制不必要的欧化语法，得力于我对中国古典文学和河南群众口语的注意学习，并从学习中悟出了一些道理。当然，故乡的群众语言是一座开采不尽的宝藏，而我所能利用的只是极少的一点而已。

在这几年的苦学中，最大的遗憾是我没有投入较集中的力量将英语学好。我很重视应该掌握一门外国语，可惜我贪的知识面过多，在学习的实践上没有给自修英语稍多的精力，加上生活不安定，不能时刻坚持不断，所以根基没有打好，成为一大憾事。

原载于《新文学史料》1980年第3期

创作体会漫笔
——《李自成》第五卷创作情况汇报

姚雪垠

《李自成》第五卷从去年起重新构思，重新写。我不满意于已经写成的稿子（有两个单元已于三年前发表过），近一年来重新改写，目的是争取在前三卷已经达到的水平上有所前进。

一

我在北京极少出门，就是在今年4月中旬到6月初旬那样异乎寻常的日子里，我也没有停顿自己的工作。但是我的工作进度很慢。愈是年老，我对自己的要求愈苛。例如小说某一个人物的对话中用了一个从前读书人常用的词儿，也是我平日熟悉的词儿，这句对话已经写在稿纸上了，我忽然对自己问道："这个词儿用得准确么？"我要对我的小说人物负责，对文学语言负责，同时也要对广大读者负责，于是我停下写作，翻阅有关词书，查清了这一词儿的本来涵义，还查出它最早出自《易·系辞》中的某一句话。《易经》这部书，一百年前是举人进士必读之书，但是在现代却只有研究上古思想史、哲学史的少数学者去读。我生也晚，对《易经》是门外汉，只好临时抱佛脚。我从架上取下《十三经注疏》，看见《系辞》是集中在《周易正义》第七、八两卷。我从第一句开始，逐句读下去，真是上帝不负苦心人，果然找到了我要寻找的那句原话，证明我对这个词儿的理解不误，在小说对话中用得恰当。直到此时，我的心才踏实了。

我的这种对用字和用词的态度，在当代成为顽固派。但这种顽固态度是自觉自愿的。在治学态度和写作态度上，我属于老一代知识分子。至今我甘守旧风，不肯随流变更。这也是我写作进度较慢的一个原因。

还有，我认为只有做到对历史生活的真正懂得，才能在作品中真实地反映历史生活。历史文学的创作态度是否严肃，作家的修养是否够格，都要在这个问题上受到检验。

在目前正要完成的这个大单元中，正如创作前三卷的情况一样，由于我在学问上的素养不足,迫使我必须花费一些时间去解决一些知识性问题。例如,李自成于崇祯十七年(大顺永昌元年)三月十七日到达北京城外,驻跸于阜成门外,大概就是既有水木清华之胜又有亭台楼阁的钓鱼台地方。三月十九日黎明,大顺军破了北京内城。上午,李自成以大顺皇帝的身份进北京城,但不就近进阜成门,而是绕到德胜门,为什么?李自成东征吴三桂的六万大军在山海关被多尔衮和吴三桂的满汉大军杀得惨败,于四月二十六日率领七千残余骑兵仓皇奔回北京。他是从通州过来的,却不直接进朝阳门,而是绕道很远进德胜门,为什么?乾清宫是明朝皇帝办公和居住的地方,尤其崇祯登极后十七年间都住在乾清宫。李自成进了紫禁城后,不住皇帝应该住的乾清宫,也不住文华殿,偏住在武英殿,又为什么?这些历史现象会使细心的读者产生一些疑问,但在任何书上都找不到解释。我从李自成和宋献策等人的迷信思想中认识了这些问题,在小说的某些细节中加以说明。

历史小说必须依靠虚构而成为艺术,从而通过艺术反映历史。虚构的人物和情节以及细节描写,不是历史知识,但是虚构的部分之所以令人信服,必须符合历史知识,也就是说必以历史知识作为基础。作家所掌握的比较丰富的历史知识,对作家说是进行创作的条件,写在小说上也为读者提供了历史知识。所以据我看来,比较好的历史小说,在一定意义上说,也有向读者传授历史知识的作用。

传授正确的历史知识虽不是历史小说家的主要责任,也不是一部历史小说成败的主要问题,但是这个问题恰好反映了作家对读者的责任感,对作品的责任感,也反映了作家的史学修养。我在小说中通过艺术细节解释了李自成为什么绕道从德胜门进城和为什么要住在武英殿,一则替读者解决了心中疑问,二则增强了小说的历史感,三则使读者对封建时代的意识形态多一些了解。

李自成因为是以大顺皇帝的身份进入皇城和紫禁城,所以他必须沿路警跸,从皇城的前门(皇城的南门)进去,而不能走近路,从偏门或后门进入皇城,再进紫禁城。什么城门是皇城的正门?今天人们多认为天安门(原来称作承天门,顺治年间改今名)是皇城的前门,实则不然。常识有时不符合史实,不等于历史知识。在明清两朝,人们都知道皇城六门,不包括天安门。这六门是大明门(今中华门)、长安左门、长安右门、东安门、西安门、北安门(今地安门)。到民国年间,为着便利交通和扩建马路,陆续拆除了长安左门和长安右门,又拆除了东安门和西安门。皇城的城墙也相继拆除了。掌握了这一历史地理知识,对李自成进北京皇城的路线才会有准确的描写,也同时给读者一点真正的历史知识。我在小说中写李自成进北京并不像中国历史博物馆中曾经有的一幅油画那样:成群的北京市民拦在李自成的马前,热烈欢迎,而李自成在马上拱手答礼。我写李自成的"圣驾"在沿途戒严(警跸)的状况下,率领文武群臣,前后有护卫亲军保护,马前有黄伞和简单仪仗,进德胜门后直向正南,到今日称作西单的这个地方转路,由西长安街向东,然后向公生右门(公生左右门都在民国年间拆除)向南,转入有名的棋盘街(正阳门内),进大明门,通过千步廊中间的御道,到达承天门。

承天门是什么门?按历史,承天门不属于皇城,而是紫禁城的前门。按照明清地志,紫禁城有八门:承天门、端门、午门、左掖门、右掖门、东华门、西华门、玄武门(清代避康熙帝讳,改称神武门)。将天安门(即承安门)作为紫禁城的正门,而不是皇城的正门,这也是今日一般人的常识不等于历史知识的又一例。

总而言之,我在小说的写作进程中遇到了许多问题。有的军事地理问题的意义比以上两条更为重要。如三协的地理位置,它关乎多尔衮从沈阳出师后中途的战略变化,也关乎吴三桂由本来无意降清到被迫降清的一个军事上的关键问题。所谓三协,尤其重要的是所谓中协和西协,在《辞源》、《辞海》和《中国地名大辞典》中都没有,只好我自己进行考证。

然而以上的种种例子,都不是写《李自成》的主要问题,而是枝节问题。要不要随时解决这一类枝节问题,只是考验我对写作的责任感,而不决定《李自成》第五卷写成后的艺术水平和思想水平。

二

文学作品的写作称为创作。创作过程是作家创造性的精神劳动过程。历史小说是以特定的历史时代为背景、历史生活和事件的文字记载为素材、真实的和虚构的历史人物为骨架、小说中的各种故事情节和细节为肌肉,艺术地反映历史。作家首先要研究历史素材。但掌握了丰富的素材之后,不应是机械地或直观地反映历史,而是能动地即艺术地反映历史。

《李自成》开始动笔于1957年秋天,到今年秋天已满三十二年。我在动笔写《李自成》时,尽管刚刚受过暴风骤雨般的批斗,被宣布为"极右派"分子,日夜"泪水洗面",心乱如麻,却能够根据我当时已经达到的修养(理论的和创作经验的)水平,为自己规定了若干条创作原则。虽然当时所拟的原则都较粗糙,但是对这些原则的坚持就产生了《李自成》所独具的历史小说的创作新方法,也就是我所孜孜追求的历史小说新道路。在1957年以后的多年中,通过对《李自成》的创作,我从实践到认识,又从认识到实践,反反复复的互相作用,促使我形成了关于历史小说创作的一套思想,或叫作理论认识。将近一年来,我通过对《李自成》第五卷稿子的改写工作,使我对自己在多年中形成的认识重新受到了检验,也得到进一步发展。我在开始写《李自成》时为自己拟定的创作原则如下:

第一条,坚持哲学上的历史唯物主义与唯物主义反映论。

第二条,坚持在历史唯物主义及反映论的哲学思想指导下的现实主义创作方法,兼收一部分积极浪漫主义创作方法。

以上两条是我创作历史小说的思想基础,是我从不动摇的信条,是《李自成》写作成败的关键,是产生《李自成》一书的思想性的源泉。

当《李自成》第一卷开始写作和出版的时候,中国文艺战线上所宣扬的现实主义创作方法受到教条主义倾向的严重干扰,不少人以简单化的公式看待无限丰富的现实生活和历史现象。在创作实践上,往往以夸张的笔墨歌颂正面英雄,而对统治阶级的人物尽量少写,要写也只能用漫画的手法加以丑化。在一个相当长的历史时期,在我国的左翼文艺战线上,片面地和肤浅地强调文艺为政治服务、文艺是阶级斗争的工具,差不多将现实主义道路引进了死胡同。上述文艺观点,口头上提倡现实主义,实际上只能是对社会现实(对历史也一样)客观存在的种种复杂现象,凭借作家的主观需要任意取舍、任意改造。我当时口不敢言,但心中认为:不管许多同志的口号如何叫喊,但是究其实际,或按其实质,这种思潮从哲学上说不是唯物主义,而是唯心主义,不是真正的现实主义,而是伪现实主义。我被错划为"极右派"分子之后,反而更加坚持一个信念:哲学上的历史唯物主义和唯物主义的反映论,是现代(或当代)文学上现实主义创作方法的灵魂,而尊重社会现实是客观存在的社会现象(观察历史也是如此),是现实主义创作方法应有的起码态度。至于对十分复杂的社会或历史的客观现象如何解释,解释得是否正确,是否深刻,那要依靠作家的主观条件。作家的主观条件决定作家在反映客观社会时的主观能动性。历史小说家想要较好地反映历史,除认真地刻苦研究历史之外,别无其他捷径。像刘再复所侈谈的作家的"精神主体性"以及作家对社会和历史有"巨大的超越力量",我十分抱歉,在我数十年的创作生涯中从来不曾有过。

基于以上认识,我在《李自成》第一卷中就甘做当时文艺战线上流行思潮的叛徒。所以第一卷刚出版,就遭到当时在社会上颇有影响的一位"作家兼理论家"的猛烈抨击,认为《李自成》是一株"反党反社会主义的大毒草"。其理由是:第一,我对崇祯这个封建皇帝充满温情,写他是一个宵衣旰食、辛辛苦苦的官僚主义者,写后妃和宫女都很美,而对农民的美却不歌颂,连崤函山中一个五岁小男孩流鼻涕也不放过,丑化农民小孩;第二,李自成是农民革命英雄,农民革命成功后只能建立农民政权,绝不会再建立封建政权,批评者说我写李自成有帝王思想和天命观,是故意歪曲和污蔑李自成的革命英雄形象;第三,批评者说,卢象升曾任"剿贼总理",率领军队同农民军作战,是一个两手沾满鲜血的反动人物,而我却将他写成反抗满族入侵的民族英雄;第四,我写牛金星很有经邦济世之学,一见李自成就受到十分尊重,这是写我主张一个上层知识分子到了革命阵营,不必经过脱骨换胎的思想改造就可以受到重用,是我借牛金星这个人物为我自己鸣不平。这些论点,今天的一般读者都会感到十分浅薄和荒唐,但是在那个时代,这样的论点很有市场,是流行思潮的具体反映,足以将我口诛笔伐,打倒在地。倘若不是毛泽东同志在"文革"开始后及时指示保护我,我难免遭到毁灭性的灾祸。我现在重提这一旧案,是要借以说明,真正的历史小说创作,必然会遇到历史主义与反历史主义的斗争,历史唯物主义与形形色色历史唯心主义的斗争。

目前我正在改写《李自成》第五卷的前半部,即《李自成进北京》和《决定中国历史命运的大战》两个单元。这两个单元是《李自成》全书故事的高峰,也可以说是这部小说的历史思想的集中表现。在前一个大单元中,从历史到艺术,我要处理以下问题,也就是过好以下难关:

(一)从50年代迄今,一般人(包括史学界)都认为李自成进北京是他的光辉胜利,但是在《李自成》的第五卷中则写为李自成在政治上和战略上的严重失误,是李自成大悲剧的转折点。从此走上了迅速败亡之路。

(二)对崇祯的悲剧不能简单化。他当时可以避免亡国,而他竟然走上亡国之路,身殉社稷,正显出他的悲剧性特别深刻。另外,崇祯"御极"17年,不是因荒淫昏庸而亡国,在他亡国时必然有许多人从死,为他殉节,也是为朝廷殉节,所以不能将他的死写得冷冷清清。

(三)吴三桂到底为什么与李自成坚决为敌,为什么投降清朝?几年前我曾在《评〈甲申三百年祭〉》中否认陈圆圆问题为吴三桂与李自成为敌和降清以及导致李自成失败的主要原因,那么,吴三桂的反抗李自成,不惜牺牲父母双亲和全家30余口的生命,到底有什么政治的、军事的、思想的深刻原因?

我现在面对的难题就是如何在第五卷上半部中处理好这些复杂的历史问题。

三

在小说风格上,我从一开始就探索中国气派或所谓"民族风格"。(请注意,我避免使用"民族形式"一词。)我很同意已故美学大师朱光潜的说法,他在一封信中说我写《李自成》是"吸收了西洋小说的创作手法,植根于民族土壤"。

关于小说内容的方面,我在写第一卷时就决定将《李自成》写成一部能够反映明清之际中国历史上各种主要矛盾纵横交错的、百科全书式的大部头历史小说。为实现这一追求,我采取了复线发展的小说结构。为使大小复线互相交织,头绪清楚,我使小说故事依照单元为发展段落,然后以每单元统率若干章,每章统率若干节。这种大部头长篇小说的结构方法不是我创造的,早已为中外许多长篇小说所使用,我的新尝试只在于将复线发展的结构方法更加扩充和变化,并且提升为理论,贯彻于我 32 年来对《李自成》的创作实践中,又将我的长篇小说的结构理论加以概括,通过我的文章和书信公之于众。

从《李自成》第一卷动笔写作,我在长篇小说的情节进行上拟定了自己的美学追求。这一追求就是:壮美与优美交互变化,而以壮美为主调。我又简化为两句话,"笔墨变化,丰富多彩"。后来有的评论家对《李自成》的这一美学特色,称为是阳刚与阴柔的变化之美。已故伟大作家茅盾先生在读过第一卷《潼关南原大战》一单元后深刻地感到这一美学特点,在给我的信中评论说:

"以潼关南原之战为例,有时写短兵相接,有时写战局全面的鸟瞰,疏密相间,错落有致。义军分兵两路同时突围而略有先后,写了李自成一面,接着写高夫人一面,重点在李自成,而高夫人一面仍然声势不凡,而两面有时亦复衔接。如此布局,极见匠心。"

又,茅盾先生在读完第二卷《商洛壮歌》一单元后,单就情节变化的美学特点说,他在给我的长信中有这样一段评论:

"整个单元十五章,大起大落,波澜壮阔,有波谲云诡之妙,而节奏变化,时而金戈铁马,雷霆震击,时而凤管鹍弦,光风霁月;紧张杀伐之际,又常插入抒情短曲,虽着墨甚少而摇曳多姿。开头两章为此后十一章之惊涛骇浪文字徐徐展开全貌,有山雨欲来风满楼之势。最后两章则为结束本单元,开拓以下单元,行文如曼歌缓舞,余韵绕梁,耐人寻味。"

我在《李自成》中所表现的这一美学特点,已故美学大师朱光潜先生他的文章中用一句最简单的话做概括,我认为十分深刻。他说这是"《李自成》的节奏感"。

第五卷是写大悲剧的高潮,虽然充满悲壮情调,但也力求做到有笔墨变化之美。

关于典型人物和典型环境的现实主义美学问题,我在开始写《李自成》第一卷时就十分重视。所以为塑造好崇祯皇帝的典型性格,就努力写出他的典型生活环境,包括宫廷生活和朝廷生活。形成所谓典型环境,包括环境中的各种有血有肉的、有生命的男女人物,人物间的错综复杂关系,由人物活动产生的故事情节,人物和故事情节不能离开的具体的历史时代特色、典章制度、习俗礼仪、服饰用具、习用语言、文化陈设等等。只有这一切都富有历史的真实性,才能烘托出人物的典型性。

在《李自成》这部历史大悲剧中有两大悲剧主角:一是李自成,一是崇祯皇帝。几年前发表的《崇祯皇帝之死》那个单元,虽然有些同志读过后表示欣赏,但是这一次也彻底重写,将其一小部分放在第五卷第一单元《北京!北京!》中重写,主要部分放在第二单元《李自成进北京》中重写。我对崇祯的悲剧结尾的章节决定重写,为的是感到原来对崇祯皇帝以身尽殉国的典型环境写得还不够满意,改写是要在这方面将现实主义与浪漫主义相结合的优点更充分地发挥出来。

在写崇祯亡国的章节中,我不把崇祯的亡国和身殉社稷看作他一个人的悲剧,而是看作他所代表和互相联结的一个社会群体的大悲剧,一个封建阶层的大悲剧。在相当长的历史时代中不少人曾将崇祯的亡国看成是汉民族的大悲剧。不然,从清初到辛亥革命,将近 270 年间,有许多历史现象(包括民间对崇祯的亡国寄予深深的同情)将不好解释清楚。明朝立国 276 年,这样立国长久的封建帝国,遇到国亡君死的巨变,如果没有许多人跟着为皇帝殉节,那就不是封建社会了。崇祯亡国,许多人为他痛哭或为他殉节而死,这也是他所生活的典型环境。

在崇祯亡国时,北京有许多大臣自尽殉君,也有全家自尽的。我为小说中减少枝节,一般不正面去写,连懿安皇后和袁皇贵妃回到娘家自尽的故事,也作暗场处理。宫外,只简单写一下新乐侯刘文炳的全家自焚故事。我着重在皇宫以内,用浓墨重彩写崇祯自缢前后的全部过程,写周皇后在坤宁宫痛哭别夫别子,然后自尽。此外还浓墨重彩地写四个上层宫女,其中,乾清宫中的宫女头儿(宫中俗称"管家婆")魏清慧和坤宁宫中的宫女头儿吴婉容,她们照料皇帝和皇后殉了社稷之后,按照预定计划,在黎明时候,也就是李过率领大顺军的清宫将士开始进紫禁城的时候,率领两三百宫女奔出西华门,跳入护城河中自尽,其中大部分临投水时害怕了,有的奔过护城河上的汉白玉桥,奔散在今日的府右街一带,逢人问路。

在上层宫女中还写了一位陪侍长平公主读书的费珍娥。她容貌很美,又是宫中才女,写一笔《灵飞经》体小楷。她事前同意比她年长的吴婉容和魏清慧的意见,三月十九日黎明,听到吴、魏二人的召唤,随着她们和大群宫女跟跄地奔出西华门,到了护城河边。她原是乾清宫皇帝身边的宫女,魏清慧同她的感情特别好,一向将她当妹妹看待。魏清慧拉着吴婉容准备纵身投水时,回头来不见了她,向乱纷纷的宫女群中唤两三声,仍不见她的踪影,心中遗憾地说道:"没想到,小费呀小费,你竟然是一个临大节贪生怕死的姑娘!"

　　费珍娥觉得徒死无益,在混乱中一横心跑进西华门,又跑回长平公主的寿宁宫,跳进她事先知道的一眼枯井。后来在吴汝义率将士第二次清宫时将她找到,她诡称自己是长平公主,希望不管自己死活使李自成不在北京城中搜查公主。但吴汝义很快就知道她不是公主,而是陪侍公主读书的宫女,名叫费珍娥。吴汝义因为李自成至今年近"不惑",膝下无子,为大顺朝一件大事,皇后高桂英对此也很焦急,曾嘱咐宋军师和吴汝义等到北京后为皇上选一德容兼备的女子为妃,早生太子。吴汝义见费珍娥容貌甚美,又知道她在后宫中有女秀才之称,为崇祯帝后所宠爱,就将她献给李自成。李自成看见后果然动心,决定纳她为妃。但他不是一个好色之徒,没有将她马上留在寝宫,而是命宫女们护送她仍回寿宁宫暂住,等候诏旨。费珍娥已经当面得到李自成的允许,不但不搜查逃出宫中的长平公主,而且还要对公主优待终身,所以费珍娥的目标随之提高,决心刺杀李自成为崇祯帝后报仇。

　　李岩也受到高桂英的暗中嘱咐,到北京后留意为李自成物色一位才貌兼备的女子,以备后之选。当他奉命到慈庆宫清宫并处理懿安皇后出宫问题时,发现了张皇后的贴身宫女窦美仪不仅容貌很美,而且颇有学问。她不是一般宫女,而是张皇后身边的六品女官。李岩不同于吴汝义,不愿意落一个向皇上献美女之名,只将窦美仪的情况告诉宋献策,然后由宋献策告诉了李自成。李自成召见了窦美仪,十分满意。他第二天晚上即命武英殿的宫女们将窦美仪迎进他的仁智殿寝宫居住,在宫中称为窦妃。但费珍娥要刺杀李自成的计划没有改变。她想着自己只有十七岁,而美仪已经二十一岁,所以李自成先纳窦美仪为妃,然后是她。窦美仪虽已住在李自成的寝宫,称为窦妃,却未册封,要等到李自成举行登极大典之后,再加册封,到那时她也要受册封了。

　　当李自成正在文臣们的阿谀和颂扬声中享受着胜利的喜悦、等待着登极大典的时候,正副军师宋献策和李岩向他密奏多尔衮正在调动八旗兵马,即将南犯,同时他知道了吴三桂在山海关日夜备战,决不投降,只等满洲兵进犯北京。正在这节骨眼上,王长顺闯进宫来,向李自成面奏大顺军进北京以后军纪很快败坏,到处抢劫富户、奸淫妇女,妇女悬梁投井的每夜都有。对这种情况,李自成一直蒙在鼓里,到现在才明白了进北京以后的部队实情。在六万大顺军中,只有四支部队同从前一样:第一支是李过率领的守卫皇城的人马,约有五千之众;第二支是李双喜率领的御营亲军,只有两千,驻守紫禁城;第三支是原来李岩的三千杞县子弟兵,自从李岩任副军师之后,交给李侔率领,进北京后驻守在天安门内外,如今不足两千五百人;第四支是罗虎一营,驻守通州,不但依旧纪律严明,而且罗虎采用戚继光的办法,每日操练人马,这一营有四千人,步骑各半。罗虎在军营中处处以身作则,与士卒同甘共苦,在练兵之暇,他还勤于读书写字,接待通州儒士,虽然只有22岁,却颇有名将之风。几年来他已经立了许多战功,本来应该给他封爵,但是在西安时李自成有意留下一批有功将领不给封爵,等到举行登极大典之后,再给一批将领封爵,罗虎就在其内。

李自成知道战争不可避免,除李过外,罗虎的一营人马是他最可靠的作战力量。罗虎尚未结婚,他决定将费珍娥赏给罗虎为妻。罗虎是个孝子,父亲随起义军阵亡后母亲守寡,他希望娶一个农村贫寒之家的姑娘好照料母亲。但李自成是皇帝,话已出口,并且已告知了费珍娥,不能更改。他有办法解决,在罗虎成婚前就封为伯爵,将他的母亲封为命妇,他和母亲在大顺朝都有了贵族身份。婚事就在向山海关出兵前二日举办,这是皇帝"赐婚",一切由有关政府准备,务求隆重而豪华,使费珍娥对嫁给罗虎将军感到光彩。

费珍娥原来蓄意刺杀李自成,不意李自成中途变卦,命她与新封临汝伯、威武将军罗虎成亲,暗中感到委屈,但也没有办法,只好改变计划为刺杀李自成的得力爱将。新婚之夜,平日很少饮酒的罗虎被贺客热烈劝酒,喝得大醉,送回洞房后,和衣便睡,发出鼾声。丫环仆妇们都退避厢房,伯府庭院中更深人静。费珍娥出于狂热的忠君思想,用准备好的利剪刺杀了罗虎,然后用同一把利剪自尽。在自尽前,她用颤抖的血手写了两句诗:

  决意屠龙翻刺虎,
  女儿有志报君王。

费宫人的故事被封建文人所称颂,最早是诗人袁枚写过一首《费宫人刺虎歌》,在他的诗歌作品中较为有名。民国年间,由梅兰芳主持,改编为京剧《刺虎》,是他主演的名剧之一。在《刺虎》一剧中,编剧者为费宫人起了个名字叫贞娥,在我的《李自成》第五卷改为珍娥。我为在小说中利用费宫人的故事,但赋予新的意义。在第一卷的《潼关南原大战》中就出现了孩儿兵罗虎这个人物,到李自成进北京时已经建立了许多功勋,成为李自成的一员爱将,颇不平凡,而年纪只有22岁。在小说中,我写罗虎的被刺身亡,对李自成的用兵计划影响很大,同时也是大悲剧中套的一个小悲剧。

在《李自成》第五卷前半部中,在上层宫女中除写了投河自尽的魏清慧、吴婉容和刺杀罗虎的费珍娥之外,还写了懿安皇后的女官、被李自成选为妃子的窦美仪,以及原是承乾宫中田皇贵妃的贴身宫女,后来成为李自成身边的宫女头儿的王瑞芬。她们都是封建礼教盛行时代的女性,10岁以前进宫,在宫廷的教育和特殊的生活环境中长大。她们都有个性,有不同的心态,都不是平凡庸碌之辈。但她们都是大悲剧中的小悲剧人物,前三人为明朝帝后殉节,后二人为战败的李自成殉节。前三人为崇祯的大悲剧作了烘托,后二人为李自成的进入大悲剧高潮作了陪衬。在第五卷中通过这五个上层宫女的活动和命运,帮助我反映出封建社会的复杂性,人物的复杂性,当然也助我在小说中实现"笔墨变化,丰富多彩"的美学追求。罗虎也是悲剧英雄,为李自成的大悲剧作陪衬。

我在历史长篇小说中进行"笔墨变化,丰富多彩"的美学追求,但是我不同意有些作家离开历史的可能性,随心所欲地进行虚构,我主张一切虚构都必须植根于历史生活。历史小说中的虚构是历史可能产生的人物和故事,所以虚构中具有很大的可能性,通过虚构反映历史运动的本质,并予以艺术夸张。虚构是完成小说艺术的必要手段。反之,一切违背历史可能性的不合理虚构,只能导致小说情节的不合理,即艺术上的失败。所谓"笔墨变化,丰富多彩"这八个字,从一方面说,是我在长篇小说中用力的美学追求,但从根本上说,它的基础是植根于认识历史生活的深度和广度。不真正了解历史生活的丰富性,就没有长篇小说艺术的"笔墨变化,丰富多彩"。

原载于《文艺理论与批评》1990 年第 2 期

文学创作问题答问

姚雪垠

"姚雪垠文学创作六十周年学术讨论会"于 1990 年 10 月 23 日至 10 月 25 日在武汉市华中师范大学科学会堂隆重举行。10 月 24 日上午,年届八旬的姚雪垠同志就与会代表提出的若干创作和理论问题,进行了别开生面的答问活动,答问活动进行得气氛热烈活跃,受到了与会代表的好评。下面就是根据录音整理的答问实录。

问:就文学创作而言,形象思维与逻辑思维究竟是一种什么样的关系?近几年来,有这样一种倾向,即认为现实主义可以和现代主义结合,但却否认现实主义和浪漫主义的结合。请问,您对革命现实主义和革命浪漫主义相结合的问题是如何认识的?

答:形象思维和逻辑思维的关系问题,既是文学创作的根本问题,也是文学理论的根本问题。根据我的经验,二者应该是同时进行、交叉进行,是不能够分开的。形象思维,我常常称之为艺术思维,它离不开逻辑思维。以《李自成》的创作为例,在创作时我首先考虑到的是对它所反映的历史的科学研究。如果离开了科学研究,离开了逻辑思维,一切的形象思维都是架空的。我们可以看到,"五四"以来历史题材的创作,有许多是凭着作者自己的想象、空想,而缺乏对历史的科学研究,没有弄清楚历史本身的真相,这种创作态度不是我所选择的。我从创作《李自成》的开始就强调历史科学和小说艺术的有机结合。举个例子,《李自成》在构想中共有五卷,我为什么一开始就写清兵到了北京郊外,北京实行戒严呢?这是因为在写第一卷的时候,我已经考虑到了第五卷战争性质的转变。原来的战争是起义军和明王朝之间的战争,但到了第五卷,变成了汉民族和满民族之间的民族战争,这是中国历史上的一个大转变。第一章写满洲军队进入长城与第五卷写汉满民族战争,在长篇小说的结构上,形成前后照应。这是在整部小说创作之前就进行了整体考虑、整体研究和整体设计的结果,这种考察、研究与设计,实际上就是一种逻辑思维。如果没有这个指导思想,那么结果就不会如此。

接下来我写的是潼关南原大战,其实历史上并没有这次大战,只是《明史》根据《绥寇纪略》致误。何以见得?我们可以从以下三个方面加以证明。其一,崇祯十一年十一月，陕西巡抚孙传庭奉旨去北京勤王，抗御满洲兵，走到山西境内临汾一带，上了一个奏本，专谈陕西省的善后问题，根本就没有一个字提到潼关南原大战；其二，崇祯十一年夏天，李自成在陇东南阶、成一带被洪承畴率领四个总兵官追击，周围只剩下了几百人，往往他刚刚起身，追兵即到，后来他逃到了汉中一带，潜伏起来，免于消灭，几个月后，他根本不可能集聚那么大的力量进行潼关南原之战；其三，洪承畴的奏本中也从未提到潼关南原大战。

既然实际上没有潼关南原大战，我为什么要这么写呢？一是要以无作有，利用历史传闻把李自成一出场的重要性写出来，成为小说的主角。实际上，当时张献忠在起义军中的重要性要超过李自成，我只好夸大李自成的主角地位。二是在我进行创作时，正被错误地打成"极右派"，也等于是全军覆没。我要写个英雄人物，处于全军覆没之后，是灰心丧气、自杀、投降，从此一蹶不振呢，还是要振作精神，恢复自己的事业呢？我写李自成的潼关南原大战，就把李自成的命运同我当时的命运联系在一起。其三，通过写这么一场激烈的大战，可以马上把许多人物的性格表现出来，因为一般在和平的环境里性格很难表现。这样，李自成、高夫人、刘宗敏，包括孩儿兵的性格就都写出来了。其四，还有一点想法：长期以来，我国的历史战争小说，主要以《三国演义》为创作模式，往往只写战争双方的主将单独武斗，却忽略了对其他人物的描写，我是反对这种写法的。我研究过古代的战争，尤其是细读过戚继光的兵书，知道明朝中期以后的战争不是这个打法。因此，我决定突破传统的《三国演义》模式，另创一种写法。我提出来一个思想：战争不是个别武将的事情，而是群体的努力，武将起作用，但兵多又训练精良起更大的作用。关于这个问题，我在别的论文、谈话和发表的旧体诗中申述过多次，此处不再讲了。我国从七十年代末到八十年代，十多年中出现了许多历史小说，写到战争都不再遵循流行几百年的《三国演义》模式，视为当然。但是当我在写《李自成》第一卷时，开始对《三国演义》的战争模式进行革命，并不是随心想的，而是从研究历史得出来的。所以写一部比较复杂的长篇小说，往往是逻辑思维居于领先地位。但作家不同于历史学家，他的形象思维立刻就跟了上来，最后必须通过形象思维实现他的创作目的。

总之，一个有成就的作家必须重视学问和思想修养，不断提高和深化自己的逻辑思维能力。至于人物的形象、性格等，则是来源于生活，在形象思维中产生的。所以，把逻辑思维排除掉，强调形象思维，没有什么好处。我总是有一个思想，好的作家和大的作家，必须是大思想家，而作为一个思想家的表现，就是对历史的认识深度，对人物的认识深度，这是逻辑思维。如果只讲究形象思维，而没有思想性，作品是难以提高的。这是第一个问题。

关于革命现实主义和革命浪漫主义相结合的问题，我是这样看的：真正的现实主义绝对地不跟浪漫主义结合,是很少见的,可能自然主义是这种情况。真正好的作品,往往既是现实主义的,也混合有浪漫主义的因素,主要看哪一个是基础,哪一个占主导。我的创作思想,是从唯物主义反映论出发的,反映论强调必须反映客观现实、客观存在,但作家的主观能动性起一定的作用,如果作家不发挥主观能动性,那么作品就会黯然失色。所以,我的小说创作一开始就带有浪漫主义色彩,现在还有许多人没读过或不理解我在青年时候所写的第一部长篇小说《春暖花开的时候》。我个人是非常重视这部小说的,预计明年我开始出版《姚雪垠文集》,第一卷就是《春暖花开的时候》。这部作品写得那么美、那么富有诗情画意,它有什么坏处呢?至于四十年代左翼文艺战线上曾有某一个帮派诋毁它是"色情文学"、"市侩文学"、"娼妓文学",都是胡说八道!党的十一届三中全会,提倡实事求是的学风,研究现代文学史的学者们才根据《春暖》的各种版本,证明《春暖》不但绝不是"色情文学",全书中连一处挑逗色情的字句也没有。《春暖》于1939年秋天在重庆一刊物上连载开始,立刻在读者中引起了强烈反响。1943年春天在重庆出版单行本,成为轰动一时的畅销书。解放后,《春暖》在大陆没再出版,但香港有三种翻版,我所得到的一种是高原出版社的翻印本,出了三版,曾给香港和南洋的华人读者深刻影响。那么,我们可以提出一个问题,《春暖》既然与"色情"毫无关系,也不是贩卖庸俗趣味的"市侩文学",是什么缘故使它能够首先在大陆、随后在香港和南洋拥有那么多的读者并且获得那么大的影响?对此问题现在还没有人进行研究,我自己可以指出许多理由,但是归根结底,是在创作方法上融合了革命现实主义和革命浪漫主义。

我认为,唯物主义反映论是革命现实主义的哲学基础。(这次学术讨论会收到一篇论述我的"文艺反映论"的论文,但论述得是否深刻,我尚未来得及读。)作家的主观能动性的充分发挥,必然在现实主义中产生许多像诗一样的浪漫情趣。我在写作《李自成》的过程中,常常情不自禁地哭起来,我被我笔下的人物命运所感动。感动了我自己,这个时候就有浪漫主义产生了。正是因为我充满了激情,所以以我的想象补充了历史。历史事件往往很简单,有许多情节都是我创作时虚构的。有的人物是历史上根本没有过的,如慧梅、红娘子、李岩等,这些人物我都通过想象写得活灵活现,有声有色。在这种虚构之中,就有浪漫主义。所以,真正的现实主义在塑造典型形象时必然混合着浪漫主义。在描写方面,浪漫主义成分就更多了。《李自成》第二卷,写慧梅替高夫人勇挡毒箭之后如何治好箭伤,我就采用了浪漫主义的写法。因为我已设想好了慧梅将来的悲剧结局:慧梅忠心耿耿,以生命保护了高夫人,但最后竟被逼嫁给了一个她不爱的男人,以至于自杀身亡。再比如刘宗敏过汉水,掩护部队过江之后,他被包围了,只剩下了他一个人。这时,他大喝一声把包围他的明军吓退,然后纵马跳入汉水。蓝天，白马，一个英雄跳入汉水，过了片刻白马负着英雄从水中出现，英雄的帽子上戴着红缨，冲着碧波，安全地渡过了汉水。在这里，既写出了刘宗敏的英雄气概，又写出了一种美的画面：蓝天、绿水、白马、红缨……这完全是浪漫主义的写法。第二卷还写到蓝田县有一个山寨，被李自成占领之后，他手下的一支杆子部队叛变了，把李自成的少数部队围到了一座大庙里。这个时候，如果用兵打，没有部队；如果不打，这伙人投降官军，李自成将由三面受敌变成四面受敌。所以，他就带了几十个亲兵亲自平定叛乱。来到寨前，这支杆子部队的头目坐山虎出寨挡驾，这时紧张极了，李自成的亲兵都已拔出剑来，准备拼杀。李自成喝止亲兵，镇定自若，昂然向前，坐山虎慑于闯王声威，步步后退。最后经过各种曲折的斗争，杀掉坐山虎，把人救出来了。这也是浪漫主义的写法，实际上很少有这种情况。但这样写有没有依据呢？有依据。有一次，西班牙伊利莎白女王的儿子被叛变的军队围在一座寨中，如果带兵去打，怕儿子被杀掉，不打，怎么办呢？最后，西班牙女王不带多的兵马，只带很少人前去。叛军不让她进寨。她对叛军说，这是我的国土，我是国王，我怎么不能进去呢？于是她昂然前行，叛军被女王的英雄气概所慑服。她进去了，救出了儿子，也平定了叛乱。这是外国历史上的事实，这种情形在中国也有。李秀成占领苏州，苏州乡下百姓反对他。这时，有人建议出兵镇压，被李秀成拒绝。他说，不能用兵，一旦乱起来，清妖就不好打了。于是，他就带着少数人坐船到了叛变的百姓那儿，百姓不准他登岸，他就一边讲道理，一边昂然前行，老百姓只好跪下来迎接他。这样，忠王李秀成不流一滴血，不杀一个人，就平定了叛乱。这件事也给我以启发。李自成平定山寨，也是如此。这样写的妙处在于，一个作家可以驰骋想象，但这个想象必须经得起推敲，有历史生活做基础。冯天瑜同志为这次会议写了一篇学术论文《义理·考据·辞章》引用姚鼐的名言，基本上谈出了我的创作特征。义理就是马克思主义哲学，考证就是严肃对待历史，辞章就是艺术，这三方面融汇到了一起，就是我的历史小说的创作道路。总之一句话：单谈逻辑思维，就没有艺术；单谈形象思维，就没有现实基础。另外，革命现实主义和革命浪漫主义必须结合在一起，而革命现实主义是基础、是根本，革命浪漫主义也必须源于生活，为艺术反映生活服务。

  问：革命浪漫主义主要指一种理想主义，刚才姚老讲这个问题的时候，主要是从艺术描写的角度加以发挥的。现在有的文章不承认有浪漫主义，你觉得如何？从理想主义的角度又该如何理解浪漫主义呢？请谈一下现实主义与浪漫主义的关系如何？

  答：这个问题很好。我反对离开现实去单谈理想。对于本世纪二十年代末到三十年代初，以蒋光赤为代表的普罗文学派，作为一个革命运动，我是肯定的,但作为艺术方向,我是不赞成的。因为他们都没有深入生活,都是单纯强调理想,最后导致了标语口号式文学的出现,又做"光明的尾巴"。把"标语口号"或"光明的尾巴"当成了理想,这是不正确的。解放以后,我们一说遇到了困难,怎么办呢?有些人就想到了马克思主义、毛泽东思想,仿佛只要读一页毛泽东著作,或读一二条毛泽东的语录,甚至忽然望见墙上悬挂的毛泽东像,困难问题就会迎刃而解。后来的大炼钢铁、十年超英、十二年赶美,这些都是唯心主义的,文化大革命也是如此。所以我们说,革命理想不从现实出发,违背了现实规律,便是反马克思主义的。我最反对的就是长期以来的"左"的教条主义,这种教条主义,三十年代有,四十年代有,解放以后,更其厉害,给我们中国的文学运动带来了无穷的祸患。"左"倾教条主义中就包括所谓的"革命理想"。所以,我是不同意离开现实生活基础,去搞什么革命理想主义的。这样离开了现实基础的所谓革命理想主义是架空的,不是正确的创作道路。

不承认浪漫主义是不对的,郭沫若同志的历史剧就是浪漫主义的,他的《女神》也是浪漫主义的。现实主义不能完全包括浪漫主义,而只能部分地吸收浪漫主义。屈原和李白的诗是浪漫主义的,而杜甫的诗则是现实主义的。但杜甫的诗中有没有浪漫主义呢?看看他到成都后写的诗,其中有些就是浪漫主义的。所以,大的诗人和作家,有的是浪漫主义的,有的是现实主义的,还有的是具备了两种精神和创作方法的。白居易就属于这后一种诗人。浪漫主义可以容纳在现实主义之中,但不能否认浪漫主义的存在。

问:请姚老结合崇祯皇帝谈谈对悲剧以及悲剧人物的看法。

答:我对悲剧人物有自己的看法,这种看法是从历史唯物主义哲学思想出发的。我认为,一个人,当他代表一个大的集团或者一个阶层时,就是一个有代表性的典型人物。这个典型人物,如果用各种办法为他的命运奋斗,而最后在不可抗拒的条件下遭到失败,这样的人物就带有悲剧性,如果是大的失败,那就是悲剧英雄。在我写《李自成》的时候,当时有一种论调,认为革命阵营里没有悲剧。当时我就认为,不论是革命阵营,还是反革命阵营,如果某个阶段或者终身,他所从事的努力奋斗,最后遇到了失败,与他的意志恰恰相反,那就是悲剧。崇祯皇帝既不是一个愚昧无知的人,又不是一个荒淫无耻的人,他从十九岁登基,即励精图治,"敬天法祖",决心把明朝振兴起来。但是明朝最终还是亡国了,他本人没有办法,他不可能挽回这种命运。因为明朝的政权机构腐败了,无官不贪,整个军队也腐败了。起初,他不肯任用太监,但由于各地政府之腐败无能,朝廷门户纷争,他被孤立在上,于是不得不重用太监,以至重蹈过去几代的覆辙。本来他可以跟满洲讲和,建立短暂的和平,这样他就可以不用两面作战,而以全力对付农民起义军。这个战略,因为有人反对而未能实行,致使杨嗣昌和陈新甲都为此而丧命。此外,如果在李自成进居庸关之前,崇祯离开北京,从天津坐海船逃到南京,中国也不会完全被清朝统一起来,以崇祯的威望,以江南的人力和财力,组织军队,巩固长江和淮北,清兵也就无力南下,只能在华北与农民军队作战,等消灭了农民军,崇祯也站稳了脚跟,这样就不至于完全亡国,尚可保留半壁河山。那么,崇祯有没有机会逃到南京去呢?有。当时,有些大臣就有这种想法,但由于崇祯脾气倔强,非常暴躁,且受儒家思想影响很深。在儒家看来,"国君死社稷",社稷亡了,国君也就应该为社稷而殉。所以他们不敢提出这种建议,而只是建议把太子送到南京去。但崇祯认为,我经营天下十七年,尚且没有办法,把太子送到南京又有什么用呢?因此,坚决不同意把太子送到南京,而他自己更不逃走,坐等亡国。我在第五卷中就详细写这个过程。所以,崇祯的悲剧是由当时朝廷的制度、文武官员的思想情况和部队情况等因素所决定的,这就是崇祯命运的悲剧性所在。至于五十年代认为革命阵营没有悲剧,我不同意这个看法。"文化大革命"以来的斑斑事实,不用我举例说了。

问:请谈一下您对通俗文学的看法。

答:我们的文学应有各种层次。通俗文学,只要没有毒害的,我们就应当加以肯定。但通俗文学跟讲究思想性的文学情况不一样。至于说它有观众,有读者,远不能作为评判标准。我们要强调思想性,以进一步的思想教育推动文化的发展。

问:请问《李自成》是如何吸收民间文学的营养成分的?

答:《李自成》的主要成就,不在于吸收民间文学,但也不是没有。比如,元宵节北京灯市口的灯市,前门的跑百病和摸钉,红娘子和李信结婚的场面,就是按民间风俗来写的,此外,写相国寺打拳、卖膏药等等,也是按民间风俗写的,写三教九流的人物就都是这样。但《李自成》能够取得今天的艺术成就,是发挥了我的综合优势,主要原因并不在于这一点。

问:请问您在"四人帮"统治时期的创作心态如何?

答:关于这个问题,我在《八十愧言》中已经谈到过。《李自成》开始写作于"四人帮"形成力量之前。我从青年时代起就有一种人生哲学,我不是历史的旁观者,而是历史的参与者和推动者,我决心搞文学创作,就是要努力推动中国文学的前进。这也是我的使命感和责任感,不管遇到什么挫折和困难,我都不屈不挠,坚持苦干。"四人帮"时代,我仍然苦干,我没有动摇过。"四人帮"的"三突出",我是坚决反对的。那时候,我在一次会议的发言中,虽然不敢彻底否定"三突出",但我却认为,作为艺术创作的经验,"三突出"不是放之四海而皆准的真理,只有毛泽东同志所讲的"艺术要从生活出发"才是放之四海而皆准的真理,所以我不同意"三突出"这个口号。当时没有批斗我,但到了1973年就准备批斗我了。但为什么又没有批呢？因为毛主席在1968年8月上旬的政治局扩大会议上告诉王任重，说《李自成》第一卷上册他看完了，写得不错，指示王任重通知武汉市委对我加以保护，让我把书写完。王任重马上向武汉市委传达了这一指示。到1973年，武汉市有关领导抗不住当时的压力，只好批斗我。当准备齐备之后，终觉得心中不踏实，便请示省委宣传部。省委宣传部领导因知毛泽东同志曾有指示，不同意开我的批斗会，因此武汉市才取消了批斗会。还有个情况，当时正在搞评法批儒，有些省委领导和北京的老朋友劝我，把李自成写成法家，把崇祯皇帝写成儒家，增加思想性。我一概不理，我说历史书上没有这类资料，我也不能随便瞎写。等到后来，即1975年秋天，我因被干扰得不能写作，就给毛泽东同志写信，请他帮助。他批示政治局："同意姚雪垠的创作计划，给他提供条件，让他把书写完。"就在这年冬天，我到了北京，也避免和"四人帮"接触。因此，我今天之所以能有一定的成绩，就说明了我的某些思想观点毫不动摇。我如果一动摇，那姚雪垠就不是今天的姚雪垠了。这就是我在"四人帮"统治时期的创作心态。还有非常尖锐和严重的思想斗争，说起来话长，将来写进我的回忆录中，今天不谈了。

问：请问您在创作时，是如何把握李自成这个人物的思想高度的？

答：有人曾开玩笑说李自成是一个共产党员，说他学习过马列著作，原因在于李自成那么爱护老百姓，李自成懂得辩证法，知道郝摇旗的长处和短处，用其所长，避其所短。关于这个问题，我曾回答过一个同志。我说军队纪律好，这并不奇怪，我们中国历史上并不是光八路军纪律好，我们历史上有不少这样的例子。比如岳飞的部队即是如此，据史书记载，岳飞的部队每到一处，在开拨前总要把场院打扫干净才出发，后来，冯玉祥也以这一套来带兵。这说明，并非纪律好的军队，就都是八路军。那么，李自成是否懂辩证法呢？实际上，辩证法的观念从《易经》就有了，老子、庄子也都充满了辩证法思想。从经验而不是从理论方面懂得辩证法，是自古就有的，汉刘邦用陈平就是一个典型的例子。所以，朴素的辩证思想绝不是从共产党开始，也不是从外国传过来的，中国自古就有。所以说李自成什么时候入过党，学过马克思主义辩证法之类，纯属无稽之谈，是不懂中国文化历史的缘故。

其实，李自成并非完人，他的缺点在前三卷中已有所暴露了。例如，自从他打下洛阳之后，就正式号称"奉天倡义文武大元帅"，罗汝才是"代天抚民威德大将军"。这时的气派与从前大不相同，已拥有了几十万军队。第二卷曾写到李自成在洛阳开会，商讨是否正式称王一事，有人赞成，有人反对。开会中间，李自成来到高夫人住的后院，迎面碰到马夫王长顺。他问王长顺："别人要我在洛阳称王，你以为如何？"王长顺说："我跟你十来年，没有功劳也有苦劳，我天天盼望你大功告成,可我又不想让你称王,因为我现在想见你就可以见到,想跟你说什么就说什么,你一称王,我这个老马夫就见不到你了。"这就说明,李自成必然发展到脱离群众的地步。到第三卷,这个情况就很突出了。大军纵横河南,但没有一个地方设官理民。李岩建议他先统一河南,设官理民,恢复农桑,建立基础,然后再向四处扩展。李自成未采纳这个建议,这是李自成的第一个变化。几十万大军,得城也不守,只顾流动作战,不断胜利,取给于民,却不管百姓生产。实际上争的是军事胜利,并不争百姓归心。这是李自成的深刻弱点,也是最具体的"流贼思想",在第三卷中表现得相当充分。

另外,在开封举行宴会时,王长顺由于担心黄河决口,带着河土去找李自成,先遭卫兵拦阻,后来他的建议也遭拒绝,结果官军将黄河开了口,整个开封被淹。一个死生相伴十多年的老马夫,原先无话不谈,现在连见面都很困难,这就是李自成的第二个变化。

再者,慧梅跟着他,忠心耿耿,但他为了拉拢袁时中这支人马,竟不惜牺牲了慧梅与张鼐之间的爱情,逼她嫁给袁时中,结果袁时中背叛,慧梅自杀。这不是李自成封建思想的表现么?所以,到第三卷中,许多悲剧因素已逐渐明显了。在他艰难征战的时候,为了生存,不得不和老百姓搞好关系;当他变成大元帅的时候,莫说普通百姓,连他的许多部下都难以见到他了,这正是李自成的悲剧性所在。第四卷这种情况更甚,以至到第五卷就遭到了更大的失败。从陈涉开始,两千多年间,农民起义的领导人物,随着事业的发展,地位的提高,自己逐渐地远离群众,远离多数部下,这情况也算是有一定普遍性的历史现象。

问:姚老从五十年代到八十年代都很积极地参加了当代的文艺论争。我很希望听到姚老五十年代参加文艺论争和八十年代参加文艺论争有什么不同的感受和切身体会?您认为当代文艺运动最重要的经验教训是什么?

答:当代文艺运动有几条教训。第一条是解放以后,"左"倾教条主义流行,这种毒害至今没有绝迹,当然也没有受到深入细致的研究和批判,"左"倾教条主义把反复频繁的阶级斗争、政治斗争同文学思想的正常分歧混到一起,我是深受其苦的也深受其害的。我并不是很早就打算写历史小说,这不是我解放后的最初志愿。假若解放后不是浅薄的政治功利主义和简单的"左"的教条主义思想占据了文艺战线的支配地位,使我的各种写作计划落空,以及后来被错误地划为"右派",宣布我以后不能再发表文章,不能出版作品,我便不会毅然悄悄转向历史小说,动手写《李自成》,以备死后发表。所以写《李自成》不是我的原有计划,而是我在成了"右派"以后,不甘自我灭亡,一狠心匆匆上马的成果。假若我在被划为"右"派之前向领导提出写《李自成》的计划,不但不会被批准,而且会被批评是居心逃避现实,逃避"当前的阶级斗争"。

《李自成》第一卷出版以后,很快有人写文章说《李自成》是"反党、反社会主义的大毒草"。这是什么理论呢?极其肤浅的"左"倾教条主义。为什么我没有教条主义呢?因为我的思想跟他们来路不同。第一,我有较多的创作实践,我从十九岁开始写小说,是创作实践中一步步走出来的。第二,我懂得中国文学史,虽然比不上专门研究古典文学的老教授、老专家,但作为一个懂得中国文学史,有一定文学史素养的作家,我常常将它与小说创作联系起来,考虑问题大都从历史出发。因此,我写《李自成》这部小说,就打破了教条主义的框框。比如,当时说《李自成》是"大毒草"的理由之一就是说我对崇祯皇帝温情脉脉,写他勤勤恳恳,天不亮即起床,晚上看公文到半夜等等。我相信这个,历史就是这么说的,他死后深得百姓的同情,直到清朝末年,人们提起他还同情他。他不是一个昏庸无知的皇帝,也不是愚昧无知的皇帝,也不是一个不懂事的孩儿皇帝。他从十几岁登基起,就发誓要励精图治,要复兴明朝,他就是这么个人。作家只能根据历史的真实,探讨其中的规律。《李自成》这部小说,很重要的一点就是探讨历史规律。我就是要写李自成为什么从失败到发展,又从胜利的高峰到失败,以悲剧结束;崇祯皇帝为什么从十七岁登基起,很快采取果断措施,改变了朝廷面貌,但后来逐步失败,亡国自尽,以悲剧结局。这些历史现象中都有历史规律。正反两面主要人物,都是悲剧主角,从两大悲剧典型的身上都反映了我的作品的独特思想,挖掘出经验教训。于是也打破解放后流行的肤浅的教条主义思想。再如《长夜》出版后,有人说我没有把农民形象提高,所以在左翼文艺阵线上的朋友不予赞成,对之十分冷淡。我何尝不知道把农民形象提高,可以写他们有阶级觉悟,有进步思想呢?但我从历史观点写人物,坚决不将人物拔高,现在看来,我这么做是正确的。如果当时我把农民、土匪的形象拔高了,那就不真实了,就不能真实地反映二十年代河南农村的面貌了。在二十年代,中国共产党登上政治舞台之后,广东、湖南农村首先受到共产党的影响,但在北伐之前,河南农村还没有受到这种影响。从三十年代末开始,我就有能力将哲学上的唯物主义反映论同文学上的现实主义创作方法结合起来,又将我的开始形成的史学思想结合起来。将这三者相结合,就是我对当代现实主义创作方法的基本认识。我的认识随着我的各方面修养的增长而向前发展,到创作《李自成》时臻于成熟,从而我后来将自己写历史小说的创作道路称作"历史现实主义"。在创作《长夜》时,我虽然尚未认识到"历史现实主义"的全部意义,但是这种思想的框架已经基本上形成,所以我有勇气抵制当时左翼文艺战线上流行的教条主义。

1963年《李自成》第一卷刚刚出版,立刻有人指责我写的李自成有天命观,有迷信思想和帝王思想。其实,李自成是农民阶级出身,他怎么可能没有封建思想呢？落后封建社会的小农经济，必然产生迷信思想，也产生帝王思想，这是很简单的历史唯物主义常识。想一想，我为什么要塑造慧梅这个悲剧人物，让她的故事成为"李自成大悲剧"的重要插曲呢？慧梅尽管在起义军中长大，立过大功，拼死救过高夫人，但她却仍然摆脱不了封建伦理道德：李自成的话她不能不听，嫁给袁时中后，她虽然不爱袁时中，却又无可奈何地从一而终；她为什么不杀袁时中呢？因为袁时中是她的丈夫，杀死丈夫，是大逆不道的；她为什么不活下去呢？因为她不愿忍受作为一个封建时代的年轻寡妇的苦处。农民起义，只反皇帝，并不反对中国传统的封建伦理道德。如果把农民起义写得很理想，就违背了历史真实。我认为，解放以后，由于极"左"思潮的影响，在知识界（不仅是史学界）不研究中国历史、中国社会，也背离历史唯物主义思想，宣传历史上农民起义是反封建的，目的是要建立所谓"农民政权"，后来又宣传农民革命是反孔反儒家思想的，等等谬说，泛滥全国。我写慧梅，目的就是要反对这种一味求"左"的历史观点。此外，还有人攻击《李自成》，说牛金星是个封建知识分子，没有经过脱胎换骨，为什么李自成一见他就那么重视他、重用他？说我这样写是用心在反对党对知识分子的思想改造。又说，卢象升双手沾满了农民起义军的鲜血，为什么还要写他在抵抗清兵时英勇抗敌、壮烈牺牲呢？诸如此类，在今天已经不值一谈，但是在五六十年代，持这种意见的是社会知名的老作家、理论家，有的还身任领导职务，打着马克思主义者的牌子，自诩为阶级斗争的嗅觉灵敏！

八十年代，在文艺界又出现了资产阶级自由化思潮，虽然资产阶级自由化思潮泛滥的时间不是很长，但危害却不小。今天多数都已清楚，搞资产阶级自由化的一些人既不懂中国的历史，也不懂中国的社会，更不懂马克思主义。同志们都重视我同资产阶级自由化思潮的战斗，但我自己特别重视我在长时期中用我的创作实践同"左"的教条主义进行的斗争，真不容易！

（王春林、赵新林根据录音整理，经姚雪垠审阅校订）

原载于《理论与创作》1990年第6期

高志不移　征鞍未卸——追怀姚雪垠先生

俞汝捷

1999年暮春,姚雪垠先生病逝的讣闻传来,当晚我就拟了一副挽联,后来赴京参加告别仪式,又略加增补,书写出来后,悬挂在灵堂遗像的两侧,句为:

> 高志岂曾移,甚矣风霜历尽,落落一生,
> 研透闯王,写活崇祯,耻学东吴牛喘月;
> 征鞍从未卸,壮哉文集编成,煌煌廿卷,
> 辟开《长夜》,迎来《春暖》,荣奔西极马拉松。

姚老生前,诗词、楹联是我们间经常涉及的话题。一副妙对,能令彼此高兴不已。我虽惭愧于自己的文思迟钝,未能写出更精彩的联句让逝者于九泉之下会心一笑,但就内容而言,该联还是大体符合他的人品、性格和文学成就的。今年正值姚老百年冥诞,回溯前尘,他的音容笑貌和若干往事仍历历如在眼前。

1984年秋冬之际,他访法归来,同我谈起出访的情景和观感。那是一次成功的访问。《长夜》法译本在马赛玫瑰节世界名作家会议期间引起轰动,他因此荣获"马赛市纪念勋章",并接到密特朗总统祝他访问愉快的信函。他兴致勃勃地叙述这一切,滑稽地模仿一些法国姑娘在购到他毛笔签名的《长夜》后向他抛吻的动作,而谈的更多的是他在各种场合的谈话,包括在巴黎第三电视台接受访问时的问答。他的回答得体而机智,充分体现了作为中国作家的自尊与自信。他特别谈到当记者问及他的世界观会不会因访欧而发生改变时,他断然答道"不会"。

世界观指的是人对世界的根本看法,它必然与人的理想、志趣、信念相联系。如果一个人青年时代认准了一个目标,大半辈子都在为实现它而奋斗,到了老年又有什么理由去轻易改变呢?

这里且从志向谈起。人是需要有志向的。姚老是受五四新文化运动滋养而成长起来的作家,爱国、进步、民主、科学的精神很早就浸润在他的血脉里。1929年他考入河南大学法学院预科,开始接触马克思主义书籍。1930年他因参加"反帝大同盟"被捕,后因证据不足而交保释放。1931年他被校方以"思想错误,言行荒谬"的罪名挂牌开除,因恐再次被捕而于当天下午只身乘火车前往北平。从那时起直到1937年"七·七事变",他经常住在沙滩附近一座简陋的

公寓里，天天跑北平图书馆。他读罢梁启超的《清代学术概论》，对乾嘉学派的治学态度留下了深刻印象，同时又受到《古史辨》派和以唯物史观为指导的新史学运动的综合影响，便立志要成为一名马克思主义的史学家或文学史家。因为有了较高的志向，生活的艰窘、疾病的侵扰就都算不了什么。那时他只能靠投稿勉强维持生计，不良的生活条件又使他染上了肺结核，不得不多次返回河南养病，然而他的志向从未动摇。虽然后来由于环境变化，特别是抗战爆发，使他急于以笔投身救亡，从而走上了以创作为主的道路，但严谨的治学精神、唯物史观的观点方法却始终成为他观察问题乃至立身处世的指南。

我在上联中所写"高志岂曾移，甚矣风霜历尽"，指的便是这种矢志不移的精神。如果联系《李自成》的创作过程，对此会看得格外清楚。

《李自成》是1957年在他被错划为"极右分子"，等待审批的艰难日子里开始写作的。那时他准备了一个活页笔记本，表面对人说是"写检查"，实际是在写小说。到1958年他被正式戴上右派帽子时，小说第一卷初稿已大半写成。这里有两点值得一提：一是写作这一举动本身。常人在遭到极不公正的批判和处分时，是很容易由不服、不满而灰心、颓丧的。姚老当时也并不指望生前还能出版什么作品，但是他坚信自己对祖国的文学事业应当而且能够做出贡献。只要把书写出来，即使身后才能出版，他也心甘情愿。正是这种信念促使他从逆境中拿起笔来。二是作品的倾向和风格。文学既是生活的再现，又是心灵的表现。生活的挫折会很自然地影响作家的笔墨，在作品中打上情绪情感的印记。《李自成》第一卷从起义军的失败、农民革命的低潮写起，却毫无消沉气息，相反，通篇洋溢着乐观、向上、虽败不馁的精神。这既是作者通过历史研究得出的结论，同时也是他主体情志的折射。1978年，聂华苓夫妇访问姚老，当聂的丈夫、诗人安格尔问及小说第一卷的人物、主题是否与作者的生活遭遇有关时，"有！"姚老肯定地答道，"第一卷写李自成全军覆没，他不动摇、不妥协、不投降，也不想到自杀，还是要用各种办法推动革命高潮，这一点，和我自己受过挫折是有关系的。……我的精神世界和李自成的钩在一起了。"

1957年的遭遇是姚老人生道路上的一次重大挫折，但并不是唯一的一次。翻阅他的生平著作年表，就会知道挽联中的"风霜历尽"一词诚非虚语。

他是20世纪30年代步入文坛的作家，在抗战烽火中迎来了创作的第一次高潮。这时期他创作的短篇《差半车麦秸》、中篇《牛全德与红萝卜》、长篇《春暖花开的时候》等作品因为富于浓厚的时代生活气息，又能熟练地运用大众语而深受广大读者欢迎。其中《春暖花开的时候》一书直到20世纪50年代后还在香港、东南亚一带被多次盗印，以至于作者20世纪80年代出访新加坡时还有女青年满怀兴趣地问他："您看我像太阳，月亮，还是星星？（这是书中对女性三型的一个比喻)"然而所有这些作品都曾受到简单粗暴、教条主义的批评,甚至被诬为"娼妓文学"、"色情文学",以致建国后直到20世纪70年代末在大陆从未再版。他以自身经历为题材的长篇杰作《长夜》于1947年问世后,也一直遭到冷遇,直到拨乱反正以后,才于1981年重新印行。

《李自成》第一卷由于种种机缘,得以于1963年出版,但因他"摘帽右派"的身份,有关部门做出了"低稿酬、低印数、不评论"的规定,到1966年"文革"爆发,则与许多优秀作品一起受到批判,并在一本题为《毒草100种》的小册子中被列为"毒草"第53种。

他为纪念杜甫诞生1250周年而创作的短篇《草堂春秋》,于1964年遭到报刊文章"上纲上线"的批判,他本人也在有关会议上受到冲击,被强迫做"检查"。

《李自成》部分初稿是他在牛棚中,白天劳动,夜晚打着手电,在常人难以想象的条件下,一字一字推敲成的。而除了物质条件外,他还要与当时流行的所谓"三突出"、"评法批儒"及其他各种"左"的谬论做斗争。如他在一首诗中所说:"可怜寂寞篷窗女,羞学江家时样装。"他甚至在一次会上公开对"三突出"提出质疑,以致又引来了一场围攻。

尽管几十年来一路坎坷,姚老都以坚韧的毅力走过来了。

尽管作品长期遭受不公正的批评与对待,他的信心从未动摇。

尽管一再受到貌似权威的"左"的理论的干扰,他从未在原则问题上作过妥协。

进入新时期后,创作环境、创作条件有了根本性的改善,姚老不必再担心随时挥舞在他头上的"棍子",而可以安心地思考、研究相关的史学和艺术问题了。我是1977年秋由武汉赴京担任姚老助手的,对他晚年的探索与追求较为了解。上联中"研透闯王,写活崇祯"两句,便是一种概括性的表述,前句指史学研究,后句指小说创作,而两者在姚老看来又密不可分。他始终认为,优秀的历史小说应当是历史科学与小说艺术的完美结合。那时我的主要工作是替他整理口述的小说录音,或去图书馆查阅相关史料。每周六下午我都会去他家中闲聊,谈话内容海阔天空,而《李自成》则是必谈的话题。史学方面,大到李自成失败的原因,小到一个名词的含义;创作方面,从整体风格到具体细节;我们都做过无数次交谈。关于李自成为什么失败,姚老撰有长篇论文,这里毋庸赘述。我想举的是一件弄清名词概念的小事。

那是在写明清战事时,姚老碰到一个名词——三协。他知道这是一个防区概念,但不清楚具体如何划分。本来小说中对此只需一笔带过,不必详加说明。然而他执着地认为,既然要写这段历史,就要尽可能地弄清一切相关问题。为此他查阅了许多史志,又曾写信向明清史专家谢国桢先生请教。谢老回信表示

"未闻"。他仍不放弃,最后对照地图来阅读一些传记,才把问题弄清。现在小说中有这样一条注释:"隆庆二年(1568),戚继光任蓟镇总兵,将从山海至昌平东之石塘岭,沿长城一千余里划为三个防区,称为三协,每协设一副将。东协驻建昌营,中协驻三屯营,西协驻石匣。总兵驻蓟州。"一般读者很难想到,在寥寥几句说明背后,作者耗费了多少工夫和精力。而这只是聊举一例。如果你翻过他的卡片箱,读到那用工整小字抄录的万余张卡片,对老人的勤奋与一丝不苟会留下更深印象。也正是在这些地方,可以清晰地看到他早年所受清代朴学家严谨、踏实学风的影响。顺便可说的是,去年在有关《李自成(精补本)》的报道中,有些媒体称该书纠正了原著"近千处错讹",这不符合事实。我在精补工作中只是解决了原著存在的一些细微末节的问题,而且多数问题都是姚老生前已经察觉的,只是因病未能亲自动笔修补而已。

关于小说创作上的追求,体现在历史科学与小说艺术的结合,长篇小说美学特别是结构美学的探究,现实主义方法在历史小说中的运用,中国风格和中国气派的追求,古典文学和西洋文学的借鉴,悲剧艺术的认识与把握等诸多方面。应当说姚老在这些方面都做出了成功的探索,《李自成》因此被公认为在历史文学发展史上具有里程碑的意义。

上联中用了一个"吴牛喘月"的典故,这固然是为了与下联的"马拉松"形成对仗,同时也是对姚老性格的真实写照。与姚老交谈,会发现他的见解大都来自多年的实践与思索,从不人云亦云。从他的早年作品包括杂文、文艺论文等读起,就知道几十年来他对具体的文艺问题、历史问题的看法虽有发展,但基本的理论、思路并无改变。创作上他始终信奉和遵从现实主义,同时也欣赏和借鉴浪漫主义。史学上他一向服膺唯物史观,同时也佩服朴学家的考证功夫。任何时候他都不会神经过敏,见月而喘;也不会追逐时髦,随风摇摆。他始终保持着独立思考的精神。20世纪50年代他的一篇题为《惠泉吃茶记》的散文就是因为提倡独立思考而曾引起毛泽东的注意。1978年他在同聂华苓夫妇的谈话中,更明确表示:"我决不做风派!我反对风派!"

20世纪80年代以来,随着计划经济向市场经济转型,姚老经历的风霜对于年轻一代作家来说,已经显得遥远而陌生了。如今人们更关心的是如何提高稿酬和版税,如何对付盗版,如何维护自身权益。就这一点而论,当姚老还健在时,便已经十分"落伍"了。其实《李自成》的畅销,也发生在新时期,距经济转型并不很远,所以在此稍作回忆,可以从一个侧面看出姚老的人品与文品,也可看到人们观念的急速改变。

关于第一卷修订本和第二、三卷的印数,据知共达340万套。姚老拿了多少稿酬呢?第一卷因在1963年初版时已经拿过稿酬,现在就只能拿一点印数稿酬了。第二卷 83 万字,按千字 10 元(这在当时已是高标准)计算,他到手的稿酬不会超出 1 万元。1981 年出版的第三卷,稿酬标准略有提高,但送到作者手里的,也不过 1 万元出头而已。此外,当时没有盗版概念,一本好书出来,各省都来租纸型回去印刷。他们同中国青年出版社之间有何协议,我不清楚。至于姚老,除样书之外,从中是得不到任何报酬的。

  那么,姚老对这样的付酬方式是否有什么意见呢?在我的记忆中,他从未同我谈过这方面的问题。他倒是特地用一个书架来陈列各省、自治区以及香港赠送的样书,为《李自成》走入千家万户感到高兴和得意。他的经济并不宽裕:既然所有的旧著建国后均未重版,既然反右后工资降级,既然还有家庭负担,他怎么能有积蓄呢?然而,同那时一般人家相比,他自认为不算很穷,所以当《李自成》第二卷荣获首届茅盾文学奖时,他立刻委托工作人员把奖金捐给了中国儿童和少年基金会,还特地嘱咐对方不要宣布,以免给其他获奖者造成压力。姚老是从中原大地走出的作家,对哺育他的这片土地怀有深厚感情。当他获知家乡的学校希望对爱好作文的学生给予奖励时,他又从有限的工资中逐年拨款,以表示自己的一片心意。这个于 20 世纪 80 年代初设立的"春风作文奖",在姚老逝世后已更名为"姚雪垠作文奖"。

  现在要回到挽联的下联了。姚老有一句大家熟知的名言,曰:"生前马拉松,死后马拉松。"意思是,作家活着,固然要参加赛跑;即便死了,作品也还在继续参加赛跑。我们要告慰作者的是,他积 40 余年心血写成的《李自成》全书,10 年来已经重印多次,并荣获了第十二届中国图书奖和 1999 年中宣部"五个一工程"奖。洋洋 22 卷本的《姚雪垠书系》亦在他逝世的翌年即已问世。这些作品将饱含旺盛的生机,在文学的马拉松跑道上一直跑下去,光荣地接受读者和时间的检验!

原载于《平顶山学院学报》2010 年第 4 期

怀念父亲和母亲

姚海天

时间过得真快,转眼,父亲驾鹤西行已 11 年了,4 年后母亲随父亲而去。父母亲虽然走了,但是他们的音容笑貌、言谈举止常常浮现在眼前,出现在睡梦中,他们的话语回绕在耳边,一桩桩往事,或愉快、或美好、或困惑、或悲凄经常涌上心头……

"我是个苦命人"

父亲晚年常对家人说:"我是个苦命人,一年到头,像坐牢一样,把自己关在书房,没有星期天,没有节假日,没有什么娱乐享受,你们可不要学我啊。"这虽然是句开玩笑的话,但我们听了心里感到沉重和酸楚。的确,父亲活得太累了,太苦了。他一生中不管是在风雨、坎坷、屈辱的逆境中,还是在春风、阳光、荣耀的日子里,都始终"下苦功、抓今天","生前马拉松",始终勤奋刻苦,不断探索和追求,实现自己的抱负和梦想。无论寒暑、过节、放假,父亲每天都准时在凌晨 3 点起床写作,下午或晚上则读书、思考问题,几乎天天如此,年年如此。平时很少和友人往来、探访、应酬,也很少涉入小圈子的无谓恩怨、是非和纷争,更厌恶小圈子的拉帮结派,互相吹捧。自己独往独来,自由自在。因此被丁玲戏称为"独立大队"。父亲欣然接受。

父亲自 1957 年开始创作《李自成》起,就走上了一条艰辛漫长之路,一路上风风雨雨,岁月长达近半个世纪!父亲常常把写作《李自成》比作"长征","艰苦的长征"。在长征途中,他要不断解决横亘在前面的重重障碍,翻越一座座高峰,不断地超越自我。父亲在《八十愧言》一文中这样说:"我今年仅仅八十整寿,离百岁还很远呢。我追求事业的热情依然未减,艺术构思能力也未衰退,我不能停止长征。……我要像一匹老马,驮着重负,趁着夕阳晚霞,不需鞭打,只愿在艰苦的创作旅途上继续长征。中华民族的新文学需要发展,人民需要文学,我不能放下我的义务。"

父亲尽管信心百倍,热情似火,但人人都不能违背自然法则。进入 20 世纪

90年代后，父亲日渐衰老，写作进度越来越慢了，原来字迹工整、干净的书稿变得凌乱，掉字漏字越来越多，到处是涂涂抹抹。一天只能写出几百字，顶多千把字，后面还有几个单元尚未动笔。我越来越为父亲着急、担忧，有时不免抱怨："爸爸，这样下去，什么时候才能完成四、五卷？"父亲低声回答："尽力吧。"不久，父亲病倒了，我才意识到，父亲为《李自成》已经耗尽了他的全部精力和心血，透支了生命，在最后的岁月里仍在做最后的拼搏和奋斗。在耄耋之年仍在创作三百多万字的鸿篇巨制，这在老作家中已是奇迹！自己的抱怨，只能加重父亲的压力和内心痛苦。多年过去了，至今回想起来，仍常常为自己对父亲的抱怨，深深地感到愧疚和自责。

夜半哭声

70年代后期和80年代初，父亲采用口述录音的方式创作《李自成》第三卷和第四、五卷部分单元。即每天凌晨三点万籁俱寂的时候，父亲按照事先写出的提纲，对着录音机，像讲故事一样，口述每一章节，用录音带录下来，交助手俞汝捷整理后，他再仔细推敲、润色、修改。修改量有多有少，有的章节甚至弃而不用，重新笔写。

在父亲口述录音的那段时间，我每天夜起，总能听到从父亲书房兼卧室传来的口述录音声，声音不大，但很清晰。有时候我轻轻走近书房门口，侧耳倾听，父亲声情并茂，娓娓而谈，有故事，有情节，有对话，有景物描写，也有标点符号说明。我听得入迷了，久久不能离去，真是一种难得的精神享受。有一天夜里我三四点钟起床如厕，听到父亲的书房传来阵阵哽咽声，录音暂时中断。原来父亲正在录制《慧梅之死》一章，为慧梅的大义灭亲、拔剑自刎的情节而失声痛哭。

其实，有时家里来了客人，父亲讲到《李自成》的某些章节和人物，如李自成、崇祯、田妃、红娘子、慧梅、卢象升等，有时也情不自禁地当众哽咽失声，泪流满面，在座者无不动容。父亲就是这样一个感情极其丰富的人。

他常说，《李自成》中的情节和人物自己不感动，怎么能感动读者呢？正是由于父亲丰富的情感世界，渊博的历史知识，丰富的创作经验，娴熟的艺术技巧，才塑造出了《李自成》中一二百个有血有肉、栩栩如生的大大小小的各类人物，才深深感动了千万读者。才能使《李自成》第一、二、三卷印发300多万部，创造了当代长篇历史小说之最。

父亲的性格和人格

　　父亲的性格特点是什么？每个人因接触不同、视角不同、感受不同，会有不同的回答。1984年父亲应邀去新加坡参加一次文艺活动，新加坡女记者张曦娜在访问记中写道："要怎样形容姚雪垠呢？自信、直率、爽朗、豪气、幽默……都是，但都不足以形容我眼前这位一头银发、神采奕奕、敢说敢言、心思灵敏、反应迅速、毫不矫情做作的作家、学者。……姚雪垠已达74岁高龄，却一点也没有给人垂垂老矣的感觉。他能言善道，谈得深，谈得广，言谈间还透着那么一点点童心未泯的戏谑和诙谐。"

　　国内一些友人则这样评价："一个真诚、正直的人"；"一个倔强的人"；"一个刀架脖子，宁折不弯的人"；"一个有独立人格，独立思想，不人云亦云，随波逐流的人"；"一个有正义感、是非感，爱憎分明，刚直不阿、铮铮傲骨的人"；"一个透亮的人，一个一旦认准真理就九牛拉不回的人"；"一个心胸极其广阔，对真理对人民事业执着追求的人"；"姚雪垠的精神世界就像广阔无垠的白雪一样，具有冰清玉洁的美好品质。"当然，不少人认为父亲是一个"自信、自负、狂妄的人"。

　　父亲则这样解剖自己："我的思想性格中'狂妄'占着很重要的一面，我很少迷信名人，也不迷信名言。对许多文艺问题，喜爱发表不同意见，特别是有独特见解的意见，绝不随声附和、人云亦云，有时也不为权者讳、尊者讳，故常开罪于人，被斥为狂妄。"

　　父亲在《我的前半生》中写道："假若你向我的老朋友提出这样一个问题：'姚雪垠的性格特点是什么？'你准会得到各种不同的回答，甚至是毁誉各异。假若问我自己，我会告诉你，我的性格有各种弱点和毛病，但有一个重要的特点，使我在一生中能够屡经挫折而不曾消沉和倒下。我的这个十分重要的性格特点是非常坚强的事业心和永不消沉的进取心。"

　　正是由于父亲的这些突出、鲜明的性格，才能使他坚忍不拔地克服种种艰难困境，成就了《李自成》，使自己的文学事业达到了高峰。同时，也正是由于父亲的性格特点，往往招来一些人的误解、猜忌、非议，甚至诋毁和攻击，使他一生中经常腹背受敌，不断遭到明枪暗箭。但现在人们也越发认识到，在世风、学风、文风不正的情况下，父亲的性格和人品、文品、精神世界显得多么难能可贵。

撕下门上的小纸条

进入20世纪90年代,母亲患病,父亲也日渐衰老,写作进度很慢,但经常有不速之客登门拜访,为此往往占去父亲大量精力和时间。我和妻子王琪劝父亲像很多老作家、老艺术家一样,在门上贴个纸条:"因年老有病,请提前预约,否则恕不接待。"父亲接受我们的意见,用毛笔写个纸条贴在门上。没过几天,门上的纸条不见了,一问,才知道是父亲撕下来了。父亲说,这种做法欠妥,人家兴冲冲来访而拒之门外,于心不忍。特别是外地来人,更不能使人家远道而来失望而归。我们为父亲待人的纯真、热诚而感慨,我和王琪还能说什么呢。

父亲的卡片柜

凡来访者特别是到过父亲书房的人,无不对父亲的卡片柜和一二万张卡片留下深刻印象,由衷敬佩。父亲去世后,中国作协党组书记翟泰丰同志前来吊唁时,再次浏览了父亲的卡片柜,他为字迹工整的蝇头小楷,有抄录、有批注、有按语的大量卡片,深为感慨地说:"一个老作家,为写一部书,下了这么大功夫,治学精神是这么严肃、认真、刻苦,值得我们每一个作家学习。"

父亲在《我的粗浅经验》中说:"有志于治学的人,我建议你们特别重视卡片工作。记卡片有两个办法,一个是把大意记在卡片上,一个是抄录原书。我自己的经验是抄录原书。"

从青年时代起,父亲就养成了记卡片的习惯。在20世纪30年代和20世纪50年代,他在河南农村体验生活时,就留意观察、记载河南各地的方言土语,用卡片形式汇集成"中原语汇",分门别类,装入用旧报纸做成的卡片袋中,至今仍珍藏在家中。

他为计划写《天京悲剧》,用卡片抄录了大量史料,足有上千张。

当然,父亲抄录卡片最多的还是关于明末清初的各类历史资料。卡片分十大类,下面又分若干小类,在卡片柜的抽屉上和卡片上分别用毛笔字和钢笔字标出说明,一目了然。在编纂《姚雪垠书系》时,我和俞汝捷对卡片所引用文献作了统计,涵盖了500种各类文献典籍,十分浩繁,足见父亲为写作《李自成》读书之广,用心之深,下功夫之大。这恐怕在中外文学史上是罕见的。

父亲数十年积累的卡片,是父亲留下的宝贵的文学遗产,将来有条件将卡片编纂出书后,再按照父亲遗愿无偿捐给国家。

"你妈是我们家的大功臣"

1992年母亲中风偏瘫后,父亲常对我们说:"你妈可是我们家的大功臣,为了这个家,你妈操劳了一生,没享过什么福,你们可要好好照顾她。"对父亲的话,我们感受很深。父亲一生特别是在晚年,由于母亲的精心照顾,才能无忧无虑,安心写作,生活才能过得舒心、惬意、温馨和幸福。

父亲和母亲是1931年春在开封结婚,当时父亲21岁,母亲18岁。两人从此携手度过了患难与共、相濡以沫的近70年的漫长岁月。关于父母的婚姻,还有一段传奇经历。1930年在河南大学预科读书的父亲,因积极参加学潮,作为共党嫌疑"被捕",因查无证据,并在河南知名辛亥革命元老、邓县同乡王庚先的营救下,获释出狱。从此父亲成为王先生家的常客,和母亲王梅彩相识,相爱,喜结连理。一年后的暑假,父亲被学校以"思想错误,言行荒谬"罪名挂牌开除。当天下午,只身逃往北平。从此离多聚少。父亲常年奔波在外,很少回家,母亲留在家乡含辛茹苦,独撑起家。解放后,全家终于团聚,生活在一起。但1957年父亲被错划为"极右派",年年被评为先进工作者、积极要求入党的母亲自然受到牵连,从此断了入党的夙愿。父亲划右后,被剥夺了写作的权利,一度悲观绝望,甚至产生自杀的念头。在这时候,母亲及时从开封来到父亲身边,陪伴父亲近半月时间,给了父亲极大的精神慰藉,父亲的情绪才得以平复。

1961年家从开封迁到武汉,母亲辞去工厂教职,成了一名家庭主妇,照顾父亲的生活和工作。每天忙完家务后,就带着老花镜,用老式打字机为《李自成》打字,一个字一个字地敲打出了一二百万字的书稿。在"文革"中,批斗抄家成风,母亲每天担惊受怕,不知度过了多少不眠之夜。

20世纪70年代末,全家定居北京,景况好多了。但在很长一段时间,为了让父亲每天吃上可口的饭菜和节省开支,母亲坚持不请保姆,自己料理家务。每天买菜、做饭、打扫卫生、整理书房、送信、取报,从早忙到晚,把家里搞得井井有条。家里来了客人,更是忙着倒茶让座,热情相待,还常留下客人吃饭。人们无不交口称赞,说母亲朴实、真诚、厚道、热情、好客、爽快、能干,为《李自成》做出了很大贡献,是一位平凡而伟大的女性。

1992年母亲突然中风,经过抢救才转危为安,但留下瘫痪、失语、思维受损的严重后遗症。母亲住院两个月,因病情危重,需要不断交纳押金,这时候父亲才知道家庭经济的拮据,有一次一时拿不出足额押金,父亲像小孩子一样号啕大哭。他万万没有想到《李自成》印了几百万部,家里还如此清苦,没有多少积蓄,连交住院押金都如此困难。但父亲对钱财又很慷慨。1982年,《李自成》第二卷获茅盾文学奖,他当即把3000元奖金捐给了中国少年儿童基金会。1984年,又捐出家乡祖产房退赔款4200元,设立了邓县中小学生"春风作文奖"(后易名"姚雪垠作文奖"),每年又拿出一个月工资作补贴,为发展家乡的教育事业尽了绵薄之力。

家中困境经媒体披露后,不少人想给予接济,父亲婉言谢绝。有人甚至想花30万元购买父亲的一些手稿和字,遭到父亲断然拒绝,他说:"我的手稿要无偿捐给国家,我不是书法家,决不卖字。"父亲毛笔字写得好,受到人们的喜爱,但父亲无论外出或在家,都无偿给人写字,分文不取,求字者只是送点保健品、茶叶或小磨油而已。

父亲虽然不承认自己是书法家,但毕竟是名家的字,且有厚重的文化底蕴和书卷气,故常出现在北京和外地的拍卖会上。1996年嘉德一次书画拍卖会,父亲的一副楹联拍出了34万元。我看到媒体报道后,十分感慨:父亲出了这么多书,给人写了那么多字,家里存款只有区区万余元。

母亲生病后,父亲无论多累多忙,每天也要到母亲卧室探望多次,问寒问暖,关心备至。有时坐在母亲床边,拉着母亲的手,两人相视而笑,默默无语。我看到父母的眼睛都湿润了,近70载岁月的浓浓感情尽在不言中。没想到,父亲先母亲而走了。在父亲书房设了灵堂,母亲坐着轮椅,抬头久久凝视父亲遗像,脸颊淌着泪水,极度悲痛,却不能说话。面对此景此情,家人都哭了。

"我要起来写《李自成》"

1997年2月,一天夜里父亲终于病倒了,第二天上午诊断结果和母亲患同样的病:多发性脑梗塞。当天住进和家紧邻的复兴医院。夜里我陪住。因白天忙了一天,夜里坐在沙发上睡死了。突然,同房另一病床的护工一边推我一边惊叫:"快醒醒,老人怎么躺在地上了!"我猛一惊醒,看到父亲上身穿着病号服,下身穿着短裤,光着腿,平躺在床边冰冷的水泥地上,顿时,我脑子轰了一下,连忙跑到跟前,问:"爸爸,怎么啦,怎么躺在地上了?"父亲神志清醒,声音低低地不连贯地说:"我要起来写《李自成》,写不完《李自成》对不起读者。"我一听眼泪夺眶而出:"爸爸,你病了,等病好了再写不迟。"一边说一边和护工一起把父亲抬到床上,盖好棉被。这时我看看表,时间是凌晨3点多一点。正是父亲每天夜里起床写作的时间。这一夜,我再也不敢入睡,父亲在病床上辗转反侧,一夜无眠。这一情景,使我想起了父亲在《八十愧言》中的一句话:"假若我写作到九十多岁或近百岁,忽然医生告诉我说,你活不多久,不能再写作了。我不是想着我这一生曾经为祖国人民写过多少作品,而是对医生点点头,表示感谢,然后轻轻叹息一声,在心中惋惜地说:'可惜呀,我还有一些写作计划不能完成!'到那时,我不得已,只好怀着愧心放下我的所有计划,辞别人间。"

父亲未了心愿

1999年4月29日晨,父亲匆匆走了,带着许多未了心愿的遗憾走了,带着《天京悲剧》、《大江流日夜》的写作计划走了,带着未最后完成定稿的《李自成》的遗憾,辞别了人间。

除此之外,父亲生前还有一些未了心愿:

其一,在家乡建起"姚雪垠文学资料馆",捐出自己的手稿和其他文学资料,作为对家乡的回报。1990年他已向南阳档案局捐出了《李自成》第一、二、三卷手稿等一批珍贵的文学资料。但由于种种原因,在父亲生前文学馆迟迟未能建立起来。

其二,拿出一笔稿费,设立一个长篇历史小说奖励基金,为推动我国长篇历史小说的繁荣和发展尽点绵薄之力。《李自成》第一、二、三卷累计印数300多万部,2400余万册,可稿费总共只有3万元。多年来,家里开支入不敷出,积蓄寥寥,心有余而力不足。

其三,在晚年编纂出版自己的文集,并已列出详细的编纂计划,找到了助手。但因《李自成》尚未完成而推迟。

其四,在完成《李自成》全书之后,写一部较详细的回忆录,书名定为《艰苦的历程》。为此,父亲在晚年搜集准备了不少资料,但计划也落空了。

父亲一生充满梦想,抱负很多,但都因历史条件的限制或"左"的干扰而落空。比如,1951年父亲辞去上海大夏大学教职回到家乡,计划用两三年时间完成《黄昏》、《长夜》、《黎明》农村三部曲,结果梦断开封,夙愿落空。1953年到中南作协后,在新乡通丰面粉厂体验生活两年,计划写一部反映中国民族工业的兴起和衰落的长篇小说《白杨树》,由于没有写党的领导,作协领导坚决反对,父亲一怒之下烧掉20多万字的手稿。父亲在晚年,每谈到焚稿时,眼里含着泪水,心里充满了痛苦。父亲说:"我的文艺思想和创作道路常与时代不合拍。我一生吃了性格倔强的大亏,至今已是暮年,禀性难移,悔亦无及!"

父亲辞世后,在有关方面的重视、支持和友人的帮助下,2000年22卷本《姚雪垠书系》由中国青年出版社出版了,2005年"姚雪垠文学馆"在家乡邓州修复的花洲书院中建立了,2000年我们代表母亲遵照父亲生前遗愿,捐出《李自成》第四、五卷版税50万元,经中国作协批准在中华文学基金会设立了"姚雪垠长篇历史小说奖励基金",现已评奖两届,《曾国藩》、《张居正》、《梦断关河》、《乾隆皇帝》、《漕运码头》等一批优秀长篇历史小说获奖,达到了设奖的预期目的。

今年十月是父亲的百年诞辰,在友人的支持和帮助下,我和家人正继续努力,实现父亲生前一些未了的心愿。这也是对父母养育之恩的最好报答,是对父亲百年诞辰的最好纪念。

父母虽然已渐行渐远,但我更加怀念他们。

原载于《平顶山学院学报》2010年第4期

上海解放前夕姚雪垠的革命活动

姚海天辑录

余敏：怀念恩师姚雪垠

1948年初我就读于上海高行农业学校，当时我们的班主任是姚雪垠先生，讲授国文课，我们全班同学对先生渊博的学识，深入浅出铿锵有力的讲课，无不敬佩不已，每每绘声绘色讲到激动时，他那炯炯有神的目光把整个学生的心都吸引住了，极富感染力，非常生动，教室里鸦雀无声，同学们都很热爱先生。听先生讲课是种美的享受，他把人们带入了高尚的思想境界。

当他讲到杜甫的《茅屋为秋风所破歌》时告诉我们山那边有个好地方（解放区），没有剥削，没有压迫，人人平等，过着丰衣足食的幸福生活，对我们进行了革命的启蒙教育。

由于先生崇高的人格魅力，他不但对我们进行了"授业、解惑"的教育，而且还引导我们如何做一个正直、无私、品德高尚的人。这一切都深受农校师生们的赞誉和尊重。

高行农校位居上海浦东，是一个偏僻的农村。校长周增英是民主人士，老师石小平（当时化名方志高）是中共地下党员，还有很多进步老师如诗人臧克家的女儿臧瑞珠等，校风较为开放民主。当时徐慧眉是学生会主席，刘光杰是学习委员，我是文娱委员。先生白天授课，晚上在家中写作，我们常去先生家中，先生非常热情，亲如家人。他常对我们讲革命形势的发展，如何迎接解放。他说："这是黎明前的黑暗，曙光就在前面。"

记得在1948年圣诞节，学校举行了盛大的文娱演出，先生写了活报剧，内容是"反饥饿，反压迫，要民主，要自由"，还有诗朗诵及歌舞等。排戏搞活动没有钱，先生给了我一块银元。观看演出的有农校全体师生和当地群众，这是一次革命的宣传活动，同学们都受到了革命的洗礼和熏陶，思想境界得到升华，产生了对革命的向往和热爱，致使在上海解放后学校有三分之一以上的学生参了军，投身于伟大的革命洪流中。

上海解放前夕,在白色恐怖下,不知先生从哪里弄来的上海地下组织印发的《告上海市民书》,传单中宣传了解放军在各大战役中取得胜利、国民党兵败如山倒、上海即将解放的大好形势,号召群众护厂护校,保护国家重要设施,严防敌人破坏。同时又印发了《安定上海市民书》。在夜深人静时我们这些要求进步的学生把传单塞进各商店和居民家中,我还将传单塞进了警察局,如此等等。我们在先生的指导下做了大量的迎接上海解放的工作。

在进行各种革命活动中,我们常在一起开碰头会,主要成员有姚雪垠先生、石小平、徐慧眉、余敏(在校时我的名字叫赵敏)等人。先生常对我说石小平青年有为,很有才华。由于我对先生无限崇拜,言听计从,因此对石小平产生了好感。1949年6月我参加了中国人民解放军三野九兵团政治部文工团,担任演员,石小平在上海警备司令部军法处工作,经组织同意我们结了婚(主婚人是军法处刘步洲)。那时石小平、姚雪垠等人在上海解放前夕从事的地下工作,上海党组织是认可的。

1958年石小平在西北电力建设局电建四公司工作时被划为"右派分子",我在帮石小平抄写交代材料时才知道——张松和、石小平是"前苏中地委联络部"派出到上海的地下工作者,主要搞敌区的情报和策反工作,并做好迎接上海解放的准备工作,直接受苏中联络部部长姚远、秘书长蔡辛的领导。高行农校只是地下工作的一个点,姚雪垠先生负责宣传,《告上海市民书》就是先生起草的。姚先生还负责联络上海文艺界,如电影演员朱苏等人,对他们讲述革命大好形势,让他们留下来不要跟着国民党逃跑,为革命做了大量的工作。然而,在1958年后的历次运动中都被说成是政治投机,说他们这个组织里的成员都是投机分子、叛徒、特务、政治骗子等乌合之众,极尽歪曲污蔑之能事。天何不公?如此颠倒黑白?!

据我知道这个地下活动组织直到1981年前后才被甄别为革命的进步组织,随之我的爱人石小平也得到彻底平反,再见曙光,沉冤得雪。遗憾的是,石小平已经被折磨得病入膏肓,于1982年去世。

后来我才知道雪垠先生为此也受到牵连,在先生的自传中从不提及在高行农校领导学生的革命活动,事实岂容抹煞?!我和徐慧君、刘光杰等人都能作证。

先生逝世后我从报纸上看到还有别有用心的人对先生1948年的这段经历进行污蔑和攻击,及姚海天同志的反驳文章,我才意识到先生对这个地下组织已平反的事还并不知情,而造成终身憾事。

别梦依稀咒逝川,转瞬六十年过去,忆往事心潮澎湃,历历在目,令人感慨万千,特作七律一首以纪情怀。

历尽坎坷只等闲,风霜何奈松柏坚。
含辛茹苦成巨著,往事一笑化云烟。
朴素文章秋水净,清新诗句露珠圆。
至今后学亦白头,难忘瑶华哺稚年。

于 2010 年 3 月 20 日敬上

余敏给姚海天的信

海天:你好。

忆起往事夜不能寐,觉得有些事还需补充说明。

1948 年先生在高行农校参加地下活动是由张松和、石小平领导的,单线联系,而他们均已去世。现在知道先生在高行农业学校领导学生参加革命活动的政治背景的只有我一人了。

1983 年张松和在上海曾对我说:"凡参加此组织进行过革命活动的人,都算参加了革命工作。"据我知道,原上海毛麻公司总经理兼职工大学校长陈关然同志就因参加了解放前张、石所领导的地下活动而办了离休,他的证明材料是我和张松和写的。

你说先生 1948 年在高行农校的这段活动成了历史悬案,先生为此背了几十年黑锅,一直是先生沉重的包袱,为此我十分疚心,也十分愤慨。当年先生在我们学生心目中的印象是一个革命的激情豪放的深受全校师生所敬佩的好老师。

我已年逾古稀,写东西有些杂乱无章,不知我的赘述能否说明问题,不足之处,请见谅。

余敏
2010 年 3 月 23 日

附寄照片十四张

刘光杰:高行农校的姚雪垠老师

中外闻名的大作家,恩师姚雪垠先生,离开我们虽然已经八个冬春了,然而，他那炯炯目光，激情言谈，仍然萦绕在我脑际。尤其是 1949 年上海解放前后，化名"冬白"的姚老师对我和同学们政治思想上的启蒙、革命斗争的指引和为人处世的言传身教，仍常常清晰地展现在我的眼前。

我本是一个先失学（只上了小学）后失业（当过学徒、店员）的苦孩子。经过自学和旁听，为了就业糊口，由胞兄资助，只身由青岛到上海浦东高行农校应试，插班二年级学习。当时的高行农校，只是一幢孤楼，楼前是操场，没有围墙，操场边是坟地。为谋生计，入学后勤学苦读。放学后，我仍坐在小坟头上学习，对外边形势，漠不关心。看到的是市区灯红酒绿、歌舞升平，听到的是反动宣传、警车吼叫。教国文的姚雪垠老师，当时还很年轻，只有三十多岁。他听说我是河南同乡，就多次找我谈话，告诉我，学习要劳逸结合，要关心国家大事和当前局势。切勿听信"上海是国际城市，共军打上海，就要发生第三次世界大战"等屁话。有困难，可以找他。姚老师亲切的关怀，使我感到十分温暖，就经常在晚上到他屋里聆听他的教诲。姚老师住在镇中街北面东的两间房子，内为卧室，外为书房，思想进步的同学，都是他的住室常客。老师无学者架子，他的床上，可坐可躺，书籍可翻可阅，只求放回原处。凡有所问，他都耐心解惑释疑。我问："大街上基督教徒沿街高呼'世界末日到了！天国近了！'什么意思？"他幽默地说："就是半封建半殖民地旧中国的末日到了！天堂般的新社会新中国近了！"他告诉我们淮海战役我军取得巨大胜利，解放军渡江和解放京、沪，指日可待。他室内墙上有张地图，他用大头针做成小红旗，解放军打到哪里，他就插到哪里。我们看到国统区越来越小，都十分高兴。老师藏有革命书籍，在进步同学中秘密传阅。我看的有赵树理写的小说《李家庄的变迁》，毛主席的《新民主主义论》等。在他那里我首次听到许多新名词、新知识，如"马列主义"、"社会主义阵营"、"东欧民主国家"以及"阶级剥削、阶级斗争"、"如何提防国民党、三青团特务的迫害"等。我仿佛在黑暗的房中，忽然打开了一个很大的窗口，看到了一个崭新的世界。当时的高行农校，有地下党员和进步教师，为迎接解放，都做了不少工作。但是，在白色恐怖条件下，置生死于不顾，对学生进行大量的深刻的政治思想教育的，仍属姚雪垠老师。

姚老师的启蒙教育，使我和同学们产生了投身革命、摧毁蒋家王朝，使新中国早日到来的强烈愿望。同学们推举我为《晨光》墙报编辑，我多次写文章揭露国民党反动统治的罪行。登在《晨光》报上，如我写的《"金元券"你怎么会有今天》。1948 年 3 月份，解放军横渡长江，南京国民党反动政府军警开枪镇压"反饥饿、反失业、要民主"的游行学生，酿成"3·12"惨案。农校进步学生要求罢课抗议，但被学校控制的"学生自治会"却无动于衷。姚雪垠老师支持进步学生，要求取消"学生自治会"，成立"学生联合会"。一次，我在操场上捡到一个纸团，打开一看,是一张用铅笔写成的开除进步学生孙丹的草稿,大意是:"查学生孙丹,思想不正,品行不端,教育无效,着予开除学籍。"我看后大吃一惊,立即交姚老师观看。老师非常气愤地说:"这是先开除,后逮捕。看来他们要先从进步学生身上开刀了,你们必须立即发动学生,团结起来,向学校当局做斗争。否则,一盘散沙,后果不堪设想。"我们立即行动,很快团结四十多人,并迅速扩大,建立进步学生团体,我为主要负责人之一。由于怕学生缺乏经验,不善言辞,姚老师便在其他进步老师的支持下,代表师生,向学校当局进行交涉,并提出以下要求:一、取消开除学生的决定;二、改选学生自治会为学生联合会;三、允许学生参加学生运动并保证学生安全;四、由刘光杰同学代表学生参加校务会议;五、凡重大决定必须经学生代表同意,方能生效。学校领导除不同意取消学生自治会外,其余条款全部同意。斗争的初步胜利,在全校师生中引起很大震动,我负责的《晨光》墙报刊登了大量揭露国民党黑暗统治的文章,得到了师生的广泛支持。4月初,姚老师应邀到高桥中学做了《关于反对专制,争取民主》的演讲,痛斥国民党反动政府专制独裁、横征暴敛,致使通货膨胀、民不聊生。讲到激情处,顿足挥拳,讲到悲愤时,泪流满面,在听众中引起了强烈的反响。

南京解放后,我解放大军包围上海。我和徐慧眉等同学收到了来自不同渠道的传单和地下党的报纸《新教育》等,传单内容是地下党组织印发的《告上海市民书》,传单中宣传我解放军在各大战役中的胜利和上海即将解放的大好形势,号召群众反对和揭露国民党反动派的残暴统治,护厂护校,保护重要设施,迎接我军解放上海。传单散发完了,我们就连夜刻板油印,在夜深人静时,把传单塞进各商店和居民的门缝中。高行镇外,遍地油菜,黄花飘香,一望无际。地下宣传品的交接、发送就在半人多深的油菜地里进行。我负责编的《晨光》墙报除同学投稿外,其他内容大都是从党的地下报刊和传单中改变形式后抄录的。有一次,由于过于疲劳,竟将"国民党反动政府"、"中国人民解放军"等主语抄写在墙报上,引起学生轰动。次日是星期天,几名带枪的警察向学校奔来,幸亏被学校做饭的老大娘发现,告诉了我,情急之中我扯下墙报,折叠起来,藏在了一年级教室悬挂的大黑板下,使警察扑了空。

5月份,上海解放了。我和同学们沉浸在欢乐幸福之中,不久,军管会接管了学校,取消了"学生自治会",成立了"学生联合会",我被选为"学联"主席。作为学生代表,我参加了上海市学联召开的会议,发动学生参军、报考华东军政大学。我动员了孙丹、金耀权、程承基、张六桂(女)等同学和我一道参加报考,姚老师请学校领导给我写了"保送信"。通过考试、体检,皆被录取。名单登在上海《解放日报》上。1949年7月15日,姚老师亲自送我们入学。同年10月我和其他同学首批参加了新民主主义青年团,我曾被选为中队团支部书记。不久,姚老师到上海大夏大学任教,曾来信要我们刻苦学习、认真锻炼,早日成为合格的军政干部。

姚老师对我们在为人处世方面言传身教,要求我们堂堂正正做人,光明磊落做事。他要我们独立思考,用辩证唯物主义的思想方法分析问题。以是否对人民有利为准绳,判断善恶,绝不人云亦云。以历史唯物主义的观点看待历史中的人和事,对英雄人物决不妄加批判、求全责备。在大是大非面前,他要求我们立场坚定、旗帜鲜明、直言不讳,切勿模棱两可、言不由衷。他苦口婆心、不厌其烦地要求我们趁年轻多读书、读好书,一生会受用无穷。他在教学和写作上,要求学生严谨求实,反对捕风捉影、哗众猎奇……

五十九年过去了,人事沧桑,作为一般基层领导干部的我,虽经曲折、坎坷、沉浮升降,但姚老师的教诲刻骨铭心,至今还激励着我这个满头华发的学生,老有所学,老有所为。

2007 年 9 月

刘光杰给姚海天的信

海天同志:

您好!寄来的书、信、照片均收到,深为感谢!材料以记叙文形式写成,除作旁证材料外,也可在有关杂志上发表,或在其他报刊上登载,以正视听。不知可否?

上海解放前夕,地下党的活动,可能因渠道不同,各自为战,互不联系,难免发生误会,主动参战者更多被人猜忌。当时,我就看到一些蛛丝马迹,尽管从没有人对我提起过,这只是我的直觉。因此写材料要慎之又慎,免被处心不良的人作为中伤的口实。恩师当时带领和教诲我们冒死斗争,敌友分明,矛头所向,大方向始终正确,即便有美中不足,仍是令人敬仰的英勇斗士,绝非"完美"的懦夫可比。不像有的人在白色恐怖下,胆小如鼠,什么事也不敢做;解放了,却出来对在"前线"战斗的人评头品足,求全责备,甚至节外生枝,诬友为敌。运动来了,以整人为快,致使好同志腹背受敌,伤痕累累。"文革"中,我在沪的一段历史,曾被诬为"隐藏在三门峡市委内很深的定时炸弹"批斗。去内查外调,原上海市军管会、公安局竟有我的档案,结论是"刘光杰系自发组织进步团体中的中坚",这才画了句号。我名不见经传,何以有立案侦察的档案?不难理解,在解放初,就有人诬告。我已参军入华东军大,调查和结果自己不知而已。当时有人对情况不明,提出质疑情有可原,但如今那段历史是非黑白,早有定论。姚老师同黑暗恶势力顽强斗争的一生,早被党、政肯定。如今半个多世纪已经过去,仍有人妒贤嫉能,出于不可告人的目的,妄图使历史沉渣再浮起,制造混乱,浑水摸鱼,不惜中伤他人,误导广大青年,真是无聊之极,无耻之极!这样的所谓"朋友"、"至交",良知全无。最终只能搬起石头砸自己的脚,受到人们的谴责。

  遥祝

  春节愉快,合家幸福!

刘光杰

2007 年 9 月 12 日

原载于《新文学史料》2010 年第 3 期

矢志不渝的姚雪垠

王维玲

2000年10月10日是姚雪垠90诞辰。在这值得纪念的日子,我想到在姚老逝世这一年半的时间里,《李自成》第四、五两卷出版了,第一至三卷也再版了。特别是在建国五十周年的日子里,《李自成》第四、五两卷叫红了大江南北,虽然由于发行渠道不畅的原因,有的地方还是空白,至今还不为人知,但第四、五两卷的出版,第一至三卷的再版,毕竟是让人高兴的事,说明广大的读者没有忘记姚雪垠,没有忘记《李自成》!

更可喜的是《姚雪垠书系廿二卷》出版了。《书系》的前十卷是《李自成》第一至五卷,后十二卷,包括他的长篇小说《春暖花开的时候》、《长夜》以及中篇小说《戎马恋》、《牛金德与红萝卜》、《重逢》等,短篇小说《差半车麦秸》等24篇,此外,还有他写的散文、诗歌、杂文、时评、通讯、纪实文学、回忆录、剧本、文学论文、史学论文、讲演录、访谈录、书信、译作等。其中特别让我感到珍贵的是有关《李自成》写作的论文、谈话、书信、诗词和他几十年积累的读书卡片的分目和部分卡片的选入。这么大的工程,在短短的一年半的时间里,由他的儿子姚海天和他的助手俞汝捷牵头,一批热心的专家、学者、教授参加,精心筛选、精心编辑、精心设计,完成了这项上千万字的浩大工程,这实在是件非常令人感动的事,也是文学界、出版界一件非常喜人的事。

我记得1990年在武汉召开"祝贺姚雪垠八十寿诞暨从事文学创作60年大会"的时候,我曾在大会上庄重宣布:中国青年出版社将出版《姚雪垠文集》,赢得了与会者的热烈掌声。没想到回京后,姚老忙于第四、五两卷的写作,我也杂事纷繁,都无暇集中精力从事这件大事,一晃十年,就这么快地过去了。而今想来,感到很对不起姚老,也感到非常的内疚。

现在廿二卷的《姚雪垠书系》终于由中国青年出版社出版了,我感到由衷的高兴。在这里,我衷心地向《书系》编委会的同志们表示深深敬意!你们做了一件功德无量的大事,这部含金量很高、沉甸甸的大书,也许现在还估量不出它的存在价值和意义,但十年、二十年、五十年以后,它的文学价值、学术光彩、历史成就,会越来越为人们所认识,所承认。

一

也是在姚雪垠 80 诞辰的那一年,姚老把自己的创作手稿捐赠给他的家乡河南省南阳市档案馆。在北京举行的捐赠仪式上,不少与姚老相识相交了几十年的老同志、老作家参加了会议,他们在发言中,谈姚老的信仰与追求,理想与人格,学习与写作……林默涵同志围绕姚雪垠的信仰和与党的关系,讲了一段很动情的话。默涵同志说:"这几年跟他接触当中,感觉到他非常的坚定。不管怎么风吹雨打,对他造了多少谣言、漫骂、攻击,他都不为所动,他坚定地相信党的路线,坚定地信仰马克思主义,他不放弃作为一个党员入党的时候发过的誓言。现在我觉得党员重新登记,很好。要重新看一看入党时候的宣誓。过去我们都宣誓过的嘛!都在红旗下面宣誓过的嘛!现在有的人却忘记了,翻过来了,自己宣誓过的东西都忘记了,而且反对它了。姚雪垠同志在这一点上是很好的,他是非常坚定的。刚才马烽同志讲,说他是骂不倒的。他是捧不倒的,也骂不倒的。捧也会捧倒,现在捧倒了多少作家。所谓作家,就是发表一篇作品,噢哟,到处捧啊,好得不得了啊!又是什么新创造啊,又是突破啊,哪有那么多突破!动不动就是突破!所以捧杀了很多人。鲁迅先生是了不起的,讲了骂杀与捧杀。骂可以把人骂倒,骂杀;捧也可以把人捧倒,捧杀。可是姚雪垠同志既骂不倒,也捧不倒,他还是姚雪垠。我是非常尊敬他的。"

默涵同志这段话是 1990 年 6 月 2 日讲的,虽然至今已过去十年,但我们重读他的讲话,还是觉得很有启示,很有意义的。当时听过默涵同志的讲话,我就想到,从 1957 年"反右派"到"文化大革命",姚雪垠走过的道路是崎岖的、艰难的,但无论多么坎坷不平,受过多大的打击,遭受了多少难言的折磨,他始终没有迷惘、没有彷徨、没有悲观、没有消沉,始终没有动摇他的坚定信仰、坚定信念、人生信条、奋斗目标。

1979 年 2 月 25 日《湖北日报》在头版以显著的位置刊登一条消息:"省直宣传战线抓紧做好错划右派改正工作……作家姚雪垠等 86 人被错划为'右派分子'已予改正,恢复名誉。"在这条消息中正式公布了湖北省委对姚雪垠的复查结论:"1958 年划作家姚雪垠为'极右分子'的主要依据,是 1957 年前后发表的五篇文章、两次讲话和一封信。参加复查的同志这次全部查阅了以上材料,发现当时的结论与原文有很大的出入,有的斩头去尾、断章取义,有的歪曲原意、强加于人。根据复查,属于错划。从他一贯表现来看,是拥护党、拥护社会主义的,省委最近已经批准改正,恢复名誉。"

蒙冤 21 年的姚雪垠,当年被错划"右派"时,还是满怀壮志的 47 岁的中年人,而今已 69 岁,迈入老年人的行列。但此刻的姚雪垠,想的不是怨恨和委屈,不是坎坷和挫折,而是勇气和决心,奉献和奋斗。他虽忘不了过去,但想得更多的还是现在和未来。正是在这样的心情下,他写了一首题为《风雨》的七言八句:

> 风雨崎岖二十年,
> 未将羸马卸征鞍。
> 刖工梦献连城璧,
> 逐客私栽九畹兰。
> 牛鬼蛇神迷黑榜,
> 香花毒草乱朱栏。
> 卷葹纵死心犹活,
> 乌桕经霜叶更丹。

对于 1957 年他被错划右派这件事,姚老说过一段非常深刻、令人深思、又让人感叹的话,他说:"1957 年这场深重的灾难,对许多知识分子来说是一场浩劫,我不会把灾难的责任归因于单位的某一具体的领导人,但对于这次政治运动的前因后果,以及对新中国文化和文艺发展道路危害之深,我将在日后写回忆录时再作分析。"

就在他恢复名誉的同时,姚雪垠正式向党组织提出了入党申请。有同志不解地问:"像姚雪垠这样年纪的老人,既有很高的成就,又有很高的荣誉,为什么还要申请加入中国共产党呢?"

这问题提得好,要研究《李自成》,要了解姚雪垠,如果只了解他的艺术观、审美观、历史观,不了解他的世界观、人生观、政治观,要精深而准确、深入而有创见地研究姚雪垠和《李自成》也是困难的。

有人问姚雪垠:"您被错划了 21 年,就没有一点怨恨之心吗?"姚老针对这个问题,在 1981 年的《长江文艺》第七期上以"党,我的精神母亲"为题,写了一篇声情并茂、激情满怀的散文,道出了半个世纪以来他对党的深厚情感。姚老写道:

> 早在几十年前,我们就把希望寄托在共产党身上。我们痛恨帝国主义,痛恨军阀,痛恨国民党反动派,是什么力量支持、鼓舞着我们,什么思想指引着我们奋斗前进呢?不是别的,正是中国共产党,正是党所宣传的马克思列宁主义支持、鼓舞着我们,指引着我们奋斗前进。
>
> 回想六十年前,我还是一个什么也不懂的少年。后来到了开封,接触了地下党,才使一个混沌的青年,思想逐渐开了窍,初步接受了一些马克思主义的原理,明白了一些是非,懂得了人应该走一条怎样的道路。如果没

有这一段经历,很难想象我这一生会怎样度过,我会变成什么样的人。从那以后,我所有的努力,不过是在党的政治影响下,在党所宣传的马克思主义启迪下,一步步向前走过来。

可是人生的路途是曲折的。我曾经像游子一样从党的身边离开。当我离开时,我的心情非常痛苦,曾经暗暗地哭过多次,有许多夜,我一经醒来,禁不住在枕上流出热泪。我好像一个孩子,希望能继续牵着母亲的衣襟向前走,继续得到母亲那温暖的手的抚摸和提携。正因为这种感情、这种力量,推动着我继续为党为人民做我应该做的工作。后来,在历次劳动中,尽管我受到挫伤,甚至受到沉重的打击,但我对于党从来没有一点怨恨的心情。我总觉得,作为一个儿子,我只能为自己工作得太少而惭愧,没有权利去抱怨哺育自己的母亲,即使她在某些时候犯了错误。我常常拿河南家乡的一句土话来形容自己:"家鸡打得堂前转,野鸡不打一翅飞。"自己不论怎么受委屈,决不背离党的利益。

这就是我们无比尊敬的那些成长在三、四十年代,成熟于四五十年代,在十一届三中全会以后真正成名的老一辈作家,对党的最真实的感情历程和心灵独白。

在支部大会讨论姚雪垠的入党申请时,他说了这样一段感人至深的话。他说:"我今年72岁,已经是垂暮之年。但是从另一方面看,同志们如同意我加入中国共产党,这将是我生命的新开始。对我来说,这后一方面的意义更关重要。虽然我明白我自己看不见共产主义的实现,然而我坚信人类的崇高理想必将实现。这是我的追求,我的信仰。我愿为这一信仰而进行战斗。"正是对真理与正义、光明与幸福的追求,几十年来,无论是处在顺境的姚雪垠,还是处在逆境的姚雪垠,他对共产党的信仰,对人类崇高理想的追求,始终如一,坚定不移。有人对于姚雪垠被错划右派后,一直不消沉,并且还做出突出成绩,很不理解。尤其是国外的同行。1978年来华访问的两位美国作家问他:"你从李自成失败写起,写他全军覆没后毫不灰心,用百折不挠的精神写出《李自成》,是不是也写了你在1957年的命运?"姚雪垠笑了,他说:"你们没有猜对,如果我自己的思想感情,仅仅限在个人命运上,就不大可能写出《李自成》。对历史的揣摩和艺术的虚构合情合理,才能获得读者的共鸣。这种感情远远超过我个人的思想感情范围。"这段话说出了一个真正的革命作家的政治信仰和艺术追求,同时也反映了一个作家的学识水平的高人之处。

姚雪垠不仅对党怀有很深的感情,同时也是一个很重道义的人。1976年周恩来总理逝世,姚老坚持要到劳动人民文化宫参加吊唁,那悲伤沉重的感情,让我们没有理由不同意他去。当时正是寒冬季节,来自全国各地和首都的人民,排着长队缓缓地去向总理的遗体告别。姚雪垠当时已是66岁的老人,穿着棉衣棉裤,整整在露天里站了两个多小时。事后我才知道,原来他对周恩来有着特殊的感情。早在40多年前,周恩来就很看重他。1943年初,他在重庆《新华日报》上发表一篇《需要批评》的文章。春节期间,在南方局举行的一次小型聚会上,周恩来也来参加。吃饭时,周恩来对姚雪垠说:"你在《新华日报》上发表的文章,写得很好,我已请报社同志作为整风学习材料,好好读一读。希望你以后多写些文章。"周恩来的这番话,使姚雪垠很激动。当时他33岁,对他来说,这几句话不仅仅是关怀、是鼓励,更重要的是信任、是希望,使他增强了追求真善美、鞭挞假恶丑的信心、力量和勇气,对他以后的创作和发展,起了很重要的指导作用。姚老常说:"是党给我艺术的新生命。"这里边也包括周恩来早年对他的指引。

由此就不难理解,为什么在国民党统治区,姚雪垠能够坚定地同党站在一起,一直坚持进步的文学道路。在白色恐怖下,他不低头、不弯腰;在各种势力的打压之下,他坚持原则、坚守操节。这与党的影响,与周恩来同志的教育是分不开的。姚老入党一年后,在北京转正时,他的转正报告里有这样一段话:"我从青年时代起,就受到我党所领导的政治斗争和思想斗争的影响,受到马克思主义的启蒙和熏陶,也由此走上了文学创作道路。但由于我身上的毛病很多,一直到前年才解决了入党问题,既感激,又惭愧。"这段话,固然是他的历史和他的感情最真实的表露和自白,但我在读的时候,却有一种说不出的心酸之感。在几十年的历史长河中,姚老经受了一场又一场磨难和考验,恐怕也只有在今天,在十一届三中全会以后,才对这位跟随党几十年的老人,给予了公正的评价和公正的待遇。但姚雪垠却能正确地对待过去的一切,仅此一点,也说明了他的境界和觉悟水平。

姚雪垠是很有度量的人。他从不玩弄花样,也从不回避矛盾,面对是非,爱憎鲜明,态度明朗。他能严于律己,也能坚持原则,坚定地站在真理正义一边,毫不动摇。这是他的一大长处。他从青年时代起,就从事写作,走的是自学成才的道路,在他的生活道路上,受了不少委屈和磨难,充满了坎坷和不幸。如果没有藐视各种阻力和困难的勇气,没有自强不息的精神,没有坚韧不拔的毅力,没有专一好强、十分自信的性格,他是成不了大作家的!姚老这种自信的性格,有时甚至表现为很自负。在七十年代末以后,特别是在他担任湖北省文联主席以后,有很大变化,当他意识到自己有时容易自视清高,过于自信时,他开始警觉起来。这时他很注意团结同志,对那些一度误解自己,或对自己有意见的同志,或在过去伤害过自己,至今还对他内疚不安,或对他还有戒备和成见的同志,他常常主动地把他们请到家中,交心长谈,听取意见。他的诚恳和坦率、正直和热情,使这些同志深受感动,不仅消除了彼此间的成见、顾虑、隔阂、误解,而且加深了了解,加强了团结。有件事,给我留下深刻印象。1982年《李自成》第二卷荣获首届茅盾文学奖,我去接他参加颁奖大会时,他在车上对我说,他决定把奖金全部捐献给中国少年儿童福利基金会。我想到姚老经济上并不宽裕,同时,也想到他这么做,别的获奖作者会怎么想呢?于是我对姚老说:"您再考虑考虑吧! 这奖金是对您几十年创作劳动和创作成果的肯定和奖励,您取之无愧! 再者,您如果在会上提出捐献,别的获奖作家怎么办呢?!"姚老默然,没有讲话。但在颁奖大会召开过之后,他悄悄地给会议的领导之一张禧同志写了封信,信中除了表明他的心愿外,另请在会议期间,为他保密,不要张扬出去。当姚老把这一切告诉我时,我深深感到姚老此刻在考虑问题和处理问题上,较过去全面多了,也谨慎多了。同时也说明,他对待个人的荣誉和利益的态度是客观、冷静的。

在姚老的转正报告里,还有这样一段话:"共产党员的个人工作,只能是党的事业的一部分,既要有较高的追求,争取多为党的革命事业做出贡献,同时也要永远保持谦虚谨慎,兢兢业业。"我感到姚老在这以后的20多年里,无论是在他参加的有限的社会活动中,还是在待人接物、与人相处中,他确实比较注意谦虚和谨慎了,比较注意观察和研究别人的优点、长处。这在他与一些中青年作家、学者、教授的交往中尤为突出。

"争取多为党的革命事业做出贡献",对姚雪垠来说,可不是一句空话,而是包含了许多内容。从1957年10月开始对姚雪垠公开批判,到1958年被划为"极右派",苦难的生涯就开始了。当时他的生活处境比监狱的囚犯好不了多少:降职降薪,剥夺自由,实行专政,繁重的体力劳动,无休止的检查交代……但姚雪垠毕竟是姚雪垠,他毕竟受了党多年的熏陶、影响和教育。他是坚强的,只经历了很短的时间,便从绝望中惊醒过来,他不再气馁、不再灰心,又恢复了他那特有的自尊、自立、自强、自助的生命精神,这时他的心情平静了,情绪稳定了,决心开始写长篇历史小说《李自成》。正如他后来说的:"我是一旦下了决心,就作背水之战,有进无退,不管多么艰难困苦,决不半途而废。"他的这种顽强精神,在《李自成》一书中也有所流露,那就是"打不垮、压不扁、吓不倒、拉不转"。正是这种矢志不渝、百折不挠的精神,给他智慧,给他勇气,给他信心,成了他的精神支柱。为在险境中写《李自成》,他特意买了本仿牛皮纸的活页夹子,用蝇头小字在窄行的活页纸上进行创作。一有空,他就沉思默写,进入李自成的世界,这时给人的印象,他好像是在专心地写反省材料。听到脚步声,他便很快地将活页夹子合上,危坐不动。进来的人问他写什么? 他便回答:写检查材料。等来人走尽,脚步声远了,他又打开活页夹子,继续写作。姚老说:"从1957年10月到1958年8月,我用这10个月时间不仅写完了《李自成》的第一卷,也将第二卷写出了一部分。虽然那是仓促写成的草稿,但这是后来整理加工的基础,有这个基础非常重要,倘若没有它,后来的《李自成》就永远是一句空话。"这话一点不假,后来他被下放到汉口郊区东西湖农场监督劳动,在这里劳动改造的"右派",只准干体力劳动,不准有别的任何选择。但姚雪垠依然在繁重的体力劳动中惦念着《李自成》第一卷的草稿,常常一边劳动,一边默默地在心中推敲《李自成》,丰富《李自成》,修改润色《李自成》,然后利用中间休息时间,偷偷地记在随身携带的小本子上。晚上和夜里是他的黄金时间,他躲在蚊帐里,守着电石灯,把白天想到的改到第一卷的草稿上。那时姚雪垠已经是半百的人了,让他修公路、挑塘泥、运砖石,干的都是重体力劳动,不要说体质不强的姚雪垠,就是身强体壮的年轻人都吃不消。姚雪垠终于犯了急性关节炎,不仅不能走动,就是坐也坐不住了。他拄着双拐,行动非常艰难,这才批准他回武汉看病。对"极右派"姚雪垠来说,再没有比这个机会更宝贵的了。他回到武汉作协,住进一间空房,房内只有一张单人床、一把椅子、一张三屉桌。在当时谁去关心一个"极右派"的健康,看不看病由他去!这正符合姚雪垠的心愿。他悄悄地住了下来,根本没去医院诊治双腿,而是利用这看病的机会日以继夜地整理《李自成》第一卷的草稿。到了1960年,中央对"右派分子"的政策开始有了一些松动和变化,10月他被宣布"摘帽",在李冰、程云、宋一平、余英、辛甫等同志的支持下,他才从地下转到地上,到1961年夏天将《李自成》第一卷整理完毕。第一卷历时四年,在"一片丹心作罪人"的痛苦心情之下,终于完成了这部书,于1963年8月正式出版。

正当姚雪垠满怀信心,准备继续完成《李自成》第二卷的写作时,"文化大革命"开始了。先是大字报、小字报,接着就召开群众大会声讨《李自成》是"反党反社会主义的大毒草",声言要打倒姚雪垠这个"牛鬼蛇神"、"摘帽右派",要拔掉《李自成》这面黑旗。姚雪垠和《李自成》面临灭顶之灾。就在这关键时刻毛泽东主席向姚雪垠伸出了救助之手,发出了保护姚雪垠和《李自成》的"最高指示",因此姚雪垠未被"革命"群众揪斗游街、殴打关押,也未被抄家、破"四旧",免遭一场灭顶之灾。也正因此,《李自成》的原稿,以及姚雪垠的大量藏书和他长期积累的二万多张读书卡片,未被查抄,免遭损坏。在那个动乱年代,毛主席的"最高指示"起了关键作用,既保护了《李自成》,也保护了姚雪垠。如果不是这样,姚雪垠想写《李自成》第二卷及以后各卷的夙愿,早已化为泡影,付之东流了。就是姚雪垠个人的命运如何,是死,是活,也很难说。

此后不再有人敢公开出来攻击姚雪垠是"牛鬼蛇神"、"摘帽右派",攻击《李自成》是"反党反社会主义的大毒草"了。但是,此时的姚雪垠只是朦朦胧胧知道毛主席下了"最高指示",并不知道具体内容。暂时的平静中,他又开始如痴如迷地进入《李自成》的世界。当时他在"五七干校",利用每天放猪放牛的劳动间隙充实修改《李自成》的第二卷稿。白天他把猪和牛赶到野地里放牧,自己坐在一旁写《李自成》,遇上刮风下雨便提着一盏马灯躲在牛棚里写。晚上回到集体宿舍,也是争分夺秒,在别人入睡以后,他爬起来,点上油灯,伏在床上写《李自成》,写累了,就到院子里打两套太极拳,回来再写。天天如此,从不间断,即使每天只写上三、五百字,也决不放弃。但日子一长,在实际生活中,总有一些意想不到的任务摊在他的头上,让他面对重重干扰和各种难题,无法坐下来专心写《李自成》,就是当时已经写出的第二卷稿子,也不能安心修改、润色。特别是从 1975 年春开始,一个接着一个要姚雪垠看剧本,姚老一再申诉:"我已经六十多岁了,正在写的《李自成》是一部规模大、人物多、情节复杂的小说,一旦停顿下来,再拿起来特别吃力。倘若不写下去,或写不完,对不起毛主席,对不起全国读者。"但没有用,剧本依然是一本又一本地送来。姚老说:"倘若是好剧本,决定排演,我乐意看看,一则学习,一则贡献力量。像现在这样水平很差的剧本,有的是用铅笔潦草写成,何必一定要给我看,使我没时间写《李自成》呢?"姚老说:"一切物质上的困难,我可以设法克服,精神上的压力,我可以顶住,时间上的一般干扰,我可以用加倍的努力补过来,但现在是从根本上让我没法继续写下去。"到了这年的 10 月,姚老实在不能再忍受下去了。这年 7 月毛主席发出"党的文艺政策应该调整一下,一年、二年、三年,逐步逐步扩大文艺节目"的指示,加上毛主席对电影《创业》、《海霞》的批示,"四人帮"一伙的文艺专制政策受挫,在文艺界引起了强烈的欢呼和反响,自然也深深地激动着姚雪垠。自身的艰难处境和大环境一时的松动和变化,这是促使姚雪垠决定给毛主席写信的主客观原因。姚雪垠不失时机地给毛主席写了封信,请求毛主席再一次伸出援助之手,支持他把《李自成》写完。这封信他寄给宋一平同志,宋转给国务院刚刚成立不久的政治研究室的主要负责人胡乔木同志,乔木同志写了个报告,连同姚的信送给第一副总理邓小平,小平同志转呈毛主席。毛主席立即表示支持,用粗铅笔在报告上批道:"印发政治局各同志,我同意他写李自成小说第二卷、第三卷至第五卷。毛泽东,十一月二日。"这样姚雪垠才得以脱身,从武汉来到北京,专心致志地写《李自成》。

后来我们曾经议论论过,姚老给毛主席的这封信是 10 月 19 日发出的,当时邓小平和他领导下的政研室的日子已经不好过。但胡乔木看过姚的信后,依然写了情况报告,连同姚的信一并送给邓小平,而邓小平还是转呈毛泽东,毛泽东终于作了批示。如果姚的这封信,不是 10 月,而是 11 月发出,那时"反击右倾翻案风"的帷幕就拉开了,不要说邓小平,就是胡乔木和他的政研室想转呈毛泽东,也不大可能了。姚这封信,刚好搭上邓小平复出后大起大落之时的最后一班车,这也是姚雪垠走运,但胡乔木果断支持的态度和邓小平无所畏惧的性格起了关键作用,这中间哪一个环节出了问题,都不是后来的结果。所以我们说要感谢宋一平同志,是他将姚雪垠的信,交给了胡乔木;要感谢乔木同志,是他出面,亲自拟写报告,送给了邓小平;要感谢小平同志,是他将姚雪垠的信转到毛泽东主席的手中。

1975年11月下旬,姚雪垠到京,从第二天开始,便全身心地投入到《李自成》第二卷的创作中去。他每天凌晨三时左右起床,一直写作到中午,从没有节日、假日。1976年地震那天,别人是在梦中被震醒的,而姚老早已伏案写作了。就这样他先用两个月时间,把第二卷通改了一遍;以后又用了四个月的时间,把第二卷作了一次精心地润色;排出清样后,又用两个月时间作了一次修订和校对。前前后后用了近八个月的时间,反复地进行修改、加工、润色。1977年第二卷出版后,一炮打响,轰动各界,就不奇怪了。

但此刻姚雪垠的心情并不轻松,想到后面尚有三卷未就,任务繁重,老马长途,随即写了一首七律:

> 曾经霜冻百花摧,
> 春色含烟次第回。
> 楼外五更多爆竹,
> 胸中念载足风雷。
> 雄心勃勃山河壮,
> 笔力迟迟岁月催。
> 新作印成初到手,
> 怅然无意觅茅台。

这就是1977年春节之际,《李自成》第二卷出版之时姚老心境的真实写照。老作家秦牧读过《李自成》第二卷,了解到以上这些情况后,说过一段十分打动人心的话:"姚雪垠同志以六十八岁的高龄,致力写三百万字的长篇历史小说《李自成》,单是这种意志和毅力,就很令人敬佩。听中国青年出版社的编辑同志说,作者每天凌晨三时起身写作,一直写到八、九时。其他时间,也多用来学习、思索和准备材料,天天如是,坚持不懈。这种精神,着实了不起!我总觉得社会主义国家的作家,应该比资本主义国家的作家勤奋些才对。《李自成》作者的这种工作精神,希望能和他的小说一样,为更多的人所知道,从而也起一种擂鼓助阵的作用。"是什么力量支持着姚雪垠同志能有这样的魄力、毅力、勇气和决心呢?是对理想的追求,对信念的坚定,而这理想,这信念,又表现在对祖国的热爱,对中华民族的热爱,对从水深火热之中把中华民族拯救出来的中国共产党的热爱!正是这样的爱,他把自己的热情、精力、才华、学识,全都倾注在《李自成》这部鸿篇巨制之中。

他在一首诗中有这样一句:"十年寂寞篷窗女,"正是他孜孜不倦,艰苦经营,数十年如一日,"争取多为党的革命事业做出贡献"的写照。

姚老 80 岁时,写的《八十愧言》一文,我看过后,格外动心。特别是最后一段话,他多么想要为祖国、为人民、为文学多做贡献啊!情意真切,表达了一个赤子之心的抱负。他说:"我今年仅仅八十整寿,离百岁还很远呢。我对追求事业的热情依然未减,艺术思维能力也未衰退,我不能停止长征。具有五、六千年文明,三千多年光辉文学的伟大祖国,需要我继续服务。假若我写到九十多岁,或将近百岁,忽然医生告诉我说:活不多久,不能再写作了。我不是想着我这一生曾经为祖国人民写过了多少作品,而是对医生点点头,表示感谢,然后轻轻叹息一声,在心中惋惜地说:'可惜呀,我还有一些写作计划不能完成了!'"这不是对九年后,姚老病逝时的情景的真实写照吗!姚老静静地安详地走了,不同的是,他是以永不衰退的热情和顽强的毅力,在完成了《李自成》第四、五两卷这一百万字之后,使《李自成》全书画上了一个圆满的句号之后走的!这对一个 89 岁的老人来说,是件多么不容易做到的事啊!

1982 年中青社在讨论姚雪垠同志转正的支部大会上,一位我十分敬重的老同志说了这样一段话:"人,作为自然的人,从新陈代谢这个角度来说,有个出生、成长、成熟、衰老、死亡的过程。但是对我们共产党人来说,在精神和气质上,却不应有衰老和死亡之说。这是因为共产党人的精神和理想,不断为我们注入新的血液、新的思想、新的力量,使我们能永远保持蓬勃朝气,充满青春活力,永远具有坚强的意志,革命精神永不衰退,能永葆共产党人的革命青春!"这番话,是对姚雪垠同志一生最美好的祝愿。

二

对于毛主席 1966、1975 年两次救助姚雪垠的前前后后经过,他原是不清楚的。姚老常说:"'文革'开始时,如果不是毛主席亲自出来说话,不仅《李自成》不存在了,也许姚雪垠也不存在了。"所以他对毛主席对他的这一极其特殊的讲话,有说不出的感激之情。但毛主席怎么说的,在什么场合说的,他并不清楚。还是在粉碎"四人帮"以后,姚老写信给王任重同志,王任重把事情发生的前前后后写信告诉了姚老,他才知道发生在 1966 年的"最高指示"的前因后果。那是 1966 年 7 月中旬毛主席亲自主持中央政治局扩大会议,看到王任重同志列席,毛主席把他叫到身边,对他说:"姚雪垠的《李自成》第一卷的上册我已经看了,写得不错。你赶快通知武汉市,对他加以保护,让他把书写完。"第二天早晨,王任重即打电话向武汉市委第一书记宋侃夫传达"最高指示"。武汉市委根据"最高指示"的精神,对进驻文化系统的工作队作了特别布置——保护姚雪垠和《李自成》不受冲击。

对于毛主席1975年第二次在他写给毛主席信上的批示,他更为感动。但是毛主席这个批示,他是在近20年之后,通过中央文献研究室的帮助,才看到原件的。当姚老看到毛主席用很粗的铅笔,歪歪扭扭、非常吃力地写下那行非常明确而有力的批示时,他热泪盈眶,感激的心情难以抑制。他想到当时毛主席已病了很久,又患很重的眼疾,写字都很困难,但没有忘记《李自成》留给他的深刻印象,没有忘记九年前他下达的保护姚雪垠、让他把《李自成》写完的指示。正因为他有这样的印象,才又一次表示支持,赞同姚雪垠把《李自成》五卷本写完,而且还要政治局各同志支持《李自成》的创作。

对毛泽东主席两次在关键时刻救助于他,他想得很多,也想得很深。他讲过这么一段话:"毛泽东在他几十年领导中国新民主主义革命的生涯中做出了震古烁今的贡献,表现出多方面的伟大天才,理应受到全国人民的歌颂和崇拜,但是在他后期的政治生涯中也充满了各种失误,甚至不可原谅的错误,给中国共产党带来沉重挫折……然而他在历史上是一位复杂人物,在有些问题上很敏感,具有不同于一般人的见解。我是通过自己的切身经验,认识了毛泽东。他适时地指示保护我,特别是要我将《李自成》一书写完,这在他一生中是一件很小的事,但在我一生中却是一件大事,在中国现代文学史上也是一件大事。"姚老讲这段话,是有他的道理的。"文化大革命"是毛主席亲自发动、亲自领导的,按照当时"运动"的发展,姚雪垠和《李自成》无疑都是打击的对象和重点,姚雪垠被打成"牛鬼蛇神",《李自成》被列入"大毒草"的行列,这本来是非常合乎逻辑的事。但又是毛主席亲自出面,给予关心和支持,保护了他和《李自成》。这在"文革"中虽然是一件非常特殊的事,但对姚雪垠来说,却是他一生中感念不忘的一件大事。姚老说:"我永远不会忘记毛主席对《李自成》的支持和关怀。"这是他的肺腑之言。1976年9月毛泽东逝世,姚老和我们一起到人民大会堂瞻仰毛主席的遗容遗体,和毛主席告别。姚老走到灵前,悲痛难忍,放声大哭,让周边的守灵人都吃了一惊,那情景至今历历在目。回来后,姚老连夜写了一篇《我的悲痛和决心》的短文,这是一篇刻骨铭心的泣血之作,其中有一段:

> 毛主席啊!从《李自成》第一卷出版之后,我的工作不止一次得到您的亲切关怀和巨大支持。去年我写信向您汇报《李自成》的写作情况,您在百忙中亲自写了批示,又一次给我无限鼓舞。十年来我为您的关怀和支持,不知激动得痛哭过多少次。毛主席啊!我怎么能想到您逝世这么早?如

今第二卷快出版了。假若我的工作做得快一点,赶在您逝世前将第二卷呈送到您的面前,该有多好!写到这里,我又不禁失声痛哭!

当姚雪垠把1966、1975年毛主席两次指示弄清楚后,他在1993年写了一份一万多字的资料,详细地记载了毛主席两次救助他和《李自成》的前后经过,以及他对毛主席的感激之情。这份资料分为四个部分:一是"我在解放前的文学成就",二是"毛主席对《李自成》第一卷的肯定评价和对我的及时保护",三是"邓小平同志对《李自成》第一、二卷的高度评价",四是"一些专家学者对《李自成》所做的高度评价"。他送给我的那份,专门用毛笔在首页写下了"毛主席和邓小平同志对我写《李自成》的关怀与支持以及一部分专家学者对《李自成》的评价"。在首页的左上角还写了一行小字:"请你们参考。"

1994年2月春节期间,我给姚老拜年时,他又把刚刚出版的《新文化史料》第五、六两期各送给我一本,上面有他根据那篇资料重新写过的《我创作〈李自成〉的艰难历程与毛泽东的及时保护和帮助》,分上、下篇。下篇有三个部分专门讲毛主席对他的支持和保护:一是"毛主席第一次及时地指示救我",二是"《李自成》写作道路上又逢厄运",三是"我给毛主席写信请求他支持我写完《李自成》"。从以上介绍可以看出,姚老对毛泽东主席两次保护他和《李自成》是一直铭记在心、非常感激的,这种感情不仅表现在他在公开或内部的各种场合的谈话中,而且还有大量文字记载。但姚老对"57年反右派"和"文化大革命"却一直持批评否定的态度,这在他写的回忆录、讲演录和一些文章中也有详细的记载。对极"左"路线,包括毛泽东本人的错误,他从不含糊,从不回避,态度是十分鲜明的。

写到这里,我想到在姚雪垠遗体告别仪式上散发的"姚雪垠同志生平"材料中,有几段话写出了姚雪垠的倾向、特点和性格。"姚雪垠一生满腔热忱地歌颂真、善、美,入木三分地鞭挞假、恶、丑。""他的一生,是追求光明和真理的一生,是同黑暗邪恶势力顽强战斗的一生,是饱经风雨坎坷、曲折磨难而对党、对人民、对文学、对生活始终充满乐观和信心的一生,是严肃治学、勤奋笔耕、呕心沥血、不断攀登文学艺术高峰的一生。"这是对姚雪垠一生鲜明而准确的概括。

(本文中有关姚雪垠的谈话、引文均根据作者的日记、笔记以及姚老生前提供给作者的资料,包括已发表和未发表的文章和回忆录。)

原载于《文艺理论与批评》2000年第5期

文学生命之始
——姚雪垠在河南大学

刘增杰

我这一生的成就很小,但是论起这一点点微不足道的成就,我不能忘记在河大预科两年的学生生活。这是我一生道路开始的地方……

——姚雪垠

1929年春天,不满19岁的姚雪垠,从风气闭塞的河南邓县,来到了当时的河南省省会开封,开始了一生中具有决定意义的学习和追求。用他自己的话来说,就是"离开了一年到头(鸦片)烟灯昏黄,哭声与吵骂声不绝于耳的家","结束了浑浑噩噩的少年生活,开始有意识的学习道路,也有了自己的追求。"在初到开封的几个月里,为了准备功课,投考河南大学,姚雪垠废寝忘食,历尽辛苦,经过了被他称作"饥饿与苦斗的春天"之后,姚雪垠终于实现了自己最初的理想,考上了河大法学院预科。

姚雪垠,这个当时还没有见过世面的农村青年,一踏进河南大学这所古朴而庄严的河南省最高学府,就不停地在校园内走着、看着、审视着,稚气的脸上带着兴奋和激动,展现在他面前的,是一个自己完全陌生的世界。

打开了新的视野

河南大学给予姚雪垠的,是一个全新的视野。河大的教师,主要由三部分人组成,一部分是受到过五四新文化运动哺育,具有新思想的从北京等地毕业的大学生,一部分是从国外学成归来的洋博士,还有一部分则是古文学根底深厚的旧派学人,前两部分人占据着主导地位。这些教师的做派、传授的知识、倡导的学说对姚雪垠来说几乎闻所未闻,新奇而具有诱惑力。在国内小有名气的开封书店街,大小书店林立,京沪等大城市出版的新书,书店老板总能用最快的速度送到本地读者手里。在河大图书馆阅览室,各种新书籍、新报刊更是琳琅满目,让人目不暇接。在河大提供的这个浓烈的文化氛围里,姚雪垠整天聚精会神地聆听着,贪婪地潜心阅读着,兴趣盎然地和同学们交谈着、争辩着。他被浸泡在新知识的海洋里,乐而忘返。姚雪垠的思维被激活,他的自信心在增强,新的思想充实着他的思想、学养。

据姚雪垠回忆,河大两年,他在以下诸方面获益不浅:

一、阅读了介绍马克思主义的书籍,初步掌握了一些关于历史唯物主义、辩证唯物主义的理论知识。

二、阅读了五四以后的新文学作品、苏联作品和文学理论。姚雪垠认为五四新文学运动给了他第一次思想启蒙,而大革命失败后的革命文学运动又给了他第二次思想启蒙。

三、在河大期间,读了梁启超的《清代学术概论》等晚清学者的著作,清代朴学家的治学精神、方法和态度,给他以极大的影响。

这些为他以后从事理论研究和创作,打下较为坚实的基础。

河大赐给姚雪垠的,当然不仅仅是书本知识。姚雪垠在河大就读的年代,是国内阶级冲突最为激烈的年代。国民党政治上的高压,使得民生凋敝、民怨鼎沸。全国学生的抗议浪潮此起彼伏。具有光荣传统的河大学生,对反动当局的倒行逆施表达了他们的愤慨和抗议。少年时期就养成了敢于反抗邪恶势力的性格的姚雪垠,此时和同学们一起,积极参加学潮委员会组织的活动,经受着社会风雨的敲打和锤炼。

1930年,反动当局以"共党嫌疑"为由将姚雪垠逮捕,因查无实据,四天后取保释放。1931年暑假,姚雪垠又因参加政治斗争和学潮,被学校以"思想错误,言行荒谬"的罪名开除学籍,大学的学习生活至此结束。虽然姚雪垠在河大只度过了两年的学习生活,但这却是他一生中的关键时期。他说:"我永远不能忘记这短短的两年时间中给我的深刻政治思想教育和人格锻炼,对我以后的学习起了启蒙和引路作用。"两年的教诲、两年的努力,一个未来有成就的文学家从河南大学悄然走出。

处女作问世

在河大期间,对于姚雪垠的文学生涯来说,最具有意义的是处女作短篇小说《两个孤坟》的发表。

80年代初,姚雪垠给笔者的来信中曾经多次谈到,1929年春天,他曾写了一篇小说,发表在当时的《河南日报》副刊上。年代的久远使他的记忆不免有误。经过笔者多方查寻,终于在1929年9月9日、10日《河南民报》副刊第29、30期上,发现了姚雪垠的处女作《两个孤坟》。作品篇末署"1929.8.22 开封"的字样。《两个孤坟》虽然留有初学写作者在艺术上的粗疏和直露,但应该说,作者创作的起点还是相当高的。在作品里,作者以凄婉的笔调,生动地描写了长工王材和婢女雪香的悲惨故事:寨主姚泽民无恶不作,他虐待雪香,逼得雪香投河自尽,随后又以莫须有的罪名,将王材活活打死。作品从一个侧面,反映了20年代中原地区地主对农民进行残酷压迫和剥削的社会现实。作品发表时署名雪痕,笔名出自苏东坡的诗句:"人生到处知何似,应似飞鸿踏雪泥。"同年9月至10月,姚雪垠还发表有如下作品:

《强儿》,短篇小说,9月20日《河南民报》副刊第39期,署名雪痕。

《致灵涛信》,通讯,9月23日《河南民报》副刊第42期,署名雪垠,这是作者首次使用雪垠作为自己的名字①。

《秋季的郊原》,短诗,10月12日《河南民报》副刊第81期,署名雪痕。这是作者发表的第一首新诗。

在《两个孤坟》和上述作品中,作者把他的同情投给了弱者,而把他的恨射向了罪恶的旧社会。这一直面现实的创作倾向,贯穿于作者早期的全部创作中。从河大时期开始作者就坚持的这一现实主义的创作原则,不仅来自他的直接的生活感受,也来自河大所给予他的理论武装。他当时阅读的大量社会科学著作,有助于他创作思想的形成。关于这一点,他在表达自己文学见解的通讯《致灵涛信》中,有着明确的自白。该文认为,文学创作应该作为"大众的留声机",把受压迫者的"哀号与呻吟传送出来,把社会的种种坏现象,全盘地呈露出来"。该文要求在创作上清除鸳鸯蝴蝶派的思想影响,反对色情描写。姚雪垠的现实主义理论,有着左翼文学运动的明显烙印。当时姚雪垠对文学单纯而又过分简单的理解,不论从积极方面还是消极方面,对其文学思想的发展,影响都是巨大的,直至伴随着他长达70年的文学行程。

姚雪垠很看重他的处女作《两个孤坟》。当笔者把发现的《两个孤坟》复印件呈送给他时,他欣喜地说:"你的工作有意义,你把我的创作时间向前推了两年!"由《两个孤坟》,姚雪垠讲述了一件至今他难以忘怀的故事:当他到报馆领到了《两个孤坟》的稿酬——五毛钱时,他的眼睛顿时发亮了。五毛钱,这是一个最不起眼的数字,可是对处于生活困境中的姚雪垠来说,却是一笔不小的收入,意外的恩赐。五毛钱,他可以在地摊上美美地喝几碗热气腾腾的绿豆面丸子汤;五毛钱,他可以买几个大个的甜瓜,跑回宿舍,带着欣喜的心情连皮吃下;五毛钱,这是他几天的生活费呀。五毛钱带给他的,不只是经济上的接济,更重

---

① 姚雪垠告诉笔者:在河大期间,因为思想起了变化,才抛弃了带有悲观厌世色彩的旧笔名雪痕,易名雪垠。

要的是对他从事文学创作及时的鼓励,精神的安慰①。写作给姚雪垠带来了灵魂的愉悦,精神的富足,《两个孤坟》中安放着他的生命和梦想。在特定的时刻,一个孤立无援的青年学子,哪怕得到的是最为微不足道的支援,在他内心深处掀起的感情涟漪,竟长达50年奔腾不息。

河大两年,事实上为姚雪垠以后的创作作了初步的准备。读姚雪垠的作品,特别是读长篇巨著《李自成》,我们都为作者深厚的传统文化修养所折服。这实际上得力于姚雪垠这一时期的刻苦攻读。他说:"随着我读书日多,写作能力在继续提高,而且与我以后在文学道路上的发展有一定的关系。我喜欢中国古文学,读的多了,使用文言写作的能力有所提高。……因为我在早期这点基础,使我到中年时代突然开始写《李自成》才具备必要条件。"

其实,开封和河大带给姚雪垠的,还不仅仅是创作《李自成》的知识准备,而且最早地为他提供了接触李自成材料的机遇。1931年暑假离开河大后,姚雪垠仍然不断往来北京、开封之间。利用寒假,回开封探亲,看望住在岳父王庚先家中的妻子。其间,姚雪垠经常到河南省图书馆读书。设在开封二曾祠的河南省图书馆(今开封市图书馆),地处龙亭湖南岸,风光宜人,环境幽雅。正是在这里,姚雪垠意外地发现了记载李自成三次进攻开封的两本书,一是李光壁的《守汴日志》,一是周在浚的《大梁守城记》。这两本书,是作者接触明末农民战争史料之始。在姚雪垠的《〈李自成〉创作余墨》一文中,我们感受到,正是从这里开始,作者已经隐约地出现了创作《李自成》的意识萌动。

或者可以作这样的判断:河大两年,姚雪垠称得上是双喜临门。如果说《两个孤坟》点燃起了姚雪垠文学生命的火焰,那么他和王梅彩女士的喜结良缘,可以说是保证他的文学生命之火永不熄灭的一个关键。

姚雪垠漫长的文学之路,崎岖而艰险,苦多乐少,坎坎坷坷,他时常心存高远而不被理解。姚雪垠所承受的经济压力、精神痛苦,是常人所无法想象的。多亏有了这位贤惠善良的妻子默默地体贴、支持、鼓励、安慰,相濡以沫,日夜相伴,这棵文学之树才能够顽强地扎根于生活的沃野,而没有被时代的风雨所折断,终于躯干挺拔,枝繁叶茂,直刺青天。

姚雪垠和王梅彩的婚姻带有某种传奇色彩。1930年,当姚雪垠因"共党嫌疑"被捕后,反动当局既没有证据、又迫于舆论压力,最后只得以交保释放的方

---

① 姚雪垠在《学习追求五十年》中回忆,"家中没有钱,我在开封也没有亲戚,生活十分困难。我经常蹲在街边买一碗绿豆面丸子充饥。甜瓜上市的时候,我买一个甜瓜,舍不得削皮,连皮吃下去作为一餐","第一次投稿,居然发表了,下月通知我去领取五毛钱稿费。那时候使用银元,物价很低,五毛钱可以生活几天。"

式将姚雪垠放出。请谁来做保人呢？姚雪垠想到了自己的同乡王庚先先生。王先生是河南省辛亥革命的元老之一，遇害的河南辛亥11烈士是他的同事，他因为自己的革命经历而受到了人们的尊敬，当时在开封担任一个商店经理。经过王庚先的营救，姚雪垠最后获释出狱。从此，姚雪垠结识了王庚先，并在交往中和王庚先的爱女王梅彩相识。王梅彩当时在开封艺术学校上学，学习绘画。两人由相识而相互倾慕，并于1931年5月结婚，开始了近70年患难与共的生活。①

创办《风雨》，走进风雨人生

姚雪垠虽然1931年暑假以后就离开了河南大学，然而他和河大仍然保持着时断时续的联系。1937年之前，河大教授王毅斋曾经给予他多方面的帮助。② 抗日战争爆发后，姚雪垠又和河大教授嵇文甫等人合作，共同主编救亡刊物《风雨》。后来，他还以嵇文甫领导的、以河大学生为主体的抗战训练团为素材，创作了长篇小说《春暖花开的时候》。这里只着重描述在创办《风雨》时期姚雪垠在救亡文艺理论方面进行的探索。

《风雨》周刊创刊于1937年秋，由嵇文甫、姚雪垠、王阑西主编，初为周刊，第15期起改为5日刊，主编又增加范文澜、方天逸两人。该刊虽然是一个综合性的刊物，但刊登的文艺作品、抗日救亡文艺理论、文学思潮研究方面的论文却相当多。由于《风雨》周刊内容充实，形式活泼，从而使它很快成为在全国具有较大影响的刊物，吸引了相当大的一批作者和读者。许多著名作家、戏剧家、音乐家都先后应约撰稿，及时地反映了抗战初期我国许多地区救亡运动的某些侧面。作家沈起予的报告文学《前线归来记》，碧野反映华北农村生活的作品《流亡途中》、《在行唐——前线速写》，刘白羽的通讯《海上》、《弟弟走了以后》，都真实地反映了当时中国人的处境和精神风貌，产生过较大的影响。

在《风雨》周刊上，姚雪垠以书信的形式，对抗日救亡文艺理论进行过较为系统的研究。

抗日救亡文艺应该描写什么？

姚雪垠在关于救亡文艺的第二封信《兴奋的日子开始了——主题论之二》

---

① 1984年3月30日姚雪垠和王梅彩谈话记录。
② 王毅斋教授在家乡杞县（今属开封市）创办大同中学，姚雪垠曾多次到大同中学借宿、养病。

中指出:"抗战开始后,全国人民激发起了空前的抗日热情:小商人不管生意怎样萧条,自动地集钱买食物买茶水,慰问从前线受伤下来的士兵;一些被青年人看成人间废物的老太婆,也拿着西瓜慰问伤兵;连那些光着屁股的小孩子,也努力争取为抗日救亡做点事。"他认为:"如今从绥远到广东……哪一处,你看不到这些令人兴奋的事象,和听不到奴隶们的震天吼声?时代本身就是一部惊心动魄的悲喜剧,一首可歌可泣的大史诗。"因此,救亡文艺要描写这些"全民抗战的热情","这主题既积极,又鲜明,既容易叫作者把握,又容易叫读者感动。"在谈到如何描写人物时,作者特别强调要正确地描写农民。他说,有的文章讽刺农民愚蠢,这种对大众加以讽刺的做法是很不对的。在谈到如何描写敌人时,姚雪垠说:"对敌人谩骂侮辱并不能长自己的志气,灭他人的威风,还是把敌人的暴行多多暴露出倒能发生积极的作用。"

作者在关于救亡文艺的第四封信《是否还要反帝反封建——主题论之四》中,对当时文艺战线的反帝反封建任务,阐述了自己的观点:"反封建是对内的,反帝是对外的,目前和帝国主义对立是一个大矛盾,和封建的对立是一个小矛盾,我们应该缓和了内部的小对立,加强了外部的大对立。"

姚雪垠关于救亡文艺的五封信,主要探讨了救亡文艺应该"写什么"。从第六封信《论大众文学的风格(上)》开始,他又扼要地论述了写作方法方面的一些问题。他认为,一个作家,应该时刻了解大众的需要,写出大众所拥护的作品。他说:"一个前进的作家必须时时刻刻地注意着自己的作品对时代会产生什么影响,假如他不能深刻地了解政治,就证明他与他的时代和周围的大众生活有隔阂,就可以断定他绝写不出为时代所需要、为大众所拥护的作品。"他认为:"救亡是一切不愿做亡国奴的人们的责任,所以救亡文艺的读者对象也是无所不包的。""救亡文艺从它的社会基础上说,是大众的;从形式上说,是通俗的;从时代的使命上说,是启蒙的,而在现阶段启蒙和救亡是决不能分开的。"在论述风格问题时,他指出:"在阶级社会里,人们的生活条件不同,对艺术的趣味就不一样。每个作家的作品都有自己的风格,但同一时代同一阶层作家的作品又有一种共同的风格。"①

在当时的条件下,姚雪垠的这些理论探讨是具有积极意义的。仅就姚雪垠个人的文学道路而言,由于他坚持创作实践与理论研究并重,理论来自自己的创作实践,而又善于把自己的创作实践及时地上升到理论高度加以总结、升华,这就使他的创作能够不断地攀登到一个新的境界。从1929年创作《两个孤坟》

---

①刘增杰:《救亡文学大潮下的一朵浪花》,载《文学的潮汐》,河南人民出版社,1992年,第166页。

开始,至1938年轰动文坛的短篇小说《差半车麦秸》的发表,前后历时近十年。在此基础上,他的代表作《春暖花开的时候》、《长夜》等陆续与读者见面,奠定了他在现代文学史上的历史地位。坚持创作与理论并重,使姚雪垠的创作得以永葆青春。又经过50年的不懈追求,《李自成》才终于奇迹般地降生。《李自成》,随着20世纪的渐渐远去,将化为我国文学中一道诱人的文学风景,成为读者久远谈论的话题。

从1929年到1999年,漫漫70年,姚雪垠和河南大学,一直有着割舍不断的亲情。最初是他在河大读书,以后,为了抗日民族解放事业,他和河大师生又共同呼号呐喊。近20年来,作为河南大学顾问,姚雪垠对河大的建设,更是魂牵梦萦,悬悬在念。在回忆录里,在讲学的会场,在各种场合,他一次又一次地倾吐着自己对河大的感激。他深情地说:"在来河大以前,我在家乡,也想学习,但对于学习什么,走什么道路,心中是糊涂的,混沌未开,而且也没有学习条件。来这以后,我好比混沌初开,开始有了追求、理想,并开始从事有目的的努力,而且有了读书的环境和得到书籍的条件。总之一句话,对我这一生具有决定性的日子开始了。"河南大学的万千学子,总以能够在著名作家姚雪垠读过书的地方学习而感到自豪。姚雪垠是一面旗帜,一面召唤中原学子前进的旗帜,一面鼓舞河大人为开创未来奋斗不息的旗帜。

虽然姚老一年前已经离我们而去,可是他那深邃博大的人格魅力,他那灿烂晚霞般的皇皇巨著,却会永远和我们同行相伴。

原载于《河南大学学报》2000年第2期

永葆创作活力的中原智者
——关于作家姚雪垠的片断回忆

刘增杰

从 20 世纪 50 年代初开始，我对姚雪垠先生的认识，经历了三个阶段：五十年代初，主要表现为对一位有才华作家的认同与崇拜；六十年代初期，则是对作家遭到厄运的困惑和夹杂着同情的茫然；七十年代后期，初步读懂了先生的人生，开始从文学史的角度试图对他的作品进行理性审视。由于诸种因素，研究至今并未有实质性的开展。打开已经远去的封存的记忆，这里写下的只是自己亲历的几段故事，以此来纪念这位 20 世纪中国文学界具有独异个性的天才智者。智者的卓见睿识总是时出意外，与众不同，萌生着寻找异端声音的冲动。姚雪垠以《李自成》为代表的作品所具有多义性的思维空间和多向度的审美畛域，将有可能为后人留下饶有兴味的不断叙说的话题。

一

我和姚雪垠先生的第一次接触是 1953 年春天。那时候，我正在河南省新乡一所地方高校读书。一天，风度翩翩的任课老师徐士年先生，神色兴奋地走进教室宣布："报告大家一个好消息，明天，著名作家姚雪垠先生应邀来学校作讲演。"他的话音未落，课堂上就响起了一片欢呼声。接着，徐老师当场就分析起姚先生的作品来。已经过去了半个多世纪，徐老师讲课的具体内容已经变得模糊了，可他关于《差半车麦秸》小说主人公绰号的介绍却仍然历历在目。班里的学生一多半是河南人，大家对"差半车麦秸"这个土得掉渣儿的绰号当然心领神会，课堂上的气氛轻松热烈。第二天，姚先生的讲演果然精彩。他说的是普通话，可是乡音很重。姚先生左右逢源，谈笑风生，富有幽默感的讲演，一下子就征服了到场的听众。讲演结束了，同学们像今天的追星族一样，熙熙攘攘，蜂拥着姚先生走出礼堂。讲演主持人高一声低一声地劝阻了好一阵子，姚先生乘坐的车子才得以渐渐远去。

到了星期天，我和班上几个同学一合计，就径自风风火火，从学校所在地的郊区，步行十几里路，来到姚先生体验生活的新乡通丰面粉厂，天真地想和作家会见。我们不切实际的要求，理所当然地遭到了工厂领导的拒绝。在厂领导拒绝了我们的要求后，依仗着年轻气盛，我们相互挤挤眼，配合默契地和他们玩起了软磨硬泡战术。被缠得无法脱身的厂领导，终于和我们达成妥协："作家很忙，你们见见面就回去，不要影响他工作。"这位领导边说边指使身边的工作人员把我们送到了姚先生的住所。对于我们这几位不速之客，姚先生先是一愣，但听到我们的诉说后，随即友好地笑着说，"欢迎，欢迎"，同时用眼睛示意我们坐下来说话。姚先生这间位于一座小楼二层的简陋住房里，除了一张书桌和一个单人床铺外，剩下的空间已经很小。初次和作家近距离接触，我们挤坐在一起，竟有了几分拘谨，以至于提不出任何有意义的话题，只是喃喃地重复着怎样才能成为一个作家这类自认为重要却幼稚得可笑的问题。姚先生机智地翻了一下眼睛，轻声说："大家想当作家，很好很好。可眼前要好好读书。长大了，慢慢就明白了。"接着，他转了话题，问了一些学校发生的大事小事。这时候，我们的话匣子才打开了。大家你一言，我一语，说了许多学校最近发生的趣事。姚先生听得很认真，谈话的气氛轻松了起来。姚先生告诉我们，目前他正在写一部反映面粉厂工人生活的小说，写好了大家可以先看看，提提意见。还说，班里哪位同学的字写得好，可以帮帮忙，抄点稿子。我们爽快地答应了下来。此后，我们又去过面粉厂几次，把抄写好的稿子送过去。

姚先生反映面粉厂工人生活的小说，我们后来没有看见杂志上刊登出来。几十年后，读到姚先生的回忆录才得知：为了对付解放初期文艺创作中存在的题材狭窄、作品情节大同小异、创作走进死胡同的情况，姚先生"采取了一个十分天真的办法，即不经过领导批准，秘密地按照自己选好的题材进行创作"。可是，这条路同样也走不通。他秘密创作的反映面粉厂工人生活的小说《白杨树》（就是我动员几位同学帮助抄写过的那部作品），还是遭遇到了无可挽回的厄运。姚先生回忆说：

  大概写到将近二十万字时，被领导知道了。一天晚上，一位领导同志派人请我到他的房间里谈话。虽然是领导和被领导关系，但也是老朋友。他问我是不是正在写一部长篇小说，题目叫作《白杨树》。我当然很高兴地告诉他说，我是在写，而且已经写了十几万字。我将故事梗概和主题思想都告诉了他。我原以为他听了会很高兴，给我打气，没料到适得其反，他反对我继续写下去，语气十分肯定。他的理由有两条，大意是：

  第一，你写工人，却没有写党的领导。我们目前强调写党的领导，你的长篇小说不写党的领导，这一点就不能通过。

第二，你的小说中虽然后面写到了党的领导，例如在日军占领期间，工人们开始同地下党发生了联系，在豫北解放时，在地下党的领导下进行护厂斗争。但是你不是地下党员，没有领导地下斗争的经验，如何能写得好？

……

他坚持他的意见，我坚持我的意见，互不相让，争吵起来。

……

这一次事件发生之后，我确实十分痛心和愤慨。我想不通，一怒之下，噙着眼泪将稿子撕毁，烧了。这是在暴怒之下，做出的一大错事，永留后悔。①

对长篇小说《白杨树》撕毁烧掉这件事，姚先生还曾说过："我一生吃了性格倔强的大亏，至今已经暮年，禀性难移，悔也不及！"这话确实是他经历过无数次劫难之后发自内心深处的感叹！性格倔强，使姚先生吃了大亏，蒙受过大难。从 20 世纪 30 年代在河南大学上学期间因思想进步被地方军警逮捕，到 20 世纪 50 年代又因为对种种清规戒律扼杀创作的放胆直言，都是他"性格倔强"惹来的横祸。

姚雪垠在回忆录里，从来没有正面阐发过"性格倔强"的另一面，即这样的性格怎样成全了他，使他能够成为 20 世纪中国屈指可数的文学大家——一位极具创作个性的作家。事实是，"禀性难移"的倔强，才使他在创作中没有犯下软骨病。人们才能从他那宁折不弯、一身正气的性格中读出感动，读出高尚。文学大美，尽在独立。此时，我忆起了先生 1956—1957 年发表的几篇评论文字，并从中找到了"性格倔强"、"禀性难移"真正的内在魅力。

1956 年《长江文艺》第 8 期，他发表的《谈打破清规与戒律》中说："清规与戒律之所以为害很大，是因为它可以迷惑许多人，在广大群众中散布影响。我们常看见，当某种片面性的意见形成社会舆论，形成相当流行的风气的时候，除非少数水平特别高的人，我们大家很难不受其影响。即使让有些水平较高的人看出来这种流行的舆论未必对，但也往往不敢挺起胸来独抒己见，力排众议。一种论调既然形成了舆论和风气，它毕竟是一种巨大的、沉重的社会力量。"

1957 年 5 月初，他应《文艺报》编辑之约，在所撰《打开窗户说亮话》(《文艺报》1957 年第 7 期)中说："在过去几年中，确实有些同志因为好提意见，好'争鸣'，受到打击，在运动中成为'重点'，给他们的帽子是'一贯反领导'，甚至'反党情绪严重'。当然，这些被整的同志们的身上也有其他或大或小的缺点，但是

---

① 《姚雪垠书系》，中国青年出版社，2000 年，文中凡未注明出处的引文，均引自《姚雪垠书系》。

在挨整的时候,人们并不是实事求是地分清是非,对待他们的真正毛病来整,而是深文周纳,借题发挥,把他们喜欢'争鸣'的积极方面也当作严重的罪款之一。即使平常他所'争鸣'的仅是文艺理论问题,而且确实打中了某些领导同志文艺思想和理论的弱点,但是在运动来时,原来是正确的批评也会一变而为'反领导'的罪款。这好像封建时代,臣不能议其君,子不能议其父。在新社会,同领导同志作理论争鸣也会给戴一个'无组织,无纪律,对抗领导'的帽子,怎么能使大家毫无疑讳,畅所欲言?"

姚雪垠在当时文艺界人士的一次座谈会上的书面发言(编辑加上题目《要广开言路》载《文艺报》1957年第8期)中又说:"这几年确实存在着粉饰现实的严重现象。大家不是没看见人民内部的矛盾,而是不敢谈,更不敢写。如果多谈,别人会说你故意夸大阴暗面,有反党情绪。他们认为一切内部矛盾都是非本质的,或都是有敌人活动的结果。这样怎么能叫作家大胆地揭露内部矛盾?"

为了繁荣创作,两年内,姚雪垠顶风呼唤:要打破清规戒律,要广开言路,要打开窗户说亮话。三篇文章,三个问题,观点鲜明,分析问题又心平气和。作者自觉要求掌握自己的创作话语权,不愿陷入某种框架废墟里的努力显而易见。三篇文章中的文字,今天读来并不刺眼。可是,当时并没有多少人有胆量讲出来。仅此而论,作者五十多年前发表的这些文字,在中国当代文学史上的理论价值应该得到应有的彰显。姚雪垠的文章来自作者对文学发展中存在问题的深刻思考,来自他对新中国文学健康发展的急切心情。同时,也和他的"性格倔强"有关。从气质心理学的角度看,倔强性格,认死理,不服输,处事态度有些生硬执拗,并非完美的个体性格。但在特定情境下,却是一种积极的人生态度,进取性格。倔强性格的个体,当心理上受到压抑,受到强烈刺激,往往行为上就会表现出高强度的反应,如姚雪垠暴怒之下将书稿撕毁烧掉,在不适宜说话只应缄默的特殊环境下,他却要不计后果地打开窗户说亮话。这些都使他付出了沉重的代价,但也成全了他的人格,成全了他的创作。具体地说,在创作中使他在两个方面都有所收获:

一是在禁忌诸多的年代能够较好地坚持独立的创作思想,自觉地走自己的路。姚先生创作的实绩在,此点不说自明。

二是"性格倔强"碰壁之后的反思,有利于使其对自己的创作及时做出适度的调适。像解放后许多老作家一样,姚雪垠在解放初期,怀着相当高的热情,真心诚意地下工厂、住农村,改造思想,期望写出反映工农兵新生活的作品,但他的努力却屡屡受挫。和姚雪垠有着同样经历的河南作家还有师陀。解放初期,师陀奉命,一下山东富裕的农业社,二下贫困的河南农村,与农民同甘共苦。师陀想写出农村的新变化,但他看到的却是五风盛行时的荒凉与破败。他无法在现实面前欺骗自己,蒙骗读者,终于被迫改写历史题材作品,创作出了被西渭(李健吾)誉为"笔墨干净,口语犀利,笔头有花,异趣横生"的优秀历史喜剧《伐竹记》①。姚雪垠的境遇和师陀近似。上级规定的写现实题材的路行不通,他用烧掉稿子这样激烈的行动与之抗争。写历史题材作品,几乎成了他唯一的选择。《李自成》应运而生,实乃姚氏创作内在运行逻辑使然。这两位河南作家的实践告诉我们,创作永远是一种个人化的、自发的、创造性的心灵感悟,它源于生活实践,又超越现实生活。谁如果先入为主地为自己设定创作题材,规定创作主题,或靠什么人下达创作计划或指令,失败就肯定等待着他们。艺术实践还证明,任何文献、指示都不是金科玉律,无法点石成金。命题作文创作出来的作品,不过是流行观念的演绎,某种时效性政策的图解与说明,它是宣传而非撼人心魄的文学。

概而言之,具有真知灼见的思想深度,进取的倔强性格,以及艺术上的日臻成熟,是一个作家成功的关键。姚雪垠50年代的三篇文章以及作者发表的其他理论文字所显示的思想境界,为他日后创作《李自成》的成功奠定了思想基础。

二

记忆里,第二次和姚雪垠先生的接触已经到了60年代初。那时候,姚先生正身处逆境,住在开封市中山路南段路西一个居民杂院里。夫人王梅彩在街道小厂做工,她的微薄收入是当时家庭经济生活的重要来源。我从友人处觅得了姚先生的地址后,带着忧郁的心情和压抑感到小院拜访了姚先生。出乎我的意料,交谈中他依然神情泰然,兴致勃勃地谈着自己正在做的事情和未来的打算,没有流露出被生活压垮的沉重。我在心里虽然暗自替先生高兴,可排遣不掉的,却仍然是这次见面在心灵深处留下的苦涩伤痛。

1978年以后,我和姚雪垠先生的交往开始增多,除了陪同他访问河南大学、河大附中等处外,在北京见面的机会也很多。为了编出中国社会科学院文学所主持的国家"六五"重点社科项目的子项目《姚雪垠研究资料》,根据姚先生提供的线索,我遍访了河南、北京等地相关的图书馆,相继发掘出了一批他早期文学活动的史料。当时,姚雪垠给我的来信中多次谈到,1929年春天,他曾写了一篇小说,发表在《河南民报》副刊上。年代的久远使他的记忆不免有误。经过笔者

---

① 西渭:《读师陀同志的〈伐竹记〉》,《人民日报》1979年7月25日。

多方查寻,终于在 1929 年 9 月 9 日、10 日《河南民报》副刊第 29、30 期上,发现了姚雪垠的处女作《两个孤坟》。作品篇末署"1929.8.22 开封"的字样。《两个孤坟》虽然留有初学写作者在艺术上的粗疏和直露,但应该说,作者创作的起点还是相当高的。在作品里,作者以凄婉的笔调,生动地描写了长工王材和婢女雪香的悲惨故事:寨主姚泽民无恶不作,他虐待雪香,逼得雪香投河自尽,随后又以莫须有的罪名,将王材活活打死。作品从一个侧面,反映了 20 年代中原地区的社会现实。作品发表时署名雪痕,笔名出自苏东坡的诗句:"人生到处知何似,应似飞鸿踏雪泥。"

同年 9 月至 10 月,姚雪垠还发表有如下作品:《强儿》,短篇小说,9 月 20 日《河南民报》副刊第 39 期,署名雪痕;《致灵涛信》,通讯,9 月 23 日《河南民报》副刊第 42 期,署名雪垠,这是作家首次使用雪垠作为自己的名字;《秋季的郊原》,短诗,10 月 12 日《河南民报》副刊第 81 期,署名雪痕,这是作者发表的第一首新诗。① 姚雪垠特别看重他的第一篇小说《两个孤坟》。《两个孤坟》收入《姚雪垠书系》前,他用红颜色钢笔对我女儿刘瑜手抄的小说底稿在文字上做了小的修改,并把修改稿专门寄还我作为纪念。他在来信中高兴地说:"你的工作有意义,你把我的创作时间向前推了两年!"

经过几年的努力搜寻,姚雪垠早年创办的文学刊物、主编的报纸文艺副刊,如《大陆文艺》、《平野》、《风雨》周刊、《中原文化》等,我都先后找到,并为姚先生复印了一批他的作品。姚先生对这些记录自己文学活动的史料十分珍惜。他在给我的几十封信(其中 10 封收入《绿窗书简》)中多次谈到这件事。在 1983 年 6 月 22 日的来信中说:"你复制的几页《大陆文艺》是很难得的资料,两篇杂文都是我写的。总题目为《风马随笔》,什么意思,我现在也想不起来了。可能当时意思是指这些杂文与政治'风马牛不相及',借以避免国民党的注意? 但现在说不清了。"又说:"有两件事拜托你:(1)请你将《风雨》创刊的日期查查,告诉我。(2)《风雨》某期有一篇文章,全是摘录八路军将领的抗日言论。《风雨》本是一个国统区鼓吹抗日民族统一战线的刊物,忽然发表这样的文章,反映当时某些同志们的极'左'思想和态度,这内幕对我以后受排斥,走曲折道路有密切关系。这个历史问题我从来不谈,社会上完全不知。请你将这篇文章替我复制一份,作为重要资料。我的《学习追求五十年》已经发表的部分将于今秋大加修改、补充,明年出版第一册。关于写到《风雨》部分,也要作适当补充。还有印有编委全体名字的某期封面,请费心拍个照片给我,以便插印书中。"

姚先生寄给我的这批信件,大多谈的虽然是他本人作品的具体问题,但也

---

① 刘增杰:《文学生命之始——姚雪垠在河南大学》,《河南大学学报》2000 年第 2 期。

涉及了当年文坛的一些较为重要的问题。如来信中所说《风雨》周刊内部的斗争,"这个历史问题我从来不谈,社会上完全不知"。来信中又说:"你问在大别山中主编《中原文化》时为什么把住处称作'半幽轩',我未回答,因非一二句可以说清。"来信中还说:"在河大预科被捕的情况,非常能反映我的性格、气质,我在《学习追求五十年》中也未写一字。但是这段真实故事很能够说明我后来的作家道路以及《李自成》的写作与我的气质的关系。诸如此类,还有一些我不愿谈的事,但作为对我的深入研究,似乎你应该知道。"

当时姚先生不愿向社会披露的这几个问题,后来他践行了"似乎你应该知道"的承诺。在几次接受我专访的录音谈话中,他分别对这些问题做了具体的说明。在适当时机,我也许会对这些谈话录音作初步整理,以对推进姚雪垠研究的深入开展有所裨益。

事实上,姚雪垠一直生活于思考中,一直生活在创作状态中。《李自成》中不仅有着民族命脉的绵延,也是作者个人气质、品德的展示。作者质疑思维中所孕育着的创新和突破,是姚雪垠永葆创作活力的源泉,也是他人生价值的真正体现。

原载于《平顶山学院学报》2010 年第 4 期

姚雪垠往事
——告别东西湖农场

周 勃

春节过罢,人们怀着沉重的心情和渺茫的期待三三两两地回归队里。有的收拾床铺,有的拾掇工具,也有的坐在小板凳上吃着从家里带来的东西,眼睛呆滞地凝视着前方,回想着假期在家里的生活,有苦涩、有伤痛、有冷漠,也有慰藉。不幸的家庭各有所异。

晚上开大会,布置生产任务:大部分人搞春播,少数人进行田园化工程的收尾。姚雪垠和我仍旧栽树,要求清明节前将两条支沟的沟岸和路边的树全部栽完。杨副大队长趁出工前找到我们,手里扶着一根挺直的白杨树苗说:"这根树苗是5元钱买来的,如果你们能在清明节前栽下去,你们就为行路人撑开一把遮阳伞,我买来的这些树苗,希望你们都能撑起来。"去年冬至那天,也是这位杨副大队长,拉着一车柳树桩交给我们,要我们按30米株距栽在五支沟临水处,他对姚雪垠说:"老先生,'瞒春扦柳',你不觉得这'瞒'字很有诗意吗?"姚雪垠高兴地回答:"小杨,对劳动你保持着诗的敏感,难怪你喜欢文学。"时间已过去快两个月了,抬眼望去,过去那一片片油绿的菜畦,一丛丛低矮的树丛,经过严冬肃杀,霜露凋残,北风摇落,冰雪摧颓,都呈现出衰朽灰暗之色。只有我们亲手栽的五支沟临水的柳桩不同,垂得很低的枝条,绽出浅绿色芽叶,那些待绽的芽蕾,则长着鹅黄色绒毛,这些微春意,使你觉得在寒冬的严酷封杀之中,春的脚步不可阻挡。姚雪垠兴致勃勃地说:"绛侯①,'春江水暖鸭先知',看来,'柳也先知吧'。"他一说,我倒联想到他的那篇讳莫如深的文章,于是打趣地答道:"怎只说鸭,鹅也先知,一切水鸟都知,这有什么本质意义呢?"他马上意识到了,"你读了我的《读〈带经堂诗话〉有感》了,你怎么没有揭发我?"我说:"还不是等待着你自我交代批判。"他慧黠地一笑,"我估计是他们搜集材料时疏忽了,漏掉了,我后来想有这篇文章和没有这篇文章,对给我定罪影响不大。'虱多不痒,债多不愁'嘛。1956年的秋天,《文汇报》一位朋友来信索要文章,手头正好有这一篇,就寄给他了。因为《文汇报》是紧贴现实的报纸,这一类文章未必适合他们需要,所以在附信中特别做了说明,没有想到他们不久就分两期发了。因为是

---

① 周勃,汉初丞相。秦末从刘邦起义,封绛侯。因与我同名,故戏称。

读后感,谈的问题只是蜻蜓点水,不深不透,而他们又认为我接触的是文艺上极富现实性的重要问题,就约我另写专文论述,于是我就写了《创作问题杂谈》。因涉及问题多,内容拉杂,就定名为'杂谈'。全文约七千字,说两个问题,一是作家下生活问题,二是作家的知识结构和生活经验问题。"

"你的文章一出来我就拜读了,虽然你许多观点我是赞同的,但你说得太直白,口无遮拦,离经叛道,对许多人而言,会觉得有排他性。"

"一时间围攻文章出来了,成了四面楚歌了,上面认可的只有姚文元的一篇,他的题目叫《教条和原则》。文章不长,架势不小,唯我独革,唯我正确,这个人就是这篇文章崭露头角了。后来他将批我的文章,收入一个集子,集子名叫《论文学上的修正主义思潮》。好像批判你的《论现实主义及其在社会主义时代的发展》与何直的《现实主义——广阔的道路》的文章,也收在这个集子里。"姚雪垠望着我说。

"姚文元批判我和何直的文章,题目是《社会主义现实主义文学是无产阶级时代的新文学——同何直、周勃辩论》,初发于《人民文学》1957年9月号,大概也收入这个集子中。我原想找来读一读的,后来也没这个兴趣了。一场学术讨论变成了政治讨伐,我和何直都由文艺争鸣的一方逐渐成为政治上的敌人,还能说什么,还允许我们说什么?"

姚雪垠叹息一声,默然颔首。过了一会儿,姚又谈起1957年写文章的情况,他说:"我一共写了7篇文章,总主题是坚持现实主义,反对教条主义和狭隘的政治功利主义。这些文章字里行间,都充溢着我的激愤和郁闷情绪,语言上刻薄挖苦,使我犯了大错误,但这里面有两个非常重要的背景。第一,是我的思想性格背景。在我的思想性格中狂妄占着很重要的一面。我不是轻狂、清狂、癫狂、疏狂,而是一种……"

"而是'进取狂'。孔老夫子说的'狂者进取,狷者有所不为也',你属于进取一类。"

"对,你这是知人之论。我从小没有读多少书,后来考入河南大学预科,读了两年被开除了,就到了北京,靠图书馆自学。每到冬夜,我从图书馆回沙滩,走过金鳌玉𬟽桥,身穿单薄的青布衫,北风吹来,瑟瑟发抖,在路边的粥棚,和洋车夫挤在一起,喝一碗稀粥,就算是夜餐了。箪食瓢饮,攻苦食淡,我是靠个人奋斗起来的,因此特别自信,好高骛远,从青年时代起,我就立志做历史的参与者,要对社会对人民做出贡献,因此总是以持之以恒、百折不挠自勉,不达目的,决不罢休。在我心中,很少迷信名人,也不迷信名言。对许多文艺问题,喜爱发表不同意见,特别是有独特见解的意见,决不随声附和、人云亦云,有时也不为权者讳、尊者讳,故常开罪于人,被斥为狂妄。在我的性格中也有一大弱点就是意气用事,师心自用,常常因这个脾气吃亏,追悔莫及。"

"第二个背景是我的遭遇背景。解放初期我在上海大夏大学教书,主讲小说创作原理,任中文系副教授并兼任副教务长和代理文学院长。当时正开始高校院系调整,我辞去大夏大学职务,回河南当专业作家,上海一些朋友挽留我,希望我继续在高校执教,路过南京,南京大学的老朋友也劝我到南京大学教书,我都婉谢了,毅然回河南,结果于1951年秋天到了河南。我回河南的目的,是想将我酝酿多时的几部长篇写出来。这是反映河南农村变化的小说,可以叫《农村三部曲》吧。第一部定名《黄昏》,写清末到民国初年,旧的农村社会如何变化和崩溃。第二部定名为《长夜》,写农村经济崩溃后农民没有出路,土匪蜂起,许多农民去当膛将,但也不是出路,在漫长漆黑的长夜中挣扎。第三部定名为《黎明》,写北伐战争前夕到战争期间,我的故乡发生的新的变化,尽管仍旧黑暗,被新式的封建势力所统治,但革命火种在暗暗传过来,而外地的革命声浪一阵阵影响到我的闭塞而落后的家乡。

"我对《长夜》中人物很熟,故先写了《长夜》。1945年动笔,1946年便写成了,先在一个朋友主编的晚报上连载,没有载完便停下了,1947年由上海怀正文化社出版。虽只印了两千册,影响不大,但文坛朋友读了后都很重视,认为题材很新,反映了民国年间中国北方农村一个侧面。《长夜》写出来了,我着手写《黄昏》和《黎明》。河南省文联当时正在抓文艺的普及运动,《翻身文艺》、《说说唱唱》这类普及性刊物如雨后春笋般兴办起来。省文联的几个领导也是我的老朋友,他们动员我参加普及运动,我告诉他们我有长篇的写作计划,希望专心搞自己创作计划,他们坚持不同意。1953年我调到中南作协,而在河南领导我的那位朋友也调来了,于是我们之间常有争论。我的意见是按照《在延安文艺座谈会上的讲话》的精神,普及和提高是不可分割的整体,普及是提高指导下的普及,而提高则是普及基础上的提高。随着全国的解放,随着经济建设高潮的到来,一个文化建设高潮一定要到来。我们既需要大量的普及性作品,也需要有质量的提高性作品。而且随着广大人民文化的提高,对提高性作品的要求也会与日俱增。衡量一个国家、一个民族、一个时代文学艺术水平,成为它们的标志的,往往是高水平的优秀作品。他们还用鲁迅的话来说服我,鲁迅说过连环画里也可以产生托尔斯泰。"

我接着说:"托尔斯泰是长篇小说的教父,用托尔斯泰作连环画的最高追求,正说明这个领域没有自己的托尔斯泰。鲁迅只是在强调通俗文艺海阔天空,有英雄用武之地,连环画同样可产生成功作品和优秀画家。"

我们继续说着,姚雪垠有点伤感地谈到他夭折的长篇小说《白杨树》。我不是第一次听他谈《白杨树》,但都没有这次那样深情和惋惜。他说:"我在1956年以前三次下新乡通丰面粉厂生活,前后共达两年之久,我走访了许多工人家庭,结识老、中、青三代工人中具有典型代表意义的工人师傅,逐渐地产生了强烈的创作欲望。我是想写一部近现代题材的历史长篇小说,写第一次世界大战给中国民族轻工业造成了发展的机会,一部分官僚地主家族向轻工业投资,向民族资本转化,以安徽寿州孙家鼐由官僚地主向民族资本转化发展为蓝本。"

我说:"孙家鼐是咸丰时期的状元,历任尚书、文渊阁大学士,与翁同龢同为光绪师傅,戊戌变法时主办京师大学堂,因受慈禧信任,未被罢免。八国联军攻陷北京,他到了西安,任管学大臣,与人合伙创办了纱厂。据说此公为人谦和,生活上很简约,这样有口碑的高官,居然有钱投资,真应验了一句话:'三年清知府,十万雪花银。'"

姚雪垠说:"孙家投资办厂主要是孙家鼐的儿子,叫孙多森,上海阜丰面粉厂、启新洋灰公司、北京自来水厂、井径矿务局等,都是他投资的。他受西方新思潮影响比其父孙家鼐要深。豫北是重要的小麦产区,新乡又有水陆交通之便,所以他们选定新乡,靠近京汉铁路,在卫河北岸建立面粉厂。工厂的管理,完全搬来衙门那一套,连管账先生都称老爷,经理、协理出门坐轿,听差在后面跟着。他们经常拜客、请宴,周旋于官绅与地方军阀之间,封建官僚色彩很浓,工人连见他们一面都很难。工人多从豫北农村招来,与寿州老家来的同乡形成客主两派,这中间有许多矛盾斗争,既有地域因素,也有宗族关系。这个工厂经历了多次军阀混战,军阀势力、地方封建势力都直接或间接给工厂带来破坏,阻碍了工厂发展,特别是1930年前后,资本主义世界经济大萧条,美国面粉在中国廉价大倾销,使内地面粉业遭受沉重打击,工厂停工,工人解散。我从一个三代工人家庭的历史反映出中国内地民族工业步履之艰难。祖父是逃荒的农民,活不下去了,只好卖儿育女才被招进工厂,成了第一代面粉工人。京汉铁路1921年工人大罢工,天津的工人运动,都对面粉厂工人产生影响,工人们起来斗争,由经济要求逐渐变成了有阶级自觉意识的政治斗争。日本侵华以后,新乡通丰面粉厂由日本人接管,工人们有的跑到天津做工,有的到太行山参加抗日游击队,大部分继续留在厂里,地下党组织建立起来了,工人们在地下党领导下同日本人进行斗争。抗日战争胜利后,新乡通丰面粉厂被国民党接管,工人们逐渐认识到国民党统治和日本人统治差别无多,于是地下党领导工人们继续进行斗争,直到新中国成立,新乡通丰面粉厂才解放了,工人们才真正做了主人,在《咱们工人有力量》歌声中恢复生产,建设新的新乡通丰面粉厂。你请我在武大讲演时说过为什么书名叫《白杨树》,是因为在卫河岸上埋葬了许多工人,有的死于贫病,有的死于革命斗争,有的死于生产事故,总之这片乱坟场与新乡通丰面粉厂有着各种各样联系,而随着岁月的流逝,时代的变迁,栽种在乱坟场上那一排排白杨都长成大树了,直指苍穹,挺拔俊秀,人们看到这高高的白杨,会想到新乡通丰面粉厂的峥嵘往昔,想到咱工人阶级的壮志豪情。"

姚雪垠沉浸在他的创作激情之中,我接着说:"清朝末年,产生了许多中国民族资本家,有买办出身的,也有从事洋务运动出身的,还有一些是状元及第、御赐高官,然后转型为工业资本家的,如陆润库,中了状元,历任内阁学士、国子监祭酒,同时利用政府借资,在苏州创建苏纶纱厂,又如张謇,也是状元出身,以官商合办形式办起了纱厂,后来扩展到办轮船公司、面粉公司等。孙家鼐也属这一类。茅盾写的吴荪甫、赵伯韬是30年代工业资本家,《白杨树》则是写的由封建官僚转型的民族工业资本家,这在中国近代史上是一种特殊社会现象,用文学来描写和反映他们,有着重要的历史认识价值。当然我现在听到的是你对小说的理性梳理,还没有感受到人物形象和情感魅力,但可以听出你对这个题材的孕育已相当成熟了。"

"我已经将《白杨树》写了二十多万字了!我对中国近现代史下过功夫,对几代工人的生活比较了解,对生产的流程和要求有些了解,我是住在通丰面粉厂写的,写作时常为人物的命运和故事的悲怆而落泪。我从上海坚定地回河南,原先的计划是写《长夜》姊妹篇《黄昏》和《黎明》,结果我到新乡通丰面粉厂下生活,新的生活现实撞击着我,工人们的痛苦与欢乐使我感同身受,我只好将"农村三部曲"先压下去,全副精力都放在《白杨树》上。一个忠诚对待生活的作家,常常被现实生活的巨大磁力所吸引、所激励、所撞击,从而改变写作计划是常有的事,果戈理、屠格涅夫、托尔斯泰都有这样的经历。我写了二十多万字,篇幅上快过半了。有一天,作协领导通知我汇报写作计划,我兴致勃勃地向他们汇报《白杨树》,从主题到内容,从人物到故事,我都详细地介绍。哪知他们一听,根本不赞成我写,而且态度十分坚决。理由是写几十年工人生活,没有写党的领导怎么可以?虽然抗日时期成立了地下党组织,但你没有搞过地下党的工作,没有这方面生活经验,肯定不可能写好。我请他们看看稿子再说,他们不看,我介绍了我下面粉厂生活的情况和写作时得心应手的情况,想请他们加深对我创作的了解,但他们仍然不同意我写下去。对于这样执掌作品生杀大权的领导,我简直毫无办法。我愤愤地回到房间,官僚主义使我非常激恼,好几天解不开压抑的痛苦心情,我的意气用事的坏毛病这时主宰着我的行动,我一怒之下,将二十多万字的《白杨树》的手稿一把火烧掉了。以后每想及此事,都悔恨得无地自容。我烧毁自己的作品,《白杨树》并非唯一。1946年,我曾以别廷芳为主人公,写一部小说《小独裁者》,大约写了10万字,停下了,后来我烧掉了。《白杨树》是我自己最得意的小说之一,它有独特的探索性主题,在题材上是个新的领域,而在艺术表现上不落俗套,有它独到之处,特别是创作过程中,情感融入到人物和事件之中,富于感染力。它像躁动在母亲腹中的胎儿,发育健全,只待孕期成熟,就可以分娩,结果被活活扼杀了。这是无知的官僚主义和僵硬的教条主义所造成的,损失并非只是我个人,当然抱憾终身就只有我自己了。"说着眼睛潮红,脸色铁青,稀疏的白发在微风中轻轻抖动。

看得出已触到他的伤痛处，我不能再往下说了，谈话暂时停下来。

我们挖的树坑都栽完了，需要重新挖坑。我们喝了一点水，稍稍休息一下，继续挖坑，这次因树苗小些，坑就挖得浅一点。姚雪垠换了个话题继续说：

"我认为生活积累，对于一个作家来说，不论是新时代或者旧时代，都不是包袱，而应是财富。这个观点没有错。1934 年，我才十几岁，被土匪绑票了，在土匪窝里待了整整一百天，对这段传奇色彩很浓的生活，我当时只能感知它，不能认识它，准确地说，只是模糊的认识。一直到进了河南大学预科，阅读了许多新观点的书籍，使我大大地开了窍。后来我常常回忆我在杆子中那段生活，我的认识才逐渐清楚起来，可以这样来认识《长夜》的创作过程，首先是有了少年时代亲身生活的积累和模糊的认识，到青年时代有逐渐清楚的认识，到了中年对生活有了成熟的思考和把握，才写出小说。我小说中写的土匪，和解放初期'清匪反霸'的土匪是不同的概念。20 年代是一个大动乱年代，军阀混战，帝国主义侵略，世界经济大崩溃，加上天灾频仍，大批农民逃荒流浪，年轻的或当兵、或当匪，穿上军装是兵，打了败仗又变成匪。总之一句话，生活逼农民成匪，所以民、匪、兵，在一定环境下，无法分清。"

我告诉他我也遭遇到这样的时代。那是抗战后期，我们家乡属薛岳掌控的第九战区，国军与日寇在湘北进行了几次大会战。有一支叫昆山部队的国军，在我家门前与日寇发生了遭遇战，为抢夺制高点，昆山部队的两个弟兄牺牲了，子弹都是从胸膛穿过去，饮弹即毙。我的父亲和伯父将他们抬到地势最高的山巅上埋了，说是让他们能望到自己家乡。我的私塾老师，因他的独生子也是在抗日中殉国的，他以同仇同悲之心写下了祭阵亡烈士文，椎心泣血，凄恻感人。在国军与日寇拉锯战的空隙，我家乡一带，就变为真空地带，土匪出没，横行乡里。有个夏天深夜，突然一声枪响，我家大门上被贴上一张索款的条。索要现金 15 万，于七日后的三更二点，以竹篮摆放雄鸡花酒为标志，送到周家桥上。条子上落款是"尹部"。父亲找人打点，以 7 万元了结。不久，又有"苏部"贴了一条，索款 30 万。那时最可怕的是绑架，特别是独子。家里商量着躲到亲戚家去，土匪却派人将索款条子送来亲戚家。我家的姓与"沙洲"的"洲"谐音，他们的黑话叫我家为"沙河"。我们被逼得没法，只好住到日军管制下的县城。"小乱住乡，大乱住城"，死里求生吧。我有两个同学被绑，通知他家里某月某日点火生蒸，家里将钱和金银首饰送去，才免一蒸。土匪打的旗号都是抗日救国、抗日卫民，其实都是奸杀掳掠，无恶不作，土改中这些匪首都被镇压了。我曾参加过清匪反霸斗争，在调查中我才发现匪患之烈，匪性之残，远比我当年亲见亲闻亲历要厉害得多。不像你百日被掳所见到的杆子，在暴戾恣睢的外壳中包裹着善良的人性。

"我写的土匪和你遭遇的土匪完全不同，我写的 20 年代的杆子基本上是无衣无食、活不下去的北方农民,善良的人性才是他们的本质,而你说的土匪则是兵痞流氓这类社会渣滓,本质就不同。我在少年时代这些生活体验,一直到年龄和知识都成熟了,才能消化掉。作家的生活积累就像仓库,捡到的东西都往里面堆放。哪一种能做什么用?什么时候能用?当时都说不清楚。只有到了用的时候,用得最奇妙的时候,才会觉得那些堆放的东西,不是包袱,而是财富。我记得曾和你谈过'义送摇旗'是从《长夜》中李水沫化来的。我在《李自成》中写了许多'黑话'、'行话',在《长夜》可以找到,写高夫人带小股骑兵佯攻灵宝,有一义兵用顺口溜形式'自报家门'那段话,在《长夜》可找到原型。一百天的杆子生活,是在惶悚中度过的,但毕竟是以少年的眼睛看世界,在《长夜》中写出的,只是很少的一部分,《长夜》中没有写的生活,有的写入《李自成》,有相当一部分还在我记忆的仓库中存放着,我说的旧的生活经验是财富,不是包袱,错在哪里?我们讲生活经验,是个大题目,其中有具阶级性的,也有不具阶级性的,不能一概而论。作家以社会生活为自己的反映对象,经常说的是要观察、体验、研究、分析一切人、一切阶级、一切群众、一切生动的生活形式和斗争形式,几个'一切',覆盖了生活的全部,如果作家知识不广泛、不渊博、不全面,怎么能了解、理解并表现这一切呢?我强调作家应该是杂家,要朝杂学努力就是这个意思。"

"如果说我的这些观点是错误的,也只能是思想认识问题,属于资产阶级文艺思想、学术思想,属于资产阶级世界观、人生观没有得到彻底改造,有机会就表现出来了。应该全面地看待我在鸣放中的文章和言论,我没有对抗党的领导,没有涉及党在政治、外交、经济方面的问题,而且我一贯都是拥护的。对文艺方面的意见是对具体措施的意见。在解放前,我没有做过有损于党的事,在我最困难时刻,我都保持着与党的联系,我写过'铸成大错千斤铁'那样诗句表明自己长期忽视了思想改造,造成了许多错误,我还在一次会上表示请党用鞭子抽我,狠狠地抽,就是表明自己愿意接受党的批评和教育,但是绝不能将我推向敌人。我在《卢沟桥礼赞》写了一段话,说抗战初期,蒋介石毕竟是主张抗战的,所以他在人民中间的声望、威信比过去任何时候都高。如果后来不背弃人民,难道今天不是还有他应有的声望和地位么?就凭着这句话,说我对社会主义今天怀有刻骨仇恨,恬不知耻地歌颂蒋介石,并且欢迎他回大陆。这样上纲上线,岂不悖于实际。又如我在《谈打破清规戒律》中,用'文学界大大小小的孔代表们'来比喻教条主义,用'背诵去年的皇历'比喻保守的思想,就凭着这几句话,他们说我'大大小小孔代表'是攻击文艺界领导人,说'皇历'是影射《在延安文艺座谈会上的讲话》,其恶毒超过比为'图腾'的胡风集团。这样的推断,毫无根据,完全是曲解引申嘛。当然,对我来说,这是非常深刻的教训,写文章的目的,既是帮助党整风,反对教条主义、官僚主义、宗派主义,就应该秉着与人为善的初衷,不应该下笔尖刻、取譬失当。特别是用比喻,词义并不确定,多义可以多解,极容易引起歧义,产生附会曲解。但是,无论怎么说,我的错误还应该是思想认识问题,属于资产阶级文艺思想或资产阶级学术思想,怎么能上纲上线到政治立场或政治野心上去。还有那些揭发材料,无中生有,道听途说,断章取义,掐头去尾,我都一一进行申辩和澄清,他们说我顽固,我仍然坚持实事求是。你的结论见面情况怎样?揭发材料有不有诬枉构陷这一类的?"

我告诉他揭发我的材料,也有很多是不切实际的,一共约20来份,其中有一份竟是千帆先生写的,他说鸣放期间,我常去他家,有时是组稿,有时是讨教,并常将文艺界和编辑部内部的情况告诉他,具体的记不清了,都属自由主义这一类的东西。程先生写的时间是1957年8月14日。专案组的人对我说,"你这个右派老师够顽固的了,第一次找他,不肯写。我们找来他们单位的专案人员狠狠训斥了一顿,才写了这么个东西。"我听了心里非常难过,忍不住流下泪水来。1957年8月,正是千帆师遭受最狠的批斗的时候,有时一天数场,就是写材料的几天之前,武汉文艺界开大会批判他,我被指定发了言,虽然内容一般,但总是朝先生身上扔了一块石头,而他却用自己伤痕累累的身体为我挡着滚木礌石,还给我定性为"自由主义"。两相比照,愧悔之心,无地自容。

姚雪垠连忙说:"了不起,了不起,在运动中这样的老师真是凤毛麟角。武大的教授,我认识的有好几位,但和我最好的是千帆,他是一位博学多才的学者,能师从这样的老师,乃一大幸事。"

又布置搞鉴定了。过去搞过,很多人不在乎,如有人借鉴定冷嘲热讽骂自己,仔细一听,是反面话正面听,又如有人列出的问题正经严肃,讲述时玩世不恭,令听者啼笑皆非。这次在乎的人多了,有人晚上睡不着辗转反侧,思想斗争,有人找同伴交谈,交流思想。第一天开会,第一个举手发言的是李厉,她清一清嗓子说:"我先给我们会议提点意见,我们都是搞文化工作的,语言应该讲求文明,我们有些习惯用语不太文明,希望这次开会有所改变。比如我们叫别人彻底交代问题是'倒马桶',反词是'挤牙膏',更难听的还有'脱掉裤子割尾巴'、'屁股不干净',互相批评叫'一起洗澡,互相擦背'。比这更难听的还有'他娘'、'他妈'以及男女生殖器都成为表述的常用语。我这个意见如果有错误,请大家批判。"会议一片哑静,后来还是姚雪垠先说,他很赞同李厉建议,并且特别肯定李厉提这个建议表明她的进步,她的改造态度的新变化。话音刚落,有人紧接着说:"我们都是严重的政治罪人,亟待改造的是政治立场和政治态度,而不是习惯用语之类。'什么山上打什么锣,什么阶级唱什么歌',下放几年,我学习了许多生动形象的语言,是农民教给我的,我以此为骄傲,希望李厉尽快转变立场,站到工农大众立场上,莫看他们身上有牛屎,但立场比我们坚定,灵魂比我们干净。"宏论一出,众皆哑然。

晚上,姚雪垠约我交换思想,他认为形势现在很好,《北京周报》上常刊登有关知识分子问题的文章和消息,就我们这里来说,和过去比较,有很多改变。他停下脚步扭头望着我:"你没感觉到吗?"

"你继续往下说吧。"

"我想在此次鉴定会上全面地谈谈我的资产阶级思想的错误表现,包括世界观、人生观、文艺观、学术观等,青年时代我就学习马克思主义,但主要是用来指导创作,观察生活,没有想到用来改造主观世界……"

我一听就想到他最近的情绪和思想动向,我和他接触中,听他的谈话,他只承认思想结论,而不愿承认政治结论。在结论签字时,他虽然表示投降服输,但并未从思想上真正接受,现在他的意思很明白,就是利用鉴定机会表明自己对结论的看法。我打断了他的话,直接问道:

"你是不是要在鉴定中表示不同意原有的政治结论,而只接受资产阶级思想,包括表现于各方面的。"

"对,对,但我不是申辩,而是从正面作自我反省和批判。"他说得很直爽。

"我认为不可以。这个结论是机关以群众运动的方式做出的,下来监督劳动改造思想是让你对这个结论认罪服罪,也就是有罪认定,管理组无权、也不可能改变结论。你对形势的估计往往过于乐观,不论大环境、小环境,你都只看好的一面,以至于你的自我感觉总处在最佳状态。"

他未回应,只是以等待的目光望着我。

"你对自己写的文章和发言,只强调主观意图是良好的,只强调某些词语的尖刻过火,而没有考虑当时的影响和客观效果,特别是那些领导者的感受。"

姚雪垠仍旧不回应我。

"给你定案,不仅看你的文章和发言,还要看文章和发言在当时的影响和全国形势和背景下的作用。"

姚雪垠陷入沉默,我们一直漫步在田间小路上近半小时。还是我打破沉寂。

"我们已经下来三个年头了,原来的结论如何,并不十分重要,关键有两点:一是自己的表现,不须突出,但要不出新问题;二是全国大的形势怎样,这是关键所在。我知道你的一切都为《李自成》创作考虑,《李自成》是你晚年的最重要的事业,你想早一天走出麦城,好全身心投入进去。这个想法是很好的,但切不可在前途还充满荆棘的时候,盲目地前行。"

姚雪垠连忙说,你说得好,很切贴我的实际,容我再想一想吧。

鉴定期间,插入一项活动,参观人民公社。我和姚雪垠仍如旧贯,搭车去,步行回。我们参观了公社的敬老院、托儿所、武汉市某街道糊纸盒的工厂等。处处有条不紊,干净整洁。最后参观食堂的"双蒸饭":在一只大箩筐里装着大米饭,饭粒大如蚕豆,上插小勺供参观者品尝。讲解员说将大米泡一晚上,晾干,连蒸两次即成。效果据说是"一碗吃饱,两碗吃撑"。姚轻轻对我说,这是哄肚皮的嘛。我们出来,弄堂口摆有小桌纸笔,两位衣着整洁的居民干部彬彬有礼地请参观者留言,"接受教育,接受教育",我们来的人都说着这句话从签名桌边低头走过。

每次进城,必到书店逛逛。姚雪垠虽囊中羞涩,但还是在古旧书店购了几本书,然后上路步行回东西湖。走过宝丰路,姚雪垠提议我们步行到罗家墩吃午饭,那里靠汉江有个茶馆,吃罢饭可以在茶馆略事休息,我知道他平常有个习惯,爱好坐茶馆,也许这是他观察生活的好机会吧。我很尊重他这个职业特殊兴趣,每当他提出,我都愿意奉陪。我说罗家墩是我们全程的三分之二,行百里,半九十,我们在这里休息一下非常合适。

姚雪垠的话题,从他最近修改完卢象升这个单元开始。

"卢象升的故事,在小说第一卷中只是一个插曲,通过这个插曲写出明朝末年与农民战争交织进行的民族战争乃至整个历史形势的基本走向。卢象升是作为一个悲剧人物来写的,通过他的悲剧进一步揭露崇祯政权的反动性和必亡的命运。卢象升在崇祯九年冬天以前,大约有七年的时间参与对农民起义的军事镇压活动,崇祯九年冬天清兵入塞,他奉命到北京勤王,被任命为宣大山西总督,开始了他一生中的新阶段,在抗清战场上最终成全了他的晚节。小说没有必要写他的一生,他镇压农民起义的问题,只以批判的笔墨略加点出。"

"他的死写得壮烈和豪气吗?"

"他是战死的。他中了箭伤,血流如注。他仍然声嘶力竭,边喊边杀,这时一小股敌军包围着他,喝令他投降,他吼着说'堂堂大明,只有断头将军,没有投降将军'。敌军又砍了他几刀,他突然站立起来,大吼一声,颓然倒下。《李自成》第一卷将来如果出版,最有争议的两个人物,一个是卢象升,一个是崇祯皇帝。但我仍然要坚持历史唯物主义和现实主义,这是绝不动摇的。"气氛变得有点严肃起来,我将话题赶忙换一换。

"我读《三国演义》,觉得白帝城托孤写刘备的死比较好。在《三国志》里只用了二百多字,而《三国演义》加了关羽和张飞的幻觉形象,加了对马谡的评价,而'托孤'的情节,铺陈更为细致和真实。特别是刘备弥留时的气氛烘托,显示出汉室日以陵夷,不可复振了。"

"这样的虚构,还比较合理,对关、张二人幻觉,意在深化忠义题旨,而批评马谡,乃为失街亭埋下伏笔。刘备在夷陵战败,逃到白帝城,改白帝城为永安,直到病死。东吴军队从未跨过巴东,《三国演义》说东吴军队到了夔关,陆逊去看鱼腹浦上的八阵图,迷困于阵中。鱼腹就是白帝城,鱼腹浦就是白帝城下的长江江滩。东吴军队如果到了夔关,吴、蜀战争局势就完全改观了。这是根本不可能的事。说明虚构切不可违背历史。"

"我最近因第一卷已基本改完,并且着手第二卷的撰写,就不能不考虑全书的内容,一共写几卷,每卷大致的内容和篇幅,全书总主题,各卷分主题,主要人物安排,重要情节的发展等等。这是一项巨大的系统工程,要驾驭好还是不容易的事。最近我重新读了一些史传作品,很受启发,特别是《史记》,司马迁不仅对历史材料和传说的辨析独具慧眼,而且对传主的叙述都抱着明确的目的。他对史料使用,有选择,有取舍,并非客观的罗列,他是透过叙述提升一种精神,突现出一种道德力量和思想力量……"

我们已到了罗家墩,这是汉江下游的重要码头,附近地区农产品集散地,此时正熙来攘往,摩肩接踵。茶馆在市的尽头,被一片防浪林拥簇着,太阳从林间射下来,斑斓陆离,苍翠欲滴。我们找一个有浓阴的茶座坐下来,要了两杯茶,杯盖上套着印有"已消毒"的纸圈。茶馆的另一头,竖着茶旗,上有"义茶"两个大字,微风吹来,茶旗轻轻飘动,似在招手迎客。我告诉姚雪垠这一带多次查出钉螺,定为血吸虫疫区,江边上竖有牌子,上面写着"防止血吸虫病,禁止在此用水"。这个"义茶"是为在这里的搬运工、船工、拉纤工无偿提供的,我们茶杯上的消毒圈,是让茶客放心喝茶。

"想得周到,想得周到。你怎么了解这么清楚呢?"

"你们1958年下放到东西湖荷包湖农场,我就下放在距此处不远的舵落口。我们队除了种蔬菜,还在汉江边上扛码头搞运输。一是队上劳力有余,二是搞运输收入高,社员分值高。"

"你到汉江边扛过码头吗?"

"有文件规定,下放干部都不允许参加搞运输,只能搞农业劳动。我到汉江边上挑过大粪,粪是从城里公厕运来的,天刚破晓,船就到了江边,我们依次上船打满挑上来,到了太阳升起,船又返回城里,很紧张。从江边走上堤,约六十米,非常费力气。打粪的农民很好,照顾我们,总少打一些。"

肚子有些饿了,姚雪垠提议我们吃午餐,我到面食店买了两份面点,就在茶馆里吃起来了,吃罢午餐,姚雪垠谈兴尚浓,未做休息又听他谈起来了。

"刚才我谈到司马迁,他笔下的英雄,并非以成败兴亡持论,而是着意于历史人物的品格、人性、情感等诸多方面,从历史人物和事件的蕴藉中突现出一种道德力量和思想力量。我现在以项羽的垓下之围为例,项王军壁垓下以后,司马迁写了几件事。第一件是美人骏马。项王听到四面楚歌,就起身饮于帐中,悲歌慷慨:'力拔山兮气盖世,时不利兮骓不逝,骓不逝兮可奈何,虞兮虞兮奈若何!'一边唱一边痛哭。项王唱,虞姬和之。四面楚歌,积薪厝火,生离死别,长歌当哭,在壮美大悲,深沉大爱中,项王与虞姬生命已融为一体。司马迁没有写虞姬自刎,'事贵详,情贵隐',司马迁是让读者于蓄意之中得之。《楚汉春秋》载有虞姬的和歌:'汉兵已略地,四方楚歌声,大王意气尽,贱妾何聊生!'这是后人借托之作,与司马迁笔墨精神,相距十万八千里了。第二件是项羽只剩二十八骑,为证明自己'非战之罪',使属下获得速胜的快意,他指挥这二十八骑快取'三胜':一突围,二斩敌将,三砍倒敌旗。在汉军重重围困之中,再显霸王盖世神勇。第三件是东渡乌江。亭长驾船在江边迎候项羽,说江东虽小,地方千里,人口有数十万,足可以东山再起。现在只有这条船了,汉军追来,没有办法渡过去。项羽笑一笑说,天欲亡我,我还渡江干什么?我与江东八千子弟渡江而西,如今没有一个人回来,都战死了。纵是江东父老怜惜我,推举我为王,我有什么面目见他们,纵使他们不说我什么,我难道不愧疚于心吗?于是项羽将骓赠给了亭长,将头颅许给吕马童,然后自刎而死。项羽是那样珍惜和尊重八千子弟的生命,项羽是那样对江东父老重承诺、负责任,以至于负疚之心,一定用头颅来赎取,忏悔之念,一定用鲜血来补偿。我们读司马迁写的项王与亭长的答对,寥寥数语,如见其人,如闻其声,情致深远,品格高尚,我们读了不能不对项羽起肃然之心。司马迁说过,人固有一死,或重于泰山,或轻于鸿毛。项羽之死,气逾霄汉,义薄云天。人们往往重视生离死别,良马美人所蕴含的浪漫精神,或者从'力拔山兮气盖世'体现的勇武之美,其实司马迁在垓下之围故事中,最着力提升的是仁爱之心、忠恕之道,项羽就是这样一种美德的典型。"

我们从茶馆起身继续步行。我们没有从大马路走,而是改走江堤,可以避开汽车的扬尘和嘈杂,虽然堤面较窄,沙石路面有些坑洼,但很安静。汉江上的帆船,顺风顺水,快如飞矢。我们迎着江上的微风,堤边的野花香,沁人心脾,特别惬意。姚雪垠走走停停,贪看着汉江景色:"水天一色,帆影幢幢,绿草萋萋,花香扑鼻,这条江堤让我们走进诗情画意之中,绛侯呀,你为什么不早领我来,我们每次步行进城,都是走的大马路,摩肩继踵,稠人广众,像这样的清净出处,为什么放着不走呀!"

"走这条江堤要远一些,路面坑坑洼洼,也不好走,只要你有兴趣,今后步行都走这条路。"

他微笑点头,然后说:"项羽生于前232年,司马迁生于前145年,相隔不到一个世纪,司马迁写楚汉之争,几乎就是当代史,而且司马迁在漫游全国时,特别到了楚汉战争中许多重要人物和事件的地方。他先到淮阴,听了许多韩信的故事,后来到了彭城,这是西楚霸王的都城,也是楚汉战争的必争之地,传说就更多了。之后又到了沛县,刘邦、曹参、萧何、樊哙都是此地人,刘邦就在这里得到曹参、萧何的支持起义的。司马迁实地察看战争遗址,听到许多重要人物的遗闻逸事以及民俗民情等,关于垓下之围,生动的传说,更是丰富无比。但他在项羽自杀前,只选择了我讲的三件事,沙里淘金,真正是金啊!"

"李自成的失败是从一个巅峰上陡然跌落到低谷,山海关一战是这个跌落的起点,他以约十万之众的疲惫之师与锋芒崭露的清军大战于山海关的石河滩上,战斗开始不久便全线溃败。李自成身中箭伤,且战且逃,原来在山西、河北、畿辅等地草草建立的地方政权迅速瓦解,李自成由山西而陕西,败退河南,从河南逃往襄阳,襄阳逃往武昌,武昌再逃往九江,沿途受到清兵追赶,发生过多次战斗,总吃败仗。牛金星父子在离开襄阳后逃离了,刘宗敏和宋献策在武昌被俘,刘宗敏被清兵用弓弦勒死。此时李自成大概还剩下两万人,在富池口被清兵追上,遭受最后一次溃败,他的叔父和总兵左光斗以及眷属都被清兵俘虏,在仓皇中,李自成将他的三个妃子投入江中,然后和一部分将士继续逃往九江,遭清兵截击,又一次溃败。李自成将剩下的人马分成数股,他自己只带少数人马转入湖北,后来李自成逃到九宫山,就只剩下单人独骑了。最后被乡勇杀死在九宫山北麓的牛迹岭下。"

"李自成是怎么死的呢?就我见到的史料可以分为两种,一种说法是说李自成上吊自缢而死。当时奉命追剿李自成的是多尔衮的同父同母的哥哥阿济格,即靖远大将军和英亲王。乙酉年闰六月初四日,清廷收到阿济格自江西来的报告,说贼兵窜进九宫山,被村民所困,不能脱,遂自缢死。"

"另一种说法是李自成被村民所杀,李自成余部郝摇旗、刘体纯、袁宗第等受招降时都证实了这一说法。"

"'自缢'说是康熙朝的张玉书写的《纪灭闯献二贼事》和孟森写的《明清史讲义》所采用的说法,而'被村民所杀'说的著作就更多了,如吴伟业的《绥寇纪略》、查继佐的《罪惟录》、王夫之《永历实录》、费密的《荒书》、徐鼒的《小腆纪年附考》等。"

"李自成是怎么死的,死前都有什么表现,有什么情节和细节,史实中很少,偶然见到一点也很不合理,要达到真正了解实情的要求,必须作实地的较长时间的考察,我知道就我目前处境是一种奢望了。"

说着,面色戚然。

1976年,粉碎了"四人帮"。1978年,十一届三中全会召开,中国从此进入了改革开放新时代,姚雪垠的《李自成》创作受到支持。他于1978年以后,几次到李自成牺牲的地方——湖北通山县九宫山进行实地调查和勘察。他在一篇凭吊李自成的文章中写道:

"相隔三百三十八年,我特意从北京来到通山,凭吊李自成墓,正如我在前边提到的:一方面多年来对他怀着尊敬,也怀着深深的同情和惋惜;另一方面,我快要写他的悲剧下场,需要对九宫山下的地理环境有清楚的认识,也需要通过亲自访问来丰富我的艺术构思。从后一方面说,我的访问收获是不小的,应该说不虚此行!"

"我倚在枕上,想象着我的小说的主人公李自成,不禁神游于三百多年前的九宫山下。黑夜沉沉,高山寂静。我听不到鸡啼,听不到一点人声。这样的静夜,更使人容易陷于沉思,越沉思越感到心头沉重。啊,闯王,我的英雄,你原来是那样叱咤风云,所向无敌,怎么临到你'英雄末路',一年来连战皆败,最后在富池口一战,溃不成军,又竟然在李家铺同小股敌人突然遭遇,你的人马就马上溃败。当你在艰苦建业时候,虽然屡经风险,可是从来没有像这样脆弱啊!"

"李家铺与小股清兵遭遇之后,相传你的身边还剩下二十个步兵,又传说你的身边剩下的是二十八骑。两种说法都有文字记载,我倒是认为后一说也许近实。据说又遇到一股乡勇,这二十八骑死的死,逃的逃,一下完了,只剩下你单人独骑逃脱。此刻我忽然想起,项羽从垓下突围,曾经迷路,陷于大泽,等到东城时候,身边也剩下二十八骑。这是多么巧合!在李家铺同你遭遇的清兵只是小股,而项羽逃到东城的时候,追上来的汉兵有数千骑,两种情况大不相同。当时项羽知道不可能逃脱了,鼓勇一战,竟使敌骑披靡,然后对身边的骑兵说:'吾起兵至今八岁矣,身七十余战,所当者破,所击者服,未尝败北,遂霸有天下。然今卒困于此,此天之亡我,非战之罪也。'闯王,我的小说的主人公!当你在李家铺遭遇战之后,可曾对你身边的二十八骑说了什么话?你可能只是惊魂未定,颓丧默然,什么话也没有说。那么,你可曾在心中对自己说:'此天亡我,非战之罪也?'啊,我的主人公,你起兵不是像项羽只有八年,而是已经十六年多了,落到如此下场,你可曾反复想过,究竟是'天亡我也'还是人谋不藏?是偶然不幸还是必然结果?"

这是姚雪垠写于1983年的文章,激情喷发,思接古人。在《项羽本纪》里,那位"力拔山兮气盖世"的英雄,在他身陷绝地之时,仍然如此充满霸气、豪气、侠气、神气,足以万代千秋令人景仰。姚雪垠是多么希望他的英雄的主人公也能如此,姚雪垠在牛迹岭下踏着山间羊肠小道,叩开一扇一扇柴扉,询问山耆村妪,想收集到李自成牺牲前后的传说和材料,可惜少有收获。凭着眼前那个李自成曾经藏身的黄土洞,凭着那个杀死李自成的乡勇程八百、程九百留下的遗物,当然可以虚构出动人心魄的情节和凛然浩气的语言,但是这不是一个忠实于历史的现实主义作家所能做的。于是只有在闯王陵旁的招待所里,漫漫长夜,寂寂林崖,姚雪垠倚枕难眠,任凭怀古情思在三百八十余年的历史苍穹中翱翔了。

我们绕江堤远道回队,虽感疲惫,却精神爽快。姚雪垠倒在地铺上,不一会便发出鼾声。我写完日记便去洗澡洗衣,管理组将参观和放假联在一起,也是照顾大家多有半天假。我和姚雪垠无家可回,便趁这几天清闲日子做点事。特别是他,非常珍惜这个时光,除了白天伏在箱子上做事,晚上还点着灯抄抄写写。几天过去了,又该忙于农事了。有天中午,我们收拾好工具回队,突然看到队里一片仓皇景象,人们在奔跑,在呼叫……我说大概发生什么祸事了,姚雪垠说,人都往团支部试验地跑,该不会是试验地出事吧。我们三步并两步赶到试验地,青年们都聚拢成一堆一堆,有的在议论,有的在哭泣。我们走过去打听,原来是杨副大队长,在试验地触电了,现在已抬到大队部进行抢救,我们赶往大队部,姚雪垠边走边叨念着,这是个好青年,是一代新农民,要是抢救不过来就太可惜啦,说着用手擦拭泪水。抢救就在我们宿舍前的草坪上进行,杨副大队长平直躺在一块木板床上,脸和身上皮肤呈浅黑色,嘴唇发绀,右手的拇指和食指被烧焦了,除了胸部露着做人工呼吸,身上用一床白布单子盖着。农场医院的医生在指导着做人工呼吸,草坪上站着几十号人,大家都凝神静气,几十双眼睛都望着氧气瓶胶管里不断涌动的气泡,希望这些小气泡有从伤者肺里呼出的,哪怕就一个也是好的。但是,事与愿违,生命体征渐渐地消失了。医生用听筒在寻找心脏的搏动,又不时用手指切着腕脉,一丝失望情绪在医生眼神里悄悄掠过。大略抢救到下午四点,医生又仔细认真地作生命体征的寻觅,毫无信息。死亡,这个谁都不愿听到的可怕字眼,终究从医生口里说了出来。经过队部与医院交涉,遗体暂时存放医院太平间,共青团员们用手抬着他们心爱的团支书缓缓前行,他是为蔬菜种植做试验而牺牲的。他忠实、质朴、热情,对工作倾力,对同志倾心,他走了,这是不可弥补的损失。跟在后面的有队里干部和农工中的乡亲,一路哀思,一路悲声,而哭得呼天抢地,让闻者撕肝裂肺的是小杨今天早上从火车站接来的妻子小闵。姚雪垠流着泪轻声告诉我,这是个苦命的女人。她和小杨结婚两年了,去年生了个娃儿。小闵在河南老家是大队妇女主任、副大队长,小杨今年春节回家动员她到东西湖农场来,并且将家永久安在农场,相约天气转暖就实施这个计划,今天早上天刚刚亮小杨就到车站接了妻子和娃,回到队里他到食堂买了稀饭馒头送给妻子,就到试验地里去了。试验地种了大面积番茄,为了加速作物的生长,夜晚用电灯照亮加快光合作用。因买不到新电线,就用旧的电线替代,加上昨夜大雨,旧电线到处漏电,小杨站在潮湿的地上,用手触摸了电线,引起电击。姚雪垠说:"我对搞试验地十分赞成,这是培养新农民普及科学种田知识的重大实践,但教育和学习必须跟上,比如电的使用知识、机械操作知识、化肥农药的使用知识,可以开办各种培训班,教农民实际操作。像今天这样的悲剧,完全可以避免。忽视了这一环,就酿成悲剧,好端端的幸福新家,几秒钟便毁掉了,太可惜了。"

大约过了个把月,分管我们植树的李技术员告诉我们,小闵已经回河南去了,农场按因公殉职给她发了抚恤金,还发给小杨因公殉职的证书。姚雪垠告诉我,他在小闵临走前送给她八元钱,这数目太少,但也是兜里的全部,表示一点心意而已。我说你为什么不告诉我,凑个整数吧。姚雪垠说你现在度日维艰,就不要考虑了,实事求是吧。

我突然接到开会通知,走进房一看,几乎全是搞文艺的,有演员、导演、化妆师、舞美、编剧。我们作协三人,都来了。彼此互相看着,不知是开什么会。一会儿管理组的领导来了,他们开始讲话,先讲我们的社会主义教育运动的成绩,次说我们精神面貌的变化,然后渐渐转入正题,搞一个大型多幕话剧,写自己、演自己,进行自我教育。

会上的情绪开始活跃起来,管理组领导又谈到戏的主题思想和人物、矛盾、冲突等的设计,虽然他们并非搞专业的人,但考虑得非常细致和成熟了。在当时的文艺界,正时兴着领导、群众、作家三结合创作模式,业内人说得很透底,就是领导出思想,群众出生活,作家出技巧。我们不可能逾越这种路子。先定下一个四人的编写班子,姚雪垠、老李、老戴和我,规模为四幕十二场的大型话剧。姚负责第一幕,戴第二幕,李第三幕,我则是第四幕带尾声。在定下全剧框架的基础上,各自写出详细提纲,然后进行交流。贯串全剧主要人物有二:一是转变人物,此人对下来改造抵触很大,不认罪,不服输,并用写诗、编顺口溜方式诅咒现实,在社会主义教育运动中受到触动,主动交心,严厉批判自己,并有揭发他人违法行为的表现;二是抗拒改造人物,不仅有大量反动言论,还有惯偷惯骗行为,虽经多次批判教育,仍毫无悔改,最后送去劳教。姚雪垠认为人物设计起点太低,缺乏鼓舞精神,他建议增加一个高级知识分子类型的人物,因为这个阶层知识分子受旧时代影响较深,不仅人生观、价值观都以自我为中心,而且其学术思想受资产阶级影响也很深,他们在社会上有名气有影响,写这样的人物通过劳动改造世界观,走与工农相结合的道路,在社会上影响大、效果好。姚雪垠又讲了他的设计是一个医生,曾就读于德国莱比锡医科大学,毕业后参加二战,因创伤手术精良,在反法西斯战争前线累获盛名,回国后在抗美援朝战争中继续到前线做创伤手术,救治中朝伤员。停战以后,转业到地方医院,因恃才傲上,加上对肃反中对他的审查不满,划为右派。名字叫陶省三,用孔子"吾日三省吾身"的意思。下到农场后,第一次劳动是到棉花地里整枝打杈。队长反复叮咛要公枝母枝分清楚,公枝只长叶不结棉桃,母枝是结桃的枝,一定要看准了再打。结果他打了一个上午,全打的是母枝,技术员批评他不服,有个农工气愤地说他是有意搞破坏。他非常委屈,和农工吵了起来,他大声吼着:"我在枪林弹雨中做手术,子弹在脑袋上飞,伤员在我手里,只要碰断一根神经,就可以使这个战士终身残废,只要延误几分钟,就会失去一条生命,我怎么没有搞破坏?我怎么抢救这么多性命?"又有一次挑堤,年轻的女干部在后面追他,喊着陶省三快走,陶省三快走,他被追得气喘吁吁,放下担子说:"你们不要和我比力气,要比就比贡献!看谁对社会贡献大!"老戴笑着说:"老姚,你这是把你在荷包湖的经历都搬过来了呀!"大家都笑了起来。姚雪垠自己也笑了。他说:"文学创作从来就不排斥写自己,何况我们这次演出就是写自己、演自己、教育自己。"

过了几天,我们将初稿互相传阅,都认为彼此差距不大,人物性格脉络,故事发展线索,基本可以衔接。唯独老戴写的部分没有完成,大家不免有些诧异。戴是资深的专业编剧,他年轻时做学徒工,每日店铺打烊,就溜到隔壁戏园子看残戏,没有座位,背贴着墙,俗称"贴烧饼",日子久了,他由戏迷成了票友。解放后搞戏改,吸收他参加,有几个糟粕剧目,经他一改,面目全新,化腐朽为神奇,成了常演的保留剧目,他也成了正式的打本子先生。1957年受了"启发"鸣了几声,划为右派。从此他变得惴栗恂惧,谨言慎行。有天吃了晚饭,他找我聊天,老戴绕了几个弯子,才道出他的剧本拿不出来的隐情:"转变人物和顽固抗拒人物都是在我写的这一幕中显现出来,那些发泄、那些诅咒,都由我亲自一笔一笔写出来,一旦出现某种温度湿度,说这是我的心声,我跳到黄河都洗不清啊!"说着他站立在路边望着我,听他一说,我也瞠乎其后了。人们从交心材料中将冰清玉洁的忠诚挑出来加以抹黑和扭曲的事难道还少吗?但是现在这种顾虑怎么能说出口呢?戴见我陷入苦思之中,便又说:"我倒是想了个办法,在接触这些敏感语言时,我在剧本中不用代言,而用描写和叙述,这个空白留待排练时大家一起临场发挥,即兴创作。"

"俗话说'一字入公门,九牛拖不出',你是想不留笔迹,你一句我一句,大家一起凑,有事大家扛。"

戴点头称是。第二天戴的部分写好了,大家一看,甚为称赞。他的用叙事取代代言,大家都没有异议。只有我看得出来他的良苦用心。又过了几天,正式彩排,主题明确,脉络清楚,人物还多少有点层次,基本达到预定目标,大家也都认可。老戴说,我们走的"活报"路子,有这个水平就很不错了。

80年代中期,姚雪垠来武汉开会,有天他忽然想到老戴,要我去联系,请他来叙叙旧,一打听,才知此公已驾鹤西行了。据说他是在伏案写作时,突发脑溢血,头就磕在稿纸上面,手里还紧捏着那支笔。姚雪垠听了喟然叹道:"这是我们搞创作的马革裹尸,也是一种悲壮吧。"

1960年10月18日,我们召开全体大会,共约800人,管理组宣布摘掉18人的帽子,其中有姚雪垠、李蕤和我。不久,市文联来信,祝贺我们三人"回到人民的队伍"。随之又捎信说,机关汽油紧张,弄不到汽车,叫我们搭乘公共汽车回文联。10月24日,天空下着小雨,北风吹得落叶满地翻滚,秋意已是很深了。我们从大队借了一辆胶轮板车,由我驾辕,姚、李二人各在车一边拴根绳子帮助拉车。边走边聊,倒不寂寞。只是谈兴一浓,两根拉绳都弯曲了。李蕤的安排定了,他到东西湖修场史,市文联和东西湖农场洽商好了,只待回文联办好报到手续,就到东西湖开始工作。我还是想教书,中学、职校都可以。我向管理组提过,他们劝我先报到再说。姚和李劝我打消此想法,有岗位先做了再说。他们还叮咛我回到文联,他们会恢复过去的待遇,要我切不可和他们攀比。报到以后,就安排住处,我分配在一间14平米的房子,用钥匙打开门,里面已住了两人,二床一桌,留下门边一块空地给我,我将床放下去正合适,衣箱和面盆就摆床下了。管机关事务的老朱来了,他看看说,蛮好,蛮好,现在提倡工作朝前看,生活向后看嘛,晚上看书什么的,就到办公室,那里清静。这番开茅塞的话,使我受益不浅。下楼遇见姚雪垠,他正从仓库往新分配的住房搬东西,我帮他扛一只书箱,一起到他的住房去,他分配的是一个套房的保姆间,套房两大主间住一位青年作家,来往的过道就在保姆间的门口。

"而且他家有几个孩子,又是木板地,共鸣效果特别好。"姚雪垠面带愠色地说。

晚餐后,我们去散步,文联大楼的四周全是菜地,品种和我们在农场种的差不多,但管理比我们精细。瓜架、番茄架扎的整齐,累累瓜果一层一层,井然有序,简直像花园一样。姚雪垠问我跟我谈话没有,我告诉他,只给我作了暂时安排。《武汉文艺》停刊了,但许多来稿尚未处理,要我做这件事。虽然有印刷好了的退稿信,但约来的和有质量的稿件,用手写退稿信。这件事做完了再干什么就没说了。姚雪垠说,组织上跟他说了,要他到豫剧团当编剧,过几天就去报到。"我是河南人,却对家乡剧种并不熟,我是搞新文艺的,干一辈子新文艺,现在要搞地方戏曲,真是半路出家不知从哪本经念起。"忽听得有人叫我们名字,正是老朱。他说省里给了我们一批藕,在湖北剧场门口领取,老姚搭乘公共汽车先去守候,我到食堂取麻袋绳子用自行车拖运。朱说这是省里领导关注我们的生活,我们没有汽车,只有大家克服困难吧。我们有七八个年轻人拖,拖了两三趟才弄完,此时已没有公共汽车了。我扶着最后的一车藕,陪着姚雪垠聊着走着回文联。他说除了年轻的同志,"今天年岁大一点就是我了,我现在真被看成劳动力了",神色有些黯然。我说,这里用得上你常说的两句话:上帝都知道,面包会有的。

他扭头望着我苦笑了一下。昏黄的街灯照着寂静的路,我们继续走着。

原载于《新文学史料》2010年第3期

"文革"中姚雪垠对"三突出"的质疑

程涛平

　　1972年夏天,我接到通知,到汉口饭店参加武汉市文艺创作会议,与老作家们编在一个小组。我看见一个满头银发的老人,觉得很面熟,轮到他发言时,声情并茂,绘声绘色,我也就特别喜欢听。开会间隙,我们几个业余作者同他攀谈,老人突然问我们,有一本书叫《李自成》的,有谁看过?

　　我抢着说,我读过!老人眼睛马上一亮,紧接着便不停地盘问书的内容,问我喜欢书中的哪几个人物。他这一问反倒提醒了我,我仔细端详他,突然哈哈大笑起来,说:"我认出你来了,你就是《李自成》的作者姚雪垠!"见老人发愣,我赶紧解释,说还是在1967年下半年,我发现解放电影院对面有个叫"文艺新军"的造反派组织大字报的漫画水平很高,每次换新内容就总是凑上去看。有一次漫画上画的是一个人的脑袋,有意将鼻子画得特别大,眉毛特别长,脑袋下面是一个蛇的身子,从一本破书中钻出来,书名就叫《李自成》。漫画是彩色的,红鼻子,白头发,白眉毛,非常传神,惟妙惟肖,我每次从画前走过,总忍不住要多看几眼,故对此画的印象特别深。也正是因为看了这幅漫画,我才知道有《李自成》这部书,赶紧找自己最崇敬的中学语文老师涂光晖打听,涂老师想了不少办法才帮我借到。我一口气读完,觉得非常过瘾,知道作者是武汉的,可惜无缘相见,不想这次有幸见到了作者,跟漫画上的人物像得不得了。姚雪垠听我说完,也禁不住哈哈大笑起来,连声说,那幅漫画的确是画得很像。

　　当时会议气氛之严肃,我至今都难以忘怀。小组讨论会上,每个人都是正襟危坐,发起言来字斟句酌,滴水不漏。我偷偷地问姚雪垠,这是怎么回事。他小声告诉我,这是"文革"以来武汉市文艺界第一次召开的官方会议,参加会议的这些老作家都是刚从"牛棚"里出来的,能够参加会议,象征着政治上的"解放",是多少年从未有过的荣耀,每一个人这几年都被整怕了,所以大家发言个个都是谨小慎微,害怕又犯错误,再次挨整。我再仔细观察,果然如此。但我感觉姚雪垠例外,因为只有他在小组会上的发言比较生动、诙谐,没有别人那种小心谨慎的样子。

　　这一天,又是小组讨论,议题是文艺创作的"三突出"原则。大家一个接一个地讲话,每一个人的发言都似乎经过了充分的准备,以最美好的语言,对三突出的创作原则给予高得不能再高的评价。有一位老作家甚至认为,由革命样板戏创立的三突出原则,即文艺创作中要做到一般人物中突出正面人物、正面人物中突出英雄人物、英雄人物中突出主要英雄人物的原则,如同马克思列宁主义毛泽东思想一样,是放之四海而皆准的真理,不光写小说、写剧本要遵行,就连杂技团叠椅子这样的节目,也要体现三突出的原则。发言的老作家说得振振有词,在场的每一个人好像也都默认,我也认为这个结论早已是天经地义,不容置疑,因为样板戏已做出了榜样,样板戏的最主要的经验就是三突出原则,这是谁都承认的,所以这是个不需要讨论的、不成问题的问题。谁知大出我的意料,姚雪垠发言,也不转弯抹角,矛头直接指向三突出原则,说:"三突出原则固然有一定道理,但只适用于一定领域,不是放之四海而皆准的。例如杂技团叠椅子节目,非常简单,没有剧情,人物也少,三突出原则就不适用。"姚雪垠说话时,态度从容,声音嘹亮,似乎在说明一个非常简单的道理,简单得没有必要再议论下去。他的话刚完,一位老作家发言,同意姚的说法,也认为杂技团叠椅子节目不适用三突出原则。我观察到,姚雪垠见有人附和自己的观点,面露微笑,好似有几分得意。

　　姚雪垠的发言,使原本波澜不惊的讨论,从此掀起轩然大波。先是主张叠椅子也适用三突出原则的那位,怒不可遏,说姚雪垠的发言直接攻击革命的三突出原则,是典型的文艺黑线回潮,号召每一个人在这大是大非的问题上,都要旗帜鲜明,誓死捍卫毛主席的革命文艺路线。我见这位先生说话时青筋暴起,脸涨得通红,大有一口吞掉姚雪垠之势,心里不由得一紧,暗想不好,姚一定要吃亏。紧接着,一个接一个发言,都显得十分革命,一致谴责怀疑三突出原则的人。会场上弥漫着浓重的火药味。我心里着急,也抢着发言,说了不少替姚雪垠解释的话,想借自己"工农兵业余作者"的身份,帮姚解一点围,但作用不大。姚雪垠明显处于劣势。我暗中看姚雪垠,虽略显尴尬,他仍是十分镇静,不慌不忙。我巴不得事情早一点完结,不想散会的时候,会议工作人员要他将在小组的发言整理成文字的材料,说是要发会议简报。我赶紧劝他不要写,因为会上说过的话,说完也就过去了,别人也抓不着什么把柄,如果写成文字资料,岂不是授人以柄,自讨苦吃?但姚雪垠不听,说:"三突出原则是不能到处套用的,我就是要写成文字材料,让更多的人看到。"说完就趴在桌上认真地写起来。

　　第二天是大会,会议还没有开始,就听见有人说今天的会议有好戏看。我们几个参加会议的"工农兵业余作者",被特意安排在前排中间的位子就座,以示尊重。会议主持人宣布,今天的内容是大会自由发言,听说作家组的姚雪垠同志对三突出原则有不同看法,现在请他上台发言,如果有人不同意他的看法,也可以上台。会场上顿时热闹起来。只见姚雪垠健步登上讲台,毫不客气,揽过话筒就讲。我看见会场场面很大,实在为他捏一把汗,不想他比小组会的发言还要放得开,嘹亮的河南话,旁若无人,顾盼有神,口若悬河,滔滔不绝,完全是一副理直气壮的神气。他讲完的时候,我分明听见下面有人喝彩,只是声音不大。此后的大会发言,情况就很不妙了,上台发言的人几乎都把姚雪垠当成活靶子,万炮齐轰,不少人好像是立功的机会来了似的,争先恐后地对公然攻击三突出原则的行为表示极大的愤慨,讨论会完全成了不折不扣的批判会。我的心一阵紧缩,一方面觉得他真有点自讨苦吃,另一方面也确实佩服他的勇气。

会后,我本以为姚雪垠在大会上被批判得狗血淋头,一定情绪不佳,不想他满不在乎,说这过去见得多了,能够把想说的话说出来,值得高兴。看他那神情,反倒像一个得胜的将军。

市创作会议就要结束了,我和姚雪垠即将分别,彼此难舍难分,和我一起参加会议的几位"工农兵业余作者",不知怎的,和我一样,在与几位老作家的相处中,都和姚雪垠的感情最深,于是不约而同地想到照相。可当时会议没有安排合影,大家便公推我张罗此事。

受众人之托,我就忙乎起来。七十年代初,流行的是120双镜头相机,使用的是黑白胶卷。我因有个妹妹在武汉照相机厂工作,送了我一部该厂生产的友谊牌双镜头相机,这次派上用场了。我兴冲冲地将相机拿到汉口饭店,招呼众人到饭店的顶层平台与姚雪垠合影。

我的举动引起了市文化局一位干部的注意,他问我准备同谁照相,我不经意地回答:"同姚雪垠呀。"没有想到,这位干部非常严肃地把我叫到一边,要我马上停止,说:"姚雪垠有很多问题,你知道吗?他这次能参加创作会议,是组织上对他的宽大,实际上以他存在的问题而言,是没有资格参加这次会议的。而且,这次会议,他的表现很不好,你们这些业余作者要有政治头脑,注意不要受他的影响,要与他划清界限。因此,你们要同他照相,我不能同意。"这位干部的话,一下子把我给搞糊涂了,因一点思想准备也没有,我一时不知道该怎么办才好。看着这位干部严肃的面孔,我的心一阵悲哀。我为姚雪垠难过,我为姚雪垠不平!一个老作家,如果知道自己竟然连同人合影的权利都没有,这将在心灵中留下多大的阴影?

我当然不愿意这次照相就这么流产,更何况我早已告诉了他,他也兴致勃勃地做了准备。于是,我着急了,耐着性子,向这位干部反复说明照这个相没有什么关系,而且大家都已知道,不能照相,岂不让大家扫兴?我百般说明,到后来,几乎是百般哀求了。好不容易,这位干部松了口,提出个折中方案,让作家组的全体人员都来照相,这样可避免"同姚雪垠一个人照相造成政治影响",我一听,觉得也找不出其他更好的办法,只好同意。于是,我们参加创作会议作家组的全体人员约二十余人,相继登上汉口饭店顶层的大平台,老作家们坐在前排,我们业余作者站在后面,摆好姿势,相机快门一响,总算了了这合影的心愿。我连夜动手冲洗胶卷,不知是时间掌握不当,还是药粉配比不当,冲出的胶卷有些厚,洗印出的像,颜色偏淡,人物略显模糊,但第二天抢在会议结束之前送到每一个人手中时,大家都非常满意。这张极其珍贵的照片,收录于2001年出版的《雪垠世界》,当时情景,尽在其中。

难忘的创作会议曲尽人散,到会的人大多在不长的时间内忘却了这个会,而我却终身不忘。我感谢这次会议,它使我在人生的道路上有了姚雪垠这位值得尊敬的师长和朋友,任何力量也不能使我同他划清"界限",而只能使我俩的感情更深。

创作会议一结束,我就成为姚雪垠家的常客,基本上每星期去一次。我不久被调到公共汽车公司宣传科工作,只有星期天有时间。考虑到姚雪垠每天凌晨和上午写作,故去的时间以星期天下午为多,但有时接到他的信,临时要我办什么事,我就在接信的当天晚上赶去,接受任务。武汉市文化界不少人都知道我和姚雪垠的关系特别好,加上姚雪垠也常在别人面前谈论我,使得我在人们的心目中,完全与姚雪垠融为一体。我对人们的这种看法,感到高兴,言谈中以这种关系为荣。不想,这给我带来了麻烦。

记得是创作会议半年以后,我突然接到文化局的通知,说是要开一个文艺创作座谈会,会议地点在市群众艺术馆。我按时赶去,进入会场,见到会的以上次参加创作会议的"工农兵业余作者"居多,就感觉不对头。会议开始,主持人、市文化局领导讲明,这次会议的目的是反击文艺黑线回潮,具体就是清算半年前召开的文艺创作会议存在的问题。据说,有人向上面反映,这个创作会议公开与革命样板戏唱反调,为姚雪垠反对三突出创作原则提供讲台,问题很多,希望参加会议的知情人仔细回想一下当时开会时文艺黑线回潮的情景,大胆地揭发直接攻击三突出原则的首要人物姚雪垠。主持人这么一宣布不打紧,所有到会的人不约而同地把目光投到我的身上,说程涛平和姚雪垠的关系最好,情况最清楚,请程涛平先说。主持人很快走到我的身边,劝我说:"我们文化局的同志们都知道你和姚雪垠的关系不一般,担心你这样的年轻人容易受到姚雪垠的毒害,现在国家反击文艺黑线回潮,你应该积极配合,反映姚雪垠的问题,与姚雪垠划清界限,和我们一起坚持毛主席的革命文艺路线。"一席话,阴森森,冷飕飕,使我一下子感受到与姚雪垠交朋友的巨大压力。在那个"座谈会"上,我沉默良久,还是发了言,大意是我在与姚雪垠平时的接触中,除了听他说过不同意三突出原则的话外,没有发现他有与毛主席革命文艺路线背道而驰的言论和行为,如果要我与姚雪垠划清界限,请相信我在与姚雪垠的交往中有自己的观察力和判断力。这个座谈会没有什么结果就散了会,散会之后,我曾一度担心市文化局向我的单位告状,强迫我断绝与姚雪垠的来往,但一直过了好长时间,没见单位领导找我说这件事,我一颗悬着的心才放了下来。事后,我把这事讲给姚雪垠听,姚雪垠连说:"小程,我连累你了。"我看得出来,他的心情是更沉重了。

1974年,全国掀起"评法批儒"的热潮,我作为一个爱好史学的青年,自然积极投身其中,对报刊上发表的所有评法批儒的文章,都仔细阅读,借以学习和了解中国历史的发展脉络。由于同姚雪垠接触频繁,当然也免不了经常向他请教,听听他的看法。在同姚雪垠的多次交谈中,我明显感到他对当时的批孔持保留态度,只是碍于这是以党中央的名义进行的,他担心反对的话说得太多,会给我造成负面影响,故回答我的问题时,一般都是就事论事,婉转陈述,不正面对"评法批儒"发表看法。但当我问到他在《李自成》中是否考虑安排李自成批判孔子时,他十分认真地告诉我,大量的资料证明,李自成不仅不批孔,反而是尊孔的,因此,在《李自成》中,他不可能赶批孔的时髦,而只能老老实实按历史的本来面目写。在我帮他抄的给茅盾先生的信中,他也多次系统地表明了不同意有的人要求他在《李自成》中写批孔的态度,我知道他的这个看法,也就不去为难他,不向他提太多"评法批儒"的问题。

但是,有一次例外。当时,我接到《长江日报》理论版的约稿,要求我写一篇关于秦始皇的文章,从秦始皇厚今薄古的角度,论证秦始皇对儒家的严峻态度有推动历史前进的进步的一面。我接受任务后,花了不少工夫,查了不少资料,写了一篇约有一万字的名为《秦始皇是厚今薄古的专家》的文章。文章写好后,送报社之前,我觉得把握不足,想征求有关人士的意见。这一年夏天,我在中共武汉市委党校学习,内容就是儒法斗争史,市委党校正在姚雪垠家的对面,我到姚雪垠的家中去,更加方便。一天,我约了同我一起在市委党校学习的王庆元(现武汉大学中文系教授),到姚雪垠家,向姚雪垠详细讲述了自己写作《秦始皇是厚今薄古的专家》的情况,请教他的看法。

以前姚雪垠谈到"评法批儒",总是含糊其辞,这一次,他在认真听了我的介绍后,一改平时的做法,力劝我不要把文章发表。当时他谈了不应发表的若干理由,谈得很认真,我被他说服了,当场答应不发表,事后也没有将文章送报社,这篇文章至今还静静地放在柜子里,昭示着当年的思想轨迹。这件事,给姚雪垠的印象很深,在到北京以后,依然经常同人谈起。新华社记者杨建业在《姚雪垠传》第242页基本真实地记录了姚雪垠告诉他的这件事:

还有一次,也是在那个时候,武汉市委办的儒法斗争骨干学习班上,有两位青年来找姚雪垠,谈到他们要用儒法斗争的观点,写有关秦朝灭亡的文章,并征求他的意见。

"这类文章,为要出风头可以写,要为捍卫真理,就先不要写。因为,现在写了,以后会后悔的。"姚雪垠毫不隐瞒自己的观点说。

"为什么?"

"因为秦朝灭亡的原因很多,绝不是因为李斯被杀。李的被杀只是引起了混乱。你们说李是法家,也可以这样说。但说赵高是儒家有什么根据?秦始皇如不死,可能形势会变,最后能否亡国不一定。秦二世是糊涂蛋,主宰不了这个国家。"这两位青年听完姚雪垠同他们分析秦朝灭亡的原因后,觉得很有道理,决定不再写这篇歪曲历史、赶时髦的文章。

原载于《新文学史料》2010年第3期

研究论文选辑

义理·考据·词章
——姚雪垠创作特征探微

冯天瑜

在当代作家群里,姚雪垠是独具一格的重镇,他以创作旺盛期悠长不衰见称于世,其作品既有把握时代风云的雄浑气势,又长于对民情风俗的细腻描绘和对各色人等鞭辟入里的心态抒写,字里行间时而雷震霆击,时而光风霁月,大开大合,纵横捭阖,造就一种广阔而又真切的史诗格局。

一个作家的成功,需要多方面条件的综合,诸如生活、才华、勤奋等,这都是不可或缺的。与此同时,拥有深厚的学问功底也是一个大作家的必要构成因素。茅盾曾经指出,一些当代作家存在"非学者倾向",认为提高学识文化水平是当今作家的一大课题。茅盾此言确乎切中时弊。而在解决这一无可回避的重大课题方面,作为"学者型作家"的姚雪垠提供了有裨世人的范例。

姚雪垠创作风格的铸造,得益于他多年在理论方面的不倦追求,历史及现实生活的深厚基础,以及在文学语言方面熔古今中外于一炉的执着努力。当这种努力与他卓异的形象思维相结合,方能"精骛八极,心游万仞","观古今于须臾,抚四海于一瞬"(陆机《文赋》),创作出"宏大而辟,深闳而肆"(《庄子·天下》)的作品。

清人姚鼐说:"余尝谓学问之事,有三端焉,曰:义理也,考证也,文章也。是三者,苟善用之,则皆足以相济;苟不善用之,则或至于相害。"(《述庵文钞序》)姚鼐所谓"义理、考证、文章",或称"义理、考据、词章"均各有特指,且未脱出桐城派古文家的窠臼,对此,这里不拟深议。但从姚鼐"义理、考据、词章"之论可以得到具有普遍意义的启示是:一个以学问为事业的人(我把作家也列入其内),应当有理论准备,得以攀登时代的思想高峰,对纷繁错综的社会生活获得较为深刻的理性认识;应当有广博的历史知识及现实的、社会的及自然的知识,占有尽可能丰富的材料,并具备辨析材料的能力;应当锤炼语言,长于词章,并使这三个方面彼此"相济",达到尽可能完善的统一。

姚雪垠从青年时代起,即注意于哲学、社会科学的学习研究,在解放前艰苦的环境中,他便研读马克思主义著作,对哲学、对历史唯物主义下过切实的功夫;中年以后,包括身处逆境之际,他都关注理论问题,力求运用科学社会主义的世界观和方法论指导创作。他于40年代中期写作的自传性小说《长夜》,以特有的力度刻画了20年代北方农村的破败和农民的苦难,用严肃的现实主义创作提出了农民的出路问题。这部作品的成功,当然得益于作家的早年农村生活,特别是那段被土匪绑架、充当"肉票"的100天生活,同时也与作家初步接受历史唯物主义,能较为透彻地洞察现代中国社会问题大有干系。他自50年代后期撰著至今的长篇历史小说《李自成》,则更为稔熟地运用历史唯物主义思想武器,将明清之际复杂的阶级矛盾和民族矛盾,将各路农民军、明廷帝王将相、满洲开国诸雄的风貌及其相互关系刻画得那样准确、丰满,那样栩栩如生,这当然显示了作者的艺术才华,同时也仰赖于作者的理论素养,得益于他所具备的科学的历史观念。

仅以《李自成》关于明清间民族斗争的描写为例,就有力地表明姚雪垠是在一种深刻而全面的历史观指导下从事创作的。小说一方面对清朝统治集团发动的破坏性极大的征服战争作了揭露,描绘了"满洲铁骑"给长城内外造成的"哀鸿遍野,赤地千里"的悲惨场景,形象地展示了这样一个历史现象——处于半游牧状态的落后民族,"进行掠夺在他们看来是比进行创造性的劳动更容易甚至更荣誉的事情。……战争成为经常的职业了。"基于此,作品对于农耕人抗御游牧人的正义之战倾注了赞颂的激情,这尤其表现在对卢象升等明廷主战派的刻画上。然而,姚雪垠犀利的历史目光并没有止于一个侧面,《李自成》还对满洲民族的勃兴给予积极的评价和充满鲜明色彩的描绘。从努尔哈赤到皇太极、多尔衮的短短几十年间,女真——满洲出现了巨大的社会跃进,从满族本身的发展史而言,这是辉煌的一页,就整个中华民族的进步史而论,也是不可忽视的篇章。在"燕辽纪事"这一单元,作品绘声绘色地展现了满洲生机勃勃的开国气象,以饱含热情的笔墨描写满族吸收先进的汉文化、朝鲜文化以及藏文化、蒙古文化的情形,充分肯定了满洲这个强悍而又聪慧好学的少数民族锐意进取的精神。小说还着力刻画了皇太极、庄妃、多尔衮等人的形象,活生生地展示了他们比崇祯等明朝统治者高出一筹的卓越之处。作品以雄健的笔力表明了文化落后然而却富于朝气的清朝,战胜老大而朽败的明朝这一不可阻挡的历史趋势。

中国是一个多民族国家,如何处理民族关系,是中国过去、现在和将来一直面临的重大课题。历史反复昭示我们,各种形态的狭隘民族主义,无论是大汉族主义还是地方民族主义,都不利于中华民族的团结和进步。而这些狭隘民族主义的一个共同特点,就是只承认本民族的利益和传统,无视甚至否定其他民族的利益和传统,其结果只能是扩大、加深民族裂痕。而以往的某些描写民族关系的小说、戏曲,往往存在着这种偏向。这些作品大都歌颂了当民族矛盾激化之际,那些维护汉民族的生存权利、捍卫汉民族文化传统、抗御异族掠夺屠戮的民族英雄,这使得此类作品具有鲜明的人民性。这类戏曲、小说之所以流传数百年而不衰,能够一再拨动广大观众、读者心弦的原因也正在于此。然而,有的作品又确乎包含着大汉族主义的倾向,对少数民族采取鄙视和仇视的态度。建国以后,出现了一批歌颂民族团结的新编历史剧,如《蔡文姬》、《文成公主》、《王昭君》等,颇有拨乱反正的意味。然而,历史上的民族关系除了和睦交往的一面外,还有互相冲突以至发生战争的一面,而"战争本身还是一种经常的交往形式",是中华民族融合过程中的一个重要环节,因此文学作品也就不能回避这后一历史的真实。《李自成》的一个可贵之处便在于,它没有在民族战争这一复杂的、难以处理的课题上收敛自己的艺术锋芒,而是在马克思主义历史科学的指引下,以所向披靡的气势,去征服这个课题所涉及的各个领域,如此丰富而又如此准确地描绘了民族战争的诸侧面,既肯定了汉人为保卫本民族的正当利益所进行的自卫战争,歌颂了为此献身的英雄,谴责了民族利益的叛卖者,同时作品又公正地表现了少数民族所走过的历史道路,既没有漫画化,也没有理想化,而是以一种现实主义的严肃态度,以一种清新明朗的笔触展示了清方的生活和人物,赞扬了他们的长处以及对整个中华民族的发展所起的积极作用。

从《长夜》到《李自成》,姚雪垠对中国社会的刻画不断向深刻度和广阔度进军,这既是艺术的胜利,同时也是学习和运用历史唯物主义的胜利,与他数十年如一日地注意理论素养的提高是分不开的。这种对理论的重视,不是教条主义的,不是用理论作标签和套头,而是以科学理论作为剖析社会、剖析历史的解剖刀。姚雪垠的例子说明,学术工作者需要这种解剖刀,作家也需要这种解剖刀。

具有渊博的学识,这是姚雪垠创作成功的又一重要原因。他的生活经历丰富,学生出身,当过教员、教授,"做过"土匪,当过兵,熟悉农民、知识分子、官僚,与三教九流诸色人等打过交道,这使他具有丰富的生活积累,这是成就一个作家所必不可少的财富。姚雪垠不仅社会生活积累深厚,而且有相当深度的史学功底、相当广度的杂学知识,这一点在作家"非学者化倾向"突出的今日,尤其值得人们借鉴。

姚雪垠对中国历史有一个贯通的、多侧面的、有血有肉的认识。这与他自幼熟读经史有关,与他后来广采博览野史笔记、方志、文集有关。为写《李自成》,他在数十年间钻研明史和明清之际的历史,用蝇头小楷抄写卡片数万张。他对史学所下的功夫,令一些史学工作者也感叹不已。中国历史上众多的人物、纷繁错综的事件、种种典故轶事,他都烂熟于胸;典章制度、山川地理、城池宫殿、器用文物、各类文体,他都如数家珍。这是他的作品能够富于立体感地再现历史生活、创造典型环境中的典型人物的根基所在。

《李自成》是从处在"内忧外患交迫"之中的崇祯皇帝那里开篇的。打开第一卷前几页,我们立即被作品描绘的时代氛围的巨大魅力所吸引。北京的阴森和凄凉,紫禁城内的紧张空气,"忧国如病"的崇祯苍白而憔悴的脸孔,使我们顷刻走进17世纪三四十年代那个特定的环境,仿佛与作品中的人物共同感受着几分惶惑和恐怖。我常常想,《李自成》这种使读者"身历其境"的本领,仅仅从艺术手法上追究是不够的,恐怕还要到作家自己丰富而实在的历史感中去寻找终极原因。而作家这种历史感的获得,不能单凭才气和想象,它首先是渊深博大的历史知识的积累。《李自成》对崇祯坚毅而刚愎、敏感而多疑的性格的刻画,得益于作家对中国沿袭两千年的集权主义君主专制政治的深刻认识,尤其得益于对明朝这个专制君主政治达到登峰造极程度的朝代的深刻认识。这种认识不是概念化的,而是从崇祯的全部生活中体现出来的,是在崇祯与后妃、太监、大臣的相互关系中,在崇祯处理"制内"和"御外"的军国要务的实践中,在崇祯的喜怒哀乐中得到显示的。乾清宫内外帝王、后妃、太监、文臣武将的应对进退、举手投足,都是那样贴切,那样富于历史感。正是在这样的时代氛围中,崇祯作为艺术典型的"这一个"才得以活生生地树立起来。

姚雪垠对下层民众的描绘也令人叫绝,这与他广博的杂学知识大有关系。《李自成》第二卷中大相国寺的一段文字,堪称杰作。以宋献策的行动为主线,牵引起大相国寺内外三教九流各色人等的言谈笑貌、喜怒哀乐,栩栩如生地展现了一幅明末市井的风俗画,正可与《清明上河图》相辉映。这种艺术画面的制作,当然与姚雪垠熟悉黄河中游下层人民生活有关,但仅有这种直接生活经验显然是不够的,作者曾经浏览大量明清笔记小说,通晓测字、打卦、卖艺、佛事道场诸种专门知识,这也是他能够得心应手勾勒社会风情画的缘由。

姚雪垠对历史学是下过切实功夫的,他关于晚明史的几篇考证文章,直接显示了他对这段历史所做的辨伪、疏证工作的深度。当然,艺术创作必须借助虚构。姚雪垠通过历史考证,认定潼关南原大战并未在历史上发生,但出于作品艺术构思的需要,他虚构了这场惨烈的战役。由于姚雪垠对明末农民战争史下过深入的功夫,加之对潼关南原一带的山川地理作过具体考察,故能将这场虚构的战役描写得绘色绘声,给人以极大的真实感。可见,艺术的虚构不是任意的、超时空的玄想,而是对典型环境中典型形象的塑造,它是建立在生活和知识的厚实地基之上的。

姚雪垠在创作《李自成》过程中对历史学的研究,尤其是对明清史的研究,使我们联想起列夫·托尔斯泰创作《战争与和平》时,对1812年俄法战争史所做的浩大的资料积累和深入精到的研究工作。托尔斯泰讲过,如果没有这种历史学的研究,《战争与和平》的写作是完全不可能的。如果我们的作家都能对自己所表现的时代下托翁和姚老这样切实深入的功夫,创作水平无疑会发生一个飞跃,那些粗制滥造、破坏艺术真实与历史真实统一的作品,或许会大为减少。

文学作品的成功与否,很大程度上依赖于语言艺术。姚雪垠的语言是有风格的,这个问题应当做一个长篇专论,这里只能浅议一二。

姚雪垠的语言是多种成分的合金,他博采中国古典文学语言,以河南方言为主的民间语言,"五四"以来的新文学语言,西方文学抒情及叙事语言之众长,在自己的创作中加以熔铸再造,形成一种富于表现力的、有特色的民族语言。

文学语言问题是二三十年代以来我国各文学流派竞相探讨的大课题,不少作家在这方面倾注了心力,鲁迅、郭沫若、茅盾、巴金、老舍、冰心、朱自清、赵树理等人都堪称语言大师,各具风格。姚雪垠也是其间勤奋探索而卓有实绩的一位。从短篇《差半车麦秸》、中篇《牛全德与红萝卜》到长篇《长夜》,他日益纯熟地运用一种丰富而又经过锤炼的生活语言,表现芸芸众生的遭际与情感,显示了文学走出象牙塔、突破亭子间,汇入大众生活洪流之后的蓬勃生机。

《李自成》更集姚雪垠语言探索之大成,将古与今、中与外、雅与俗的语言之长、之美聚于一部长卷。在刻画帝王将相、士子淑女时,他充分利用自己谙熟诗经、楚辞、汉赋、骈文的优势,将崇祯与杨嗣昌、洪承畴们的对话,朝廷的诏书文告,李信夫妇书信赠诗,写得何等得体贴切。崇祯的那篇洪承畴祭文、汤夫人给李信的绝命书,李信在投奔李自成的路上写的那几首悲歌慷慨而又深含彷徨的诗,都是姚雪垠"代拟"的,其意蕴笔法都是那样贴近时代、贴近人物身份和性格,若无深厚的古文、骈文、格律诗的全面修养,这些乱真拟作是不可能产生的。在描写各路农民军及下层豪杰时,他又得心应手地使用民间语言,李自成、张献忠、郝摇旗、王长顺们各具性格风采的豪语,宋献策雅俗兼备的谈吐,牛金星、徐以显这些混迹于造反农民间的士子的由雅转俗的言谈,土匪杆子们的俚话和歌唱,活脱脱地展现了栖息于中国北方原野间的民众粗犷多姿的形象。

意识到的历史规律与莎士比亚式的情节生动性二者的结合,是作家的追求,也是读者对作品的企望。而要实现这二者的统一,自然需要多种条件,而在"义理、考据、词章"三方面作坚实努力,并实现三者间的"相济",是必不可少的。姚雪垠创作的成功证明着这一点。他的作品的某些不足之处,如《李自成》对大顺军描写的一定程度上的现代化倾向(主要表现在李自成、高夫人身上),叙述性语言有时过于理性化等等,也与作家在"义理、考据、词章"三方面还存在有待改进之处有关。这大概也正是姚老把他的书斋称之"无止境斋"的命意所在吧。

原载于《文艺理论与批评》1991年第1期

在语言民族化的道路上不懈追求
——姚雪垠文学语言略论

刘增杰

姚雪垠是一位在语言民族化道路上不断探索前进的作家。历史小说《李自成》的出版,显示了他在语言上长期执着追求所取得的成功。本文只准备讨论姚雪垠前期作品语言运用方面的一些基本特征及其文学语言的演变特点,至于以《李自成》为代表的后期作品在语言上的成就,则留待另文去具体描述。

追求过程中的一个鲜明特点——变化与稳定的统一

在走向语言民族化的道路上,姚雪垠经历了一个漫长的历程。如果从1929年他发表第一篇小说《两个孤坟》算起,到长篇小说《长夜》的出版,已历时近二十年。几十年如一日的苦心追求,使他的语言大致经历了三个阶段的变化:

以《差半车麦秸》为代表的第一个阶段,是作者运用大众口语进行写作的阶段。1938年5月发表的《差半车麦秸》,之所以在当时的文坛受到重视,被茅盾誉为抗战文学的优秀作品,除了其在迅速反映抗战现实等方面所取得的成就外,其重要原因之一,在于作品运用中原地区农民口语的成功。契诃夫说过,"新手永远应当凭独创的作品开始他的事业。"①姚雪垠就是凭自己独创的语言开始自己的文学事业的。他从活鲜鲜的农民口语中,提炼出了充满浓厚生活气息的人物语言,描绘人物的行动惟妙惟肖,挖掘人物的内心世界出神入化,读后使人耳目一新。作品出版后不仅拥有广大的国内读者,而且被译成英文、俄文,迅速地被介绍给了国外读者。作家李广田曾指出:《差半车麦秸》所使用的语言,"是真正的最好的活的语言。……这不是从任何书里边可以找得出来的,更不是任何作家可以从脑子里造得出来或偶然从作者笔尖滑了下来的"②。此后不久,姚雪垠创作的中篇小说《牛全德与红萝卜》,同样是运用"活的语言"的一个范例。

---

①《契诃夫论文学》(苏)契诃夫著,汝龙译,人民文学出版社,1958年,第31页。
②《活的语言》,《国文月刊》1942年第15期。

诚如李广田所说,姚雪垠"活的语言"的成功运用,不是他脑子里生造出来的,也不是偶然从他笔尖滑了下来的,而是他近十年的追求所结出的第一个果实。他的第一篇小说《两个孤坟》,以凄婉的笔调,较为生动地描写了长工王材和婢女雪香的悲惨故事。作品的语言虽也接近口语,生动流畅,但仍然可以明显地看到语言欧化倾向。在此之后,作者有意识地摆脱欧化影响,并在创作实践中逐步认识到,只有按照本民族的语言习惯进行写作,才能较好地写出本民族的生活、思想、感情。他曾经详细地叙述过从《两个孤坟》到《差半车麦秸》的语言变化过程:

> 我在才学写小说的几年中,也是为故意求美,故意要造成自己的特殊风格,反而忽略了口语文学的美的本质,写出了一些叫我现在想起来就会脸红的作品,举例说,我在《文学季刊》上发表过一篇小说叫作《山上》,记得一开始是这样写着:"薄的白云像轻纱,被晨风拽过山头,风,凉凉的,呼呼的走下树木林,又吻着满山的鲜花和野草……"假若将来我的孩子写出来这样句子,我一定要痛痛地训他一顿;假若我看见别人写出来这样句子求我批评,我一定提笔批道:"什么话!"然而人往往是当走了错路以后才知道路错,我当时何尝不得意着自己的造句之美?何尝不私下为自己的天才而忍不住一串微笑?如今回头想起来,我只好说出来北方人用的一个感词:"乖乖!"①

姚雪垠的这段内心剖白,生动地表现出:为了以北方农民口语为基础创作出《差半车麦秸》等作品,他在思想感情上经历过何等巨大变化,在语言的磨炼上有过何等的艰辛!当然,人民群众的口头语言,往往是金子与沙砾并存的。姚雪垠创作《差半车麦秸》时虽然已开始注意对口语进行必要的提炼和筛选,但显然还有注意不够的地方,作品的语言还带有尝试阶段的印痕。

如果说以《差半车麦秸》为代表的姚雪垠的文学语言发展的第一阶段,他所着重追求的是口语美,那么以《春暖花开的时候》为代表的他的文学语言发展的第二阶段,则更多的是在追求语言的变化多姿、丰富多彩,有意识地要扩大文学语言表现广泛社会生活的能力。他在作品中努力排除欧化词汇,排除欧化语法结构,排除生造词汇,排除故意雕凿或矫揉造作,把朴素、生动、流畅视为自己在语言上追求的目标。在这部以抗战青年知识分子为描写对象的作品中,虽然仍以口语作基础,但在表现青年知识分子思想感情方面,笔墨细腻,抒情性强。一些写景和抒情的篇章,文字既音节铿锵、又富于变化,情景交融,如诗如画。应该说,姚雪垠的这一新尝试是有意义的,作品语言的文学化程度提高了。当然,《春暖花开的时候》从总体上说语言水平的提高,并不意味着他的文学语言运用

---

① 姚雪垠:《我怎样学习文学语言》,《中原文化》1941年第1卷第1期。

的完全成熟。例如,作者虽试图避免雕凿,但某些篇章读来仍有人工痕迹。语言上的匆促粗陋之处,仍时有所见。

《长夜》代表了姚雪垠语言追求的第三阶段。这部带有自传性质的长篇小说,通过描写一支土匪队伍在豫西南地区的活动,相当深刻地反映了二十年代北方农村生活的一个重要侧面,代表了姚雪垠解放前创作的最高成就。《长夜》的语言充满着艺术魅力。似乎可以说,这是《差半车麦秸》的语言和《春暖花开的时候》的语言的有机融合。它既具有《差半车麦秸》语言的朴质自然、清新活泼的乡土气息,也兼有《春暖花开的时候》的语言的摇曳多姿,是姚雪垠文学语言的一个引人注目的发展。《长夜》的语言体现了作者的创作个性,显示了作者相当高的驾驭语言的才能,他使生动的群众口语与音节铿锵、诗一般的散文语言和谐统一、融为一体,从而初步形成了具有个人独特风格的文学语言。《长夜》的语言成就显示出:在四十年代末期,创作《李自成》的语言准备已接近成熟。

姚雪垠文学语言的变化,是他在创作上不断追求的成果,同时也是适应现实发展对文学的客观要求。抗战初期,现实要求动员千百万人民群众,投身于伟大的民族解放战争,文学通俗化运动成为广大文艺工作者的共同使命,要求他们克服"忽略了大众所使用的、所了解的活的语言"的倾向,"尽可能地用大众口头上活生生的语言写作"①,姚雪垠就是实践这一历史要求中有成绩的一个。随着抗日战争的深入发展,适应反映更为广阔、更为复杂、更为丰富的现实生活的需要,姚雪垠的语言风格也随之发生了如前所述的明显变化。姚雪垠的文学语言随着时代的发展而不断地变化和提高,表明他是一个时代感十分强烈的作家。

在强调姚雪垠语言风格随着时代而变化的同时,我们不能不指出:这种变化不仅有其本身发展的轨迹可寻,而且还以其文学语言的某种稳定性与连贯性作为基础。从《差半车麦秸》到《春暖花开的时候》,到《长夜》,北方农民群众的口语,始终是姚雪垠文学语言的基础。他的语言发展的第二、第三两个阶段,不是以对第一个阶段语言的抛弃为条件,而是对第一个阶段形成的文学语言的补充、丰富和升华。人们可以从《差半车麦秸》所开始形成的以北方群众口语为基础的文学语言的稳定中,看到姚雪垠的语言在不同阶段的变化,又可以从这种变化中,看到在语言的美学追求上各个阶段的一脉相承。稳定与变化有机统一,构成了姚雪垠解放前文学语言的一个十分鲜明的特色。

---

① 姚雪垠:《通俗文艺短论》,《抗战文艺》1938年第1卷第5期。

他追求到了什么——单纯与丰富的统一

在一篇总结《牛全德与红萝卜》创作经验的长篇论文中,姚雪垠在文学语言的运用上,提出了"我爱单纯美"这一美学命题,姚雪垠所说的语言的单纯美,主要是指语言的自然和朴素。他推崇《国风》中许多诗利用叠句、重沓,将一种单纯的意象或感情重复说出,层层加深;认为李白所说的"清水出芙蓉,天然去雕饰",是指出了艺术的最高境界。在人物性格描写上,这种单纯美使作者可以集中精力,用最经济、最准确的语言刻画人物性格,使语言的个性化程度得到明显的提高。绰号叫"差半车麦秸"的这一人物,他的语言所表现出的是从落后农民成长为游击队员的鲜明的个性特征;牛全德的语言所表现出的是他的豪爽侠义、争强好胜的农村流氓无产者的性格;狮子语言的愚昧、粗野和凶残;农民出身、被迫下水的土匪小头目薛正礼的语言,则又带有几分饱经世事的深沉。这些描写,都恰到好处,能够给读者留下极深的印象。

单纯当然不是简单,更不是贫乏。这种语言描写上的单纯美,正是艺术的以少胜多,以一当十。它以有限的描写,打开了读者想象世界的无限空间。这种单纯是和丰富和谐地统一在一起的。试看《长夜》开头的一段文字:

> 从平汉线的驻马店通往南阳的三百里官路已经荒废,常常有枯草埋没着深深的车辙,官路旁的村落大半都成了废墟,剩下些烧红的墙壁映着蓝天,井沿上围着荒草,碾石上长着苔藓,有的村庄还没有全毁,但大部分的房屋用土坯堵塞着门窗,主人不知道哪儿去了。

这段表面看来平淡无奇的文字,通过对官路、村落、井沿、碾石的精确描绘,不仅隐约地预示了作品中的人物将在怎样的历史氛围中活动,而且真切地表现了二十年代中期,在官、匪蹂躏下中原地区人民所蒙受的深重灾难。语言简洁洗练,包含着十分丰富的思想容量!

语言的单纯和丰富是一个有机的统一体。在作品中,人们当然无法具体区别何处为单纯,何处又为丰富。这只能从整体上、从作品整个语言风格上来把握。不过,人们总还是可以举出一些具体特点,来说明姚雪垠文学语言的独特之处,或者也可以说,这些特征正部分地代表了他的语言的丰富与多姿。

语言的节奏美。朱光潜在《谈美书简》中谈到文学作品的节奏时,曾专门推崇《李自成》一书。他认为,"一部文艺作品在布局上要有'起承转合'的节奏。我读姚雪垠同志的《李自成》,特别欣赏他在戎马仓皇的紧张局面之中穿插些明末宫廷生活之类安逸闲散的配搭,既见出反衬,也见出起伏的节奏,否则便会平板单调"。这一真知灼见,不仅准确说明了《李自成》一书的叙述节奏张弛有序、和谐有度,而且事实上也概括了姚雪垠解放前作品的语言特点。小说《差半车麦秸》的叙述节奏,是随着作品主人公"差半车麦秸"情绪的变化和抑扬起伏而形成疏密相间、张弛有度的节奏的。从叙述"差半车麦秸"被游击队捉住当作汉奸审问,到描写游击队放他回家后他自己又跑回来要求参加游击队,一直到刻画他参加游击队后的熄灯、偷牛绳等细节,作品的节奏曲折起伏、疾徐有致。这种叙述节奏,可以激起读者感情上的波澜,从审美心理上极大地满足读者的审美要求。在《牛全德与红萝卜》中,作者笔下的那些节奏鲜明的抒情段落,像优美的散文诗一样,表达出了一种一唱三叹、回环往复的趣味,同样增强了作品艺术感染力。

　　语言的幽默感。《差半车麦秸》、《牛全德与红萝卜》、《长夜》等作品的语言,具有农民的幽默感。姚雪垠在《我怎样学习文学语言》一文中说:"一位朋友曾对我说,外国的农民语言往往很富于幽默性,而我也从故乡的农民语言里发现了浓厚的幽默趣味。"富有生活情趣的健康的幽默,总是时刻伴随着我国农民,它从一个侧面,表现了农民的机智和丰富的情感。在旧社会,幽默既是农民解脱痛苦与忧愁的一种方式,也是他们对于不合理的事情和现象进行嘲讽的手段。姚雪垠语言的这一特点,使他的作品时而妙趣横生,引人捧腹大笑;时而又唤起读者对社会现实作长久深入的思考,发人深省,耐人寻味。《长夜》中对于刘老义骂阵的描写,就是成功的一例。作品第十八章描写李水沫的杆子正在围攻一个寨子。由于实力相当,双方一直相持不下,时而从寨里和寨外响起一阵集体的、曲折而高昂的喔吼声。喔吼声停止了,刘老义用有节奏的调子唱着向寨里骂阵。当寨里要他报出自己的名字时,他以自报家门的方式作了这样的自我介绍:"爷爷的名字叫刘老义,家住在北山南里,南山北里,有树的营儿,狗咬的庄儿。"接着是被激怒的对方的一阵打炮和刘老义故作惊讶地向同伴报告:他的一根汗毛被炮弹打掉了。这些地方,写得幽默风趣,表现了人物忙里偷闲、从容不迫的性格。在紧张的厮杀中插入这段对话,也使作品显得节奏起伏,章法有序。

　　语言的多样性。纷繁多样的社会生活,需要多种多样的语言来表现。在长期追求中形成的姚雪垠的文学语言,如果说是一条语言长河的话,那么它是由许多支流汇集而成的。举凡中原地区流行的方言、俗谚、格言、歇后语,乃至土匪黑话,在他的作品中都有相当出色的运用。那些至今还活在群众口头的炼话与俗谚,简洁精炼,或体情状物,或表现人物的思想情绪,都生动真实,增添了作品的生活气息。姚雪垠不主张多用方言,但也并不一概拒绝。对于那些当地读者感到亲切、外地读者也能理解的方言,偶有所用,颇为传神。《差半车麦秸》与《牛全德与红萝卜》中,特别是《长夜》中,作者所使用的一些土匪黑话,在多数情况下,有助于展示人物性格,真实地再现典型环境。总之,姚雪垠在以北方口语为基础的前提下,兼收并蓄,尝试以多样的语言来反映生活,这对于丰富祖国的语汇,增强祖国语言的表现力,起到了良好的作用。当然,某些运用不当的地方也是有的,这是作者语言追求的一定阶段不可避免的现象。

节奏美、幽默感、多样性,显示了姚雪垠的小说语言既具有朴素、自然、单纯的格调,又有其丰富多彩、绚丽多姿的一面。这种单纯与丰富相统一的语言风格,是他几十年来在语言上涵涌吐纳,洪炉化雪,熔铸而成的。

追求成功的秘诀之一——创作实践与理论探索的统一

研究姚雪垠的文学语言,人们会发现一个很值得注意的现象,即姚雪垠文学语言形成的过程,是他的语言实践与理论探索逐渐走向统一的过程。姚雪垠不断地从自己和别人的创作实践中,提出对建立文学语言的新见解与新要求,然后又以这些理论指导自己的创作实践。随之,创作实践又丰富了自己的语言理论,而语言理论又反过来推动着自己的文学创作,向新的境界迈进。在这种实践——理论——实践——理论的循环过程中,姚雪垠既逐渐形成了自己比较系统的对于文学语言的见解,在创作实践中也使自己的文学语言的运用日臻成熟。姚雪垠把创作实践与理论探索结合起来,这就把他的语言运用,置于自觉地、有意识地追求的境地,而不是一时的心血来潮,从而避免了文学语言形成过程中的盲目性、主观随意性,收到了预期的效果。

1929年创作的短篇小说《两个孤坟》、《强儿》以及1934年以前他在自己主编的《大陆文艺》、《今日》等刊物上发表的散文诗、随笔和杂文,都可以看作是他运用文学语言最初的尝试。总的来看,这些作品的语言,虽然其中不乏鲜活的大众口语,但欧化影响相当严重。1934年进步文艺界开展的关于大众语的讨论,对姚雪垠的语言学习来说,是第一次有意义的理论武装。在讨论中,鲁迅、瞿秋白、陈望道等人明确指出:"从前为了要补救文言的许多缺陷,不能不提倡白话,现在为了要纠正白话文学的许多缺点,不能不提倡大众语。"要求文学作品的语言,做到"大众说得出,听得懂,写得顺手,看得明白"。这次讨论,虽然由于历史条件的限制,未能深入进行,但姚雪垠却从这次讨论中受到了震动。特别是就在这次讨论的当年,通过他回故乡看病对于群众语言的学习和搜集整理,更把他的文学语言观大大地向前推进了一步。他回忆说:

大概是1934年的夏天,我因为沉重的吐血病离开北平,路上辗转耽误,直到秋天才回到故乡,在故乡的七八月中我既不能写作,也不能读书,天天只有睡眠和吃药,无聊的时候我便读一读世界语,或把故乡的口语记录下来。日子久了,搜集的语汇多起来了,便按着编词典的方法把所搜索的语汇编写在笔记本上,题名曰《南阳语汇》。这工作虽然没有做到完成,但却得到了极大益处,从此真正地认识了口语的文学美,那美是在它所具有的现实的深刻性、趣味性,以及它的恰当、真切、素朴与生动。……这些口语里渗透着无数的无名天才的心血,这里也包括有宝贵的启示,启示一个文学家应该怎样去创造语言,形容事物。①

对口语文学价值的正确认识,还并不能一下子就成功地运用于创作实践。理论认识化为物质力量需要一个过程,小说创作也是如此。1935年至1937年是姚雪垠短篇小说创作的丰收季节。他的较有影响的小说,如《阴影里》、《野祭》、《山上》、《七月的夜》、《碉堡风波》、《红灯笼的故事》等,均发表于这一时期。这些作品,较之1929年创作的《两个孤坟》,语言上取得了长足的进展。但欧化影响依然存在,不少语言仍带有苍白的学生腔。在抗日救亡形势的推动下,针对自己文学语言上存在的某些缺点,姚雪垠又开始了文学语言理论的新探索。这一时期,他在《河南民报》、《风雨周报》、《抗战文艺》等刊物上,先后发表了《大众的话儿与文学》、《论大众文学的风格》、《通俗文艺短篇》等文学论文,更明确地提出了用大众口头语言进行写作的主张,正是在这一理论的指导下,才诞生了以活生生的口语创作出来的短篇小说《差半车麦秸》。对于《差半车麦秸》、《牛全德与红萝卜》、《春暖花开的时候》等作品的创作经验,特别是语言运用方面的经验,作者又及时地进行了总结。他在抗战期间发表的《抗战文学的语言问题》、《我怎样学习文学语言》、《北方生活与北方语言》、《生活・思想・语言》等论文,比较系统地总结了自己学习文学语言的曲折历程,相当全面地阐述了自己对于文学语言问题的意见。他鲜明地指出:解决文学语言问题,是作家创作中应该着重解决的问题。他强调文学语言崭新的道路是"走向口语化",但"文学走上口语化",绝不是文学作品完全否定了白话的意思。所谓白话,它既不是从天上掉下来的,也不是同民众绝对无缘的语言。它本身也是活生生的语言,特别为最有文化教养的知识分子所使用,在词汇和语法上较为洗练,较为严密,其中有较多的现代语汇。它的毛病在于受了欧化过甚的影响,带有文言的残渣,且表现民众生活的语汇比较贫乏。他明确提出文学口语化的道路是:"文学的口语化,我以为应该是以知识分子运用的白话为基础,克服不必要的欧化语法,肃清不良的文言残渣,提炼民众的土语俗语而使它的语汇无限的丰富起来。"姚雪垠当时的这些认识,对于我们今天文学语言的建设,仍具有借鉴意义。

姚雪垠上述较为深刻的见解,无疑对《长夜》的创作,产生了积极的影响。

---

① 姚雪垠:《我怎样学习文学语言》,《中原文化》1941年第1卷第1期。

《长夜》在语言运用上,成为姚雪垠解放前创作中最优秀的一部,这绝不是偶然的。事实证明,善于总结自己的创作经验,包括语言运用方面的经验,不断提高自己的理论修养,使创作与理论相互促进、相辅相成,是姚雪垠的文学语言水平能够不断达到新的境界的重要因素。

唯物辩证法启示我们,事物发展过程中的每一种矛盾的两个方面,各以和它对立着的方面作为自己存在的前提,双方共处于一个统一体中。姚雪垠语言风格的相对稳定与不断发展变化的统一,单纯与丰富的统一,以及促使形成这一语言风格的一个重要条件——创作实践与语言理论探索的统一,就是矛盾双方相互对立又相互依存的一个生动例证。早在三十八年前,姚雪垠对自己语言风格的这一特点,就作过精辟分析。他指出:"当执笔《牛全德与红萝卜》的时候,我正在温读陶诗,得到了一点启示,似乎明白了朴素和美丽如何地统一起来。本来宇宙间的事物都含有矛盾,谐和就建立在矛盾上面。秦汉人所写的那篇《乐记》,对音乐的由矛盾构成谐和的道理曾有过不少发挥。姜白石评陶诗为'散而庄''淡而腴',深刻地理解到陶诗风格的基本部分,乃是建筑在矛盾上的谐和。'散而庄'是指章法结构而说的,'淡而腴'是指内容而说的,都是矛盾的,却统一于浑然的风格里面。"①由此可以看出,建筑在矛盾基础上的谐和,是姚雪垠小说美学理论的一个重要组成部分。我们从他的作品的语言风格的基本特征中,再一次证实了这一点。

姚雪垠学习语言的经验是属于他自己的。他在语言民族化道路上的探索也是独特的。但唯其独特,才具有值得重视的审美价值。远在四十多年前,评论家就曾经指出过姚雪垠的语言在我国文学语言发展进程中的意义。林曦在题为《姚雪垠的文学语言观》一文中写道:"在文学语言的创造上,(姚雪垠)有了灿烂的新成就。人们读了《差半车麦秸》、《牛全德与红萝卜》,好像听到了从来没有听见过的农民士兵大众的新声音,觉得这才保存了《水浒》、《金瓶梅》、《红楼梦》、《老残游记》的用口语的优良传统。……现在的有些青年作家,也许还正在那儿走着从书本上学习文学语言的冤枉旧路呢,那么,我们就应该希望他们能深切的体会这位过来人的经验,立即转上向民众的生活和语言学习的平坦大道。"②林曦当时的这一好心规劝,也许今天并不算过时。

原载于《河南大学学报》1985年第5期

---

①姚雪垠:《这部作品的写作过程及其他》,载《牛全德与红萝卜》,上海怀正文化书社,1947年。

②林曦:《姚雪垠的文学语言观》,重庆《新华日报》1943年8月23日。

论姚雪垠抗战前夜的思想和小说创作

吴永平

被茅盾先生称为"抗战时崛起之文坛健者"①的姚雪垠,在抗战文坛上有一定的影响。他的文学活动始于三十年代初期,到全面抗战爆发的前夜已渐趋成熟,全面抗战爆发之后则大盛。如果以七七事变为分界线,我们可以看出,作家在此前后的思想状况和创作面貌是有变化的,这固然是时代潮流使然,但也不应忽视作家独具的主观条件以及对社会生活现实个性化的把握方式的衍变。然而,到目前为止,研究者的注意力基本集中在作家七七事变后的文学活动,而对他抗战前夜的思想和创作有所忽略,这显然不利于全面正确地评价作家的创作业绩。我们认为,探讨作家抗战前夜的思想和小说创作,揭示其发展演变的轨迹及其与时代生活的关系,这是一项应该补上的课题,本文拟从这个方面进行评述。

一

全面抗战爆发的前两年,姚雪垠活动的地域范围主要在河南省。三十年代初,因参加共产党领导的学生运动被军阀政府逮捕,继而又被河南大学除名,他就流落在北平和河南省的开封、杞县和邓县等地,自此开始了文学生涯。一九三五年夏,因患严重的肺病返故乡邓县休养,在语言问题论争的启发下,开始从事家乡民众口语的搜集工作,并撰写文章探讨民众口语与文学语言的关系,同时采用民众口语创作了反映家乡农民生活、挣扎和斗争的小说《小罗汉》等。一九三六年下半年,他离开故乡到杞县大同中学养病,与地下党员赵伊萍、进步青年教师梁雷等合办杂志《群鸥》,为主要撰稿人之一,创作了一些散文、杂文和小说作品,反映河南城乡各阶层人民当时的生活、思想和情绪。其中的一篇小说《碉堡风波》曾得到进步文学界的好评。次年初,再度从杞县转回故乡养病,在此期间,继续搜集民众口语,并以家乡农民群众举行反抗国民党暴政的起义为

---

① 碧野:《忆雁冰师》,《新文学史料》1981 年第 3 期。

题材,创作小说《援兵》、《生死路》,还以报刊资料为素材,创作了谴责国民党媚日卖国、屠杀农民的小说《M 站》。同年六月,日寇在华北制造摩擦,大战一触即发,他急赴北平,准备参加北平保卫战,并创作直接反映伟大的民族解放战争的作品。可以说,作家抗战前夜文学活动的内容是相当丰富的。

综观姚雪垠抗战前夜的散文、杂文和小说作品,可以得知他已经初步树立了革命现实主义的文艺思想,而这文艺思想是建立在革命的政治思想基础上的。早在河南大学读书期间,他就接受过共产党的思想教育和组织领导,一九三二年左右,他曾"埋头于翻译的古典经济学和一般社会科学名著的研读"①,对马列主义革命理论有所了解,他向往十月革命后的苏联,在一篇散文中将其比拟为茫茫黑夜之中的一盏"红灯笼"②,他坚信,十月革命的灿烂现实必将在夜气如磐的神州大地上出现。出于这样一种明确的政治信念,他决心战胜病魔,竭尽己能"完成一点点对人类有益的工作",使人生"有限的日子生活得更有意义"③。可见,从他从事创作之日起,他就明确地将文学事业与变革现实的战斗相联系。正因为如此,在文学与现实的关系问题上,他认定文学家必须有正视人生的积极态度,必须有从思想和艺术上把握住现实的才能,必须有为人生的明确的功利观点。一九三五年在与李长之辩论文学与现实的关系时,他批驳了李长之"文学只应求永恒不变之美,……描写现实对人生有什么帮助?"的错误观点,指出:"主张文学是无用的东西,主张闭目不谈现实,在北方虽以知堂老人为领袖,而实际上所有京派全如此。"他批评周作人"从主张人生的文学走到文学无用论,从现实走到古代,倒走得不近了";批评废名的《莫须有先生传》和俞平伯的《古槐梦遇》是"用人话和鬼话搀在一起创造出一种新文体,而叫人和鬼都读不懂"④;揭露林语堂等钻进古书堆中实质上是"把握不住现实,逃避现实"⑤;他在左联后期的几次论争中与其他革命作家站在同一战线上,捍卫了新文学现实主义的光荣传统。在文艺与时代的关系问题上,他认为时代改变了,文艺家的注意力也应随之改变,在国难日见危重、华北岌岌可危的紧张形势下,作家们应赶紧"担负起时代的任务",应在国防文学的旗帜下"来统一我们的力量",到"国防第一线"去,用集体的力量创作出一部"伟大信史"。同时,他也指出,"在我们的国度里,有各种各样的压迫和剥削,有各种各样的桎梏和束缚",因而,对作品的题材要求应放宽,"军事、政治、经济、外交,以至于一般大众的生

---

① 姚雪垠:《我怎样学习文学语言》,《中原文化》第 1 卷第 1 期。
② 姚雪垠:《夜行曲第一章·红灯日记序》,《群鸥》1937 年第 1 卷第 3 期。
③ 姚雪垠:《关于〈差半车麦秸〉及其它》,《中原文化》1942 年第 2 卷第 5 期。
④ 姚雪垠:《京派与魔道》,《芒种》1935 年第 8 期。
⑤ 姚雪垠:《苍蝇主义》,《芒种》1935 年第 9、10 期合刊。

活和思想转变……"无不可以成为文学家描写的对象。在世界观和创作方法问题上,他认为文艺家必须在"意识方面"和"技巧方面"加以提高,资产阶级右翼的"现代派、幽默派,以至于那般寄沉痛于幽娴的居士派"由于前一个原因已被读者所唾弃,而蒋光慈的《鸭绿江上》这类作品由于后一个原因现在也不能再"予以称赞的评语",旧俄作家的批判现实主义,已经不能表现中国社会"更其悲惨,奇伟而复杂的现实",只有遵循着伟大的革命现实主义者鲁迅先生的道路,才可能正确地反映"中国目前的社会的、政治的现实形态",作家们才可能"建立大业"①。

应该强调指出的是,姚雪垠抗战前夜的政治思想并不是单纯地从抵御外侮的意义上来估计迫在眉睫的中日大战,而是将其看作是中华民族彻底挣脱帝国主义和封建主义压迫的一次良机,他认定这场战争的总爆发最后必将导致一个崭新的中国的诞生,正如社会主义的苏联从第一次世界大战的战火中呱呱坠地一样,因此,他焦灼地热情地呼唤着这场大战的来临。这思想反射到文艺观点上,就形成了他抗战前夜现实主义文艺思想的一个重要特点:他同意作家们在国防文学的旗帜下团结起来,以文学为唤醒人民团结救亡的武器,又主张不必将文学题材局限于直接表现抗战的范围之内,而应该反映更宽更广的社会现实,直言之,即既要反对日本帝国主义的野蛮侵略,又要反对国民党对人民的压迫和剥削。当然,国防第一线的社会生活现实应作为作家们重点关注和首先表现的对象,但这必须在政治环境好转的前提下才可能,这些观点在当时无疑是清醒的,正确的。不过,他当时对抗日战争的长期性和艰巨性还估计不足,对中国革命的独特路径还缺乏理论上的认识,往往简单地用苏联的榜样进行类推,他的文艺思想在某些重大方面接近当时新现实主义创作方法提倡者的水平,但对其他具体方面少有阐述,表明对革命现实主义的理解尚欠全面和深刻,这些不足在他的小说创作中多多少少留下了痕迹。

二

抗战前夜,姚雪垠的小说作品基本取材于故乡和华北一带的生活见闻,有描写豫西山区农民群众的苦况、挣扎和斗争的《小罗汉》、《援兵》、《生死路》等篇,有表现华北农村在国难危重时的破烂和骚动的《乡间国难曲》数篇,有反映革命者在这光明与黑暗交替时刻的亢奋情绪的译作《春天里》,有抨击国民党反

---

①姚雪垠:《一部伟大作品的提议》,《光明》1937年第2卷第5期。

动派腐败统治的《查夜》、《选举志》等等。

一九三六年初发表的《小罗汉》，描写了农民群众在饥荒年月里一次有组织的开仓抢粮斗争，主人公小罗汉母子的形象曾在作者前一年创作的另一篇小说《渡船上》出现过，《渡船上》重点在控诉反动政府残酷屠杀无辜人民，情节安排类似王鲁彦的《柚子》，而《小罗汉》将这母子的遭遇放在群众斗争的背景之上，并暗示她们是革命者的家属，就使得作品所表现的"地上的愤懑"较之《柚子》更加强烈深沉。一九三七年创作的《援兵》、《生死路》是情节交叉的短篇系列小说，取材于豫西山区农民有组织的反抗国民党苛捐杂税的群众武装斗争，作者改《小罗汉》的侧面反映为正面描绘，显示作者主观创作态度更加积极。这两篇小说都是描写农民群众联络杆匪密谋发动抗税武装斗争的过程：第一年因事机不密，领导人被国民党联保主任残酷地杀害，暴动计划流产；一年之后，经过细密策划的农民暴动再度兴起，浩浩荡荡的农民起义队伍与聚啸山林的杆匪里应外合，向联保主任盘踞的封建寨堡杀去。作者一支笔分写两处，从杆匪角度描写的一篇题为《援兵》，从农民群众角度描写的题为《生死路》。值得注意的是，在河南作家群中，正面描写豫西杆匪生活题材的小说作品，《援兵》是最早最成功的一篇。新文学运动的第一个十年中，曾有河南作家徐玉诺创作过一篇侧面反映河南匪患的小说《一只破鞋》，可惜只是"印象单纯地再现"，未将河南农村社会的"特殊生活"①充分地描写出来，曾引起茅盾先生的惋惜。姚雪垠却将这"特殊生活"以浓墨重彩渲染出来，浸透着作者强烈的主观革命意识和对家乡农民倔强性格的深刻理解，具有鲜明的革命倾向和强烈的鼓动性。

如果说上一类作品更多地描写了河南偏僻农村的阶级斗争，他同期创作的总标题为《乡间国难曲》的报告体小说《碉堡风波》、《M站》，视线就从山村移到小城镇，反映了华北地区民族矛盾与阶级矛盾错综交织的社会生活，批判的矛头不但指向大发国难财的国民党基层代表人物，而且直刺卖国辱国的国民党反动政府，在揭示社会生活的主潮上更富有典型意义和现实作用，因此，发表后很长的一段时间里为国民党反动政府所查禁。《碉堡风波》的主题是显豁的，表现"因为塞外的抗战……内地农村的破烂和骚动"②，它记叙的是一个村庄在国难日益深重的局势下，奉令修碉堡，不料竟引起了谣言，以为这村上挖着古墓发了横财，于是国民党碉堡委员、县长、民团首领垂涎欲滴，竟致勾结土匪洗劫村庄，国难未至而家园先毁。作品真实地反映了乡间各派政治势力、各样人等在抗战前夜的不同行为和心理，描写得相当传神。在同一时期，表现同类题材的还有

---

① 茅盾：《中国新文学大系·小说一集·导言》，上海文艺出版社，2003年。
② 周立波：《小说创作·丰饶的一年间》，《光明》1936年第2卷第2期。

宋之的《罂粟花开的时候》,周立波同志曾将这两篇小说进行比较,赞扬《碉堡风波》对人物处理较为妥当,更具有"现实的真实"①。《M站》取材于一九三六年底在某城火车站发生的一起国民党反动军警屠杀无辜灾民的血腥事件,作者通过精细的描绘,揭示出灾民云集M站完全是国民党反动派丧失东三省和放纵日帝经济侵略的直接后果,并将其用"机关枪向灾民扫射"的"豪举"与其资敌媚敌的丑态进行了鲜明的对照——

> 这惨剧发生在一九三六年十月十九日——二十日之夜,发生在日本的川越大使正拿几个骇人的要求同我国外交部谈判的时候,也正是冀东伪组织准备庆贺周年的时候。

深刻地揭露了国民党反动政府怯于对外、勇于对内的反人民本质,用资敌媚敌、屠戮无辜两颗巨钉将其钉在历史的耻辱柱上,具有强烈的艺术感染力和尖锐的批判锋芒。

也许还应该特别提一下一九三七年初作者发表的译作《春天里》(这篇小说译自世界语杂志,为犹太人Olgin作,这是姚雪垠迄今为止唯一的一篇小说译作),它描写了一群被"铁栅与钢锁"禁锢着的革命者,在伟大的革命战争即将来临的前夜,在敌人的刺刀下举行的一次"五一"示威活动,主人公亚考布的演说是相当动人的——

> 伟大的战争就要来了,在火焰中我们将创造新的世界。在火焰中将烧掉生活上的锈、霉和斑污。人类的守护神将从自己的翅膀上抛掉铅样的负担,新的灵魂将是自由而纯洁的……

很显然,作品主人公"关于战争和解放"的言辞与译作者的思想是一致的,它传神地表达了译作者抗战前夜因"政治苦闷和病人心理"②深恐辜负了这个伟大时代的亢奋、激越、焦灼、忧郁的心理状态。这篇译作闪耀着革命者的理想之光,洋溢着渴望献身的革命精神,具有摄魂夺魄的艺术魅力。这篇译作对姚雪垠影响之深远,从他抗战时期长篇代表作的题名——《春暖花开的时候》——可以窥得一二。

此外,姚雪垠还有一类小说反映了河南地方上的大小封建统治者在抗战前夜醉生梦死、争权夺利、相互倾轧的腐败相,如《查夜》、《选举志》等,在思想意义和艺术成就上,都有一定的特点,其中《选举志》一篇,作者多次提到它"能够反

---

① 周立波:《小说创作·丰饶的一年间》,《光明》1936年第2卷第2期。
② 姚雪垠:《关于〈差半车麦秸〉及其它》,《中原文化》1942年第2卷第5期。

映当时政治动态",自己对它"相当满意"①。

三

这个时期,姚雪垠的小说艺术才能已有相当根底。对于初学写作时曾经一度十分喜爱的果戈理的细腻的表现手法和新月派雕文琢字的矫揉气派,已有所扬弃,他在寻求着一条最适合自己主观气质和创作个性的道路。从这个时期的小说作品中可以清晰地辨认出他跋涉文学之林所留下的脚印:有点零乱,有点拖沓,然而,又是那么顽强,那么执着。

通过精心选择的具有典型意义和生活气息的小情节(细节)塑造人物性格,这是姚雪垠此时已经显露出来的突出的艺术特点。他这个时期的作品中很少有贯穿全篇的完整的故事情节,作品的组织往往以人物的生活、命运、际遇为中心,将一个个细节连缀起来,逐渐完成对人物性格的塑造,通过人物的个性表现,反映出时代生活的面影,人物也呈现出多侧面的立体的性格特征。《小罗汉》取材于豫西农民群众开仓抢粮斗争,但作者并未花费很多笔墨描写其策划、行动、失败的全过程,而是用工笔细描小罗汉——八岁的小孩——对这一重大事件的反映,通过一连串精心构置的生活细节,描绘小罗汉的娇、痴、憨、喜、哀、惧的具体形象,折射出暴动农民的革命情绪、遭遇和命运,小说的描写角度,体现了作家独运的匠心。《选举志》也是如此,作者以较少的篇幅正面描写伪国大代表选举的场面,而集中笔力选择大量生活细节,侧面描写月亭先生对其子房龙竞选所抱的过大的企望,从家庭境遇纠纷到人情世态炎凉,多方面渲染月亭先生的"黄金梦",一支笔,左盘右旋,层层加色,将月亭先生悭吝、精细、痴迷的性格特征写得透亮,同时将其企望推到极高处,然后迅速地将此幻梦打入深渊,情节气氛的陡涨陡落所造成的讽刺效果在人物性格的深层发掘中显露出来。作品的这种艺术特色显然与作家注意汲取旧批判现实主义作家和苏联早期革命作家的成功的艺术经验有关。抗战期间,他曾多次表述:小说家的职责就在于"写性格"②,这个创作特色在作家后来的创作实践中得到了进一步的发扬,成了个人艺术风格中的一个重要组成部分。

采用民众口语进行小说创作是作家这个时期在艺术上的主要追求。三十

---

① 姚雪垠:《关于〈差半车麦秸〉及其它》,《中原文化》1942年第2卷第5期。
② 姚雪垠:《关于〈牛全德与红萝卜〉的创作过程及其它》,1947年。

年代中期语言问题的广泛论争的积极成果，使他这个"在这时期入伍的文艺新兵"①大受裨益。举《援兵》为例，作者运用富于地方色彩的语言形象描绘特殊地域的特殊生活，产生了极其传神的艺术效果，他是这样描写豫西山区特产的地方武装的——

　　……每到太阳偏西时，成群的闲散人拉着闲散马，在寨外游荡着。他们每人有个黄瘦的脸和一颗蛮横的、残毒的心。他们照例是歪戴着帽子，跋着鞋，一边腰窝挂着鹌鹑笼，一边腰窝挂着精肚的系着红绿丝绳的勃壳枪……

这就是豫西山区"山大王式的民团"队伍，寥寥几笔，形神皆活。

将方言土语运用于人物对话，使之既切合人物身份，又显示人物个性，作者在《生死路》中有成功的尝试，如：

　　"这年头，人比牛马还可怜，"红薯脚把烟管从嘴里拿出来，"终年替人家拽呀拽，连一顿饱饭也不叫吃……"
　　"吃喝凉水，"狮子愤然说，"地里见的不够出公事！"
　　"唉！也不知道啥时候人们才能翻翻身！"鸭蛋头叹了一口气……

红薯脚是一个泼辣爽性的劳动妇女，狮子是一个血性方刚的青年农民，鸭蛋头是一个对十月革命有粗浅认识的中年农民，三人同操一地方言，其身份、性格、觉悟的差异清晰可辨，可见作者并非单纯在搜集民众口语上下功夫，对笔下的农民生活也有一定程度的熟悉和了解。民众口语中的一部分俚俗语，表现力很强，鲁迅先生曾名之为"炼话"，认为它们"多是现世相的神髓"，"用起来是很有意思的"。姚雪垠在《援兵》中运用了"炼话"塑造青年农民英雄李国栋的形象——

　　"……都是人，人血一般红，为啥咱们就该躺倒挨揍……"

这是李国栋在号召群众奋起参加武装抗暴斗争。

　　"……别看他们有五六十口子……只要我能借来枪，就他们那些毛桃青杏野谷子，当不了屌毛灰！"

这是李国栋对地主武装的极度蔑视之词。

"炼话"最能体现出民众口语"所具有的现实的深刻性、趣味性，以及它的恰当、真切、素朴与生动"②。大量地、恰当地运用民众口语进行创作使姚雪垠这个

---

① 姚雪垠：《我怎样学习文学语言》，《中原文化》1941年第1卷第1期。
② 姚雪垠：《我怎样学习文学语言》，《中原文化》1941年第1卷第1期。

时期的小说语言生动、形象,且带有极其强烈的感情色彩。在当时,能够自觉娴熟地运用民众口语进行小说创作的青年作家还不多,周立波在一篇论文中曾注意到姚雪垠等几位青年作家作品中所带来的"他们故乡的土地的香气"①。抗战爆发的第二年,姚雪垠以短篇小说《差半车麦秸》一举成名,中原民众口语的成功运用是重要因素之一,其语言根基就是这时奠定的。

也许,要系统概括他这个时期的小说艺术风格是一件困难的事情。从文笔风格来看,《小罗汉》、《选举志》相当细腻,有些段落几近繁琐,而《援兵》、《生死路》却用笔粗犷,某些描写失之简略;从语言风格来看,译作《春天里》华美辉煌,而《查夜》却朴实拙讷;从作品整体风格来看,《小罗汉》、《查夜》、《选举志》中,作者爱憎不形于色,倾向在情节的发展中自然流露,是严格意义上的现实主义作品,而《援兵》、《生死路》、《乡间国难曲》数篇中,字里行间涌动着作者主观情感的潮汐,回响着按捺不住的激情呼唤,带有积极浪漫主义的色调。有些评论家认为,作家的创作风格不稳定,是艺术才能尚未成熟的标志,而有些评论家则认为,有才能的作家应具备驾驭多种艺术形式的能力。我们认为,姚雪垠这个时期创作风格的多样化,固然是艺术才能尚未充分成熟的表现,但是也不应忽略作者对个性化的创作风格有意追求和试验的努力。周立波曾看出《碉堡风波》是在"企图独创新的风格"②,大概指的是作品的散文化和抒情风格,其实何止这一篇,《M 站》中小说笔法与杂文笔法并用,形成一种艺术感染力与政论锋芒糅合的特殊风格,几年以后,作者曾指出这几篇作品由于艺术上的摸索在整体风格上确实存在着"妨害艺术完整性的缺点"③。在艺术上的不断学习和追求,是姚雪垠文学生涯的重要特点,抗战时期,茅盾先生也曾指出过他的几篇主要作品风格有"颇不相侔"④的现象,这个现象是与他在文学事业上立志甚大、律己甚严的特点有密切关系的。

四

姚雪垠抗战前夜的小说作品所取得的成就应该得到肯定。但是,作者由于当时思想水平和生活经验的局限,某些作品还没有准确地把握当时中国农村革

---

① 周立波:《小说创作·丰饶的一年间》,《光明》1936 年第 2 卷第 2 期。
② 周立波:《小说创作·丰饶的一年间》,《光明》1936 年第 2 卷第 2 期。
③ 姚雪垠:《关于〈差半车麦秸〉及其它》,《中原文化》1942 年第 2 卷第 5 期。
④ 茅盾:《读书杂记》,《文哨》1945 年第 1 卷第 1 期。

命的时代特征。如《援兵》、《生死路》这两篇描写抗战前夜豫西农民暴动的系列小说,就看不到有共产党农村工作的痕迹,暴动农民的宣传组织形式甚至带有浓厚的宗教迷信色彩。他们伪称神佛托梦,借以发动群众,他们以杆匪为援兵,以上山入捻为归宿,把胜利的希望寄托在一个"头顶平树梢"的天神式的绿林好汉身上……这样处理题材显然是不妥当的。退一步说,即使在豫西山区极荒僻的一隅,农民暴动或采取过这种方式,但作者将其作为带有时代特征和历史规律性的题材进行描述和歌颂,其中主观的成分显然过多,这说明作者当时对革命现实主义的具体内容还缺乏深刻的了解,对共产党领导的人民革命斗争还缺乏感性认识。造成这种现象的客观原因固然是因为三十年代中期中原大地的白色恐怖将作者与党在农村根据地的斗争隔开了,也不能不考虑到作者身处的客观环境革命形势发展迟缓的基本事实。可见,正确的政治立场和积极的创作意图决然代替不了作家对现实生活的深刻了解。"七七事变"后,姚雪垠迅速地站到党的抗日民族统一战线的立场上,积极创作出《差半车麦秸》、《牛全德与红萝卜》等具有积极现实意义的作品,其抗战前夜的思想和创作,实为内在的推动力。抗战前夜那些初露端倪的艺术才能,在抗战期间都得到了长足的发展,形成作者艺术生命中独具个性的风格,引起了抗战文坛广泛而持久的注意。

原载于《中州学刊》1984 年第 4 期

抗日民众的战斗雄姿
—— 重读《差半车麦秸》

周　勃　吴永平

一

《差半车麦秸》是作家姚雪垠的成名作,是抗战初期文坛上最负盛名的短篇小说之一,它的出现,曾被认为是抗战文学的重要收获。

《差半车麦秸》写作于一九三八年四月,发表在茅盾主编的《文艺阵地》第一卷第三期上。其时,正是"以抗战救亡的事实为题材的小形式的作品取得了最优越的几乎是独霸的地位"①的时候,"报告文学,有煽动性的各种论文、小品、诗歌,以及宣传戏剧等在这一年里产生很多,而大小说还没有"②,这类极富煽动性的体裁固然为抗战初期形势所必需,但"随着战争的长期化,初期的刺激性减衰了,大家的心境都逐渐镇定了下来"③。这类基本上依据事实撰写的"急就章"式的作品开始暴露出其固有的缺陷,使得读者和批评界感到不满足,先是有"差不多"的微词,后来就产生"为什么伟大时代没有伟大作品"的质问。作家们感到委屈了,他们解释说:"战争还在进行中,大家——连文艺工作者在内——都正忙于更直接地出全力去抢救那垂危的祖国,没有好好的执笔的机会,甚至也没有好好的构思的机会。在这时候,他们只能抓住现实的某一片断,用最单纯最直接的形式把它反映……"甚至有些作家认为,这种局面,"在战争未结束以前",似乎是难以得到改变了④。就在这个时候,《差半车麦秸》出现在文坛上。它以高度概括的艺术手法,通过游击队里一个农民,由对抗日的不甚理解到积极参加,以致最后英勇牺牲的故事,塑造出一个农民游击战士的英雄形象。一反盛行于文坛的见"事"不见"人"的倾向,使读者耳目一新,"使广大读者群恢复

---

① 周扬:《抗战时期的文学》,载《自由中国》第1号。
② 郁达夫:《战时的小说》,载《自由中国》第3号。
③ 郭沫若:《中国战时的文学与艺术》,《半月文萃》,1942年第3期。
④ 郁达夫:《战时的小说》,载《自由中国》第3号。

对作者(们)的信心"①。

当时的抗战文坛是怀着惊喜交加的心情迎接这个不甚知名的二十八岁的青年作者的贡献的。茅盾在同期杂志上高兴地宣布:《差半车麦秸》"在编者看来,是目前抗战文艺的优秀作品"②。张天翼更是表示热情地赞美:"《差半车麦秸》写得真好,可说是三期来第一篇创作,也可以说是抗战以来最优秀的一篇文艺作品。……我认为我们现在正需要的是这样的创作。"③四年之后,当抗战进入相持阶段,郭沫若在回顾抗战初期文艺界状况时,仍着重强调:"新作家姚雪垠的出现,和他的短篇《差半车麦秸》是值得我们提起的。"④抗战胜利之后,仍有不少人把这部作品当作过去时代的少数优秀作品之一而加以盛赞⑤。

二

《差半车麦秸》的成功并不完全由于它所采取的是较之通俗文艺作品、报告文学、小品、通讯更为优越的艺术概括形式,虽然它曾以较为成功的艺术形象预示小说将取代上述形式而在抗战文坛恢复它的地位。它的成功,首先在于作者对抗战初期现实有较为深刻的认识,并在自己的文学画幅中较早地、较为成功地描绘出战争伟力之最深厚的根源——抗日民众的战斗雄姿。

以群曾对抗战初期的文艺作品提出批评。他认为,抗战半年来的文艺作品不能令人满意,"这不满意倒并非由于没有'伟大的作品'产生,而在于所有的作品底内容都只及于生活的浮面"⑥。这看法是十分精当的。《差半车麦秸》"为什么会被人推崇为杰作?那里面并没有什么惊人的了不得的故事,主人公也是非常平凡的人物,故事既不离奇,情节又不很热闹,但它却被人所传诵"⑦,其根本原因就在于作者的笔触透过了生活的浮面,开掘出了生活的本质。

卢沟桥事变以后,中华民族的命运到了存亡绝续的紧急关头,在统一战线内,国共两党两条不同的抗战路线斗争十分激烈,是否赞同发动民众和改革政治,是否主张开放人民抗日运动,是否实行政府机构的原则改变,是否改良人民

---

① 刘以鬯:《关于雪垠创作集》,见《短绠集》,中国友谊出版公司,1985年。
② 《文艺阵地》第1卷第3期。
③ 张天翼:《致〈文艺阵地〉编者信》,《文艺阵地》1938年第1卷第7期。
④ 郭沫若:《中国战时的文学与艺术》,《半月文萃》,1942年第3期。
⑤ 《中国文艺往哪里走》,上海《大公报》1947年5月5日。
⑥ 以群:《深入生活的核心》,《文艺阵地》创刊号。
⑦ 健翎:《漫谈人物》,《中原文化》第2卷第6期。

的生活，成了斗争的焦点。共产党认为"挽救危机的唯一道路，就是实行孙中山先生的遗嘱，即'唤起民众'四个字"①，而国民党则以为单纯的政府和军队的抗战便可以战胜日寇。抗战初期，对民众的态度如何，对民众在抗日战争中地位的评价如何，实际上成了衡量真抗日还是假抗日的试金石。

毛泽东同志一九三七年九月曾撰文指出："单纯的政府和军队的抗战，是决然不能战胜日本帝国主义的……没有民众起来抗战，就会重蹈阿比西尼亚的覆辙。不但中国共产党人，各地的许多先进同胞以及国民党的许多贤明的党员，都曾指出了这一点。"②

姚雪垠并不是一开始就认识到只有共产党所主张的抗日救亡路线才是唯一正确的，他是通过自身流亡平津的经历、亲自参加救亡实际工作的锻炼、战地生活的见闻，尤其是在主编《风雨》周刊时期与地下党同志的长期共事所受到的教育和帮助，才逐步地认识到民众在抗日战争中的地位和作用的。

在《风雨》周刊第十期，他撰文说："三个月的抗战经过，更证明了单单靠军队和官吏绝打不了胜仗；要胜，就得把民众赶快的发动起来、组织起来，使民众跟政府、跟军队变做了圣父、圣子、圣灵三位一体。"③

正是基于这种认识，姚雪垠主张"现阶段的文学应该特别强调主题的组织性和教育性"④，把注意力凝注在决定抗战命运的基本力量——民众身上。"救亡文艺要描写全民抗战的热情"，诸如"各种各样的小商人"、"老婆子"、"光着屁股的小孩子"，都应该进入救亡文艺作品，因为"这主题既积极，又鲜明，既容易叫作者把握，又容易叫读者感动"⑤。《差半车麦秸》就正是对"全民抗战的热情"的热烈颂歌。

三

姚雪垠对"差半车麦秸"这个普通的农民游击战士的成功塑造固然与作者对抗战现实的深刻了解有关系，但同时也得力于他对故乡农民性格的稔熟和对农村生活的深切体察。

---

① 毛泽东：《国共合作成立后的迫切任务》，《解放》1937年第1卷第18期。
② 毛泽东：《国共合作成立后的迫切任务》，《解放》1937年第1卷第18期。
③ 姚雪垠：《关于救亡文艺的第五封信·应该特别强调的两个口号》（主题论之五），《风雨》周刊1937年第10期。
④ 姚雪垠：《论现阶段的文学主题》，《抗战文艺》1938年第1卷第2期。
⑤ 姚雪垠：《关于救亡文艺的第二封信·兴奋的日子开始了》（主题论之二），《风雨》周刊1937年第2期。

他曾这样自叙:"每一个走现实主义道路的作家,都是依靠写他比较熟悉的生活、人物、社会环境等等物质条件,才能发挥作家主观所具备的艺术的创造才能。正是由于这个原因,所以中外的很多作家都把各自的故乡(或长久同人民生活在一起的所谓'第二故乡')看作是创作取材的矿山。"①这是姚雪垠的经验之谈,也确实是他的作品的现实主义素质的重要因素。

姚雪垠出生在豫西一个极其偏僻落后的山村里,这里土地贫瘠,物产不丰,人民生活十分困苦,而官府对农民的盘剥和压迫却臻于敲骨吸髓的程度,无力负担的盘剥和不堪忍受的压迫逼使农民不断地揭竿起义,民国初年,这里更成了"有名的遍地土匪的地方"②。在这样一个阶级搏斗十分激烈的地方,姚雪垠度过了他的童年和少年时代,他曾多次看到那些强悍的农民叛逆者被反动官府剖腹、割头、挖心,这些童年时候的梦魇式的回忆不止一次地涌上过他的笔端③。少年时代,一个十分偶然的机会使他置身于这种农民叛逆者的队伍中,杆子生活教会了他许多东西,他看到了那些隐藏在令人色变的杆匪面目之下的朴讷的农民本质,又看到了这些平素以锄犁为业的善良的农民怎样进行着"强盗"的勾当和阶级报复。

这种在特定环境、特定时期所形成的叛逆的农民性格深深地铭刻在姚雪垠的记忆中,活跃在他的潜意识里,以至在他相当一部分小说创作中留下了鲜明的印痕④。

全面抗战爆发之后,姚雪垠积极投身于抗日救亡的实际工作,一九三七年冬,他到徐州前线采访,耳闻目睹了工农游击战士的许多可歌可泣的战斗事迹,其中一则关于农民游击战士孙四哥在战场上奋不顾身地援救负重伤的两位农民兄弟的故事深深地触发过他的创作灵感。一九三八年初,他在《风雨》周刊上编发了一篇颇为生动的战地通信,记叙一个农民为了替饥寒交迫的妻儿取食,不得已拿着一面太阳旗,潜回被日伪占领的村庄,不料途中被游击队当作汉奸逮捕,弄清真相继而释放的故事。坚实的生活积累和现实生活的触发,姚雪垠的创作欲望升华了,在《差半车麦秸》的构思过程中,农民游击战士孙四哥⑤与拿太阳旗的农民王天兴⑥的影像渐渐地混合了起来,并与潜意识中镌刻着的过去时代的叛逆的农民血缘相通,一个新的形象诞生了。

姚雪垠相信"写一个意识落后的人物怎样转变向抗日方面,怎样在工作中

---

① 姚雪垠:《学习追求五十年》,《新文学史料》1980年第3期。
② 姚雪垠:《大嫂》,见《姚雪垠著作小集》,河南人民出版社,1982年。
③ 参看姚雪垠早期小说《渡船上》、《小罗汉》。
④ 参看姚雪垠早期小说《援兵》、《生死路》。
⑤ 姚雪垠:《战地书简》中人物。
⑥ 石民:《一位拿太阳旗的农民》中人物。

把自己锻炼成一个很好的战士,这一类主题在如今也是非常需要的",因为这样的主题有"组织性和教育性……教育着神圣的忠实于革命的精神"①。

　　雄厚的生活基础,敏锐的对于现实生活的感受力,以及高度的艺术概括能力和丰富的艺术思维的有机结合,构成了姚雪垠创作《差半车麦秸》时所依循的"新写实主义"创作方法。"差半车麦秸"的形象之所以能区别于现代文学中已出现的农民形象,而以自己独具的个性特征和时代风采屹立于文学画廊之中,给人以别开生面、耳目一新之感,其根本原因之一正在于此。"差半车麦秸"的典型性格是作者抗战前期创作中的叛逆的农民性格在抗战新形势下的必然表现和合乎规律的发展。

　　林焕平在《抗日的现实主义与革命的浪漫主义》中指出:"姚雪垠先生的《差半车麦秸》里的差半车麦秸……存在着浓厚的革命的浪漫主义的素质。"②这不是过誉之辞。

四

　　姚雪垠在塑造差半车麦秸这个典型形象时,对主人公是"怀着温厚的爱……决不把他们的缺点谑画化"③,这种积极的主观意图与作者所理解的农民性格相融合,差半车麦秸的性格特征就避免了某种政治概念的图解式的创作弊端,而呈现出一种复杂的多面体的结构。

　　《差半车麦秸》与其说是表现落后的农民意识如何在游击队的集体战斗生活中被改造更新,不如说作者让他的主人公随着故事情节的展开和若干富有情趣的生活细节的映衬,逐步展示出隐藏在落后、愚昧、胆怯、拙笨的性格表层之下的更深一层次的精神蕴藉。

　　差半车麦秸在出场时不是一个对抗战毫无认识的极其愚昧的农民吗？当他被游击队当作汉奸严加审讯的时候,他甚至搞不清日寇与数年前军阀混战时期"南军"和"北军"的区别。其实,这是作者为了表现下层劳动者在频年的战争夹缝下痛苦生存的心理特征的精意之笔,没有力量保护自己的贫苦农民往往在强大的势力面前隐藏起自己的真实意见,用伪装的懵懂无知为掩护,并非由于不辨善恶,而正是体现了农民式的机警和聪明。托尔斯泰对这一点有过精彩的说明:农民

---

① 姚雪垠:《论现阶段的文学主题》,《抗战文艺》1938年第1卷第2期。
② 载《文学月报》第2卷第1、2合期。
③ 姚雪垠:《关于〈差半车麦秸〉及其他》,《中原文化》1942年第2卷第5期。

"讲话都很笨，前言不搭后语，乍一听，你弄不懂他们说的是什么。这是故意这么做的：笨嘴拙舌的外表之下总是隐藏着他们想套出别人说出真情的用心。一个好的农民永远不会一下子露出他的聪明，这对他是不利的。他心里明白，一般人对待蠢人总是简简单单不用心计的，而他需要的正是这个"①。差半车麦秸正是这样做的，他回避了审讯者的实质性提问，先通过东扯葫芦西扯瓢、涕泣诉苦，探清了对方的态度，然后才表明自己对民族解放战争的真正认识：

"鬼孙才是汉奸呐！我要是做了汉奸，看，老爷，上有青天，日头落——我也落！……别人告我说，要拿一个太阳旗北军就不管啦。小狗子娘自己做了个小旗交给我，她说，'小狗子爹，快走吧，快去快回来！'我说，'混账旗子多像膏药呐，南军看见不碍事么？'她说，'怕啥呢，我们跟南军都是中国人呐，你这二百五！'老爷，你想，我是中国人还会当汉奸吗？……"

果然，他很快就赢得了游击队的同情和信任。他的这番出场正如事后解嘲所说的一样："我不是不够数儿啊。"读着这个开头，不能不佩服作者卓越的创作才能，抓住一场冲突一下子将人物推到读者面前。一面太阳旗和"鬼孙才是汉奸"，事物的相反的两极，使我们感知到在这个笨拙的农民胸腔里奔涌的竟是如此热烈的民族意识和抗日热情！

作者在揭示主人公性格中其他几对矛盾对立的特征时也采用了上述类似的艺术手法：欲写英勇，先写怯弱；欲写慷慨献身，先写吝啬成癖；欲写机灵果断，先写拙笨不堪。恩格斯曾指出要以更加对立的方式描绘人物，姚雪垠正是遵循着这一现实主义创作原则的。

姚雪垠成功地塑造了差半车麦秸这样一个"可爱的"②农民形象，他较为成功地展示了农民的这种复杂的多面体的性格结构，并使其"在这大时代的斗争生活里表现了他的优点，也表现了他的缺点"③，反映了中国亿万世世代代被人视同草芥的农民如何勇敢地投身于民族解放战争的洪流之中以及在这个洪流中接受洗礼，荡涤掉精神上某些尘垢，从而成长为伟大的民族解放战争的英勇战士。

茅盾赞扬作者"透过表面观察到内层"，并对作品所描写的农民性格作了深入的剖析："这个故事里表现的，第一是文化落后的农村，动员民众工作做得不够，无知的老百姓，为了生活容易被敌人利用；第二是虽然描写缺点，但不使人悲观，那便是农村老百姓都有先天的民族意识，在敌人未来以前，或者不懂得谁

---

① 托尔斯泰：《列夫·托尔斯泰论创作》，董启译，漓江出版社，1982年。
② 张天翼：《作者的态度》，湖南邵阳《观察日报》1939年1月20日。
③ 张天翼：《作者的态度》，湖南邵阳《观察日报》1939年1月20日。

是敌人,但敌人来了的时候,他们便要起来抵抗。"进而指出,通过作品"已经看到它的优点能够克服了它的缺点"。他明确肯定"差半车麦秸便是典型(环境——笔者加)中的典型人物"①,欢呼"新的典型,已经在作家笔下出现……差半车麦秸正是'肩负着这个时代的阿脱拉斯型人民的雄姿'"②。

五

　　国民党无视民众中蕴藏着的极大的抗日热情,一度将北战场失利的责任推诿给民众,散布什么北方农民"十人九汉奸"的谎言。某些政治上短视的人也闭眼不看民众有组织的或自发的抗日活动,悲叹道,"抗战一年了,农民仍旧是隔岸观火"③。在当时的文坛上,也曾出现了一些片面的甚至歪曲的对农民的描写。姚雪垠在创作《差半车麦秸》的同时对这类作品提出了批评:"他们写战地生活,往往看见游击队而看不见民众;纵然写了民众,这些可怜的民众也往往被作家剥去了他们的战斗性和乡土气味。"④

　　为了纠正文坛上的这种不良倾向,姚雪垠在塑造差半车麦秸的典型形象时特别注重"战斗性和乡土气味"。

　　如上节所叙,差半车麦秸具有朴素的民族意识,当他对抗日游击队有所认识后,就自觉自愿地走了进来。作者是这样描写主人公的入伍动机的——

> 晚上我同差半车麦秸睡在一块儿,我问他:
> "你为什么要加入我们的游击队?"
> "我为啥不加入呢?"他说,"你们都是好人呵,"停一停,他大大地抽了一口烟,又加上这么一句:"鬼子不打走,庄稼做不成!"

　　罗荪体会到作者这样描写的苦心,他说,差半车麦秸是自己走到抗战的队伍里来的,不是用说教的方式把他"拖"了来的⑤。然而,有的评论者对此始终持有怀疑,他们不相信"保守成性的农民"竟会不经过"内心的痛苦的矛盾斗争"而"决定抛开女人和小孩,投到游击队"⑥,建议作者补上促使主人公转变的契机。

---

① 茅盾:《抗战与文艺》。
② 茅盾:《八月的感想》,《文艺阵地》1938年第2卷第3期。
③ 陈独秀:《民族野心》,广州亚东图书馆,1938年8月印行。
④ 姚雪垠:《论现阶段的文学主题》,《抗战文艺》1938年第1卷第2期。
⑤ 罗荪:《人和典型》,《读书月报》1939年第1卷第10期。
⑥ 黄绳:《抗战文艺的典型创造问题》,《文艺阵地》939年第3卷第6期。

甚至有的评论者指责作者没有表现"农民之为农民的与这个土地联系着的血淋淋的精神斗争"①。很显然,这二者错误的症结都在于不了解农民。茅盾曾对某些不熟悉生活的批评家提出批评:"一个对于农民生活不熟悉或竟至无知的批评家,当然也可以从书本子上……构成了他脑中的农民,但是当他在别人的作品中读到了和他头脑中的不一样的农民的时候,他可就困惑了,他侧着头,不知道是他脑中那个对呢,还是他所要批评的那个对。但批评家大抵需要一点自信,所以侧着头之后,往往是被批评的那个不对。"②真是一言中的。

即使撇开这个基本症结不论,批评家对作品的艺术特点也是缺少分析的。作者在塑造主人公的形象时何曾忽略表现他对失去的土地、分离的妻子的"农民底深沉的渴念和痛苦"③,他只不过是采用了我国古典小说传统的白描手法,通过几个极富生活情趣的细节描写的映衬,在较为灵巧的结构中分散地予以表现,以增强人物形象的立体感罢了。譬如在小说开头,作者安排了这样一个细节:

……他用一种抱怨的口气望着田里说:"你看这地里的草呀,唉!"他大大地吸了一口烟,然后再把下边的话和着烟雾吐出来:"平稳年头,人能安安生生地做活,好好的地里哪能长这么深的草!"

在小说中间,描写游击队夜间突袭,差半车麦秸自荐作探子,作者没有信笔随之赞扬主人公的勇敢精神,反而笔锋一转,着力描绘他偷拿了老百姓的牛绳:

"我,我……"差半车麦秸用膀子尖谄媚地贴着我的膀子尖,吞吞吐吐地说,"俺家里还少一根牛绳哩,拿回去一根碍事么?俺以前打土匪的时候拿老百姓一点东西都不算事的。"随即他把牛绳头举到我的眼前,嘻嘻地笑了起来。

在小说结尾,差半车麦秸因战斗负伤,昏迷不醒,作者为主人公形象添上最后一笔:

……他的热度高得怕人,嘴里不住地说着胡话:"嗒嗒!咧咧!黄牛呀……嗒嗒……"

这样精彩的细节描写以及采用同样手法对其他侧面的描写对于表现主人公的性格特征和内心世界是相当生动而传神的。对于差半车麦秸的相貌、行为、语言特征的活脱脱的极其个性化的描写,作者是在注重"乡土气味"的思想

---

① 朱民:《市侩主义的路线》,《希望》1945年第1辑第3期。
② 茅盾:《论加强批评工作》,《抗战文艺》1938年第2卷第1期。
③ 朱民:《市侩主义的路线》,《希望》1945年第1辑第3期。

指导下完成的。差半车麦秸完全是一个普通的豫西山区农民形象。作者数年来对故乡民众口语的采集、汰选和使用的努力终于在《差半车麦秸》中结出了丰硕的成果。民间的方言俚语"多是现世相的神髓,随手拈掇,自然使文字分外精神"①,姚雪垠自知得其力甚多,多年后总结经验时曾说:"《差半车麦秸》主人公典型性格的塑造,得力于乡土语言。"②李广田赞扬差半车麦秸不经意间说出的一句话——"这是一脚踩出油的好地",体现了"农民所应有的感情和知能"。他赞道:"这是多么活泼而又深刻的一句话呀!这不是从任何书里边可以找得出来的,更不是任何作家可以从脑子里造得出来或偶然从作者笔尖上滑了下来的,这是真正的最好的'活的语言',这可以说是一句农民的诗。"③

林曦称赞作者"在文学语言的创造上,有了灿烂的新成就。人们读了《差半车麦秸》、《牛全德与红萝卜》,好像听到了从来没有听见过的农民士兵大众的新声音,觉得这才保存了《水浒》《金瓶梅》《红楼梦》《老残游记》的用口语的传统。"他鼓励青年作者深切地体会这位过来人的经验,立刻"转上向民众的生活和语言学习的平坦大道"④。

六

《差半车麦秸》在抗战文坛上占着重要的地位,它和同期许多著名作品一起,在促使抗战初期文坛文风——从"事"转到"人"⑤——转变上起了示范的作用;它的积极主题——觉醒的人民大众的逐渐成长——已成为其后三年内小说创作的重要主题之一;它塑造的如同用双手支撑着地球的天神阿脱拉斯型均用自己为生命来负托着中华民族命运的人民形象的雄姿,永远在现代文学画廊中熠熠生辉;更为重要的是姚雪垠发轫于此时对于现实主义创作原则的遵循,对于文学的民族形式美的探索,几十年孜孜不倦,而且老而弥坚。现在的辉煌成果,就是最好的证明。

原载于《湖北大学学报》1985年第4期

---

① 鲁迅:《何典·题记》,见《何典》,工商出版社,1981年。
② 姚雪垠:《学习追求五十年》,《新文学史料》1980年第3期。
③ 李广田:《创作论》,开明书店,1948年。
④ 林曦:《姚雪垠的文学语言观》,重庆《新华日报》1943年8月23日。
⑤ 茅盾:《八月的感想》,《文艺阵地》1938年第2卷第3期。

重读姚雪垠的现代土匪题材小说《长夜》

罗 维

一、"还历史本来面目"

《长夜》是中国现代文学史上最具有典型性的一部描写土匪世相的作品。学者杨义这样评价《长夜》："从审美角度发现'真实的土匪'上，《长夜》可以和萧军的《第三代》并列为中国现代小说史上两部奇特的书。"① 这部长篇小说写于抗日战争末期，一九四七年在上海怀正文化社出版，当时只印了两千本，没有引起读者注意。但它却是姚雪垠建国后创作长篇历史小说《李自成》的出发点。新时期重印《长夜》时，姚雪垠强调："我要告诉你们《长夜》和《李自成》有密切关系，读《长夜》是打开《李自成》的创作问题的钥匙之一。"② 重新阅读这部小说，笔者感到它具有独特的历史价值和文学价值。很少有人注意到这部深刻反映了民国土匪这一社会边缘人物形象的作品所具有的文学人类学意义，并由此忽略了小说所体现出的现代历史意识和审美观。这部小说精微地呈现了民国时期的土匪亚文化和乡土中国普遍存在的匪性文化心理。

小说描写了少年菊生在与哥哥回家的路途上被土匪绑票之后的经历。他们在土匪队伍中生活了大半年，菊生被其中的一个土匪首领认为义子，因此在队伍中得到宽待，并逐渐获得土匪们的信任和喜爱，土匪的生存世界给他留下了深刻的印象，他对于土匪的认识和感情也在发生不可思议的变化。这是一部借少年之眼对民国土匪世界进行全景式描写的小说。小说没有将土匪描绘成传统历史演义中瓦岗寨式的好汉，也没有将土匪写成纯粹的来自地狱的凶残恶魔，在文体上也没有让小说走向通常民间章回小说的传奇体式。而是从普通人的角度来观照土匪生活，从被绑架的天真未泯、缺乏历史成见的少年视角来看待这些在世人眼中极端异类和边缘化的土匪。更可贵的是，无论是它对于土匪

---

① 杨义：《中国现代小说史》，人民文学出版社，1991年，第93页。
② 姚雪垠：《为重印〈长夜〉致读者的一封信》，人民文学出版社，1995年，第11—12页。

形象的审美塑造,还是对土匪整体的生存观照所体现的历史思考都是十分现代的。

  这种现代性首先体现在姚雪垠站在平民的立场来叙述"人的历史",他笔下的土匪世界因此具有了历史原生态的意义。作者郑重地说:"忠实地反映二十年代河南农村生活的重要侧面和生活在那样历史条件下的人物的精神面貌,是我要写这部小说的中心目的。小说中当然反映了我的世界观和我的思想感情,但是我决不背离历史生活的真实,故意加进去某些思想宣传。"①拒绝意识形态的干预,拒绝某种合逻辑的历史话语,坚守反映"历史生活的真实"的写作原则,这是写《长夜》时的姚雪垠非常明晰的个人化历史观,也从而使《长夜》具有别具一格的艺术面貌。土匪第一次作为历史的存在物被描述,这使被言说的土匪进入了历史之中并具有了作为人存在的历史合理性——即土匪在《长夜》中既不是恶魔,也不是道德完美的好汉英雄,他们更接近于历史的真相,是一群缺乏内在自我,缺乏主体意识,但却顽强地以恶的方式争取着生存权利的人。

二、"农民英雄"的群像刻画

  "这个故事在我的肚里藏了二十年,其中的英雄们早已死光了。每次想起这个故事,我的眼前就展开那无边忧郁的、萧条的冬天的北国原野,而同时我的心就带着无限凄惘、无限同情,怀念着那些前一个时代的不幸的农民英雄。(《〈长夜〉后记》)"姚雪垠称土匪们为"农民英雄",并站在历史的高度为他们的选择进行辩护。这是一种什么样的英雄观呢?对于英雄的认识,梁启超做出了极为独到的论断。他分析了英雄与文明的关系,还论述了无名之英雄与有名的伟人化英雄的关系,强调无名之英雄对于社会发展同样重要。更一度预言:"今后之历史,殆将以大多数劳动者或全民为主体。"②英雄不再是高高在上的伟人,或是道德完美的圣人,而是下移到民众。上至陈胜、吴广,下到李自成、洪秀全,这些曾被封建皇权视为流寇的农民起义首领,也得到五四以来社会文化精英们的肯定和赞颂。而"人民群众是历史的主人,是推动历史前进的力量,不是英雄主宰一切"③的马克思主义历史观也渐渐为人们所认识。随着近代以来政治制

---

① 姚雪垠:《为重印〈长夜〉致读者的一封信》,人民文学出版社,1995年,第4页。
② 梁启超:《中国历史研究方法》,《饮冰室合集·专集之七十三》,中华书局,1996年,第113页。
③ 姚雪垠:《谈李自成的若干创作思想》,《文艺理论研究》1984年第1期。

度的变迁,民众开始走向历史舞台。

姚雪垠谈到了土匪与农民的关系:"历史上数次农民起义,也只是成为改朝换代的工具而已。而低级形态的武装叛乱就是拉杆子,当蹚将,通常的贬词是土匪。"①尽管在过去农民起义只能成为改朝换代的工具,但在新的历史契机下,这些农民中的勇于叛逆者如果有正确的领导却有可能改变历史,成为推动历史发展的力量。正是在这样的历史意识中,出于对土匪与农民之间关系的深刻理解,姚雪垠才称这些笔下的土匪们为"农民英雄"。

事实上,现代作家从沈从文到艾芜、李劼人、端木蕻良、萧军以及姚雪垠,对于土匪的认识都没有道德上简单的善恶区分。但姚雪垠冠之以"农民英雄"的称号却具有和其他作家不同的历史认识。他不是像沈从文那样以人道主义的立场表现作为人而存在的土匪,也不是像端木和萧军那样将匪性作为民族精神的希望而将土匪英雄化,他对于土匪的看法最具历史文化的纵深感,接触到了土匪与农民、历史、革命等宏大社会命题之间的关系,更揭示了土匪命运的悲剧性根源——他们走的是叛徒的路,却缺乏正确的革命引导,受到历史规定的局限。《长夜》后记中明白地说过:

> 当他们活着的时候,中国的农民还没有发现他们应走的革命道路,至少在北方农村中还没有出现像摩西那样的人物。因此,我的这些朋友虽然不顾一切地要做叛徒,却只能走那条在两千年中被尸首堆满的,被鲜血浸红的,为大家熟悉的古旧道路,这条路只能够带向毁灭。但这是历史的限制,我们不能够错怪他们!

在《长夜》中有着最集中、最细微的对于游民匪盗的审美表现,以文学的方式反映了这一社会现象的问题,确实是一部值得重视的现代《水浒》。小说中的土匪主要有以下四类典型形象,每一类的人物个性都非常生动。

首先是匪首李水沫所代表的匪首类型。"杆子"首领李水沫是个充满传奇色彩的人物,这个貌似书生的首领,之所以能在"杆子"中享有威望,靠的是他的传奇式经历,他的智慧、机敏、镇定和江湖义气符合所有传奇故事中的英雄特质。他十六岁下水当"蹚将",二十五岁受招安当团长,参加过河南的军阀战争。他作战机智勇敢,曾只身摸到敌军前哨,被发现后巧妙地化险为夷。他本不愿再做土匪,终于还是沦为匪首。可是小说并不因此就把他刻画成完美的侠匪,土匪凶残的一面在他身上也很突出,他曾下令将掳掠来的妇女全部关在寺庙里一把火烧死,却旋即改变主意,在一念之间,就轻率地决定许多人的生死。这样

---

① 姚雪垠:《长夜·后记》,见《长夜》,人民出版社,1981年,第304—306页。

的人是游民中的佼佼者,符合侠义英雄的性格,但却根本不能成为农民寻找出路的希望。正是在对李水沫这一匪首形象的刻画上,作者深刻揭示了土匪的历史局限性和命运悲剧的必然性。

第二类是以薛正礼为代表的义匪类型。这是个讲仁义而又有一定头脑的土匪头目,虽然他也身在土匪队伍中,却明显地保有善良的品质。薛正礼为人正直、忠厚,打仗勇敢,关心手下,身为强人却对残害无辜百姓者非常痛恨,他是一个仁厚的很有人情味的土匪形象,虽然身在江湖,可本质上却是一个未泯灭良知的、受传统道德熏染的农民,所以受到他保护的菊生在他这里找到了胜似父子的情感。像他这样善良的土匪在队伍中还有不少,刘老义、王成山都是不得已当上土匪的农民,但他们决定不了自身的命运,只能在土匪队伍中随波逐流。

第三类是具有独特个性的类型化土匪,比如赵狮子和陈老五。赵狮子枪法很好,是土匪中的得力干将,在他身上体现了土匪凶狠、强悍、暴力的特点。他是个身世极苦的人。父亲死得早,没留下家产,母亲只好带着他回娘家住。他的舅舅们因为没钱抽大烟,把他的母亲卖了。他的母亲哭了三天三夜,撇下五岁的狮子跳了井,这大概也是赵狮子格外暴力和凶残的原因,后来他为了报仇杀了舅舅全家。在这类土匪身上我们可以看到土匪所具有的强大的原始生命力量。

陈老五则很类似于姚雪垠在《差半车麦秸》里面描写的农民形象。他保有农民节俭、爱惜物品的性格,对于抢劫的财物哪怕是一条裹脚布都十分看重,当受到同伴的讥笑时,他说:"你们这些败家子……全不知道东西中用!我要不捡几样拿出来,烧了还不是烧了?"虽然做了土匪,但小农意识的节俭、勤劳乃至悭吝依然是这些人的本色。这个形象最典型地反映了土匪与农民的关系。

这些土匪显然都是为生活所逼而"下水"的,他们身上既有人性扭曲的一面,又有善良、可敬的一面,他们既杀人放火、胡作非为,又很讲义气、重感情。他们是弱者中的强者,乱世中本能的反叛者。小说用菊生的话表达了作者对土匪的认识:"从前我以为当蹚将的都是坏人,现在我才知道当蹚将的差不多都是好人。……你们都是被逼下水的,并不是天生的坏人。"小说将这些土匪的个性刻画得十分生动和细腻,土匪们作为人的存在被刻画得饱满而丰富,使读者无法以简单的善恶是非来对他们作道德判断,从而体现了人性、匪性交织的复杂。

三、独特的少年叙事视角

小说是以一个很特殊的视角来进行叙述的,那就是被绑架的少年陶菊生的视角。被土匪绑架的人自然是受害者,但这个受害者在和土匪的共同生活中,他的观念和他自身都发生了奇妙的转化。

> 在写作时,为忠实于现实主义,我决定不将主人公陶菊生的觉悟水平故意拔高,也不将贫雇农出身的"绿林豪杰"们的觉悟水平和行为准则拔高。我写了几个本质不坏的人,但他们有各自的弱点,而且有时杀人放火、奸淫妇女。他们有可爱的和值得同情的地方,但他们毕竟是匪。我是从他们杀人放火、奸淫掳掠的生活中看出来他们若干埋藏的或被扭曲的善良品性。当然,并非在所有的匪身上我都毫无例外地发现了善良的品性。①

菊生是一个具有浪漫英雄主义情结的十四岁孩子,即使在那些饱受摧残的肉票眼里他也是一个让人同情的受害者。开始他被王三少收为义子,却险些成为娈童。后三少被匪内部的内讧逼走,菊生转而成为二当家薛正礼的义子,受到土匪们的礼遇和信任。土匪队伍的生活全是从这个孩子的视角去观察的,而最后菊生却做出了"你们都是被逼下水的,并不是天生的坏人"这样的评断。这评判是相当有力的,它的力量来自于孩子的天真无邪和不带历史成见。并且随着菊生在土匪队伍里的所见所闻,他的内心世界对土匪印象的变化和感情的矛盾十分真实而有力地反映了这一特殊的社会类群作为人的复杂内涵。

首先菊生是个有浪漫气质和英雄情结的孩子,这使他对于土匪匪性强悍的一面有天生的亲近感,尤其在和土匪们有了更多的接近后,他对于他们发生了更深的感情和兴趣。

> 他本是一个带有浪漫气质的孩子,在小学读书时代,他常在下课后站立在说评书的面前,聚精会神地听绿林英雄故事,连饭也不愿去吃,如今的绿林生活更发展了他的浪漫性格和英雄主义。他非常喜欢刘老义和赵狮子,因为他们豪爽、勇敢,枪法熟练。假使不是他的二哥过着凄惨的肉票生活而且时时有被杀害的危险,让他永远留在匪中他也不会感到什么痛苦。(《长夜》)

---

① 姚雪垠:《长夜·后记》,《长夜》,人民出版社,1981年,第303—306页。

小说还以菊生自身人格发生的变异来说明人性在特殊的环境下是可以变成匪性的,表达了对于人们眼中十恶不赦的土匪暴行的客观认识。没有人逼菊生这样做,但他却极力违背自己的良心做伤天害理的事情以达到土匪们所具有的那种强悍——"有种",那种被《水浒》、《说唐》孕育的英雄情结在现实中获得了土壤,这充分说明了在中国人的文化心理结构中,传统民间强人文化所浸润的匪性人格是实实在在存在的。

> 菊生的心越来越野,所想的越发不切实际了。他热切地希望自己能参加打仗,甚至他希望随着干老子这群人打一次围门风。人们都晓得他是个有种的孩子,但不知道他竟有这一些奇怪的想头。(《长夜》)

接下来他在一次和土匪外出的玩耍中,第一次参加了对善良农民的战斗,"在一种矛盾的心情中亲自烧毁了农民的草房,而他的勇敢也被事实证明了"。在土匪攻打刘胡庄的过程中:

> 老头子用力在地上挣扎,发出来痛苦的呻吟。二驾的护驾的照他的身上补了一枪,他立刻安静下来,颤抖着四肢。二驾把他向路边踢了一脚。"嗨,你看,"张明才拉一下菊生说,"他还没有死讫咧!"为要向二驾表示自己勇敢,菊生浑身紧张地从地上拾起来一根木杠,照着老头子的头上打了下去。(《长夜》)

从引用的这些文字中,我们看到菊生人性向匪性转化的过程。处身于一个视暴力为常态、视残忍为有种的群体中,人受到压抑的非理性意识被畸形释放出来。菊生的压抑主要来自于目睹哥哥和那些被绑架者受到的痛苦以及对自身命运的茫然,压抑的情感在狂暴中释放,他认同了土匪群体,在精神上极力逃避自身的困境,渴望成为一个有种的、强悍的强人。以暴行来证明自己的有种、强悍,这恰恰是匪性萌发的体现。

法国社会学家古斯塔夫·勒庞在《乌合之众——大众心理研究》中谈到了个性在环境突变中走向极端的问题:"一切精神结构都包含着各种性格的可能性,环境的突变就会使这种可能性表现出来。这解释了法国国民公会中最野蛮的成员为何原来都是些谦和的公民。在正常环境下,他们会是一些平和的公证人或善良的官员。风暴过后,他们又恢复了平常的性格,成为安静而守法的公民。"[1]姚雪垠毫不避讳地说过,菊生就是少年时候被绑架的自己。而对于菊生匪性的萌发以及具体施暴行为的真实表现体现了作者对于文学责任勇于直面

---

[1] [法]古斯塔夫·勒庞:《乌合之众——大众心理研究》,中央编译出版社,2005年,第13页。

和担当的胆魄。

四、土匪暴力叙事的方式以及意义阐释

暴力是土匪形象中不可缺少的部分,对于土匪世界的审美刻画必然绕不开土匪的暴力。《长夜》中,作者便精微细致地描写了许多暴力场面。

> 大门外边的小小的水池中,横七竖八地躺着许多小孩的尸体。薄冰全被踏破了,池水都被染红了。……一个提着杀猪刀的甩手子从附近的一间草棚里跑出来……"我一口气砍了十二个,"甩手子带着夸耀和讨好的神气说,"这里边就有七个。要不是薛二哥拦挡一下,那个小女孩也早就'回老家'啦。"
>
> 靠近水池东北角的草棚前边,围拢着一群膛将。二驾和菊生们走了过去,发现瓢子九正在草棚中强奸姑娘。一群膛将欢呼着,吵闹着,在他的周围观看……

《长夜》对土匪暴力的表现显然和传统游民匪盗的经典小说《水浒》中对暴力的表现有区别。《水浒》中对于好汉强人暴力行为的表现最突出的体现在李逵身上。以他为代表体现的是整个梁山好汉群体的强人文化中非理性的破坏力。然而包括李逵在内的梁山好汉不会有强奸妇女这样的暴力,因为这损害到对于侠义精神的好汉形象的塑造。那些极为血腥的暴力渲染是为了体现一种蕴含丰富的游民价值观,诸如推崇侠义精神和武力、反抗社会不公、释放受压抑的自由意志与生命力等等——即所谓"匪魂"。但《长夜》中的暴力描写则不然,它是写实性的,不具有浪漫化色彩,土匪们针对村民的暴力是如此残酷,视残害百姓的行为为常态,施暴甚至成了土匪们取乐狂欢的节目。这一土匪暴力叙事从形式到内容都具有不同于传统暴力叙事的现代色彩。

首先从叙述方式上看,作者没有从道德角度干预文本的叙事,而是有意识地与叙述内容保持距离,不动声色地展现土匪世界的原生态。作者不是"融入"叙述之中而是坚持小说自身的客观性,以类似于新闻直陈的方式将叙事对象予以呈现。罗兰·巴特称这种"中性"的叙述为零度写作。零度写作的意义在于作者的"不在"令语言不包含任何意义的隐蔽之处,从而使语言所具有的社会性或是意识形态性得以消除,"思想仍保持着它的全部职责,而并不在一种不属于

它的历史中承担一种附带的形式的约束"①。

从《长夜》土匪暴力叙事的意义上看,这种叙述对于姚雪垠所坚持的刻画土匪的现代历史意识和审美立场非常重要。由于这种叙述语言的中性化,不依赖于任何社会意识,不受到某种意识形态的干扰,小说便具有了思想的开放性,让读者在阅读时能够不受拘制地获得更多关于土匪生存和暴行的历史感受和哲学审思。土匪过的是刀尖上舔血的日子,对于死亡有最直接的直观感受,这使他们对于自身命运充满了恐惧,并在潜意识中借对他人的伤害转嫁和释放这种恐惧,上面所举强奸民女的例子即是典型。所以若从精神和心理层面上看,《长夜》中的暴力叙事表达了土匪的复仇和破坏旧秩序的欲望,具有一定的社会反抗意义,但暴力的泛滥更源于土匪的恐惧②。社会动荡下农民处境的恶劣和不稳定导致恐惧逐渐升级,而恐惧则导致暴力,且残酷无情的暴力倾向作为匪性的一个典型特征已经严重影响着那个时代中国人的精神无意识。

因此,对于土匪暴力的零度叙述使《长夜》摆脱了意识形态的束缚,却并非没有作者的立场,它不言自明地说明了作者的观点——土匪这一社会现象是历史的存在,他们对于暴力的无所约束地盲目滥用注定了他们将没有出路,只能成为社会的破坏力量。

《长夜》历史地思考了社会历史变迁是如何体现在那些具体而微的土匪个体生存之中的。菊生这个读过书,对于中国历史和民间匪性文化有模糊认知的少年,以一种特殊的身份游走在土匪与农民之间,借他的视角我们可以感到历史转型期骚动在社会底部的中国农民的真实状态。

看到刘胡庄上被土匪杀害了全家的小姑娘,"陶菊生不知为什么满心难过,只想到没人的地方放声哭一场。噙着满眶泪,最后望一眼可怜的小姑娘,他于是咬紧牙根,默默地从屋里走了出去。没有人问他要到什么地方去,连他自己也不知道要到什么地方去。走出院外,在麦田边徘徊一阵,随后又倚着一棵树,久久地望着远方的云天出神。当听到赵狮子在屋门口呼唤时,他不觉吃了一惊,因为旷野已经是一片苍茫了"③。菊生和土匪们自在自为的生存状态不同,他对于自己和周遭的事物有主体性认识。一方面身处其中的菊生充满对受害百姓的同情;另一方面他也模糊地意识到土匪们虽然在对不公平的社会和命运进行抗争,但那只是自发的、朦胧的、原始的反抗。土匪的悲剧性命运是必然的,因为他们本身的盲目性和破坏性注定了他们无法创造自己的将来,无法把

---

① [法]罗兰·巴特:《写作的零度》,中国人民大学出版社,2008年。
② [美]菲尔·比林斯利:《民国时期的土匪》,中国青年出版社,1991年,第243页。
③ 姚雪垠:《长夜》,《中国现代文学百家》,华夏出版社,1998年,第108页。

握自身命运,他们终将走入没有光的所在。

　　菊生的悲伤不由自主地感染着读者。生存的恐惧、文明的毁灭、乱世的荒凉、个体身处其中的无助都融入了这一片旷野的苍茫之中。也正是在这种苍茫的历史意识之中,读者会感到必须要改变这一切的必要性。《长夜》虽然只是客观忠实地描绘出民国时期中国凋敝农村一隅的土匪世相,但其主题蕴含却惊人地与这个时代的呼唤变革的要求相契合,这就是经典之所以为经典的奥秘所在。

　　　　　　　　　　　原载于《中国现代文学研究丛刊》2012年第6期

承续与深化
——从《长夜》到《李自成》

徐亚东

深入剖析40年代的《长夜》是研究《李自成》,"打开《李自成》的创作问题的钥匙之一"①。同时,从《长夜》到《李自成》我们也可以窥见姚雪垠历史小说创作执着的艺术探索精神。

一

姚雪垠少年时期曾有过被土匪李水沫部绑票并与其生活一百余天的经历②。亲历土匪生活使姚雪垠能够近距离地体认土匪们绑票勒索、杀人越货、奸淫妇女等破坏行为加速农村崩溃的社会现实情景,认识到土匪只是缺乏自觉政治目标的"低级形态的武装叛乱"③。而且也看到,"一支人数较多的土匪武装,其阶级成分是复杂的:有真正的失业农民,有农村中的二流子,有离开军队的兵油子,有破落地主家庭出身的人,还有曾经受过招安成了军官,因打败仗或不得意而重新下水的军官"④。他还真切地感到杆子队伍中,"确实有许多败类,人类的渣滓,但是杆子中也有好人","像我的义父和他手下的叔叔们,绝大多数本质上都是好的,被生活所迫,走投无路,才拉杆子"⑤。上世纪20年代,姚雪垠的家

---

① 姚雪垠:《为重印〈长夜〉致读者的一封信》,原载《中国现代文学研究丛刊》1981年第1辑,转引自《姚雪垠研究专集》,黄河文艺出版社,1985年,第256页。
② 姚雪垠被土匪李水沫部绑票,并在杆子中生活100多天,参见姚雪垠《我的道路》第45页。原载《中国现代作家传略》,四川人民出版社1981年。转引自《姚雪垠研究专集》第46页,黄河文艺出版社,1985年。
③ 姚雪垠:《为重印〈长夜〉致读者的一封信》,原载《中国现代文学研究丛刊》1981年第1辑,转引自《姚雪垠研究专集》,黄河文艺出版社,1985年,第262页。
④ 姚雪垠:《为重印〈长夜〉致读者的一封信》,原载《中国现代文学研究丛刊》1981年第1辑,转引自《姚雪垠研究专集》,黄河文艺出版社,1985年,第262页。
⑤ 姚雪垠:《论历史小说的新道路》《姚雪垠书系》第19卷,中国青年出版社,2000年,第50页。

乡"闭塞而落后","土匪是这地方的有名特产"①。故乡的社会历史现实丰富着他对土匪生活的认知。姚雪垠从这段土匪生活和对家乡记忆中,固然取得关于土匪的直观、丰富的感性认识,为《长夜》的创作提供了基础,但如何开掘与表现,不仅决定《长夜》艺术成就的高下,也将折射出姚雪垠历史小说创作的独特艺术个性和审美追求。

在中国现代小说史上,书写和表现中国农民革命斗争的小说最早应当追溯到左翼文学。一批左翼作家接受马克思主义的阶级分析和阶级斗争的理论,并以此观照古代农民革命斗争这一历史题材,先后出现了孟超的《陈胜吴广》、廖沫沙的《陈胜起义》、张天翼的《梦》等作品,其中以茅盾的《豹子头林冲》、《石碣》、《大泽乡》最具代表性。在茅盾的这几部作品里,他"纯熟地运用阶级斗争观点分析和描绘历史人物和事件,不仅将作品中的人物分成对立的两个阶级,二者的斗争构成了作品的情节主线,而且着意强调人物的阶级出身和阶级属性,以此凸现农民起义的历史必然性和合理性"②。用阶级分析的方法表现农民起义超越了古代此类题材创作的藩篱,表现出一种全新的主题内涵,并赋予此类小说以充沛的现实战斗力,但这样一些作品,却也明显地存在着主题表现的概念化和艺术表现的简单化、公式化等问题。姚雪垠在青年时代就接受了马克思主义理论,并在文学创作的初始阶段就深受"普罗文学"的影响,创作了一些不乏"普罗文学"倾向的小说,如《援兵》、《生死路》等。但在《长夜》的创作中,姚雪垠并没有沿袭左翼文学的路径,也没有教条主义地套用阶级分析和阶级斗争理论,更没有按图索骥、图解活生生的社会历史现实,而是"首先重视生活,其次才重视倾向"③,忠实于他经历体验过的生活,通过对土匪日常生活的描写,实现"反映20年代河南农村生活的重要侧面和生活在那样历史条件下的人物的精神面貌"的艺术目标④。

土匪队伍的主体成分其实就是破产农民。如果教条地从阶级对立的理论出发,姚雪垠的《长夜》势必主要描写土匪与地主阶级的对立冲突。然而,《长夜》中杆子们同地主阶级之间不仅没有呈现出水火不容的阶级对立,相反却表现出相互利用的关系。闲居在家的地主薛七少,不仅怂恿青年农民们下水做膛将,而且还拉拢杆子,做了许多令他们感激难忘的事情。而土匪们愿意帮助薛

---

① 姚雪垠:《〈长夜〉后记》,引自《姚雪垠研究专集》,黄河文艺出版社,1985年,第261页。
② 权绘锦:《转型与嬗变——中国现代历史小说研究》,光明日报出版社,2007年,第75页。
③ 姚雪垠:《小说是怎样写成的》《姚雪垠书系》第17卷),中国青年出版社,2000年,第301页。
④ 姚雪垠:《为重印〈长夜〉致读者的一封信》,原载《中国现代文学研究丛刊》1981年第1辑,转引自《姚雪垠研究专集》,黄河文艺出版社,1985年,第260页。

七少的行为则是深植在乡间的知恩图报观念作用的必然结果。这样的叙事其中固然有阶级分析,但因姚雪垠谙熟乡村社会生活,并有对土匪生活的亲身体验,他从深藏于乡间底层的乡村伦理观念出发,土匪与地主阶级才会出现这般"剪不断理还乱"的关系。

土匪滋生、匪祸成灾是 20 世纪 20 年代中原农村普遍存在的社会现象,其原因何在?在《长夜》中,姚雪垠通过兵匪关系的叙事予以阐释。姚雪垠正是通过原本土匪出身的李水沫先受招安,后被指派重新为匪,到再被招安不成的叙事,呈现出土匪李水沫部与地方小军阀之间的既相互利用又相互对立的复杂关系。这样的你中有我、我中有你的兵匪关系,真实地揭示出兵匪一家是匪祸滋生的重要社会历史原因。兵匪勾结、匪祸成灾,既加快了农村社会的破败,反过来它又迫使走投无路的农民纷纷下水为匪,由此形成了一种恶性循环。

注重从生活出发、使观念服从生活的艺术追求,还鲜明地体现在土匪形象的塑造上。关于形象塑造,姚雪垠认为,"形象是具体的,决不能从抽象的理论产生;只有活生生的具体现实经验,才能产生出文学形象"①。基于这样的认识,在《长夜》的土匪形象塑造上,姚雪垠没有从固有的阶级理论出发,对土匪简单地作农民阶级还是地主阶级、好人或坏人的区分,而是坚持从活生生的生活出发,从土匪们各自不同的人生遭遇中撷取一两个生活片段,勾勒其性格特质。例如对薛正礼形象的塑造,姚雪垠不让这个人物充当演绎故事和思想观念的工具,而是从生活出发,塑造了一个活生生的土匪小头目形象。内心矛盾和行为无不是他身上固有的质朴、忠厚等农民性特质作用的结果。这样的描写,既增加了形象的真实性,又使这一形象承载了更为深广的社会历史文化蕴涵。

与《长夜》所表现的农民低级形态武装叛乱不同,《李自成》所描写的声势宏大、具有自觉政治目标的明末李自成农民起义,无论是在反映社会生活的深广度还是表现阶级、阶层关系的复杂度等方面都远远超过《长夜》。如何艺术地描写和表现这场波澜壮阔的农民运动?对此,姚雪垠摇动宏阔的历史大镜头,从明末社会的政治、经济、军事乃至文化的矛盾冲突等层面揭示农民起义的历史必然性,表现李自成农民起义军走向失败和明王朝覆灭以及清王朝何以入主中原建立 268 年统治基业的历史必然结局。这也是从西方历史研究的所谓"大传统"立场出发对李自成农民起义进行文学书写。

与此同时,在《李自成》这部反映宏大历史的叙事中,姚雪垠还承续了《长夜》的艺术追求,即注重从社会底层生活出发,也就是从"小传统"立场出发,透

---

① 姚雪垠:《小说是怎样写成的》(《姚雪垠书系》第 17 卷),中国青年出版社,2000 年,第 301 页。

过底层生活和底层人物命运的描写予以透视与表现。社会底层生活的描写不仅映射出风云激荡的大时代折光,也使历史走出观念的局限而生动丰富、气象万千。以李自成农民起义历史必然性描写为例,姚雪垠一方面描写腐朽的明末封建王朝统治阶级的土地兼并和横征暴敛的沉重赋税,导致尖锐的阶级对立和冲突。在"李自成星夜驰河南"一章中,姚雪垠以洛阳福王为例,说明了土地高度集中给农民所带来的沉重灾难。对于沉重的赋税,在"紫禁城内外"一章中,姚雪垠通过黄道周"冒死直谏"的情节予以充分表现。在向外戚筹借款额,甚至把李国瑞下狱而无法借到的情况下,崇祯决定采纳增加"练饷"的建议,加上此前的"辽饷"和"剿饷"使"今日百姓负担之重为祖宗列朝的数倍"。另一方面,又借底层小人物的命运书写来回应大时代,表现明末阶级统治的残暴,也折射出明末从农村到城市、从农民到市民、从工匠到艺人,都遭受阶级压迫的悲惨命运和生存危机,由此揭示出明末阶级压迫的特征及其普遍性。

二

历史观是影响、制约历史小说创作的一个核心要素。它不仅直接影响历史小说家对历史事件、历史人物等历史内容的认知和价值评判,也由此影响历史小说的艺术结构和人物塑造等方面内容。如果从历史观的理论视阈出发,考量《长夜》和《李自成》创作,那么从《长夜》到《李自成》,唯物史观对创作的影响,因对题材选择的差异而表现出逐步深化的特征。关于唯物史观,据姚雪垠回忆,早在青年时代他就接受了马克思主义的理论的熏陶。在追忆1929年到开封求学的生活时,他曾谈到"在短短的两年中,我读了一些介绍马克思主义的书籍,初步掌握了一些关于历史唯物主义、辩证唯物主义以及政治经济学的理论常识,对我以后的学习起了启蒙和引路作用"[①]。同时,他创作起步于20世纪30年代,而此时"也是马克思主义唯物史观对现代作家发生普遍影响的时代"[②]。在这样的时代背景下,姚雪垠的创作受唯物史观的影响是很自然的。尽管乍看上去,在《长夜》的创作中,姚雪垠对唯物史观的应用并不十分自觉(例如在有关《长夜》的创作谈中,我们找不到自觉选择的证据),但这并不意味着唯物史观影响的缺席。忠实于历史的历史唯物主义叙事立场,使《长夜》不追求惊险离奇的

---

① 姚雪垠:《我的道路》,转引自《姚雪垠研究专集》,黄河文艺出版社,1985年,第46页。
② 董之林:《热风时节——当代中国"十七年"小说史论稿(1949—1966)》(下),上海书店出版社,2008年,第32页。

故事情节而注重写社会小传统的底层生活,由此使人物不局限于一种传奇故事而具有比较深刻的历史内容。此外,杆子与地主阶级关系叙事,以及杆子内部"有人有枪,放出一部分给别人背,坐地分赃;有人背别人的枪;有人当'甩手子'地位很低"①的叙事也彰显出作家的阶级意识。然而,由于缺乏从整体上用唯物史观统摄题材,所以《长夜》对历史生活开掘的广度和深度受到了影响。究其原因,诚如姚雪垠所言,由于他"当时的承续与深化思想水平较低","还不能很好地利用这一题材,将社会现实描写得宽阔一点,主题思想提高一点,加上为着拿稿子换钱吃饭,没条件再展开故事,精雕细刻"②。其实,题材本身的因素,40年代国统区严格的书报检查制度,作家的非党员文化身份也是值得考量的因素。

在《李自成》创作之初,姚雪垠就为自己拟订了两条创作原则,其中就有"坚持哲学上的历史唯物主义与唯物主义反映论"③。在《李自成》的创作谈中,姚雪垠也多次谈到唯物史观对创作的指导作用。茅盾对《李自成》也做出这样的评价:"用历史唯物主义和辩证唯物主义来解剖这个封建社会,并再现其复杂变幻的矛盾的本相,'五四'以后也没有人尝试过,作者是填补空白的第一人。"④由此可见,《李自成》的创作对唯物史观的自觉接受程度。唯物史观的指导作用,与五六十年代主流意识形态强调用唯物史观阐释中国历史不无关联,而新文学历史叙事向"观念的历史"转换的传统,对姚雪垠的影响也是不可忽视的。如果说上述因素是姚雪垠接受唯物史观的外在原因,那么内在原因就在于,用唯物史观分析社会历史所体现出的客观性和科学性是既往历史理论无法比拟的。列宁对此曾做出如下概述:"以往的历史理论,至多考察了人们历史活动的思想动机,而没有考究产生这些动机的原因,没有摸到社会关系体系发展的客观性规律,没有看出物质生产发展程度是这种关系的根源,……只有历史唯物主义,……才第一次使我们能以自然史的精确性去考察群众生活的社会条件以及这些条件的变更,……一切人类社会中所有这些冲突的总和怎样,造成人们全部历史活动基础的客观物质生活条件究竟怎样,这些条件的发展规律又是怎样——马克思对这一切注意到了,并指出以科学的态度研究历史的途径,即把

---

① 姚雪垠:《为重印〈长夜〉致读者的一封信》,原载《中国现代文学研究丛刊》1981年第1辑,转引自《姚雪垠研究专集》,黄河文艺出版社,1985年,第261页。
② 姚雪垠:《论历史小说的新道路》(《姚雪垠书系》第19卷),中国青年出版社,2000年,第51页。
③ 姚雪垠:《论历史小说的新道路》(《姚雪垠书系》第19卷),中国青年出版社,2000年,第247页。
④ 茅盾:《关于长篇小说〈李自成〉》,《文学评论》1978年第2期。

历史当作一个十分复杂并充满矛盾但毕竟是有规律的统一过程来研究的途径。"①

长篇多卷本《李自成》是"以李自成所领导的农民战争为主线,写出明清变动之际各阶级、阶层、政治集团和军事集团等各种社会力量的复杂关系和动态,同时写出各种力量的代表人物"②,并以李自成农民起义的悲剧性叙事探讨李自成农民起义成功和失败的规律,总结中国历史上许多农民起义的共同规律。舍此,便无法艺术地处理这样庞大驳杂的历史题材,实现其既定的艺术目标。

《李自成》的创作,无论是对纷繁复杂的明清历史史料的考证,对诸多重大的历史事变规律的分析,还是对两大对立阶级的代表人物李自成和崇祯的悲剧因素的透视,抑或在明清民族问题的认知等方面,都贯穿着历史唯物主义立场,体现出唯物史观的指导作用。吴三桂降清是关乎李自成悲剧命运的重大历史事件。关于此问题,清初诗人吴梅村《圆圆曲》的"冲冠一怒为红颜"的说法影响深远。钮琇、陆次云的《圆圆传》采纳了此说,《明史》、《清史稿》也采信此说,乃至郭沫若在《甲申三百年祭》中也沿袭此说。而姚雪垠在考证大量的史料后,摒弃了这一流行的说法。他从政治、经济、军事和吴三桂个人的思想动机等方面揭示出事件的历史必然性。吴三桂出身"关外武将世家",与关外有着复杂的社会关系,他本人的忠君伦理思想和政治投机心理,吴三桂对农民起义军进入北京所暴露的"流寇"作风的痛恨和鄙视,吴三桂、清廷和农民起义军三者之间军事力量的强弱对比,尤其是清政权实现皇太极既定的入主中原的遗愿,诸种因素的综合,构成了不可逆转的历史合力,导致吴三桂降清。这正是姚雪垠坚持运用把"历史当作一个十分复杂并充满矛盾但毕竟是有规律的统一过程来研究"的历史唯物主义方法得出的一个令人信服的历史结论。

以唯物史观为指导"深入历史",为《李自成》创作的历史真实奠定了坚实的基础。但小说想象和虚构的本质特性又使姚雪垠"跳出历史",一方面在尊重历史真实的前提下虚构故事情节,并以具体生动的细节描写使观念和艺术表现之间形成一个充满历史复杂性的弹性地带。对此问题,有研究者有着全面深刻的论析③。另一方面,在《李自成》第一、二卷起义军的生活和内部的矛盾斗争描写上,姚雪垠又挪用、改造《长夜》的一些情节。潼关南原大战之后,李自成因扩充

---

① 列宁:《卡尔·马克思(传略和马克思主义论述)》,引自《马克思恩格斯选集》第一卷,人民出版社,1974年,第11页。
② 姚雪垠:《论历史小说的新道路》(《姚雪垠书系》第19卷),中国青年出版社,2000年,第58页。
③ 董之林:《小说与观念——关于姚雪垠的五卷本〈李自成〉》,《文学评论》2008年第2期。

实力而收编杆子武装,并为解决部队给养而攻打地主富豪的山寨。对这些生活,姚雪垠都有着切身体验,挪用《长夜》中的情节自然会增强农民起义军生活描写的真实感。但李自成农民起义军毕竟与土匪武装有本质的差别,因此改造《长夜》的情节也是一种艺术的必然。《李自成》中"义送摇旗"就是一个典型的例子。《长夜》中,李水沫被招安后,崔连长和手下因不能忍受"穷得活不下去的生活"和李水沫"相当约束部下",准备重新下水。当他把队伍拉到村外并向李水沫告别时,李水沫责备说"该早点告诉我一声",并命令军需官"找二十支好枪给二蛋,再把团部的轻机枪给他一挺,"然后说,"去吧二蛋!出去痛痛快快玩几个月,遇着挨打的时候快派人来报个信。"崔二蛋非常感动,哭着说宁肯困死在这里也不能离开团长。而"义送摇旗"的情节则是,潼关南原大战之后,李自成蛰居商洛山中,郝摇旗因手下"过不了这样的苦日子,也讨厌军纪太严",决定脱离李自成。郝摇旗在陈家湾村外集合队伍后向李自成辞行,李自成让任继荣"挑选二十匹战马,三十副盔甲,三十把大刀,派人送往陈家湾",又吩咐李强"取四百两银子出来!"尔后告诉郝摇旗说:"你出去如果不得意,随时可以回来。"郝摇旗跪倒在地,哭诉说坚决不离开。就情节的原因、经过和主要内容来说,两者是何等的吻合。但是在借用《长夜》的情节时,姚雪垠又加以改造和扩充。在《长夜》中,作者笼统地用"有人"直接告诉李水沫哗变事件,而在《李自成》中则增添了农民陈德娃告诉张鼐和双喜。陈德娃的加入,直接阐明了李自成起义军与农民的关系。在得知哗变到辞行之间,《长夜》的文本是一片空白,而《李自成》则增添了如下内容:李自成得知消息后,先是"不禁火冒三丈",要杀掉郝摇旗和他的左右亲兵"以肃军纪",继而又反省自责是否是自己脾气粗暴,不能容人。之后又想到,"杀了郝摇旗不是气量太小了么?"一旦杀了他,会让很多起义的人心寒,如若置之不理,又怕其他人以郝摇旗做榜样,最终又拿定了主意,冷静下来,在灯下看书,"连看两遍,却好像没看进去"。上述这些内容,既体现出李自成作为一个农民领袖着眼长远的大局意识,也揭示出他处变不惊、沉稳从容的性格特征。郝摇旗辞行时,李自成已经知道内情,但还是问道:"这么晚了,有什么事?"当他细述原因后,李自成仅说道"摇旗,你也够糊涂了!"责怪郝摇旗糊涂并不是因为他的离去,而是担心他去河南路上的安危。李自成处理问题的艺术、谋略和他善良、质朴、宽厚以及包容的性格特征因这些内容而得到很好的表现。改造、扩充后的情节超越了《长夜》情节单一的"义气"内涵,突出了李自成性格的丰富内涵,并从一个侧面对李自成农民起义之所以发展壮大的历史必然性给予一定的艺术铺垫。

在唯物史观与《李自成》创作的关系上,辨析阶级和阶级斗争理论与《李自成》创作的关系,有助于进一步说明唯物史观对《李自成》创作的影响。唯物主义历史观是关于社会历史的极其完整而严密的科学理论体系,它的核心就在于它以现实的个人作为历史前提,研究生产力和生产关系的辩证运动规律,揭示社会历史的客观规律。"按照马克思的观点,解决生产力和生产关系之间的矛盾,关键在于变革不合理的生产关系,而变革生产关系,在阶级社会里必然表现为激烈的阶级斗争。"①在马克思主义的中国化进程中,由于五六十年代国际和国内的严峻社会现实,阶级和阶级斗争理论被主流意识形态置于突出的地位。受时代的制约,《李自成》的创作无可避免地会受到阶级和阶级斗争理论的影响,但正如姚雪垠所言,在运用唯物史观时,他"既反对在处理重大历史问题时抛开历史唯物主义,也反对将历史唯物主义变成形形色色的教条主义、公式主义以及用'阶级分析'的死框框去解释生动复杂的历史现象,为历史人物贴阶级标签,实际上是将马克思主义的哲学变成了形而上学"②。正是没有教条主义地用历史唯物主义阶级分析的死框框去观照生动复杂的历史生活,《李自成》的人物没有贴上阶级的标签。不仅如此,唯物史观使姚雪垠能够高屋建瓴地建构出农民起义军与明王朝矛盾斗争、明王朝统治阶级内部矛盾和明王朝与清王朝冲突的历史总体格局,最终使"小说《李自成》既不是传统的王朝兴衰、帝王将相史,也不是阵脚分明的地主与农民两大阶级对抗史,更不是异族入侵中原、宣扬爱国主义的反侵略斗争史,尽管它们各有表现,却都无法统揽全局"③。

三

语言是文学的第一要素,而语言风格是考量作家艺术个性和艺术成就的一个重要指标。在《长夜》的创作中,姚雪垠以现代白话文为基础,汲取、提炼中原群众的口语和方言,由此形成生动自然、素朴流畅的口语化语言特征。追求文学口语化风格,一是姚雪垠自觉克服小说创作初始阶段受欧化影响而出现的欧化文风弊端,二是肇始于30年代的大众语问题讨论和新文字运动的对他的启悟和影响。30年代日益逼近的民族危机需要用文学唤醒大众,然而历史现实景况却是新文学运动的重大成果之一——白话文并没有走向大众,因此需要一种能够为大众所理解和使用的新语言——大众语。在大众语的倡导者看来,"大

---

① 陈先达:《马克思主义早期思想研究》,中国人民大学出版社,2006年,第289页。
② 姚雪垠:《论历史小说的新道路》,(《姚雪垠书系》第19卷),中国青年出版社,2000年,第205页。
③ 董之林:《小说与观念——关于姚雪垠的五卷本〈李自成〉》,《文学评论》2008年第2期。

众语者,即大众所能了解的言语,也就是他们自己的言语,最适宜表现大众自己的生活和思想的言语,它的特质是灵活、单纯和明确。"①而且他们还主张"用词应尽量采用大众所使用的活语,在可能范围内尽量吸收方言"②。姚雪垠没有参加这次讨论,但却对他产生了影响。"自从三十年代中期发生了大众语问题讨论和新文字运动以来,我就有意识、有目的地重新学习和收集河南的群众口语",并从"汉语拼音的提倡感悟出了一个改造我文风的道理,也可以说是我的新探索"③。1934年夏天,姚雪垠因生病回到家乡,开始搜集记录故乡的口语,并"按编辞典的方法把搜集的语汇编写在笔记本上,题名为《南阳语汇》",他虽然没有完成这项工作,却"从此真正认识到口语的文学美"④。受大众语讨论的启示,他从陶诗和宋、元以来的白话小说,以及《红楼梦》中重新领悟到古典文学语言的朴素、自然、生动的语言美传统。从《差半车麦秸》开始,姚雪垠自觉开始了小说语言的口语化探索,此后姚雪垠又沿此路径创作了《牛全德与红萝卜》和《春暖花开的时候》。姚雪垠把此一时期创作称之为探索的第一阶段,"写《长夜》算是第二阶段,写《李自成》算是第三阶段"⑤。

《长夜》的口语化风格探索,比之前一阶段,其口语、方言的运用和表现更为多样。与表现"杆子"生活的题材相吻合,《长夜》出现大量的土匪黑话。例如,把道路称之为"条子",河和桥叫作"带子"、"孔子",以及其他诸多这样的黑话。黑话的大量应用,充分地揭示出土匪——一个边缘性群体的忌讳的文化心理,营造出一种人物生活的真实历史氛围。除却黑话的运用,在人物对话中,作家往往以口语化句式为基础,再吸收一些方言、俚语和歇后语来刻画人物。例如,在菊生和"瓢子九"之间有这样一段对话:"'瓢子九'接着说,他昨儿派人来给管家的送个片子,要管家的把你兄弟俩放出去,……妈的打开窗子说亮话,靠面子你兄弟俩别想出去,沤的天数多啦对你们没有好处,……对啦,该流的脓终究得流出来,晚流不如早流,……我瓢子九对你兄弟俩没当外人待,巴不得你们能早点回家。我要不想帮你们忙我是杂种。"口语化句式中加入"昨儿"、"沤的"、"巴

---

① 陈颉:《对于文言·白话·大众语应有的认识》,《中华日报·大众语专刊》1937年7月7日。
② 夏丏尊:《先使白话文成话》,《申报·自由谈》1934年6月27日。
③ 姚雪垠:《关于〈春暖花开的时候〉》,原载《新文学史料》1981年第1期,转引自《姚雪垠研究专集》,黄河文艺出版社,1985年,第244页。
④ 姚雪垠:《我怎样学习文学语言》,原载《小说是怎样写成的》,商务印书馆,1934年,转引自《姚雪垠研究专集》,黄河文艺出版社,1985年,第72页。
⑤ 姚雪垠:《关于〈春暖花开的时候〉》,原载《新文学史料》1981年第1期,转引自《姚雪垠研究专集》,黄河文艺出版社,1985年,第245页。

不得"等方言口语,尤其是不乏表现力的俚语和歇后语的运用,使生性快活、直率、讲义气的"瓢子九"形象跃然纸上。

《李自成》的创作承续了《长夜》的口语化风格特征,但又有所拓展和深化。"读过《李自成》再读《长夜》,可以看出来我在运用河南大众语方面一脉相承,也可以看出来在语言的美学追求上的一脉相承。"①《李自成》第一、二卷中有诸多《长夜》中杆子们的"黑话"。这是因为李自成农民起义军在发展壮大中,吸收了不少杆子武装。某种程度上,黑话的应用有效地说明了起义军队伍的复杂状况,对还原历史真实起到了不可或缺的作用。在人物对话中,《李自成》同样体现出对《长夜》语言风格的承续。例如,在第一卷中马三婆与侄儿马二栓有这样一段对话:"你妈年轻轻就守寡,为你苦了一辈子。你媳妇儿嫁你这几年,穿没穿的,戴没戴的,吃这顿,没那顿,一年四季不展眉,天天怕饿死,一朵鲜花给穷日子糟蹋得黄皮刮瘦,不成人形。娃呀,你歪好弄个印把子到手里,一则洗刷了贼名儿,二则也叫他们过几天火色日子。""年轻轻"是标准的口语,而"黄皮刮瘦"、"歪好"、"火色"在中原方言里是瘦弱、随便和幸福的形象表述。马三婆是在社会底层混了十七八年的农村妇女。她的口语句式里掺杂着方言的话语方式,十分符合她的身份。

《李自成》的语言,"除以朴素的大众口语为基础外,还有士大夫的语言,江湖语言、诗、词、古文、骈文等等"②。《李自成》反映生活的深广度远远大于《长夜》,人物形象数量也远远超过《长夜》。根据不同的生活和人物,选取不同的语言予以描写与表现,是小说语言艺术质的规定性,具有丰富小说创作经验的姚雪垠是深谙此道的。例如皇帝的诏书、大臣的奏章,就必须要用骈文体的语言。如果说《李自成》多样的语言是对《长夜》语言的拓展,那么深化则体现在注重锤炼语言,使自然生动、晓白流畅的口语化语言又流淌出精练、典雅的艺术韵味。这在作家的叙述语言和人物语言上都有鲜明的表现,我们仅以李侔和宋献策有关江南时局的对话加以说明。"家兄因今早汤夫人偶感不适,前去问候,马上即回。与老兄一别三载,家兄与小弟时在念中,却不知芳踪何处,有时听说兄遨游江南,有时又听说卜买京师。老兄以四海为家,无牵无挂,忽南忽北,真可谓'逍遥游'了","江南情形如何","江南如一座大厦,根基梁柱已朽,外观仍是金碧辉煌,形绘绚丽,没有意外变故也不会支持多少年;倘遇一场狂风暴雨,必会顷刻

---

① 姚雪垠:《为重印〈长夜〉致读者的一封信》,原载《中国现代文学研究丛刊》1981年第1辑,转引自《姚雪垠研究专集》,黄河文艺出版社,1985年,第274页。
② 姚雪垠:《为重印〈长夜〉致读者的一封信》,原载《中国现代文学研究丛刊》1981年第1辑,转引自《姚雪垠研究专集》,黄河文艺出版社,1985年,第274页。

倒塌,不可收拾"。这段对话,不乏口语化的语汇,如"今早"、"老兄"、"不适"、"收拾"等,也不乏"金碧辉煌"、"四海为家"、"芳踪"、"顷刻"等成语和古典词语,还有经过锤炼的带有古意的如"偶感"、"倘遇"等词汇。正是在口语句式中有机融入这些语汇,使《李自成》的语言更具艺术表现力。

　　无论从反映历史生活的深广度、还是塑造形象的典型化程度等层面考量《李自成》的创作,它都不失为当代历史小说的翘楚之作。它的成功固然有许多因素,但姚雪垠承续《长夜》尊重历史真实的艺术探索个性,并深化为一种美学原则——历史科学与小说艺术有机结合——的艺术探索精神,当属主要的要素。这也许是姚雪垠把《长夜》作为打开《李自成》创作问题钥匙之一的含义之所在。

原载于《文学评论》2011年第1期

"两个姚雪垠":政治时代的艺术创作
——重读创作于十七年中的《李自成》第一卷

姜玉琴

与中国现代小说相比,中国当代小说命运多舛,离奇得有些令人不可思议。当年那么多一面世就风靡全国,尽显洛阳纸贵的作品,在时过境迁之后,变成了一段又一段不愿被人触及的往事。不是走到这里绕过去,就是在某种时候因为某种需要而被"揪"出来奚落、清算一番。同一部作品的前后落差使人唏嘘、感慨不已。《李自成》就是这样一部经由大富大贵、无限风光之后,逐步退向了边缘的小说。

一、历史小说中的史实与虚构

毋庸置疑,在当下的批评家中依然有人对《李自成》这部小说充满钦佩之情,称其为"鸿篇巨制","五四以来长篇历史小说的扛鼎之作"[1]等。不过,相比于这种声音,反对、批判的声音来得更为激烈与尖锐。早在20世纪80年代,就有研究者把《李自成》视为是"被讴歌的英雄要绝对的高大完美,被暴露的坏蛋要绝对的丑恶"的文学样板,"中国当代文学就走到了山穷水尽的末路。一个占人类五分之一人口的大国的文学变成了只剩两种东西的荒原,这就是八个样板戏和两部小说(一部是表现高大完美的农民英雄的历史小说《李自成》第一卷,一部是表现当代农村阶级斗争的小说《金光大道》)。"[2]进入到2000年以后,又有研究者旧话重提,说《李自成》是"'三突出'创作模式的典型体现",是姚雪垠为了"迎合极左政治思潮"而"任意地篡改历史"的结果。其最后结论是:该小说的创作模式是一种"反历史主义的创作模式,应该得到彻底地清算"[3]。

应该说,从今天的立场,给那些创作于上世纪"十七年"的文学作品鉴定出

---

[1] 吴秀明:《中国当代长篇历史小说的文化阐释》,文化艺术出版社,2007年,第198页。
[2] 刘再复:《近十年的中国文学精神和文学道路》,《人民文学》1988年第2期。
[3] 邓经武:《"自恋"与"自贱"的悲剧——论姚雪垠及其〈李自成〉》,《西南民族学院学报》2001年第3期。

这样、那样的政治性倾向是易如反掌的。鉴定不出来，反倒奇怪了。问题是，这种把复杂问题简单化或纯粹政治化的研究方法是不利于"十七年"的文学研究的，先入为主的政治成见会影响研究者的判断能力，即对生活在这个时代作家的复杂心绪，以及这种心绪给作品的结构或潜在结构所带来的影响重视不足。在许多研究者的笔下，这个时代的作家都是"应声虫"式的作家，而没有注意到"应声虫"背后的东西。其实在从事文学批评活动时，过于反对、鞭挞政治与依附、歌颂政治是一样的，即都是用"政治"这个主体取代了对艺术作品的分析与研究。《李自成》这部小说中的确包含有诸多政治性因素，但这种"因素"的表现形式是什么，即作家是有意识的还是无意识的，是不得不的还是努力配合的，是策略性的还是坚决执行的。这些通常不被研究者所考虑的细微之处，恰恰决定了作品的潜在结构线路。

如果对这些细微的差异不做鉴别与梳理，就用"政治"这个标签来应对一切的话，就会出现与作品、作家的实际状况对不上茬的地方。如前所言，有批评者认为《李自成》是一种反历史主义的创作模式，即对历史不能采取真实、客观的态度。举出小说中的"反历史主义"事例有：回避了历史原型中李自成与张献忠等农民起义军相互残杀的事实；把汉奸洪承畴塑造成了一个大英雄；拔高了李自成，使其成为一个懂得用"阶级分析的方法"和"民主集中制的原则"来处理问题的"三突出"①典型等。显然，这些问题针对的都是历史的本原问题，即历史上的真实事件、真实人物是什么样的问题。历史小说到底该如何摘取、发挥历史史实的确是一个值得探讨的课题，但可以肯定的一点是，不能由于作者回避了某些事件或增加了某些枝蔓，就给贴上一个"反历史主义"的标签。因为何谓"历史"，即历史的本真面貌是说不清楚的，真实的历史与文本的历史、传说的历史从来都不是一回事。

新历史主义的观点暂且不论，就是按照传统的历史主义观点，历史小说中的史实与真实的历史也不是能完全等同的。姚雪垠也从未把写历史与写小说混为一谈，他曾反复指出："历史小说是历史科学与小说艺术的有机结合，所努力追求的不是历史著作，而是艺术成果，即历史小说。"②无疑，在姚雪垠的价值范式中，历史小说的价值主要还不是表现在对历史事件、历史人物的真实还原上，而是艺术的创造上，正如他说："没有虚构就没有小说，……历史小说之不同

---

① 邓经武：《"自恋"与"自贱"的悲剧——论姚雪垠及其〈李自成〉》，《西南民族学院学报》2001年第3期。
② 姚雪垠：《论历史小说的新道路》，参见俞汝捷、姚海天主编《姚雪垠书系》第19卷，中国青年出版社，2000年，第192—193页。

于历史著作,在于历史著作只能记载和论述历史上确实产生过的人物和事件,而历史小说可以形象地写出历史上曾经产生的和可能产生的人物和事件。"①"虚构"是历史小说创作中最重要的一个环节。从这个意义上说,批评者可以批评《李自成》这部小说创作得如何失败,却不能说它是"反历史主义"的,因为作者原本的创作意图就不是要"照相"式地还原历史。

实事求是地说,批评者抓住"历史主义"不放也是有一定道理的。姚雪垠尽管强调历史小说离不开"虚构",但他也一再表示"反对违背历史的面貌写历史题材"②,强调历史小说家要大量地占有、研究资料,其创作不但要从"亲自收集史料和研究历史着手"③,而且还"应该比一般史学家有更丰富的杂学知识。……作家不仅应该广泛了解他所写的那个时代的社会的、政治的、经济的、哲学思想的等重要方面的基本情况,而且还必须理解各种典章制度、风土民俗、服饰器物、礼仪规范、文武建制、书简与各种公文程式和习惯用语、琴棋书画常识,可能旁及天文星象、宗教迷信以及医药卜筮等等"④。事实上,姚雪垠也是以这个标准来要求自己的。为了写作《李自成》,他前后花费了数十年的时间来研究明史和明清之际的这段社会历史,光卡片就记录了数万张。在此期间他还撰写了《明代的特务历史》、《明初的锦衣卫》和《崇祯皇帝传》等考证性文章。

显然,姚雪垠还是相当注重历史的真实性问题的,即他认为一部好的历史小说既应该是真实的,又应该是虚构的。从理论上看,这种说法非常稳妥,怎么理解都对。但具体到实践中,则又能从中看出一些端倪。譬如他所说的"真实"在《李自成》中主要体现在哪些方面?他所说的"虚构"在《李自成》中又是通过何种方式得以实现的?换句话说,姚雪垠为何对李自成故事中的一些重要情节,如农民军内部相互残杀、吞并之事进行了省略;与此同时,为何他又要对一些无关紧要的细节进行详细地描写,尽显其"真实"本质?如喝茶,原本是一个极简单的日常琐事,多数的历史小说家可能都认为这是不值得一写的。可姚雪垠不这么看,他力争把这个细节描写的真实、准确:崇祯皇帝把"画册交还田妃,从旁边一张用钿螺、玛瑙、翡翠和汉玉镶嵌成一幅鱼戏采莲图的紫檀木茶几上

---

① 姚雪垠:《论历史小说的新道路》,参见俞汝捷、姚海天主编《姚雪垠书系》第19卷,中国青年出版社,2000年,第237页。
② 姚雪垠:《〈李自成〉的创作余墨》,参见俞汝捷、姚海天主编《姚雪垠书系》第19卷,中国青年出版社,2000年,第65页。
③ 姚雪垠:《论历史小说的新道路》,参见俞汝捷、姚海天主编《姚雪垠书系》第19卷,中国青年出版社,2000年,第236页。
④ 姚雪垠:《论历史小说的新道路》,参见俞汝捷、姚海天主编《姚雪垠书系》第19卷,中国青年出版社,2000年,第198页。

端起一只碧玉杯,喝了一口热茶,轻轻地嘘口闷气"①。这段文字不长,但描写却很细腻、逼真。"茶几"的用料是"紫檀木"的;镶嵌在"茶几"上的"鱼戏采莲图",是用"钿螺"、"玛瑙"、"翡翠"和"汉玉"拼贴而成的;而喝茶的杯子是用"碧玉"制成的。

应该说,不具体交代"器物"的材质构成,采用笼统的虚拟描写,也可以把城池宫殿的荣华富贵、崇祯皇帝的雍容气派以及郁闷心情反映出来。但是姚雪垠不肯含混带过,他力求通过笔墨把皇宫中"器物"的历史面貌原封不动地或尽可能真实地再现、还原出来。再如,姚雪垠在小说中曾几度提到过,李自成所佩戴的"朱漆描金,上画一金色小龙"的"牛皮箭囊"。反复渲染这个"箭囊",一方面是为了突出李自成抗争朝廷的决心——按照明朝的规约,"朱漆描金"只有在皇家的器物上才可出现,违规使用者是要被处死的;另一方面也表达了姚雪垠对细节的真实有着一种本能的热爱。用他的话说哪怕是"很小的细节,都必须讲求艺术的真实性"②。对"真实性"的要求真可谓是登峰造极了。

从姚雪垠主张"真实"以及对"细节"的不厌其烦描写来看,他是绝对不会赞同新历史主义的历史就是虚构之观点的。可是既然如此,他为何又要反复说"虚构"的重要性,而且《李自成》中的"虚构"都是一些重大事项方面的虚构,如李自成这个人物的塑造,就带有很多虚构的成分,"史料上对李自成的生活和性格记载不多,也很抽象,我只得虚构了很多动人的情节"③。对待这样一个历史人物,"虚构"是不可避免的。问题是,姚雪垠为何"虚构"出了史料上没有的"许多动人的情节",而对史料上原有记载的他与张献忠等农民军相互残杀的细节则过滤掉了——在这里就又不讲究真实了?

细读《李自成》会发现,姚雪垠所强调的"真实"多半都是表现在不关大局的细节描写,如服饰器物、礼仪规范等方面以及对反面人物的描写上,而牵涉到正面人物和农民军时一般都采用"虚构"的策略。在同一部小说中为何会出现这样两种不同的真实观,姚雪垠有什么样的难言之隐?这种"难言之隐"下的文学结构是一种怎样的结构?

《李自成》这部小说的复杂性远远超过了我们的估计,仅用"反历史主义"来诠释是不够的,还需要做一些学理上的解析。目前,几乎所有的研究者都是把

---

① 姚雪垠:《〈李自成〉第一卷》,人民文学出版社,2005年,第4页。
② 姚雪垠:《〈李自成〉的创作余墨》,参见俞汝捷、姚海天主编《姚雪垠书系》第19卷,中国青年出版社,2000年,第66页。
③ 姚雪垠:《〈李自成〉第一卷修订本前言》,参见俞汝捷、姚海天主编《姚雪垠书系》第19卷,中国青年出版社,2000年,第7页。

《李自成》的五卷本置于同一个框架中来加以阐释与评价的,这样笼统不加区分的研究方法,我认为不利于《李自成》的细化研究。毕竟"卷"与"卷"之间创作、出版的时间相隔较长,而这期间作家本人的生活、心境也几经改变。特别从"第三卷"开始,采用的是先由作者口述、助手整理成稿,再交由作者修改、补充的方式完成的。这势必会在某种程度上影响作品纹理脉络的贯通。更为重要的是,为姚雪垠带来巨大声誉的还是《李自成》第一卷,这实际意味着最能真实、完整地体现出姚雪垠艺术思想的文本是《李自成》第一卷。如果要评价《李自成》这部小说的文学史地位,自然要从"五卷本"着眼,但如果要分析姚雪垠真实、全面的美学思想,则必须把《李自成》第一卷作为细读的范本。

二、有底线的文学"宣传"观

《李自成》第一卷出版于1963年。从时间上说是"文革"发生之前,因此把该小说与"文革"文学的样板——八个样板戏、《金光大道》等相提并论是欠妥的。毕竟这还是两种不同性质的创作。

不过时至今日,也大可不必讳言"政治"给这部小说所带来的影响。如小说的主体框架是按照马克思的历史唯物主义搭建起来的,"阶级论"在小说中表现得非常明显:李自成、高桂英都是出身于贫苦的农民家庭,就连李自成的义子——双喜也是一个家人都死于官兵和天灾的孤儿;小说中的反面或有缺陷的人物也都与其"阶级"有着密切的关联,以崇祯皇帝为代表的统治阶级内部自不必说,就是农民军内部人员的好坏也与"出身"有直接的联系,如喜欢玩弄狡诈伎俩的张献忠没有"摆脱流氓无产阶级的思想烙印";李自成手下的将领——周山之所以投降了朝廷,与其"破落地主出身"有关;作战异常勇猛,但纪律涣散,经常干一些奸淫、抢劫等坏事的郝摇旗不是李自成的嫡系将领,而是高迎祥的旧部等。

小说的草稿毕竟是完成于1957到1958年间。生活在这一历史时空的作家尽管在精神和肉体上还没有遭受极端的高压控制,但他们也并非拥有创作自由。姚海天先生在回忆父亲为了心无旁骛地创作历史小说,而从上海迁居回老家河南时曾说过这样的一番话:"回到河南,一切并不如父亲想象的那么简单。当时的作家写什么、怎么写,都是要由组织决定的,像父亲这样从旧社会走过来的作家,想随心所欲写自己心仪的题材,谈何容易?"[①]这段话指的是解放初期的

[①] 刘守华:《姚雪垠:堪破浮名意自平——访姚雪垠之子姚海天》,《中国档案》2009年第5期。

文坛,可作家的创作必须要受制于"组织"的情况一直都没有得到改观。相反,随着时间的推移还愈演愈烈。特别是该卷的写作时间恰逢姚雪垠在政治上处于低谷的时期。

1957年,作者被错误地打成了"右派",且还是性质更严重的"极右派"。一场场的批判接踵而来,这对一贯自信、傲气的姚雪垠是一次致命的打击,诚如他说:"反右派斗争的时候,我受的精神打击和政治打击很大,十分痛苦,经常痛哭流涕,夜不成寐。就在这样令人几乎绝望的境遇中,我开始悄悄地写《李自成》第一卷,往往边写边哭。""痛哭流涕"可能主要还不是因为害怕和恐惧,而是由于被自己一贯所忠诚、信奉的"党"所误解,自己又不能申辩或申辩不清而产生的委屈。这也是他为何选择了在最不适宜动笔的时候,写作《李自成》的原因,即试图以此来表明自己的心迹。这种强烈的目的性,就决定了《李自成》的写作是一次向"党"敞开心扉的写作——这是一部写给"真正的党"的作品。对此,姚雪垠本人是不回避的,他说:"我当时没有想到此书能在我生前出版,我是想着,在我死后,形势变了,我的后人倘若将稿子拿出来交给党,必会得到肯定,就是我为党、为祖国、为人民做出的一点贡献。"①"党"虽然委屈了他,但他坚信这一切只是暂时的,"真正的党"总有一天还会理解、接受他的。以上两方面的原因决定了姚雪垠不可能完全按照自己最真实的美学设想来处理《李自成》,只能选择戴着镣铐跳舞。这样说并不意味着姚雪垠是有意识地用《李自成》来迎合"党"。从本质上说,姚雪垠原本就是一位党性意识很强的作家。而且,这种意识还要追踪到他的青年时代。

1929年,19岁的姚雪垠在《河南民报》上发表了其处女作《两个孤坟》。毫无疑问,此时的姚雪垠只是个在创作路途上刚刚起步的文学青年。不料想,在处女作见报的十余天后,他竟然给该报的副刊主编写了一封信,发表了一通对报纸副刊舆论导向的意见:他认为从中国副刊的报纸上是根本看不到"现实社会一般的真相"的,所以建议《河南民报》不要发表那些只有少数知识分子才能看得懂的"高深文学",而要从"大多数的河南民众"的阅读需求出发,担当起"大众的留声机"这样一个重任。无疑,在文坛上刚崭露头角的姚雪垠是把文学的社会功用性放到首位的。这能否说明姚雪垠的审美趣味,从一开始就是一种偏向于社会性的审美趣味?并非如此,因为同一封信中还有这样一段话:"您这几天又载了不少的性欲苦闷的文字。这类的文字,我是十二分地爱读,因为在这里才有真情的存在。"这段话揭示出姚雪垠对文学的双重态度:就他真实的美学

---

① 姚雪垠:《李自成为什么失败——兼论〈李自成〉的主题思想》,参见俞汝捷、姚海天主编《姚雪垠书系》第19卷,中国青年出版社,2000年,第78页。

口味而言，能反映"真情"的作品才是他喜欢阅读的作品。但是在"国家方难"、"民沉苦海之秋"的时候，谈这些"高深"的东西太过奢侈了。用他的话说并非是"它没有价值，不过是看来并不急需"①而已。

社会"急需"的是"留声机"文学，所以对"纯文学"要展开抵制。这时的姚雪垠是把文学视为改造社会的工具的。从这个意义上说，姚雪垠与当时的"左翼"作家似乎没有更本质的区别。其实不然，对姚雪垠而言，文学的"留声机"功能只是一时的权宜之计，绝非是文学所必须或唯一的功能。不要小看了这种细微的差别，这意味着在姚雪垠的内心深处始终藏着一个可以"暂且缓行"，但绝不能没有的"艺术性"要求。

20世纪40年代是文学大众化思潮的高涨时期，但是姚雪垠在《文艺与宣传》一文中，仍然坚持一种有限度的"宣传"。在该文中，他首先对辛克莱所提出的"一切文艺都是宣传"的命题持谨慎、保留的态度，认为作者只是"部分的道出了文艺的社会价值"；其次，他指出由于辛克莱把文艺彻底地当成了"宣传工具"，因而其小说"都类似报告文学，缺乏一般小说的完整形式"；第三，他说文学可以参与"宣传"，但这种"宣传并不能违反真理、歪曲真相，不顾正义和良心"②。综观以上三方面，可以看出姚雪垠不反对文学参与"宣传"，可这种"宣传"必须是以保持尊严和不损害"小说的完整形式"为基础的。

姚雪垠是一位有社会责任感，可又绝非是政治为上的作家，他的文学宣传观是有底线的。这一点即便在50年代也依然没有改变。1957年1月，也就是在动笔写作《李自成》的前八、九个月，他在《文汇报》上发表长文对"写英雄人物不能写个性特点，写反派人物简单化，千篇一律"③的创作风气提出了质疑和批评。另外，他对被文坛所排斥、批判的自然主义也进行了辩护："有些同志听说自然主义是不好的，而实际对于自然主义一词的概念并不清楚。如果一个作家确有自然主义倾向，当然应该帮助他进行纠正；可惜这些同志们是只喜欢粗线条的文学风格，只喜欢简单的描写，遇见文笔细腻的写法就称之为自然主义，表示反感。且不说描写细腻和自然主义是两回事，即便对待真正的自然主义也未必应该一笔抹杀。左拉是众所周知的自然主义作家，我看我们今天的作家还没有一个人写出像《萌芽》、《娜娜》、《小酒店》等那样感动人心的作品，在我们的作

---

① 姚雪垠：《通讯——致灵涛信》，参见俞汝捷、姚海天主编《姚雪垠书系》第17卷，中国青年出版社，2000年，第1—2页。
② 姚雪垠：《文艺与宣传》，参见俞汝捷、姚海天主编《姚雪垠书系》第17卷，中国青年出版社，2000年，第149、152页。
③ 姚雪垠：《关于崇祯形象的塑造》，参见俞汝捷、姚海天主编《姚雪垠书系》第19卷，中国青年出版社，2000年，第161页。

品中所反映的现实生活的深度也远不能和左拉的深度相比。"①虽然他口中说的是应该帮助"纠正",可字里行间透露出的却是无比欣赏。特别是他认为"今天的作家"没有一个人能写出像左拉那样的作品,"我们的作品"在反映现实生活的深度上也远远逊色于左拉。这种表述在当时其实是很越位的,实际是暗示了现实主义还不如自然主义有表现力。

　　姚雪垠这种既注重文学的功用性,但又不能损害艺术性的文学观念在《李自成》一书中表现得非常明显。或许可以说,《李自成》一书的写作就是这两种观念的碰撞与统一,该书所显示出的长处与局限都与此有关。

三、压抑的正面人物与释放的反面人物

　　一般说来,作家的创作实践与其真实的美学思想、艺术追求是相一致的,即作家一般都是沿着自己的内在审美需求来进行创作的。但是,如果是恰逢特殊时期,如政治、社会风气等明确要求作家必须要按照某一轨迹进行创作的时候,作家就必须要全部或在某种程度上做出妥协。在这种情况下,坚持艺术性的作家就会形成一种分裂:时而呈现的是真实的自己;时而呈现的是带着"面具"的自己。姚雪垠在创作该卷小说时就经受着这种"分裂"的折磨。

　　《李自成》是一部先有主题,后进行创作的小说。姚雪垠对其创作目的有过交代:"我企图通过《李自成》全书五卷的人物塑造和故事发展去揭示这一次大规模农民战争的成败经验、历史运动的深刻规律。"②这部小说的关键内容是"农民战争",即小说的重心是应该偏移在"农民"这一边的。当然,这种偏移并非是指篇幅和字数的分配。

　　从《李自成》第一卷的实际情况来看,目的与结果似乎颠倒了:作者写得最吸引人的章节是对那个摇摇欲坠、外强中干的明王朝内部机制的描写;写得最有光彩的人物并非是重墨浓彩的李自成,而是在全书中出现次数不多,只能算是引领故事的配角的崇祯皇帝;写得最令人回味、咀嚼的并不是那一幕幕惨烈、雄壮的战争场面,而是皇帝与大臣、大臣与大臣间的互相试探与揣摩的微妙心理;写得最隽美、精致的画面并不是作者要极力表现的主题类东西,而是那些看

---

① 姚雪垠:《创作问题杂谈》,参见俞汝捷、姚海天主编《姚雪垠书系》第17卷,中国青年出版社,2000年,第482页。
② 姚雪垠:《〈李自成〉创作手记》,参见俞汝捷、姚海天主编《姚雪垠书系》第22卷,《〈李自成〉创作手记》,中国青年出版社,2000年,第2页。

似无心写来的闲笔。如在高起潜参观卢象升骏马的一节，作者把一匹匹战马写得灵动俊俏、神采飞扬："玉顶赤"是"浑身是胭脂色，只有头顶上一块玉白色"；"五明冀"是"全身深紫，鬃毛黑色，却有四只蹄子白如霜雪，肩上也有一片白毛像一轮皓月"；"千里雪"跑起来像"一匹神驹在腾云驾雾"。令人禁不住赞叹作者笔法之细腻。原本要极力突出、彰显的，却都表现得平平；而原本应该是陪衬的，却显出了耀眼的光彩。

该突出的没有突出，不该突出的反而突出了，这说明了什么？是姚雪垠在小说的布局、驾驭方面出现了问题？非也。这是作者在创作过程中迂回地坚持艺术性的结果。正如前文所言，姚雪垠创作《李自成》的时候，正是"反右"的时候，创作上存在着种种的禁区。姚雪垠在回忆这段历史时说："写工人农民也有许多禁忌，动不动就受到'严正的'批评，说是歪曲了工农形象，甚至还要追寻作者的不良企图。"[①]作者的笔稍有不慎，就有可能被戴上"不良企图"的帽子。特别是李自成这个历史人物不是一般的历史人物，而是深受毛泽东青睐的历史人物，自40年代起毛泽东就屡次用李自成所领导的农民起义来喻指自己的队伍。从某种程度上说，写李自成可能也就是写毛泽东。这没有办法，两人的经历太相似了，即便作者不去做这方面的联想，读者也会的。因此说，在当时的历史条件下，姚雪垠对李自成这个人物的塑造是没有什么太大的创造空间的：除了把李自成设置成"一个封建社会后期农民革命的杰出的英雄人物，而不是一般的英雄人物"[②]外，没有什么更佳的选择了。

可姚雪垠本性上又是一位喜欢深度，特别是探究人性深度的作家。他一向认为"作家的重要工作不是去替人物照相，而是去创造人物"[③]。"照相"是平面的，"创造"是立体的，塑造人物就是要把人物的立体感充分地揭示出来。已盖棺定论的"英雄人物"是万万不敢拿来冒险的，一马平川式的人物又不符合他的审美口味。怎么办？他只能选择了剑走偏锋，即在保证"路线"正确以及正面人物没有闪失的情况下，把深度的艺术性探求留给小说中的反面人物和无涉于"政治"的细节描写。

明白了姚雪垠的这一复杂心结，也就明白了他为何要在崇祯皇帝这个并非主角的人物身上投入了那么缜密的心思："在追求塑造典型的目标下，我要努力

---

① 姚雪垠：《创作问题杂谈》，参见俞汝捷、姚海天主编《姚雪垠书系》第17卷，中国青年出版社，2000年，第483—484页。

② 姚雪垠：《李自成为什么失败——兼论〈李自成〉的主题思想》，参见俞汝捷、姚海天主编《姚雪垠书系》第19卷，中国青年出版社，2000年，第86页。

③ 姚雪垠：《怎样写人物个性》，参见俞汝捷、姚海天主编《姚雪垠书系》第17卷，中国青年出版，2000年，第146页。

将崇祯写成一个生活着的人,而且是他这个人,并不是别的人,不是一般的人,也不是一般的亡国之君。"这段话有值得思考之处:作者在此强调的是"这个人"和"一般的人"的区别。前者是指独一无二的"人",后者则是指称"一类人"。崇祯皇帝既然是属于前者,那么小说中的人物还有不是"生活着的""这个人"?姚雪垠对这个问题曾作过一个间接的说明。他在《关于创作〈李自成〉的艺术追求和探索》一文中说:"到底农民英雄怎样生活,我们很难了解,但有一点是明确的,古代做一个武将跟今天的不一样,今天的越是文明越靠机器,靠电子计算机指挥作战。做一个农民英雄则要靠武艺和力气,这非常重要。武艺不好可以当统帅,当指挥家,但当冲锋陷阵的将领就不行。可李自成、刘宗敏、张献忠,他们要冲锋陷阵,一定是气概非凡,武艺高强,跟现代的不一样。我们加以夸张,他们就成了英雄传奇的类型。"①古代"农民英雄"的生活已经不可考了,唯一可考的是他们的武艺必须要高强。在"农民英雄"的生活不可乱加想象、发挥的时候,作者也就只能在其"武艺"方面做文章了。

"武艺"有强弱之分,但要纯粹靠"武艺"来塑造、区分人物的性格是远远不够的。深谙创作规律的姚雪垠知道仅凭这一特征就把"农民英雄"塑造成"这个人"是不可能的。于是,他就选择收紧了笔,按照"类型"——"英雄传奇的类型"——来塑造小说中的这些正面人物。这种"类型"式的人物模式,好处是不必在政治上冒风险,弊端是严重影响了对人物性格、命运的揭示。如李自成是小说中当之无愧的主角,且有妻子与女儿缠绕身边,妻子高桂英还是作为主要人物出现的。按讲这个家庭的出现能给残酷的战争场面带来一缕温馨的气息,然而在整部小说中他们除了谈工作还是谈工作,看不出夫妻两人的亲昵关系。与其说他们是伴侣,不如说他们是战友。然而,当镜头一旦从"英雄人物"转向"问题人物"时,姚雪垠被压抑的创作才能也就随之迸发了出来。郝摇旗是"农民英雄"系列中比较例外的一个,他武艺高强,作战凶猛,可觉悟性不强,经常干出一些违法乱纪的事。他在小说中的出场不算多,但给人留下的印象却非常深刻、独特。他与妻子、孩子在小说中仅有一次是同时出场的,这场戏被作者描写得感人至深、催人泪下:郝摇旗为了减轻队伍突围的负担,也免得老婆落到敌人手里惨遭侮辱,他决定在"大战"来临前,先把后顾之忧解决掉——杀死妻子与两个孩子。

不愿意这样死去的妻子,一手抱着个大包袱,一手拽着两个孩子拼命地奔跑,郝摇旗拿着剑在后面撒着丫子追赶。跑着、跑着,郝摇旗的妻子突然停了下

---

① 姚雪垠:《关于创作〈李自成〉的艺术追求和探索》,参见俞汝捷、姚海天主编《姚雪垠书系》第19卷,中国青年出版社,2000年,第117页。

来,跪在地上,哭着说:"摇旗,你杀吧,你快杀了俺母子吧。杀了俺们你就无牵挂,一心一意保闯王杀出重围。你日后保闯王得了天下,请你念起咱们是结发夫妻,念起我这几年随着你吃了千辛万苦,逢到清明,到野地里给我烧化几张纸钱。你快杀吧!快杀吧!"就在郝摇旗举起剑往下砍的时候,被赶来的高夫人呵斥住了。高夫人的一番肺腑之言令郝摇旗羞愧交加,扭头就走了。作者这时是这样描写郝摇旗的妻子的:"摇旗走出几丈远,他的女人突然跳起来,追上去,把一件斗篷披在他的身上,扯断针线。摇旗没有回头,走下山去。"寥寥几笔就把一位女性对丈夫无怨无悔的爱表达了出来。她怀里抱的原来是给丈夫缝补的斗篷,丈夫即便来追杀她,她也舍不得丢掉。丈夫走了,她还要从地上跳起来,追上去给他披在肩上。女性的人性之善、男性对闯王的赤胆忠心都被作者揭示得淋漓尽致,令人感慨万分。

　　这也充分说明姚雪垠不是不擅长描写情感和人性,只是不敢把矛盾冲突设置到正面人物,特别是"领导人物"的身上。不求有功,只求无过,这是姚雪垠在处理李自成等"英雄人物"时所遵循的一条准则:以李自成为代表的正面人物要尽可能地符合当时的历史观与对农民领袖评价的准则。姚雪垠在政治方面是不敢有任何闪失的。思想上的拘谨自然也就影响了艺术上的发挥。这也是崇祯皇帝、洪承畴、杨嗣昌、高起潜等反面形象,为何比"正面人物"李自成、刘宗敏、高夫人、刘方亮等都塑造得都更为有血有肉的原因。即便都是农民军,投靠了或者说假投靠了朝廷的张献忠也比李自成风趣、活跃,原因就是作者在塑造张献忠时没有怕触犯"路线"错误的心理压力。

　　综上所述,《李自成》这部小说是作者对当时的创作意识形态进行妥协与抗争的结果。其妥协性使这部小说在 60 年代就能得以出版,今天研究界对其的诟病当然也是与此有关的。可是,我们把《李自成》抗争性的一面给忽略了。姚雪垠曾有一个自我表扬:"关于长篇小说的各种美学问题,都从五七年的灾难日子里开始摸索,摆脱了当时流行的条条框框,走我自己的艺术道路。"①这个自我评价并非是夸大之词,在不论是"正面人物"还是"反面人物"都一律"脸谱化"的时代,姚雪垠能在"反面人物"上突破樊篱,使之大放异彩,或许就是一种走自己艺术道路的表现吧。这部小说之所以在有关部门做出"不予宣传评介,控制印数"②的规定之下,仍能迅速地红遍中国的大江南北,甚至连排印工人都争先恐后地先睹为快,我想可能与作品的这一艺术魅力有关。总之,《李自成》这部小

---

① 姚雪垠:《学习追求五十年》,参见俞汝捷、姚海天主编《姚雪垠书系》第 16 卷,中国青年出版社,2000 年,第 103 页。
② 刘守华:《姚雪垠:堪破浮名意自平——访姚雪垠之子姚海天》,《中国档案》2009 年第 5 期。

说在"正面人物"上虽表现平平,但对"反面人物"的塑造以及细节等方面的描写都对当时的创作观念有所突破。《李自成》从第一卷出版,到 1999 年第四、五卷的艰难面世,中间整整横跨了 36 年。而今距 1999 年,又过去了 15 年。在前后加起来的 51 年间,中国社会的政治、经济和文化都发生了巨大的变革,所以说在某个问题的认识上出现分歧是必然的。我认为对待"十七年"作家的创作应该持宽容的态度,用一种更理性、更客观的方法来分析这段特殊历史时期中的作品:不要光盯着"政治性"一面来看,还要发掘出"政治性"的背后是什么,即既承认受到了"政治"的影响,又不用"政治"来掩盖、取代小说所应有的价值。姚雪垠的创作命运——有着宏大的文学抱负,却不得不受制于时代的局限是一代人的命运。与笼统地否定、批判相比,我们更应该关注的是这代作家在"枷锁"中坚守了什么和如何坚守的。这对中国文学的健康发展可能更为有利。

原载于《江苏社会科学》2015 年第 1 期

《李自成》初探

严家炎

长篇历史小说《李自成》已经出了两卷五册。它一问世,就在读者中引起了巨大的热烈的反响。初版三十万部很快就被抢购一空。再版两百万部在许多地方复已脱销。无论在街头巷尾,工厂农村,学校或者家庭内部,到处都可听到关于这部小说的热情议论。有些"书迷"据说还常向别人提出这样的问题:"刘宗敏一个喷嚏吓死一只老虎是真的么?""老神仙尚炯的医术怎么没有传下来?"一部小说产生这样广泛热烈的反响,确实不很多见。

为什么《李自成》会受到这样热烈的欢迎?这部作品在我们当代小说中占有怎样的位置?

建国以来,在小说创作方面,我们已经有了一批优秀或比较优秀的作品,它们各自都有独到的成就。譬如说,《创业史》反映农业合作化的深沉有力,《红旗谱》表现民主革命时期农民运动的浑厚扎实,《红岩》写地下斗争、狱中斗争的可歌可泣,可以说是各有千秋、各具特色的,有的在思想和艺术方面都达到了相当成熟的境地。但是在长篇小说中,像《李自成》规模这样宏大,反映的生活内容这样波澜壮阔,确乎还没有第二部,即使在世界文学的范围内,一部小说而达到三百万字以上的规模,恐怕也属罕见(巴尔扎克《人间喜剧》篇幅虽大,但那是许多作品的组合,另当别论)。我们可以这样说,《李自成》是当代有数的优秀长篇之一,如果小说今后几卷能保持并发展第一、二卷的水平,那么它有可能成为一部无愧于我们伟大时代的文学巨著,成为一部较好地体现我们伟大国家风貌的作品。

《李自成》的成就是多方面的。本文想从历史真实性、艺术虚构、人物形象、结构布局和民族风格诸方面作些初步的考察。

一、明末农民革命战争的真实画卷

《李自成》写的是明末农民战争的题材,它在历史题材的文学作品中是一种新的开拓。建国以来的历史题材作品(不算现代革命史题材的作品)大致有两种情况：一是写统治阶级中起过进步作用的杰出人物（如《林则徐》《甲午风云》），一是写历史上中下层知识分子（如《李时珍》）。这些题材都是需要的，有意义的。但用这两类题材表现历史，本身也有一定的局限：只能表现历史发展中某些比较次要的事件、比较次要的方面，表现个别人物的某种作用，不大能表现推动历史前进的主体——人民群众在历史上的作用。中国是封建社会长达两千多年的国家。毛主席说："中国历史上的农民起义和农民战争的规模之大，是世界历史上所仅见的。在中国封建社会里，只有这种农民的阶级斗争、农民的起义和农民的战争，才是历史发展的真正动力。"我们国家的这种历史特点，给革命作家提出了一项任务：应该努力去写农民起义、农民战争的题材，真实地表现出历史发展中人民群众的作用，把历代剥削阶级颠倒了的历史再颠倒过来，形象地生动地对读者进行历史唯物主义的教育，这是革命的需要。过去，这类题材的创作恰恰是薄弱环节，甚至近乎空白。姚雪垠同志的《李自成》是建国以后第一部以农民战争为题材的长篇小说，而且它选取的又是古代许多次农民起义中最著名、规模最大、最有代表性的一次：这次起义，起自陕西，横扫中原，席卷大半个中国，前后经过长达十六年之久的反复、曲折、艰苦的斗争，最后终于打进北京，推翻了明王朝；起义队伍自崇祯十三年冬李自成进入河南后就飞速发展，三年内从几千人一下子发展到相传有一百万人的规模，而且军队纪律相当严明，"不杀人，不奸淫，不抢掠，平买平卖"[1]，达到了历史上少见的程度；起义过程中提出了"均田"、"免赋"等比较完整的农民革命的纲领和政策，所到之处，"三年免征"，"且将富家银钱分贩穷民"[2]，有力地打击了大地主大富豪，带有资本主义萌芽时期的新特点，赢得了广大人民的热烈欢迎（《怀陵流寇始终录》说百姓"焚香迎贼如狂"）；起义过程中还涌现了一大批可歌可泣的英雄人物和英雄事迹，以李自成为例，他出生入死，十几年如一日，几次重大失败，革命进入低潮，有些起义队伍被消灭了，有些投降了明朝，只有他带领的这支队伍，永不屈服，顽强斗争；后来，李自成建立的政权虽然在清兵入关后迅速失败，李本人在湖北牺牲，但他的部下还继续坚持了将近二十年抗清斗争。一句话，明末李自成起义是一次了不起的历史事件，是一次惊天动地的革命壮举。选取这样一场革命斗争作为描写的题材，这本身就富于开创性，是一件具有重大意义的事情。

但是，重大题材并不能决定作品的实际成就和价值。"四人帮"批判"反题材决定论"，认为题材能起决定作用，那是完全违背常识、极端荒唐可笑的，说明

---

[1]《明季北略》
[2]《明季北略》

他们在文艺上根本一窍不通。就拿李自成起义这个题材来说，它确实非常重大，但也并不是所有写了这个题材的都一定成为杰出的作品。《剿闯小史》写的不也是这一题材吗？却是一部十分反动并且拙劣的作品。本世纪三十年代，陕北一个著名开明士绅李鼎铭的侄子李健侯，也曾以李自成起义为题材写了一本小说，书名就用李自成建国的年号"永昌"二字，叫作《永昌演义》。作品赞扬了李自成个人的品质，却贬低了李自成领导的整个革命运动，未能用历史唯物主义观点正确处理这一题材，更谈不上将李自成起义反映得深刻了。可见，同一题材不同人写来，并不是不分轩轾的。到四十年代中期，郭沫若同志打破史学界长期的封建正统观念，从无产阶级立场出发研究明末这次农民起义，写出了《甲申三百年祭》的重要文章，为历史研究的古为今用树立了榜样。在郭老此文的推动下，各解放区结合学习运动，创作了一批表现李自成起义的戏剧作品，它们力图用历史唯物主义观点总结这场革命失败的经验教训，在当时起到了应有的作用。但限于历史条件，这些作品大多写得比较仓促，对历史事件的研究和艺术上所做的准备都嫌不足，因而也远未能像今天的《李自成》这样产生广泛的影响。一部文艺作品，总是作者思想水平、生活积累程度和艺术经验、艺术造诣等多方面条件的综合表现，它不可能只由题材来决定。姚雪垠的《李自成》之所以受到读者的热烈欢迎，虽然题材方面也是一个新的开拓，归根结底却还是因为作品本身在思想、艺术上所达到的高度和成就。

《李自成》不是那种仅仅告诉人们一些历史故事、介绍一些历史人物而没有多少思想见解的作品，也不是那种名为表现历史故事、历史人物而实际上却是由作者任意发挥、随意编排的作品。《李自成》这部长篇小说，既有严格的历史依据，又有深刻的思想见解，它真实地、深刻地反映了明朝末年由李自成领导的这场轰轰烈烈的农民革命战争。作者十分熟悉明末清初的历史，对于当时的阶级斗争、社会状况、宫廷生活、典章制度、风土人情以至三教九流略等，无不了如指掌，因而能在作品中写出非常广阔的社会生活画面。从这里，读者常常被带进明清之际特定的历史气氛中，可以分明触摸到明末社会问题极端尖锐的脉搏，具体感受到《明史·食货志》所说贵族"庄田侵夺民业"的严重状况，看到"朱门酒肉臭，路有冻死骨"的鲜明图画，听到白鸣鹤、邵时信、红娘子的声声血泪控诉。崇祯十二年起，全国除正赋之外额外增加的"练饷"，连同原有的"辽饷"、"剿饷"，每年总计竟达一千六百七十万两之多，用书中人物黄道周的话来说："今日百姓负担之重为祖宗列朝的数倍！"真是赤地千里，饿殍遍野，饥民们除奋身造反外已无别的出路。小说通过直接、间接方式所做的这些描述，为明末农民大起义勾画出了真实宽广的历史背景。小说不仅着力描绘了明末农民阶级和腐朽的封建统治阶级之间这场生死大搏斗，同时也反映了当时十分尖锐的民族矛盾和统治阶级内部的矛盾,以及李自成、张献忠两支义军之间的矛盾,反映了当时社会上各个阶级、阶层的相互关系以及他们在农民大起义过程中出现的种种动向和变化。从皇帝、文武官员到义军将领、战士以至穷苦百姓,从北京城内一直到几个中原重镇以至僻远的山村,小说无不展开描写。除了刀光剑影的激烈战斗以外,也写了义军生活的各个方面,包括休整、练兵、扩充、筹粮、赈济、医疗、食宿、婚嫁……还写了义军的对立面崇祯皇帝的宫廷生活,写了崇祯和文武百官的朝见、廷争、宴饮、游乐以及他们之间各种形式的钩心斗角,也还写到了一般市民、手工业者的生活境遇。总之,小说真实地再现了明末的社会面貌,对我们认识晚期的中国封建社会很有帮助。人们可能都还记得第一卷中有个很小的情节:兵部尚书卢象升身边有两个很得心应手的仆人,其中一个是从小在卢家长大的家奴,还有一个是别的官僚保荐过来,已经干了两年的李奇。这个李奇平时很讨卢象升的喜欢,卢象升待之如亲属,从外地回到北京后还特意赏给李奇二十两银子去孝敬自己的父母。可就是这个李奇,忽然向卢象升来请长假说他要离开卢家了,并且偷偷说明自己的真实身份原来是东厂派来的特务。他虽然保证回去后不讲卢一句坏话,这件事却仍把当事人卢象升吓得目瞪口呆。我们读到这里也感到十分吃惊、十分震动。原来明朝的君臣关系竟是这样一种关系:皇帝几乎无孔不入地暗中派特务盯在大臣身边,身为兵部尚书兼各路勤王军总督的卢象升,一言一行无时无刻不受到特务的监视。这个情节虽然很小,却说明很大的问题,对于我们认识明朝政治的黑暗、恐怖和腐败有极大的意义。这是写得非常好的一笔。这样真实有力的情节,不是作者凭空想象的,而是长期下功夫对明朝特务政治进行深入研究之后才得出来的(四十年前,作者就针对国统区的黑暗现实,研究了崇祯皇帝和明朝东厂、锦衣卫这两个特务组织的活动,发表过历史论文多篇)。可以不算夸张地说,《李自成》这部长篇小说是明清之际中国社会的百科全书。恩格斯曾经称赞巴尔扎克的《人间喜剧》"给我们提供了一部法国'社会'特别是巴黎'上流社会'的卓越的现实主义历史",他说:"我从这里,甚至在经济细节方面(如革命以后动产和不动产的重新分配)所学到的东西,也要比从当时所有职业的历史学家、经济学家和统计学家那里学到的全部东西还要多。"①姚雪垠写《李自成》,正是努力遵照恩格斯的这一教导去做的。作者运用自己广博的历史知识,连细节描写也讲求严格的历史真实性。从明代宫廷的服饰、礼仪到崇祯皇帝案头放些什么器物,从明朝北京城戒严由哪个衙门出布告到崇祯年间北京何时发生过地震,以及银价和制钱的比价变化等等,作者都一一进行了认真的查考。这样,我们确实可以从《李自

---

① 《致玛·哈克奈斯》,《马克思恩格斯选集》第4卷,第462—463页。

成》这部小说中学到许多历史著作中学不到的形象化的历史知识,可以知道明末社会风貌、宫廷生活状况、京都和中原地区习俗人情、当时的作战武器、作战方法、典章制度以至珠宝珍物、马匹弓箭等许多历史生活的细节。像卢象升和高起潜谈马的那些文字,慧英教兰芝射箭的那些文字,当然都是为写人服务的,但也增长了读者关于马匹弓箭的见识。反过来说,如果作者的历史知识、生活知识不丰富,描写起来就会捉襟见肘,就没有那么广阔的艺术天地,写人也绝不会写得那么活泼、那么真切、那么生动。

比情节和细节的真实性更为重要、更为可贵的是,作者运用历史唯物主义观点研究明末历史,形成了一些科学的、深刻的、独到的见解,这是《李自成》这部小说之所以能具有深刻的主题和震撼人心的思想力量的一个最重要的条件。没有比较深刻的思想见解的作品,只能是平庸的作品。作为一部气壮山河的农民革命战争的史诗,《李自成》对战争的描写就很有自己独到的特色。作品不但以饱满的感情歌颂了李自成起义军的英雄将领,歌颂了他们为救民水火而英勇奋斗、不怕牺牲的革命精神,而且相当真实有力地表现了人民群众在革命战争中的巨大作用。以小说第二卷为例,这里写了李自成在商洛山由于得到义勇队和百姓支持而取得保卫战的胜利;写了李自成离开老营去平叛后慧英和女兵、眷属、孩儿兵们的革命主动精神;写了广大义军战士在和敌人集体搏战中的作用,不把战争胜负写成单纯取决于"斗将",即使刘宗敏跃马过汉水,也得力于伤员保护;写了李自成进入河南后提出了符合人民愿望的政策和口号,得到群众拥护,从而开辟了新局面;还塑造了王长顺这样的群众英雄,并让他贯穿始终,最后由他结束全书故事……所有这一切,都使小说渗透着历史唯物主义的深刻思想,从根本上区别于过去那些虽然表现农民战争然而却充满着"英雄主宰一切"的观点的旧作品。小说在正确有力地描绘明末农民起义的同时,还深刻地总结了农民起义这一历史运动的基本规律,这是作品具有巨大的思想深度和非凡的历史容量的重要原因所在。作者首先把历史作为一门科学来研究,运用阶级观点来分析有关明末农民起义的大量原始材料,去粗取精,去伪存真,透过种种复杂的历史现象,弄清李自成起义的真实情况和发展脉络,还历史以本来面目。鲁迅说过:"历史上的记载和论断有时也是极靠不住的,不能相信的地方很多,因为通常我们晓得,某朝的年代长一点,其中必定好人多;某朝的年代短一点,其中差不多没有好人。为什么呢?因为年代长了,做史的是本朝人,当然恭维本朝的人物;年代短了,做史的是别朝人,便很自由地贬斥其异朝的人物。"[①]明末李自成、张献忠起义沉重地打击了封建反动势力,而他们建立的大顺朝和

[①] 鲁迅:《魏晋风度及文章与药及酒之关系》。

大西朝政权存在的时间却又很短,因此更不免要受到封建阶级文人的造谣中伤、污蔑诽谤。《明亡述略》就攻击李自成"嗜杀成性",无中生有地说李自成攻下洛阳后,"杀福王,以其血杂鹿酿,名曰'福禄酒',遍饮群下"。《明史·流贼传》更把李自成、张献忠都诬蔑为杀人不眨眼的魔王:说"自成为人……声如豺,性猜忍,日杀人斩足剖心为戏";说张献忠在四川一省就杀戮了六亿人以上(查万历年间户籍,四川总共才三百多万户,老幼合计不过千余万人。可见,谣言造得离奇到了什么程度)。封建史学家一方面污蔑李自成等天生"残虐"、"猜忍",另一方面又从阶级偏见出发,夸大后来进入义军的一些地主阶级知识分子的作用。如把崇祯七年李自成车箱峡定计之功,归到崇祯十六年才参加起义的顾君恩身上。还极力抬高"杞县举人"李岩(即李信),说什么仅仅由于李岩那番"请勿杀人,收天下心"的劝说,才使李自成"屠戮为减"。他们把农民军能够执行正确政策和严格纪律的功劳统统归之于李岩等人,认为李岩对李自成在河南的发展壮大起了决定性作用,而李自成则因为忌妒李岩,终于把他弟兄俩杀了。受这种传统说法的影响,四十年代一些历史剧作者也偏低估计李自成本人在发展壮大革命力量方面所起的重要作用,更多推崇李岩,将他写成最清醒的人,使李岩的实际评价居于李自成之上,认为李自成后来所以失败,就因为没有采纳李岩的意见去制止刘宗敏的"腐化"并招抚吴三桂。小说《李自成》的作者不但用艺术的笔墨成功地回击了封建文人制造的"福禄酒"之类政治谣言,而且对明末历史的一些重要方面有独特的发现,根本摈弃了长期以来形成的上述这些错误看法,恢复了历史上李自成的本来面目。他在充分占有史料的基础上,对李自成起义军的发展过程进行了全面的考察分析,比较科学地回答了这支队伍为什么能在进入河南以后飞速壮大,为什么后来进了北京,上百万人反倒迅速崩溃、一败涂地,并使这些见解在作品中艺术地得到体现。一切事物的发展都有其内因,李自成本人及其部队的成熟,同样取决于本身的内在条件,并不是李岩等人参加起义才决定了李自成队伍的兴旺,恰恰相反,正因为李自成有很高威望,一到豫西便开始执行获得百姓拥戴的新的政治和军事路线,才使李岩本人决心千里迢迢前去投奔他。李自成部队的底子是高迎祥当闯王时期的老八队,这支队伍按照史料记载,是早就不同于其他各营起义部队的,他们在军队纪律、与百姓的关系、上下级关系方面一直是比较好的,后来经过几次整顿,成长得就更快些。《直隶商州志》和《延绥镇志》都记载李自成在商洛山中就"昼则射猎,夜则读书,且观星(乾)象",可见他不但胸中早有宏图大业,而且一直在注意学习和总结经验、思考谋略了。我们从小说《李自成》第一、二卷中,正是看到了这一点。第一、二卷写了崇祯十一年十月至十四年二月李自成义军从革命低潮到革命转变阶段的斗争历史。李自成作为革命领袖,在革命遭到严重挫折的低潮阶段,不是灰心丧气、动摇妥协,而是百折不挠、惨淡经营,总结失败的经验教训,用各种办法重整旗鼓,推动革命高潮。他部下的多数将士也是团结一心,不怕流血,不怕艰苦,跟随李自成经受各种磨炼,终于赢得了到达河南以后的新局面。在此过程中,义军方面的主观能动性发挥到了最高点,李自成本人也终于逐渐走向成熟。作者运用历史唯物主义观点,深刻地写出了农民军发展、转化的内在因素,这就使作品在一些重大的根本性的问题上具有了无可辩驳的历史真实性。当然,作品并没有抹杀李岩参加起义对李自成军队在某些方面所起的重要推动作用,例如写了他熟悉历史,懂得统治阶级进行政治斗争的种种经验,会做宣传工作,并提出过以河南作为根据地的一些好的建议,等等。但李岩毕竟只是背叛了明王朝却并没有背叛自己阶级的封建知识分子,他这样的人参加农民起义军,也不是没有消极影响的。作品写了李岩得意时有点忘乎所以,不注意时刻维护闯王的威望,以致老百姓受赈后竟有不分李闯王和李公子的事情发生(这是多种史书上都有记载的,《明季北略》就说饥民"认李公子即闯王","不知有李自成"),而在另一种情况下,又容易和农民革命队伍离心离德。这些虽然还只是萌芽状态的东西,但写得很深刻,这就为后来发生李自成在退出北京之后的特定情况下杀李岩这个悲剧找到了比较合理的解释。

作为历史生活的教科书,《李自成》从农民起义的成功和失败中,总结了丰富深刻的历史经验教训。小说在歌颂农民起义、歌颂李自成及其部队的同时,并没有回避农民革命战争的局限和弱点。譬如,作品写了李自成有帝王思想,即使因此有些人把小说第一卷判决为"毒草",作者也敢于坚持。李自成想当皇帝,这就伏下了他随着地位转化,思想也可能发生变化的根子。小说第二卷写到攻下洛阳之后,马夫头目王长顺和李自成之间有一段谈话。这个老兵听人们议论李自成有可能在洛阳"建国称王"时,忍不住激动地对闯王说:"我呀,我比别人更盼望你早一天建国改元,称王称帝。今天听到这消息,我心中高兴得真想哭一场!"但他内心是有矛盾的,他告诉闯王,"我喜欢你闯王这个称号",怕以后不能再叫"闯王"而难过。闯王明白他的心情,连忙说:"王大哥,即令有朝一日我真的称王称帝,你仍然可以称我闯王。咱们一起义就在一起共患难、同生死,别说你以后还叫我闯王,就是你叫我的名字,我也不会怪你。从前,在一起共患难的老弟兄没有多少啦。"接着,王长顺"眼眶中滚着热泪",说出下面一段肺腑之言:

"闯王,你这几句话说到我的心窝里啦。我跟随你十多年,最知道你待老部下有恩有义。可是我也想啦,一旦你建国设元,称王称帝,我再不会站在你面前称你一声闯王,随便吃哒。到了那个时节,闯王,即令你还没有忘记我这个老马夫,可是我的官职卑小,进不了官门,再也见不到你同夫人啦。就说有幸你会想起我,把我召进宫去,我还得离很远三跪九叩,俯身在地,连抬起眼睛看看你就不敢。咳!有什么办法呢?自古来皇家礼数森严,一道宫墙把亲生父子的骨肉恩情都隔断了,何况我这个老马夫?可是,闯王,话虽是这般说,我听说你要在洛阳建国称王,我高兴得流出了眼泪!闯王,你登极吧,称王吧,称帝吧。这是天命,军师献的谶记说得很清楚,为什么不赶快称王呢?我以后能不能随便见你和夫人,那是小事!"

这是一段感情写得很深沉的对话,其中很有些发人深思的东西。这段对话表明,老马夫王长顺一方面为李自成称王称帝高兴,感到这是起义军流血奋斗多少年才得来的胜利,另一方面也朴素地预感到李自成一旦做了帝王之后,部下同他的关系就会不一样,就会疏远起来,就不能像原先那样亲密无间。王长顺作为一个跟随李自成多年的老部下,当然希望李自成革命成功,但在感情深处,他宁愿同李自成保持那种艰苦岁月里形成的情同手足的关系,宁愿对李自成使用原先这个"闯王"的称号。这里,一个称号的变化,实际上意味着正在发生的阶级分化。尽管谁都相信,李自成主观上一定会待部下有恩有义的,但对于还不能像无产阶级这样自觉地掌握历史命运的农民来说,地位的变化必然会带来思想的某种变化,这是不以人们意志为转移的一种历史悲剧。艰难的环境能锻炼人,玉成人,使第一、二卷中的李自成思想上的积极面发挥到最高度,而随着地位、环境的变化,李自成思想上的某些消极成分也可以逐渐露头。王长顺的复杂心情和隐隐忧虑,正是说明了这一点,暗示了这一点。这也正是李自成后来从胜利转向失败的一个重要因素。作者从小说第二卷起,已经开始伏下了这方面的一些笔墨。

再有,李自成到第二卷中尽管政治上、军事上都已锻炼得相当成熟,但他作为农民军的领袖,战略思想上一个大毛病就是不要根据地,忽视建立牢固的革命根据地的重要性,这就成为他发展得很快、后来失败得也很快的一个重要原因——用小说中李侔的话来说,叫作"万一将来受挫,便要退无所据"。这种毛病的出现不是偶然的,它不仅决定于农民本身眼光窄狭的弱点,也同李自成起义军中流民(饥民、边兵)占相当大的比重这种情况有关系。毛主席在古田会议决议中,就曾经指出过"历史上黄巢、李闯式的流寇主义"的毛病,这是十分深刻的。小说从第二卷起,正是形象地写出了这一点。与此有关,还有个经济政策问题。李自成部队在经济上一向实行"割富济贫",特别在进入河南以后提出了"随闯王,不纳粮"和"三年免征"的口号,根本不要农民和其他中下层人民交粮纳税。他的军饷完全依靠打击豪绅大户、官僚恶霸,强迫他们交粮退赃,或抄没他们的财产。这种政策确实体现了农民革命的锋芒所向。但是,在财政上长久实行这一政策,必然会忽视建立牢固的地方政权,不利于恢复生产,也就不能为军事活动提供强大的经济保证。后来李自成部队进入北京,专设比饷镇抚司,向明朝大臣和富商严刑追赃,用各种刑具拷打了上千人,虽然追出七千多万两银子,实际上对于李自成政权的稳定、对于团结明臣对付清朝的威胁都起了破坏作用。但这不是刘宗敏个人的责任,更不是刘宗敏贪污腐化的证据(因为他并不是拿来装入个人腰包),而且也不是不采纳李岩的合理意见(因为此事李岩兄弟也同样参与了的,只是用刑不严而已)。像这样一些造成李自成后来失败的重要原因,作品从第二卷起已经不同程度地写到了一些,并为后来的继续发展埋伏下了适当的笔墨。

当然,造成李自成失败的原因很多,有些原因(像李自成后来随着地位的变化思想上也起了变化,包括胜利时骄傲,以及进入北京后对民族矛盾的激化缺少警惕,轻敌,等等)只能在第三卷以后随着情节的发展慢慢展开,但总的说来,作者在这些方面认识是深刻的,构思是周到的。读者完全可以不必有这样的担心:前两卷中李自成形象已经这样高大,这样成熟,将来作者怎么写他的失败?会不会不好收场?这种忧虑是多余的。我们相信,作者要通过《李自成》这部农民革命战争的史诗来形象地总结李自成起义的经验教训和写出封建社会中农民战争的基本规律,这个预想虽然很宏伟,但却是能够胜利实现的。

二、以史实为骨架的出色虚构

把历史本身的真实面貌弄清楚,找出经验和规律性的东西,这是创作历史小说的前提和基础。但光有这一方面,还不能构成为历史小说。历史小说不同于历史著作,它毕竟是文艺作品。历史上的事件和人物虽然可以为小说提供一个骨架,但要使作品真正有血有肉,要构成引人入胜的故事情节,生动丰满的艺术形象,就必须在历史真事的基础上进行艺术虚构。没有虚构就没有历史小说,鲁迅批评郑振铎的历史小说《桂公塘》"太为《指南录》所拘束,未能活泼"[1]就是这个道理。历史小说是历史科学和小说艺术的有机结合。只有经过以历史生活为基础的艺术创造和艺术虚构,才能更集中、更典型、更生动、更深刻地再现历史生活。小说《李自成》之所以那样吸引人,正是因为作者在明末农民起义

---

[1] 1934年5月16日致郑振铎信,《鲁迅书信集》(上),人民文学出版社,1976年,第545页。

历史的基础上运用各种史料，调动一切能够调动的直接、间接的生活经验，进行了精心的创造，出色的虚构。很多人物在史书上只看到一个名字，片言只语，事迹很少，但小说《李自成》却创造成了一个个活人，人物不同，音容笑貌也不同。《明史·流贼传》中关于刘宗敏的记载，只有"刘宗敏者，蓝田锻工也，最骁勇"这两句话可作为依据，然而小说作者却据此写出了他在最危急的关头智擒宋文富、跃马过汉水那样传奇式的动人笔墨，这就是以真人性格为基础放手进行了艺术虚构、艺术创造的结果。

小说《李自成》怎样以历史真人真事为骨架进行艺术虚构？方式之一，就是从小说艺术的需要出发，对历史素材作适当的集中、概括、提炼以至夸张，以便更生动、更鲜明地再现历史的本质真实。例如，李自成、张献忠谷城之会，这在《绥寇纪略》、《国榷》、《见闻随笔》等书中均有记载，大致都说自成因兵败势孤而往投献忠，几乎被杀，后来张在谷城再举义旗，似与李自成谷城之行无关。《李自成》第一卷中，作者采用了谷城相会这一情节，但对事件的具体内容作了必要的改造：李自成去谷城，不是"以身相依"，而是出于革命的宏图大略，动员张献忠重新起义，后来为了践约，李自成宁冒被官军吃掉的危险，在极困难的条件下重树"闯"字大旗，以减轻张献忠在谷城起义受到的官军压力。这样写，既能有力地表现出李自成在全军覆没后毫不气馁，积极设法推动革命大局，又可以借此机会塑造张献忠这个人物，表现当时错综复杂的政治形势；既能较好地实现作者"将李自成在崇祯十三年冬天以前的重要性作些夸张"的创作意图[①]，又完全符合李自成的确远远高过张献忠这一历史真实。又如，据史籍记载：杨嗣昌曾于崇祯十三年冬进兵重庆后下令赦罗汝才罪，招降义军众首领，独独不赦张献忠。命令中规定，能擒获张献忠者赐万金，爵通侯。然而，第二天自己行辕的墙壁上，却到处发现"有能斩阁部来者，赏银三钱"的帖子。这件事写到小说第二卷中，也同样有所调整：一是在杨嗣昌的告示里，加上了李自成的名字，与张献忠并列，从而密切了这一情节和小说中心线索的关系；二是移动了事件的时间和地点，改写成崇祯十二年杨嗣昌出京督师，刚到襄阳时发生的事情。这一虚构，有巧夺天工之妙。从艺术效果上看，它大大增强了情节的戏剧性：正当刚上任的杨嗣昌声威煊赫地玩弄三板斧时，张献忠的无头帖子一出，跟他开了个不大不小的玩笑，立即扫了他的威风，使之陷入方寸大乱的境地，从而有力地揭示了杨嗣昌的色厉内荏和农民军的潜在威力。同时，经过时间、地点的挪动，情节的生活根据也显得更充分了。因为，襄阳原是张献忠经营多日的地方，相传城内有他的许多细作和坐探（熊文灿部下许多人受贿），在襄阳给杨嗣昌这样的

[①] 姚雪垠：《〈李自成〉第一卷修订本前言》，《人民文学》1977 年第 4 期。

下马威,显然比一年后在张献忠立足未稳的四川要合理得多。如果说,重庆发生这样的事,还可能使人怀疑这是否属于杨嗣昌的政治对手们故意造出来的谣言,那么移到襄阳,就可以说是完全合情合理,简直天衣无缝的了。此外,第二卷所写黄道周因弹劾杨嗣昌而受廷杖,叶廷秀、刘宗周因为替黄道周说话而当场被削职,这些情节也是小说作者以史实为基础作了时间上的集中和事件原因上的调整的。艺术总是要把分散的生活素材加以集中,使之典型化,才能收到较为强烈的效果,这个原则对于历史小说同样适用。写历史小说必须尊重重大历史事件和人物性格事迹的原貌,必须忠实于历史的本质,但在小说艺术需要的情况下,某些无关大体的时间、地点可以适当挪动,事件的局部内容可以有根据地作某种调整和改造,这在中外文艺史上都是有先例可循的。

值得注意的是,《李自成》的作者在艺术虚构过程中,即使对于那些明显地受到封建文人歪曲、篡改的史料和素材,也不是简单地全部抛弃,而是在总体否定的前提下,有分析地吸取、移用其中包藏的某些合理的成分,化腐朽为神奇。例如,《明史》和一些野史中曾有这样一段大致相似的记述:

> 官军围自成于巴西鱼腹诸山中,自成大困,欲自经,养子双喜劝而止。贼将多出降。刘宗敏者,蓝田锻工也,最骁勇,亦欲降。自成与步入丛祠,顾而叹曰:"人言我当为天子,盍卜之,不吉,断我头以降。"宗敏诺。三卜三吉。宗敏还,杀其两妻,谓自成曰:"吾死从君矣。"军中壮士闻之,亦多杀妻子愿从者。自成乃尽焚辎重,轻骑由郧、均走河南。

这段文字所记的李自成想死、刘宗敏想降的事,与两人一贯坚毅刚强的革命品格均不合,显然不可信。一些具体内容也不近情理,有明显的破绽。如既然"三卜三吉",又何用杀妻杀子?可见编出来的谎话总不那么圆全。《李自成》作者从根本上摒弃了这一丑化李自成和刘宗敏的材料,但也吸收了其中某些可取的成分。如刘宗敏的"锻工"出身和作战"最骁勇"的记载,显然为作者构思、塑造刘宗敏形象时所遵循。又如刘宗敏和壮士们杀妻突围的事,也被作者在第一卷写潼关南原大战农民军分兵突围时采用,并且将所记刘宗敏的事转移到了郝摇旗身上,不但思想性增强了,艺术上也显得更符合人物性格特点,更近于生活情理。

《李自成》艺术虚构的另一方式,是利用一些传说来丰富小说的情节和人物。所谓传说,即是历史上经过众人之口转辗相传的故事,本身就已经有了不同程度的虚构成分,而且往往带有较多的传奇色彩。在历史小说创作中,如果有选择地加以采用并作进一步的加工,对于丰富作品的故事内容,塑造某些有浪漫主义色彩的人物形象,加强小说的艺术表现力,都会有相当的好处。《李自成》一书在这方面做了很好的实践。小说第二卷中所写的红娘子破杞县、救李信、组织起义的事,按史实来说,肯定属于子虚乌有。在《杞县县志》《开封府志》中,根本查不到杞县有李信这个人。《豫变纪略》的作者郑廉是杞县的邻县人,与李信生活在同时代,他也极力否认杞县有李信这个人,并认为红娘子破杞县根本没有这样的事。但小说作者还是写了这段故事,成功地塑造了红娘子和李信这两个有典型意义的小说人物。这样做完全符合历史真实。正如作者所说:"问题的关键不在李信是否杞县人,是否曾经有红娘子救他出狱,而在于大顺军中确有李信这个人,我们究竟应该如何评价这样的历史人物。虽然红娘子是一个莫须有的人物,但是自新莽时代直到清代,妇女参加农民起义的史不绝书,而有些妇女竟是起义的发难人和领袖,这就给我提供了塑造红娘子的历史基础。"[①]又如第一卷中所写的潼关南原大战,虽然在有些史籍中有所记载,据作者姚雪垠的考证,却认为根本没有发生过这次战争。但是在写小说的时候,作者从完成小说的艺术使命着眼,采用了这个传说,写出了一曲感天动地的悲壮的英雄颂歌,有力地表现了李自成虽然全军覆没,依然百折不挠、奋发图强的革命气概。而且,这场战争在小说中被写得十分认真,不但逼真地写出了潼关附近的地理形势,连作战方法也确实是三百多年前的作战方法,既不同于近代,也不同于宋元以前。这就使艺术虚构反过来有助于加强作品的历史真实性。

《李自成》艺术虚构的又一方式,是根据史书上一些极简单的记载,顺着事件和人物性格的逻辑生发开去,展开合理想象,构思出当时历史条件下可能有的动人情节。这恐怕是《李自成》艺术虚构中一种最主要的方式。以郝摇旗为例,各种史书对他早期的活动毫无记载,他的名字出现在李自成牺牲之后,那时大顺军的余部面临着同南明联合抗清的任务,在和南明某些头头打交道的过程中,郝摇旗表现了他粗鲁、莽撞然而爱憎分明、非常豪爽的可爱性格。作者正是顺着这个性格特点,虚构出他早期在李自成手下的革命活动,创造出一个生龙活虎般的给人印象非常深刻的义军将领形象。高夫人的塑造也是这样,关于她,史书上并无多少事迹可资征引,特别是她前期的活动,几乎一片空白,但从李自成牺牲后她以"皇太后"身份成为大顺军的决策人,享有很高威望,归属南明而依然保持相对独立性(南明大臣见高夫人要行跪拜礼)等情况来推断,她无疑是一个经历过长期斗争风雨、有胆有识、才德过人的女中豪杰。作者根据这个基本判断,从第一卷起虚构出一系列情节和细节,给人物以合情合理的表现,成功地塑造了一位颇具光彩的巾帼英雄形象。写历史小说,要做到所谓"无一字无来历,无一字无出处",实际上是不可能的。定要言必有据,不能越雷池一

[①] 姚雪垠:《〈李自成〉第一卷修订本前言》,《人民文学》1977年第4期。

步,那就无异于折断作家文学想象的翅膀,根本取消了小说艺术。有同志责备作者对高夫人的艺术虚构是"写真人假事","淆乱历史",这是对艺术的无知。小说毕竟不是历史,试想:历史上关于李自成被围困于商洛山的记载,只有不多的几句话,如果死守史书上这点记载,作家哪里还能写出第二卷中关于商洛山保卫战的精彩笔墨,我们又哪有机会再读到这波澜起伏、气象万千的十几章《商洛壮歌》呢?从艺术真实的角度看,像高夫人这样的农民起义军中的妇女英雄,被封建史学家埋没了几百年,我们难道不是恰好从小说《李自成》中,才看到了她们历史原貌的接近恢复吗?!

艺术想象和虚构绝不是凭空杜撰。《李自成》第一、二卷的艺术虚构之所以异常真实、生动、成功,就因为作者正确地解决了历史科学和小说艺术的关系,就因为这种虚构不但以历史上真的人物和事件为骨架,而且十分注意符合历史生活的情理。小说中所写的主要事件,大都有历史依据,主要人物(李自成、张献忠、崇祯、杨嗣昌等)也都符合历史的原型。至于虚构的一些情节和人物,虽然不是历史上实有的,却都是当时历史条件下可能产生的。作者以严谨的态度,从熟悉历史、深入研究历史中获得驰骋想象、进行虚构的广阔天地。明清之际的历史生活固然是他着重要熟悉的,但为了获取更丰富的源泉,作者有时目光四射,也注视到更古老的年代或异国的领域。小说第二卷写了石门谷发生杆子叛乱后,李自成不带军队,却成功地平定了叛乱。如果知道一点唐代历史的,都会想到这个情节的虚构,定然吸取和借鉴了新旧《唐书》记载的郭子仪单骑见回纥的故事。的确,从情节发展和事件包含的内在情理来说,两者有十分相似之处,但新旧《唐书》所记郭子仪利用自己的威望争取回纥重新与唐朝和好的故事极为简单,小说作者则在虚构过程中,从李自成此时此地的特定情境出发,使故事得到了合情合理的发展、丰富和升华。这里的主人公完全属于"这一个":他是明末一位特定的农民起义领袖,他的威望是革命者在长期革命斗争过程中建立起来的威望,他处分李友、争取丁国宝、捕杀坐山虎等一系列成功的行动,都是同自己特有的凛然正气、磊落胸怀、过人胆识和卓越才能密切地联系在一起的,因而是其他任何人所无法取代,也绝不会同其他任何人混淆的。这是一段精彩的虚构,出色的创造,读来既激动人心,又令人信服。不但如此,《李自成》的作者有时还调动和运用自身耳闻目睹的各种直接、间接的生活经验,化进作品所写的典型环境和典型人物身上。在《〈李自成〉创作余墨》一文中,姚雪垠曾说:"虽然题材的形成必须依靠阅读明、清之际的大量史料,但是写小说毕竟不同于写历史书,也需要我有其他多方面的历史知识,包括书本知识以及亲身阅历和耳闻目睹的生活知识。"作者在旧时代近四十年的生活经历,同各个阶级、阶层所做的广泛接触,这种丰富的社会阅历和长期的生活积累,都对《李自成》的创作发生影响。据我所知,姚雪垠同志在塑造高一功、袁宗第等形象以及描写孩儿兵战斗生活时,确实就调动和运用了自己少年时代被杆子掳去,在杆子营中生活百天的见闻和经历。当然,这些见闻和经验在小说中运用时,又总是同作品所描写的特定历史条件和特定生活情境很好地结合了的。凡此种种,都是《李自成》艺术虚构所以取得巨大成就的重要原因。

原载于《北京大学学报》1978 年第 3 期

漫谈《李自成》的民族风格

严家炎

文学作品有没有鲜明的民族风格,是检验作家的社会生活根基和民族文化素养是否厚实的一杆可靠的标尺。从宏观的方面说,它说明着一个时代的文学究竟是否成熟;从具体创作说,它决定着作品能否具有深厚的民族文化气质,能否为广大读者所喜闻乐见。但对于这样一个文学上带点根本性的问题,在一个时期里,我们有些同志却理解得相当表面。他们总喜欢把文学的民族特点,归结为所谓"民族形式",好像"社会主义的内容,民族的形式"这个公式真可以包容文学上的一切问题。出发点本身有了偏差,不能不使当年那场规模不算小的"民族形式"讨论产生较大的缺陷,以致有时竟在要不要坚持章回体之类的问题上纠缠不清。《李自成》的作者姚雪垠同志不但有厚实的社会生活根基和民族文化素养,而且对文学的民族特点、民族风格问题作过长期的探索,形成了一系列独到的见解。他反对上述流行的观点,认为把文学的民族特点仅仅归结为"民族形式"是一种肤浅的看法。在长篇小说创作过程中,他把自己这些见解用之于实践,积累了不少重要的经验。《李自成》就包含了作者在这方面的许多成功的尝试,它取得的成就十分引人注目。

为了说明问题,我想不妨先把话题扯开一点,从当前文学界正在进行的一场讨论说起。

不久之前,《作家》杂志第四期上发表了湖南作家韩少功的文章——《文学的"根"》,他提出:"文学有根,文学之根应深植于民族传统文化的土壤里,根不深,则叶难茂。"他认为,像贾平凹、李杭育等青年作家,由于"投出眼光,重新审视脚下的国土,回顾民族的昨天,有了新的文学觉悟"。"贾平凹的'商州'系列小说,带上了浓郁的秦汉文化色彩";"李杭育的'葛川江'系列小说,则颇得吴越文化的气韵";连"远居大草原的乌热尔图,也用他的作品连接了鄂温克族文化源流的过去和未来,以不同凡响的篝火、马嘶和暴风雪,与关内的文学探索遥相呼应。……他们都在寻'根'"。韩少功主张作家从传统文化特别是本民族的原始文化以及尚未纳入规范的民间文化中,去寻找文学的"根"。接着,《小说潮》今年七月号上也登载了郑万隆的文章——《我的"根"》。文章认为,文学作品应该注重"深层的传统的文化结构和心理结构,力求揭示整个民族在历史生活积淀的深层结构上的心理素质。只要作家"不断开掘自己脚下的'文化岩层'",就能从根本上杜绝"将社会生活纯净化,将历史运动纯净化的倾向"。《文艺报》自今年七月改版以后,接连发表了阿城的《文化制约着人类》、郑义的《跨越文化断裂带》、李陀的《妙在似与不似之间》等文章,也都主张文学要有民族文化的纵深感。阿城认为,"中国文学尚没有建立在一个广泛深厚的文化开掘之中",因而"与世界文化对不起话"。他们提出要"跨越文化断裂带",认为我们从"五四"开始就和民族的传统文化"断裂"了,因而主张不但要研究民族文化,而且要肯定民族文化,不能用西方的方法来研究中国文化。这些意见和主张,有人赞成、有人不赞成,有人局部地赞成、局部地反对。现在《文艺报》正在组织讨论。这就是所谓"寻根"问题的争论。

大家可能记忆犹新的是:仅仅在三年前,文艺界有些同志曾经提倡过现代派。他们认为,中国文学要适应"四化"要求,本身就应该现代化,而文学要现代化,只有搞现代派,其他像现实主义之类都是"过时"的货色。从三年前提倡现代派文学,到现在发动文学上的"寻根"运动,风向的这个变化是多么大、多么快啊!我在这里无意于责备当时提倡现代派的那些同志,也无意于完全赞同现在的寻"根"运动。我认为,三四年前那些同志主张中国文学要现代化,这个出发点还是有正确的方面的:文学当然应该现代化,无论思想内容和表现手法,都应该有现代特点;对西方现代派文学,我们当然不能搞闭关锁国政策,它也确有可以借鉴、吸取的东西,不应该简单地拒绝了解和拒绝研究。反之,现在一些中青年作家发动的这个"寻根"运动,也有我们并不赞成的地方。举例说,能够回过头去完全用肯定的态度接受我们民族过去几千年的文化吗?能够指责"五四"新文化运动和文学革命造成了文化上的"断裂带",因而将它和"文化大革命"相提并论吗?恐怕都不应该。"五四"文学革命时期,虽然有些人对旧文化的批判有简单化、过了头的毛病,但不能说它造成了文化上的"断裂带"。当时的先驱者在批判旧文化的同时,立即开始用新的观点和方法整理传统的文学遗产,鲁迅写了《中国小说史略》,胡适搞了旧小说考证,给白话小说很高评价,周作人还提倡乡土文学和文学的地方色彩(实际也包括民族色彩)。在创作上,鲁迅的小说用现代的笔法写了具有深厚民族特点和地方色彩的生活。何来文化上的"断裂带"呢?所以,我主张无论对三年前的思潮,还是对当下的思潮,都要采取具体分析的态度。这两股思潮,一个要的是文学的现代化,一个要的是文学的民族化,两者各有一定的道理和根据,我们对它们都不要全盘否定或者全盘肯定。但是,从基本方向上,我认为应该对当前这个"寻根"运动给以重视,给予应有的估价。因为它确实标志着文学界的一种新的觉醒,标志着年轻的一代作家对文学内在的民族风格、民族特色、民族素质的深一层的追求。老实说,这种觉醒一方面是作家们在自己的生活实践和创作实践中体会到的,另一方面恐怕也是客观形势"逼"出来的:大量事实表明,群众毕竟欢迎那些深具民族特点、民族风格的作品,而《百年孤独》这类渗透着拉丁美洲传统文化特点作品获得诺贝尔奖奖金,也给了我国文学界以新启示和触动。总之,文学上的寻"根"运动,目的是为了增进作品的民族风格、民族特色。这是一件大好事。

放到这个背景之下来看《李自成》在民族风格、民族化方面的成就和经验,就会感到它确实非常可贵,值得我们重视。

为什么这样说呢?

首先,《李自成》的民族化是以现代化为前提的,是与现代化紧密结合着的。姚雪垠接受的是"五四"新文学的传统,他很早就坚决反封建,后来又接受了科学社会主义思想。他写《李自成》,指导思想是历史唯物主义,这是最现代的思想,是人类思想史上的最新成果。《李自成》在结构上采取的是以李自成起义军为中心的多线索齐头并进、蛛网式纵横交错的复杂结构,而不是单线发展的简单结构,这种结构方法主要吸取了近代欧洲长篇小说特别是托尔斯泰《战争与和平》这类小说的长处而加以创造,完全称得上是先进的、现代化的。小说以现实主义为主体的创作方法,也是地道属于现代的。还有,《李自成》这部长篇小说所运用的悲剧观念,是真正现代的悲剧观念。在这部书里,李自成这样的农民英雄的最后失败固然是大悲剧,崇祯这个辛辛苦苦的封建皇帝的终于亡国也有悲剧意味;卢象升这样的抗清将领被迫血洒沙场是悲剧,杨嗣昌这样的"剿贼"大臣被逼服毒自尽同样含有悲剧成分;李岩的被杀是悲剧,宋献策的下场也未尝不是悲剧;真实的历史人物演着悲剧,虚构的人物像慧梅也演着非常动人的悲剧;"大人物"演着悲剧,普通百姓像张存仁全家更演着悲剧。一部《李自成》就充满着大大小小的许多悲剧,这样一种将许多人物甚至是对立的双方都按悲剧(当然是不同性质的悲剧,其中仍有鲜明的是非界限)来处理的方法,在哪一种现成的文艺辞典、文艺学教科书里可以找到?它确实会使我们有些评论家感到瞠目结舌,茫然不知所措。但其实,从历史唯物主义和共产主义的高度来看,这是完全可以理解的。所以,我们可以说,无论从历史的角度,还是从审美的角度,小说《李自成》都是文学现代化进程的重要组成部分。它的民族化是和现代化相联系、相渗透的,不带有任何守旧的意味,而是充满前进、创新的精神的。

其次,《李自成》所体现的民族化,不是外在的、表面的,而是深入到民族生活和民族文化的骨髓里去的,是渗透在字里行间而且渗透得相当深的。《李自成》没有采取章回体,但由于相当有力地写出了民族的历史生活,深刻地体现出民族的审美心理、民族的文化心理,因而具有深沉的鲜明的民族风格。所谓文学的民族风格,按照我的理解,无非是作者圆熟地运用富有民族特色的文学语言和群众喜闻乐见的艺术手法,描绘出丰富多彩的民族生活画面,深刻地体现出民族的文化心理和民族的审美心理。这里的几种因素并不在同一层面上:文学语言和艺术手法的运用比较容易看出来,民族的文化心理和审美心理就不大容易看出来,蕴含得比较深,有时甚至连作者自己也是不自觉地流露,并不那么清楚地意识到。作品有没有鲜明深厚的民族风格,就决定于作者对民族的社会历史生活熟悉不熟悉,对民族的文化心理和审美心理热爱不热爱,以及对这些体察、理解得深不深(当然,对民族的文学语言能否圆熟地掌握,也具有非常重要的意义)。我们读《李自成》这部写三百年前旧事的小说,却感到那么亲切,就因为作品的内容既洋溢着民族历史生活的浓郁气息,而作品的表现方式、审美境界和语言艺术又使我们感到那么习惯,那么熟悉,那么和谐,那么符合民族文化心理和审美心理。

像我们大家读《李自成》时都感觉到的那样,这部小说以宏大的规模成功地写出了绚丽的富有民族色彩的历史生活画面。作品展现的是我国历史上一个阶级矛盾与民族矛盾错综交织的动荡纷乱的年代,而且展现得异常真实宽广。人物从义军领袖、将领、谋士、家属、出兵、皇帝、后妃、藩王、勋戚、文臣、武将到太监、宫女、幕僚、衙役、乡绅、商贾、艺人、游民、乞丐、巫婆、书生、农民、小贩、手工业者、江湖术士……几乎三教九流,无所不包。他们都是中国的土特产,打着民族历史的很深的印记。试看开封城里的元宵节:周王府中,张灯结彩,金碧辉煌,燃放烟火,大摆酒宴,一派豪华富贵景象,而在相国寺内或街头灯下,灾民啼饥号寒,待卖的小女儿头上插着草标;再看京城周皇后的生日:为了替皇后和皇帝"祈福",隆福寺的小和尚被骗自焚,而他那做宫女的姐姐,又因以血写经血尽而死,她多年来用自己的生命积蓄的二十两银子,在宫中才抵得上一碗黄瓜汤,这就是中国明代的皇宫生活!至于第三卷中开封被围时期秀才张存仁一家的命运,他妻子那种善良、贤惠的性格和后来那番惨不忍睹的遭遇,更是我们民族文化心理的深刻写照(很少看到小说写民族文化心理竟有达到这等深度的)。生活内容上这种深厚的民族特点,使《李自成》全书散发出内在的民族文化、民族气质的芳香。

特别是大量风俗画的描绘,更增强了作品浓烈的民族色彩和民族气息。像第二卷第十六章所写的开封相国寺的风光,逼真到了使读者仿佛身临其境,连我这个过去从未到过开封的人,读了之后也对相国寺产生一种特殊的感情。从宋献策进入山门,读者就随着书中人物的眼睛,看到了三百年前市民生活的一幅幅多姿多彩的场景。别的不论,单说刘体纯和小伙计打拳时讲的那些江湖套语,就洋溢着一种家乡老陈酒似的浓郁的香味,给人强烈的亲切感,完全是地道的中国气派。

再有像第二卷第五十三章写红娘子的婚礼,河南地方风俗的描绘与女主人公特定心境的刻画相互交融,达到既浑厚又深沉的境地,我们仿佛不是在读历史小说,而是亲身感受到一种浓烈而又温馨的喜庆氛围,令人心醉。听说茅盾同志生前非常喜欢红娘子结婚的这些笔墨,这是理所当然、完全可以想见的。

《李自成》在运用传统艺术手法方面,也取得了出色的成就并且显示出创新的精神。巴尔扎克等欧洲作家的长篇小说中,常有长达七八页乃至十几页的景物环境描写和人物心理刻画,这些描述往往是静态的、平面的,阅读时需要很有耐心。《李自成》则不然,书中没有对人物及其周围环境所做的静态的冗长的描述。这里写到的一切,或通过特定人物的视角来展现,或通过人物自身的行动来显示,它们都与性格的刻画、情节的展开紧密地结合在一起。相国寺嘈杂热闹的景象,三教九流的活跃,是借宋献策寻找神秘的陕西来客展现出来的;红娘子与李岩那场极有河南风味的婚礼,也是通过女主人公的眼睛与感受加以显示的;受到人们称赞的刘宗敏的出场,用的是"未见其人,先闻其声"的写法;写汤夫人,也如茅盾所说:"未出其人,先出她的一封信,这封信已概括汤夫人的精神世界。"[①]总之,作者努力让人物用自身的行动和语言来显示性格,因而广泛运用了传统的白描手法。通常小说里那个以全知全能的面目出现的作者,在《李自成》中已经隐去。这种叙事角度,既继承了中国传统小说艺术的许多长处,又吸收了欧美现代小说艺术的某些优点,使二者融合而有新的发展。这就是读者既感到亲切又觉得新鲜的原因所在。

最能说明《李自成》对传统手法出色运用的,也许是小说借诗、词、文章来刻画人物性格这一点。我国古典小说常常以诗、词、文章作为塑造人物形象的重要艺术手段。但有些古典小说滥用了这种手段,有时诗词和人物内在的性格并不能很好结合,所谓"有诗为证",往往成了一种套话。《李自成》真正创造性地运用了这种很有民族特色、能发挥民族语言特长的传统方法。小说写到那些有相当文化教养的人物时,恰到好处地采用了诗、词、文、对联、灯谜等我们民族所固有的文学形式。无论是汤夫人的书信,李信的策论,崇祯的诏书、祭文……虽然多系作者代为拟作,却都显得非常贴切。牛金星、宋献策、李信三人齐集闯营后,作者通过人物在不同场合的题诗或集句,准确地写出了他们不同的志趣抱负。牛金星三首游龙门题壁诗写得雍容华贵,显出春风得意,功名心切,其中"沉沦周鼎今何在?自古洛阳是帝乡"等句,更俨然有参与决策者的气概,所以宋献策恭维它"颇有宰相气派"。宋献策自己则在李自成书房门上写了一幅春

[①] 茅盾:《关于长篇历史小说〈李自成〉》,《文学评论》1978年第2期。

联:"风尘三尺剑,社稷一戎衣。"借用杜甫《重经昭陵》中的两句,将闯王比作唐太宗那样的"开国英主",言外之意自己想做开国功臣。而李信,在闯王未接受他"据宛、洛以控中原,据中原以取天下"的建议后,萌生退隐之志,在自己书房中写下"永忆江湖归白发,欲回天地入扁舟"(李商隐)的对联。这些诗句都写出了他们各自不便直言的心声,其作用是一般的人物语言所起不到的。还有一些诗、词、文,则使人物形象收到了很好的烘托乃至讽喻的效果。如崇祯在心劳日拙的困境中去玉熙宫求签,作者为他拟作了签诗一首:

> 春回大地草芊芊,
> 又见笙歌入画船。
> 关塞天寒劳戍卒,
> 江山日暖尚烽烟。
> 玉楼辜负十年梦,
> 宝镜空分孤影轩。
> 莫怨深宫音问少,
> 一声清唳雁飞还。

这首诗拟写得非常妙:不仅完全符合签诗通常具有的那种朦胧含混、若即若离、亦此亦彼的体制特点,而且切合冬尽春来的时令,也能和崇祯求签时极度惶惑不安却又不甘绝望的心情相呼应。头两句似乎一派生机,却又归于空洞;中间四句与国事相关,颇不吉利;结尾"一声清唳雁飞还",似还留下一点希望。无怪乎崇祯阅后心情沉重,须经聪明的田妃强作解释后才稍稍安定。在描述中插入这首签诗,不但显出笔墨的摇曳多姿,而且极好地烘托了崇祯、周后、田妃这些人物的不同处境与不同性格。此外,像田妃镜上的七绝,卢象升杯上的刻诗,虽然在野史笔记中有所记载,但经过小说作者的修改,显然与人物的特定经历和品格更吻合了,真正成为艺术作品中的有机组成部分。所有这些,大大丰富了人物刻画的艺术手段,显示出作者深厚的艺术功力和很高的民族文化素养。

上面说的这些,是我们大家读作品时容易感受到的,也是包括我自己在内的文章里多少谈到过的。但我认为《李自成》的民族风格还有一些方面是蕴含较深,至今未被人们觉察的。它们涉及深一层的民族审美意识和艺术思想等问题。譬如说,大家都称赞《李自成》的一个突出成就,是写出了人物本身所具有的很大的复杂性。作者把他们放在明末农民战争和民族战争错综多变的历史环境中,展示他们不以自己意志为转移的性格和命运。像崇祯这样的末代皇帝,通常被当作一个该骂倒的人物,《李自成》的作者却一点没有把他简单化。

小说里写他起早睡晚，日夜操劳，励精图治，苦熬苦撑，起用了一些很能干的人物，真心要做"中兴之主"。然而他越想振作，封建社会晚期"绝对君权"的严重弊端显露得越发清楚：就像一头落入陷阱的野兽，越挣扎就被捆绑得越紧。他派洪承畴统率大军与清兵作战，却又总不放心，自以为天纵英明，决策于千里之外，轻率地否定洪承畴稳扎稳打、步步为营的持重战略，结果导致了"辽海崩溃"，断送了十几万大军。小说深刻揭露这个封建帝王复杂性格的各个侧面，揭示他种种性格特点形成的社会历史根源，写得异常令人信服。小说的主人公李自成，当然是个英雄人物，但作者并没有简单地采取歌颂的态度，而是写了他作为农民领袖的许多弱点，写他犯了许多错误。他在第一卷里一出场就犯了个大错误，面对极其复杂的军事情况做出了不正确的判断，几乎导致全军覆没。第二卷里，他攻下洛阳以后又放弃，不听李岩等劝告，坚持他的流寇主义，埋下后来失败的种子。第三卷里，他根据谋士建议，为了笼络袁时中，以义父身份许下了亲事，一手制造了慧梅的婚姻悲剧，赔了女儿又折兵，这是他随着革命的发展、地位的转化而爱听恭维话、骄傲起来的必然结果。正因为作者深刻地写出了李自成身上的弱点，这部小说才能在某种意义上成为总结农民战争历史经验的艺术教科书。再有，像洪承畴被俘后从决心殉国、坚决绝食到后来逐渐吃东西、终于投降，写得多么符合生活逻辑。这类复杂性的写出，除了得力于现实主义文艺思想之外，我仿佛看到了中国史传文学给予的好影响。我国有悠久的史传文学的历史，而且有一套写好史传文学的理论主张，由此就养成了记叙人物、刻画人物时不那么简单化的传统。最早讲的"春秋笔法"，就是主张把倾向性寄寓在客观事实的描述中，即所谓"寓褒贬，别善恶"。还讲究"秉笔直书"，不为尊者讳，不为贤者讳，不为亲者讳。后来更有"爱而知其恶，憎而知其善"的说法。《史记》所写的人物，都不那么简单化，作者并不以成败论英雄，即使对汉高祖刘邦，也敢于写出他有草莽气甚至有点流氓气的那一面，对于刘邦的那个已经失败了的对手项羽，作者也能够既写出他的许多毛病，又写出他确实是个英雄，有令人深深同情的一面，他的失败是英雄的失败，乌江自刎那个场面充满了悲剧气氛。这些都是我们民族的史传文学的很大长处，是一种极宝贵的传统。姚雪垠的历史小说《李自成》，正是继承发扬了这个优良传统的。

还有，《李自成》艺术描写上的丰富多变，我认为也是和作者对传统美学思想的吸取有关系的。正像朱光潜先生所说，这部小说注意一张一弛，富有"节奏感"。一会儿金戈铁马，愁云惨雾，紧张得透不过气来；一会儿小桥流水，风和日丽，令读者心旷神怡。单元与单元之间的转换且不说，即使在同一个单元之内也常常有张有弛，富于变化。《商洛壮歌》在一系列紧张万分的战斗场面中，插写了马三婆下神、张鼐探望慧梅的伤势等"闲笔"；《河洛风去》在攻打洛阳的战斗准备就绪之后,又用相当轻松的笔调,写了闯王和李岩、宋献策等同游龙门;即使像《紫禁城内外》这样的单元,也是既有宫廷日常生活的描写,也有李国瑞入狱、薛国观赐死这类紧张的情节。这种艺术追求从何而来?它其实也是我们民族审美心理、审美趣味的一种表现,是作品民族风格的一个组成因素。中国的文学、艺术历来都是讲究笔墨变化的。从楚辞起,就呈现出丰富瑰丽的色彩。姚雪垠很早喜欢《离骚》,抗战期间还专门发表论屈原的文学遗产的学术论文,他特别欣赏《离骚》繁复多变,这从青少年时代起,就潜移默化地影响他的美学思想。创作《李自成》时,就有意识地做这方面的追求。由此,使我联想起韩少功同志在他文章一开头就提出的那个问题:"绚丽的楚文化流到哪里去了?"他以为楚文化只是在湘西少数民族那里才保存着,这其实是一种误解。楚文化应该说融汇在整个中华民族的文化、文学里了。楚辞那原始神话的色彩,那瑰丽、神奇、丰富、多变的风格,难道没有融汇在一些作品中流传下来吗?难道在《山海经》中,在陶渊明的一部分诗文中,没有楚辞的影子吗?难道在李白、李贺、苏轼的诗中,在汤显祖《牡丹亭》一类作品中,没有楚辞的影子吗?难道在郭沫若、闻一多的某些诗歌中,没有楚辞的影子吗?难道在长篇小说《李自成》中,没有楚辞风格的影响吗?所以,文学的"根",应该指整个民族文化的传统,这种传统是一直渗透到人们的审美观点、审美情趣中的。寻"根",不能光寻找原始文化,而应该让整个民族文化的优良传统来充实我们,丰富我们。再有,认为《李自成》丰富多变的美学特征,不仅得力于楚辞,还得力于中国传统的小说美学。我们的古典小说、戏曲是强调曲折多变的。金圣叹就说:"文章之妙,无过曲折(《第六才子书》三之三)。"他称赞《水浒传》写了"山摇地撼"之后,接下去写"文秀之极"的花荣之后,忽然出现"柳丝花朵";认为写了武松杀张都监一家"血溅鸳鸯楼"那样紧张的情节之后,才显出笔墨的变化;认为"三打祝家庄一篇累赘文字后",再写吴用设计取李应上山很恰当,因为这是轻快的"捷如风、明如月之笔"(第四十九回批语)。张竹坡评《金瓶梅》,也认为这部小说的好处是善于应用"闲笔",他在《金瓶梅读法》中说:"《金瓶》每于极忙时,偏夹叙他事入内,如:正未娶金莲,先插叙娶孟玉楼;娶孟玉楼时,即夹叙嫁大姐;生子时,即夹叙吴典恩借债;官哥临危时,乃有谢希大借银;……皆于百忙中故作消闲之笔。"毛宗岗批《三国演义》,也谈到这类见解,他认为先写关公过五关斩六将就单调得没有味道,写关公护送二嫂途中"忽然遇一少年,忽然遇一老人,忽然遇一强盗,忽然遇一和尚",这才是"点缀生波,殊不寂寞"(第二十五回回首总评),他还在《读三国志法》十二条里指出:《三国演义》有时"有横云断岭、横桥锁溪之妙",有时"有笙箫夹鼓、琴瑟间钟之妙",像第七回叙述袁绍和公孙瓒、孙坚和刘表之间混战后,接下去第八回却转而叙述貂蝉的故事,毛宗岗批道:"前卷方叙龙争虎斗,此卷忽写燕语莺声、温柔旖旎。真如饶吹之后,忽听玉箫;疾雷之余,忽观好月。"(第八回回首总评)这种壮美和优美互相连接、互相转换的美学思想,体现了中国古典文学的一个重要特点。在西方美学中,崇高和优美相对立,有相互排斥的趋势。而中国的审美心理,则讲究阳刚之美和阴柔之美的衔接和渗透,讲究"兼备阴阳二气",讲究"壮语要有韵,秀语要有骨",讲究"豪放"和"妩媚"的互相调剂。《李自成》的作者正是吸收、运用了中国这个传统的美学思想的。

《李自成》一书还善于化用古典诗词的意境,以融成小说的艺术画面,这同样是作者很好把握民族传统审美心理的明证。早在《李自成》之前的一些作品里,姚雪垠就运用了不少这样的笔墨,如《重逢》中有一段描写,就体现了"鸡声茅店月,人迹板桥霜"式的意境;《长夜》开头那两段描摹荒芜景色的文字,也是从古诗"兔从狗窦入,雉从梁上飞,中庭生旅谷,井上生旅葵"化出来的。《李自成》中,这类例子可举的更多,如第一卷第二十一章写:"闯字大旗竖在黄河岸边,在西风中卷着夕阳。高夫人望望大旗,仿佛能够听见大旗在呼啦啦地响。对着雄伟的自然风光,玉花骢昂首扬尾,萧萧长嘶。"这幅画面分明有杜甫"落日大旗,马鸣风萧萧"(《后出塞》)的意境;第三十二章写"河岸上,一长排绿柳映水,柔丝摇曳。两只黄鹂在柳枝间穿来穿去,发出宛转柔和的叫声",则又化用了杜甫的诗句"两个黄鹂鸣翠柳";至于慧梅吹笛时那段很美的写景文字,显示的也是古人形容美妙音乐常用的"行云为之驻足"的境界。正是小说艺术描写与中国古代诗画之间的这种紧密的联系,使读者体验到了《李自成》民族风格的内在与深沉。

《李自成》归根结底是民族化与现代化相结合的产物。在二十世纪这个"世界文学"逐步形成、文学的民族特色比过去尤其显得重要的时代,《李自成》在文学的民族化方面的这些经验,更具有根本的意义。如果把《李自成》比作文学园林里的乔木,那么它之所以生长得这样高大,不仅因为吸收了异域之风吹来的雨露,更由于它探深扎根在民族生活、民族文化的土壤中。愿文学田园里乔木成林!

原载于《河南大学学报》1986年第6期

气壮山河的历史大悲剧
——《李自成》一、二、三卷艺术管窥之一

严家炎　胡德培

艺术赢得崇高的荣誉,总是与其独特的创造密切联系在一起的。姚雪垠的长篇历史小说《李自成》受到国内外广大读者的喜爱和欢迎,其第二卷获得首届茅盾文学奖,这是作品具有显著独创性,取得多方面成就的结果。其中悲剧艺术的成功运用与出色创造,则又是《李自成》艺术独创性的鲜明标志,体现了这部作品艺术特色的一个重要方面。研究《李自成》的悲剧艺术,既有助于我们准确地把握作品独到的艺术成就,又能使我们正确地认识李自成起义所包含的实际历史内容,从而科学地探讨和澄清读者与评论者中间提出的若干有争议的问题。

一、悲剧主题独树一帜

《李自成》是一部内容十分复杂的反映明末农民战争和民族战争的悲剧性史诗。

这部小说的主题思想是什么? 一些同志总以为是歌颂明末农民大起义,歌颂起义的领导人李自成。他们认为作者为实现这种意图,把主人公理想化了,写得过于高大成熟了。其实这是一种与作品实际不符的极大的误解。《李自成》作为一部反映明末社会大变动的史诗,包含的主题思想异常复杂丰富,远不是简单地用"歌颂李自成起义"所能概括的。作者为小说规定的主旨艰巨得多,深广得多。小说是要以李自成领导的农民军推翻明朝统治并继而抗清为主线,再现波澜壮阔的历史生活原貌,揭示明末历史事变的进程及其内在底蕴,通过李自成领导的这场我国古代规模最大的农民起义,表现农民战争与民族战争的复杂关系,总结农民战争的历史规律和经验教训。这就是说,整部小说不是把李自成单纯作为英雄人物来歌颂的,作者笔下的李自成是个悲剧人物,是个大悲剧中的英雄。这种悲剧性的英雄,悲剧性的主题,比一般地描绘历史事件的发展,歌颂农民起义的英雄,其主题要深沉得多,意义要宽广得多,它的思想价值与社会影响自然也会长久得多。这正是《李自成》立意上不同凡响的地方。

适应于作品的这一主题,小说以李自成及其起义部队由困厄转到兴盛、复由胜利走向失败这一悲剧过程作为全书情节的主干。作者透过历史表象,通过农民军中众多人物形象的成功塑造,深刻地艺术地揭示了李自成及其起义部队何以有此悲剧性发展的内在原因,给予主人公李自成形象以充分的"用武之地"。前三卷着重展示了李自成从困境中奋斗,达到鼎盛,却又在鼎盛期内开始潜伏某种危机,埋下后来失败的种子,从而为整个大悲剧的推演与完成奠立了无可置疑的坚实基础。

作为悲剧主人公,李自成败而不馁、永不屈服的奋斗精神,与部下同甘共苦的可贵作风,善于总结经验、深思熟虑的睿智头脑,素怀大志、不计私愤的政治家胸襟,以及知人善任、治军极严的统帅才能,等等,这些都是必须表现的。不表现这些,李自成就不成其为令人同情和无限惋惜的悲剧主人公,整部小说震撼人心的悲剧力量就会大为减色;不表现这些,小说就违背了历史事实,失去了基本的历史真实性。有点历史知识的人都会知道:李自成是中国历史上一个少有的杰出人才。明末清初的官书和野史几乎一致记载,李自成具备一般人难以具备的了不起的品性。专记崇祯年间农民起义史料的《怀陵流寇始终录》,曾这样介绍李自成的为人:

> 闯……性淡泊,不好酒色,鄙曹、献(按,"曹"指外号"曹操"的罗汝才,"献"指张献忠——引者)多欲,谓非丈夫。粗粝与众共之。妻妾各一,皆老丑。不蓄奴仆。(原书批注:此三十三字士大夫不及。)暇则令儒生讲经史。
> ——卷十六

可见他是一个胸怀大志、政治上富有朝气的人物。在明末农民大起义的一些领导人中,李自成是最成熟、最受人民拥戴的一位;在众多起义队伍中,李自成所领导的队伍发展规模最宏大,群众影响最深远。即使在极端困难、险恶的情势下,他们也坚持斗争,绝不投降,并且善于利用有利形势迅速发展力量,终于取得了推翻明王朝的历史性胜利。值得注意的是,李自成起义中还曾出现过某些封建社会前期农民起义不大可能出现的新因素。《明季北略》卷二十说:"内官降贼者自宫中出,皆云李贼虽为首,然总有二十余人,俱抗衡不相下,凡事皆众共谋之。"《怀陵流寇始终录》卷十六也说:李自成"每有大事,集众各呈其意,不言可否,默取其长者行之。"这些记载表明,李自成具有某种民主作风。崇祯十三年冬进入河南以后,李自成起义军还提出过"均田免赋"这类带有民主主义色彩的口号。所有这些,似乎多少与明中叶以后出现资本主义萌芽这种特定的历史背景有关。小说《李自成》从历史生活的实际出发,通过艺术上的精心设计和创造,在前三卷中表现主人公的一些可贵精神,卓异品性,统帅之才,领袖之德,这是极其自然的,基本符合于明末农民大起义的历史真实,也完全切合创作多卷本大悲剧的艺术需要。作者摒弃一切轻便的创作路子,绝不把李自成写成"超人",也没有把他领导的起义军写得"完美无缺"。恰恰相反,第一卷写了李自成在潼关南原大战指挥上犯了大错误,几乎全军覆没,第二卷写了李自成在商洛山保卫战中经受时疫、敌人进攻、杆子叛乱等严峻考验,从而既感人地表现了主人公在革命遭受失败时临危不惧、百折不挠、英勇顽强的可贵品质,也合理地表现了他在风浪里经受磨炼,于挫折中总结教训,逐渐走向成熟的发展历程。作者钩沉剔谬,突破某些有关李自成起义的不合理旧说,令人信服地写出农民军获得大发展的内在因素,写出李自成受艰难环境所玉成而将思想中的积极方面发挥到了最高度。尽管李自成形象的艺术塑造尚有一些可以斟酌之处,但从创作思想、创作方法上说,这样的形象,实在是与那种所谓"高、大、全"之类的写法并无缘分的①。

更为可贵的是,就在浓墨重彩地描绘李自成起义事业达到鼎盛的时候,小说也清晰有力地写了农民革命在大发展中隐伏着的危机,写了李自成身上正在滋长着的一些不好的东西,为大悲剧的推演作了比较充分的准备。

在作者看来,李自成部队之所以进入北京后又迅速失败,根本原因仍在他们自身。小说在第二、三卷中,随着情节的发展,就用越来越多的笔墨颇有深度地预示了李自成后来的悲剧结局。李自成战略思想上一个重大的失误,就是不要根据地,不能采纳李信兄弟提出的"据宛、洛以扫荡中原,据中原以夺取天下"的正确主张,而是采取"打富豪、吃大户,打到哪里、吃到哪里"的流寇主义方针,甚至攻下洛阳这座中原重镇后又轻易放弃。第二卷写到放弃洛阳时,作者不禁用了带感情的笔调来点染事件本身的悲剧意味:

洛阳,依然城墙高厚,箭楼巍峨,十分坚固,但是今天夜间就要被闯王

---

① 有的同志批评《李自成》中"义送摇旗这一段,就有相当的理想化之嫌","拔高了李自成",认为"连我们党的一些干部要做到这种程度也还是不太容易的"(见1983年《文艺报》第1期)。这个论点实在站不住脚。殊不知,"义送摇旗"这类显示江湖义气和领导人度量的事例,民国年间的军阀部队中就发生过,至于历史上可举的,那就更多。作为历史人物的李自成,胸襟本来就比较宽广。史载:李自成少年时放羊,曾因丢失羊只而"被鞭见血","既得志,遇之如旧"。第一次开封战役时,明将陈永福曾射伤李自成目,后来李自成也不记旧恨"折箭为誓,招之乃降"。进北京时,李自成不杀崇祯的太子,认为太子"无罪",还封他为王。只要不像张献忠、罗汝才那样威胁到自己的地位乃至生存,李自成待人还是较宽厚的。小说《李自成》所写的"义送摇旗"这个情节,完全符合生活真实,而且应该说是写得相当精彩。李自成形象的塑造确有某些分寸上掌握不够恰当之处,但并非"义送摇旗"这类情节,也不存在有人指责的所谓"高、大、全的味道"。

放弃了。百姓都不明白李闯王如今兵马众多,为什么平白无故地扔掉洛阳,有的在暗中议论,有的准备明天赶快逃出洛阳,免得官军进城来会遭到奸淫和屠戮。把守四门的士兵已经换成了留给邵时昌的新兵。街道上有新兵巡逻,秩序如常。从表面看来,洛阳市面平静,没有任何惊扰,但是实际上大多数居民们并没有睡,正在度着一个忧心忡忡的长夜。

——第二卷第 1377—1378 页

在洛阳百姓们"忧心忡忡"的背后,我们难道没有感觉到隐藏着作者对李自成事业的惋惜和悲哀吗?

小说写到第三卷,在第三次开封战役前后,随着军情的发展,又通过马夫头目王长顺与高夫人的谈话、王长顺酒后发的牢骚、李岩与宋献策对形势的分析,从多种角度提出了设置州府官吏、建立稳固的立足之地,以保证必需的后勤供应的迫切性,进一步显示了李自成错误决策的悲剧后果。请听听,为供应老营马料所苦的王长顺,是怎样在慧英、慧梅跟前发着牢骚的:

"唉,打个大仗还罢啦。打小仗,攻一座城池,也是几十万人马一起跟着!打到哪里吃到哪里,像一群蝗虫一样。蝗虫啊蝗虫,一群蝗虫!"

"……你看咱们现在三个营合在一起,有几十万人马,今天到这里,明天到那里,也没有一个固定的地方。每到一地,都要粮食,要草料,把地方吃光喝光。"

——第三卷第 930 页

这个思虑非常切实的老马夫提出的问题是多么尖锐!然而作品没有把这种情况仅仅归因于李自成个人,它所显示的意义要远为深刻得多。流寇主义是与李自成部队中流民(边兵、饥民)占很大成分有关的,他们中有许多陕西人,不愿以河南为根据地。此外,还有更为复杂的情况,即一旦设置州府官吏,李自成担心与他貌合神离的罗汝才会占据相当大一部分,那样未必对自己有利。总之,农民阶级的狭隘性,限制了李自成做出正确的决策。其结果,正像李侔所说的:"万一将来受挫,便要退无所据。"这就不可避免地最终要带来悲剧。

另一个悲剧性因素,是李自成随着革命事业的发展和个人威望的提高,逐渐发生着某种不易觉察的变化:思想中消极成分有所抬头,开始习惯于听奉承话,头脑变得不那么清醒,有时对某些重大隐患麻痹大意,丧失警觉。史载李自成进北京之后,明朝大臣梁兆阳、杨观光之流肉麻地称颂他为"圣主",说他"比尧舜而多武功,迈汤武而无惭德",李自成听得飘飘然,将一个封为兵政府侍郎,另一个封为礼政府侍郎(《平寇志》卷九)。这种情况当然不是入京后才有的,而是在此之前就慢慢出现了。小说写道:"……自从牛、宋等人来到身边,宋献策献了那个谶记,他又正式称为'奉天倡义文武大元帅'后,随着军事形势的发展和义军队伍的壮大,那些'天命所归'、'救世之主'一类的颂扬话渐渐地听得多了,认为理所当然。"(第三卷第 807—808 页)投而复叛的袁时中,正是钻了李自成这个空子。应该说,这个作伪到了家、显得非常"真诚"的人物,实在是小说中的一个出色创造。他第一次见面,就以非常得体的吹捧博得李自成的好感,使李自成"颇为满意"(第三卷第 808 页)。就在他决定率众叛逃前,还把李自成大大歌颂了一番。正因为李自成本身的这种弱点,才会幻想将对方收为心腹,而拆散了慧梅与张鼐的爱情关系,强制慧梅嫁给袁时中,以致造成慧梅的终身遗憾,最后被逼得自尽,并给李自成本身带来"赔了义女又折兵"的尴尬局面。第三卷所写第三次开封战役时黄河水情险急,王长顺两次想向李自成当面禀告,都被门卫阻拦,致使水淹开封的惨剧未能及时防范,这同样表明李自成随着地位变化而增长了与下情的隔膜。可以预计,到农民军进入北京前后,李自成身上更会滋长"天命所归"、"唯我独尊"的骄傲自满情绪和麻痹轻敌思想,再加上对清军的兴起和入关所构成的巨大威胁估计失误,这就铸成他致命的大错,终于使江山得而复失!

　　李自成的悲剧是封建社会晚期农民革命的悲剧。如果说,明末朝政的惊人黑暗,土地问题与社会危机的空前深重,统治势力对广大农民的残酷压榨与无情镇压,长期封建社会中农民革命经验的不断积累,这些历史条件造就了李自成这样出众的英雄人物;那么,农民本身的狭隘眼界、乡土观念,经济上单纯"吃大户"的思想,军事上的流寇主义,以及由于当时资本主义萌芽过于微弱,农民领袖到头来也只能接受封建统治阶级的思想政治影响,这种种条件又决定了李自成起义军的最终失败。正像恩格斯指出的那样,"历史的必然要求和这个要求的实际上不可能实现",无可避免地会构成"悲剧性的冲突"。小说《李自成》悲剧艺术的突出成就,正在于它不是依靠外在的涂抹渲染,也不是着眼于人物的个别际遇,而是从社会条件与人们性格的深处揭示悲剧产生的内在根据,因而使《李自成》这出历史大悲剧具有了深刻的科学的内涵与巨大的非凡的容量。

二、悲剧式型多姿多彩

　　许多历史题材的作品使我们看到了历史上发生过的各种事变,而《李自成》却不仅使我们看到了历史事变,还使我们看到了历史生活。这部小说所写的历史悲剧,显示了浓郁的生活气息,像历史上的社会生活那样呈现了纷繁多彩的面貌。不但真实的历史人物在演出悲剧,即使虚构的人物也同样扮演了有声有色、深沉悲壮的悲剧角色。

《李自成》所写悲剧性质、类型的多种多样、多姿多彩，绝不是我们用普通的单一色调的眼光所能认清、所能理解的。作者从明末的社会现实出发，忠实于历史的本来面目，为我们描绘出一幅幅色彩斑斓的历史大悲剧的壮丽图画。不但主人公李自成扮演着大悲剧的主要角色，连他手下的一些人物，像世家子弟、颇有战略眼光的李信、李侔兄弟，起过重要作用的军师宋献策，平时以忠厚长者著称的田见秀等，实际上也都演着悲剧，他们的最后结局都有着很深的悲剧意味，至于女英雄慧梅，她在第三卷中则已经完成了一出义薄云天、感人肺腑的出色悲剧。此外，开封城内以张存仁全家为代表的普通百姓，他们的遭遇更是明末战乱中令人心碎的悲剧——甚至是一幕幕惨剧。确实可以这样说：整部《李自成》，就是由大大小小许多历史悲剧组成的。这部小说之所以具有深刻丰富的社会内容和震撼人心的感人力量，主要原因也在这里。

　　《李自成》所写悲剧的丰富性，归根结底是坚持现实主义、坚持倾向性与真实性相统一的结果。作者依据大量史料捉刀用墨，对人物身上的优点缺点、正面反面，人物之间错综复杂的现实关系，都采取如实写来、好处说好、糟处说糟、绝不回避掩饰的态度。"大人物"演着悲剧，"小人物"也演悲剧……然而，这一切又是有分寸的，其前提是绝不模糊历史唯物主义所应该有的倾向性，并且有助于更充分地揭示各类人物的本质真实。以崇祯的悲剧为例，小说一方面认真写了他欲做中兴之主，企图力挽狂澜，宵衣旰食、事必躬亲的干练和辛劳；另一方面也深刻揭示了他的色厉内荏，精神上无比虚弱与孤独狂躁。尽管崇祯用尽吃奶力气，然而积重难返，国势的衰颓、朝政的腐败、义军的蜂起、清兵的进逼使他陷入焦头烂额、心劳日拙的境地，依然不能避免灭亡的命运（有些乖张措施甚至加速了这种命运的到来）。这样，就不是一般地表现历史发展的必然结局，而是透过崇祯个人思想性格的悲剧，更深一层地显示了处于封建社会晚期的明王朝无可挽回地崩溃下来的时代历史特征。这种艺术描绘，实在意蕴深沉，耐人寻味。它使我们不能不承认，也不能不信服：《李自成》这部长篇小说所表现的种种悲剧内容，不仅是明末社会历史的真实再现，同时又是从历史生活的实际出发的一种出色创造。

　　《李自成》所写大大小小、各式各样的悲剧，不是零碎的、孤立的，而是一个统一的整体，具有艺术和谐的美。大悲剧中套着小悲剧，小悲剧的演进受大悲剧的支配和制约，而小悲剧的完成又有助于大悲剧的推演和发展。这些小悲剧的出色表演，与诸多社会关系有着千丝万缕的密切联系，它们与各种事件和人物交织在一起，构成明末社会错综复杂的历史悲剧环境，大大有助于显示正在酝酿、发展中的李自成大悲剧。

　　例如，卢象升的悲剧，从一个侧面反映了明末民族战争的严峻形势，展示出农民战争与民族战争相互纠结的现实社会背景以及明朝统治阶级面临的严重内外矛盾,在读者心理上投下了民族战争的浓重阴影,为李自成最后军事上遭受突如其来的重大打击准备了间接的伏笔。

张存仁一家的悲剧,又从另一个更为广阔的背景上,反映了明末社会危机的无限深重,崇祯朝廷的黑暗、腐败达到何等惊人地步,人民面临一场空前的浩劫,同时也显示出李自成随着地位的变化开始增长的某些严重消极因素。

慧梅奉"父帅"之命与袁时中完婚的悲剧,则暴露出李自成上升时期麻痹大意、丧失警惕,以至头脑昏昏、滥用权术的失利,并且表明即使像李自成这样的农民起义英雄,思想中也仍有不少封建专断的东西。

总之,阶级的和历史的局限,事业发展中必定面临的社会环境的制约和思想意识的缺陷,充分预示着李自成大悲剧的必然结局。这种种悲剧,无论是真实的历史事件(如卢象升的悲剧和张献忠的悲剧),还是虚构的人物和故事(如慧梅的悲剧和张存仁一家的悲剧),都是历史真实与艺术创造的有机融合,它们既有各自独立的艺术价值,同时又构成了李自成大悲剧高度典型的历史环境,布置了异常浓重的悲剧气氛,使整个大悲剧闪现出灿然夺目的光辉。这种种悲剧,从不同的生活矿层,不同的历史视角,不同的思想深度,不同的艺术容量,蕴蓄着、丰富着、扩展着、补充着李自成大悲剧巨大的历史内容和强烈的社会意义。这是《李自成》全书悲剧艺术的又一重大成就。

三、悲剧结构别出心裁

为了完成李自成的大悲剧,在艺术表现上自然要求作者采取大悲剧的结构和布局。

《李自成》一开篇就是惊心动魄、壮怀激烈的潼关南原大血战。这个艺术的开篇,犹如一部大型交响乐的基调,为这部大书的基本格局和基本风貌定了调。在明末崇祯王朝风雨飘摇、内外交困的情势下,勾画出了李自成起义的典型历史背景;李自成在最危厄的境遇下,又犯了一个致命的大错误,从而渲染出极其豪迈、悲壮的艺术气氛;在李自成仅率十八骑突出重围的艺术氛围中,展示出农民起义军的命运多舛与慷慨悲歌的咏叹旋律……总而言之,无论从环境条件、艺术氛围、人物色彩、社会风貌以及艺术表现等诸多方面,都为全书确定了悲剧的基调。

这个悲剧的基调,不是低沉阴暗的、悲悲切切的,不是使人感到压抑的、凄婉的,而是充满着慷慨激昂的豪情、舍生取义的壮志,因而是深沉而悲壮的,令人感奋、使人惊醒的,整部作品是豪壮、悲愤、感人肺腑的大悲剧。

《李自成》的铺叙,不像过去常见的悲剧故事那样,习用陈词滥调,情节落入窠臼,采用单线发展,平铺直叙,而是以多线条的复式发展来推动情节,展开故事:以李自成农民军的斗争生活为作品的主线,辅以张献忠等起义队伍的武装活动和崇祯王朝的宫廷生活两条副线并行发展,从第三卷开始,清军正式登场,则又增加一条副线……这种复式式的推动故事发展的方式,使李自成大悲剧的历史环境扩展到了明末社会的各个领域、各个方面,便于揭示不同的生活侧面,深入不同的社会阶层。因此,《李自成》反映社会生活的深刻性、广阔性、丰富性,都不是平常的作品可以比拟的。这是李自成大悲剧历史画卷的又一突出成就。

为了完成多线条的复式发展,作者采用了按单元结构的方式。以内容相联系的不同章节构成单元,然后根据这些单元的内在联系加以组合,使每一卷、每一册形成一个各自独立的统一整体。这种组合方式,既继承了中国小说的传统表现形式,又借鉴了外国小说的艺术结构方法,有相对独立、自成一体的灵活性,又有和谐统一、完整匀称的艺术美。这种结构,是《李自成》艺术创造性的一个重要方面。它有助于展现丰富多样的历史面貌,有助于深掘历史生活的多种内容,对于完成李自成的大悲剧,提高李自成大悲剧的思想价值和社会意义是有重大作用的。

根据作者的设想,《李自成》到第五卷结尾达到高潮,才最后完成了这部悲壮宏伟的历史大悲剧。在"尾声"里,高夫人所率领的李自成残部被清军包围,一场熊熊大火焚毁了起义军最后的营寨,从而也焚毁了李自成一生的事业和全部的理想。从李自成在南原危机中的崛起,到最后的全军覆没,清王朝统治着整个中国大地,一幕惊天动地、可歌可泣的大悲剧,实在撼人心魄、感人肺腑!作者有关这个悲剧结构的通篇设计,是首尾呼应、相当完整的。

悲剧结构的完整与悲剧主题的显现,很重要的还在于整部作品基调的连贯性和艺术构想各个环节的协调一致。在第一卷里,李自成起义军正处于创业中最艰难最危急的时期,如果只是悲哀和感伤,缺少豪迈的气概和宏大的志向,那是不可能把农民起义的斗争从困难引向顺利发展的一个转机的。这一卷里只写卢象升的悲剧,侧重点在点出当时的历史环境和社会动向,而用了较多的篇幅表现起义将士豪迈和悲壮的气质。即使这样,小说在开始亦已勾画出了悲剧的环境,渲染了悲剧的气氛,给了人们鲜明的印象。第二卷,李自成起义由困境走向转折和发展的阶段,悲剧气氛的渲染较多放在崇祯与皇亲贵戚、朝廷大臣之间的复杂矛盾以及宫廷生活纷繁而又无法解决的纠纷之中,同时,透过王吉元的悲剧反映了农民阶级狭隘眼光的局限性,从李自成与张献忠不能联合抗敌看到李自成大悲剧的另一个侧面。到了第三卷,李自成起义正在迅猛发展的阶段,但小说却大大加重了悲剧的成分,这里有洪承畴降清的处理,有张存仁一家的悲惨遭遇,还有用很长的篇幅贯穿着写慧梅的悲剧等等。如果说,第一卷侧重在定下了整个悲剧的基调,到第二卷则着重从另一个侧面去加深悲剧的气氛,而且为整部作品更为广阔的社会大悲剧作了较多的艺术准备,那么在第三卷里,这种悲剧的旋律则更为反复地出现,如多棱镜似的,从许多不同的方面相当充分地透视和加强着悲剧的主题,相当有力地展示和突现出李自成大悲剧的必然发展和历史归宿,整个悲剧的这部大型交响曲,其悲剧的基调一次比一次突出,主旋律一次比一次鲜明,多角度、多侧面地谱写出李自成大悲剧的动人主题。

《李自成》这种多卷集的长篇悲剧结构,在中外文学史上也可以说是极为罕见的。在我们见到的一些描写农民战争悲剧的长篇中,大多是比较单一地在叙写农民起义和武装斗争的整个过程或主要经历,却较少采取《李自成》这样繁复多变的结构来表现。也许是李自成起义面临的复杂局面决定了作者的艺术构思,也许是明末清初变化动荡的历史决定了小说的结构方式,但是不管怎么说,这种繁复多变的单元结构,在中外众多小说创作中,可以说是姚雪垠一个别出心裁的独特创造。

谈到国外,自然使人想到描述奴隶起义的历史长篇《斯巴达克斯》,这也是一部著名的历史悲剧。也许是当时的历史环境和这次奴隶暴动决定了这部小说的结构比较单纯,但无论从这部作品反映社会生活的广度,还是揭示历史面貌的深度来说,我们都可以明显地看出《李自成》的结构和它所表现的主题意义的优长之处。有的同志曾经怀疑,《李自成》采取如此卷帙浩繁的庞大结构和众多篇幅来表现这次农民大起义是否有此必要?当然,我们不能说已出三卷大书没有烦冗之处,没有某些较次要的生活事件和艺术情节占去了过多篇章的现象存在。但是,从整部大书的宏伟结构去表现作者拟定的丰富多彩的悲剧主题,小说的这种艺术独创性还是堪为人们称道的。

姚雪垠可以说是一位长于写悲剧的作家。他较早的一些作品,从短篇《差半车麦秸》,中篇《牛全德与红萝卜》、《重逢》,到长篇《春暖花开的时候》、《长夜》,都在不同程度上结合时代的脉搏,绘状、烘托了一种悲壮或凄婉的气氛,刻画出一些性格较为鲜明的悲剧性人物,结局往往含有某种发人深思的悲剧意味。《李自成》是作者进入成熟时期后,在新的高度上发扬自己长处而创作的"百科全书"式的作品。作者决心花几十年心血,结晶出这部与我们这样的大国、这样悠久的文化传统相称的长篇巨著。虽然它的后两卷有待完成,全书也有待统一修改定稿,但从作者已做的艰巨准备和已经取得的巨大成就来看,我们有理由相信,作者的壮志宏图定能实现!

原载于《辽宁大学学报》1984年第2期

《李自成》:被曲解遮蔽的当代长篇小说杰作

阎浩岗　李秋香

曾被茅盾、朱光潜、秦牧、刘以鬯等名家予以高度评价、广受读者欢迎的长篇历史小说《李自成》,近20年来的接受和评价却接近冰点:为数不多的有关《李自成》及其作者姚雪垠的文章,除却亲友故旧的访谈回忆以及偶尔一见的普及性简介,研究论文多是将其作为反面材料,按"现实的就是合理的"之逻辑论述其"没落"的必然性,或按进化论逻辑论述当下历史小说超越或高于《李自成》之处。故旧亲友的文章之外,给《李自成》较高评价的论著屈指可数。近十多年出版的较有影响的中国当代文学史著作,或对之漠视、无视,或只作为一种"现象"几笔带过;列了专节的,在简单肯定其艺术成就之外,更突出它怎样"参与了对现代历史本质的揭示"[1]。对之作较充分肯定的,似乎只有王庆生主编的《中国当代文学史》[2]。

笔者认为,现在《李自成》受到的这种冷遇,并非其实际文学成就的真实反映。之所以会出现这种状况,除了读者兴趣转移这种常见和自然的原因,大学文学教学、文学史著作以及批评家对大学生、研究生和其他普通读者的导向,在其中起了相当重要的作用,而有些专家学者对《李自成》的评价中,非文学因素又起很大甚至主要作用。此外,对作品本身还存在某些多种原因造成的误解、曲解,这大大影响了对这部巨著总体艺术成就、文学价值的评估。要客观公正地评价《李自成》的文学价值和文学史地位,就要排除那些非文学因素的干扰,将被误解、曲解的方面还其本相。

一、对创作动机的曲解

文学以外因素影响对作品文学价值的判断,这在其他当代小说的评价中也存在,而在对《李自成》的评价中表现得尤为突出。首先就是对作品创作意图的

---

[1] 洪子诚:《中国当代文学史》,北京大学出版社,1999年,第121页。
[2] 王庆生主编:《中国当代文学史》,高等教育出版社,2003年。

歪曲:说姚雪垠创作《李自成》是为政治投机,并由此出发贬低《李自成》的文学价值。先是台湾的陈纪滢,他在台北《传记文学》1987年第2期发表《记姚雪垠·三十年代作家直接印象记之十》一文,称"因毛自比秦皇,又以李自成自况。姚雪垠窥透了毛的心理,才有此一著作",所以《李自成》"只是他替毛泽东完成一部'影子传记'"。八年后,又有大陆学者重复这一观点。陈纪滢远在海峡对岸,与姚雪垠隔绝多年,其推断属于"想当然"自不必说;大陆学者除了同样想当然地推论,也并未提供可靠论据。而曾为姚雪垠故交的姜弘,也为此观点提供了缺乏旁证、亦属推论的"佐证"①。对此,姚雪垠生前两任秘书俞汝捷和许建辉分别撰文,以自己掌握的第一手资料以及对姚雪垠为人的切身了解,逐一进行了辩驳,指出:《李自成》的创作动念始于三四十年代,与毛泽东毫无关系;作者1957年开始写《李自成》时,完全没有指望生前能看到书出版,他想到的是"藏之名山,传之其人"②。笔者在此再补充一证。1983年,在一次长篇小说座谈会上,姚雪垠就说过:

> 当时也没有想到生前还能出版这部书。……也正因为不准备出版,所以我敢于把崇祯、把官廷生活写得那样细,否则发表出来还得了?③

若认真查阅相关资料,依据事实按事理推断,真相本不难判别。在不同历史时期,姚雪垠曾一再表示,他是要写一部描绘明清之际广阔社会生活画卷、足以留传后世的空前史诗,绝不迎合时俗,他也确实是这么做的。如果他真的是为讨好毛泽东,在那个特定的历史年代里,他直接写中国工农红军和八路军,直接歌颂毛泽东岂不更好?姚雪垠的两次上书毛泽东,只是为了争取最起码的创作条件。将自己的文学创作当作政治投机手段的人,怎会用42年时间去写一部书?若将姚雪垠在自己的三项创作计划(《李自成》《天京悲剧》《大江流日夜》)中选择先写《李自成》,解释成是为迎合毛泽东,那么在毛泽东提倡"评法批儒"时,他坚持不写李自成反孔,又作何解释?④姚雪垠选择写《李自成》,自己感

---

① 姜弘:《姚雪垠与毛泽东》,《黄河》2000年第4期。
② 俞汝捷:《为姚雪垠辩诬》,《长江文艺》2000年第5期;许建辉:《"回忆"岂可失真?》,陈浩增主编:《雪垠世界》,中国青年出版社2001年。
③ 姚雪垠:《对长篇小说创作的一点粗浅看法——在长篇小说座谈会上的发言》,《姚雪垠书系》第18卷,中国青年出版社2000年,第113页。
④ 当然,《李自成》前两卷的个别段落也有时代色彩,但在那个特定年代里这难以避免。这种细节的出现,固然也有作者本身思想局限的因素,更多是作者为给自己作品刷上一层"保护色"使其得以发表(这也是1949年以前作家创作中常见的现象),还有的干脆就是编辑给硬加上去的。这类段落在《李自成》这样一部超巨型大书中所占比例极小,而且,删除之后并不影响全书的有机整体性。俞汝捷的"精补本"就将其删掉了。

兴趣、有强烈的创作欲望是主要的,他是找到了"想写"和"能写"之间的最佳契合点。

二、作者性格及特殊历史机缘导致的误解

除了创作动机被曲解,影响对《李自成》评价的非文学因素还有人际关系问题。姚雪垠在春风得意时狂傲自负、不知收敛的性格弱点,也是影响人们对《李自成》价值判断的因素之一。谦虚谨慎、中正平和是一般国人所推崇的行为准则,最会做人的人,常常是功劳成就让别人说,即使自己认同这种赞誉,也要故意自贬几句。而姚雪垠却全不顾这些,文字或言谈中,每每毫不掩饰对自己倾注半生心血的《李自成》所取得成就的自信、自负。这种做法,在《李自成》正红火的时候,虽也有人不以为然,还不至影响多数读者的接受心理,但在80年代中期以后,社会心理和时代审美风尚发生明显变化的情况下,就显得特别刺目刺耳、不合时宜了。而恰在此时,他却被动卷入了一场带有政治色彩的文学论争,闹得满城风雨,使自己成为众矢之的。① 一般读者(包括大学中文系学生)在整个时代潮流作用下,也对《李自成》罕有问津:既是不合时宜的"老左"所作,学界权威又将其判为体现"三突出"原则、塑造"高大全"人物的"文革"文学,说得一文不值,追新逐异的读者不能不受强烈影响。虽然作品价值应由作品本身决定,可《李自成》是一部超长篇幅巨作,其内容难以一目了然,第一卷第二版卷首的《前言》,里面又确有一些引用领袖言论的黑体字,以及"阶级"、"革命"之类的字眼,"70后"以后的普通读者自然就望而却步了。许多批评《李自成》者并未看完全部5卷12册,即使是年纪大一些的"60后"及其以前的读者,也有许多连第三卷亦不曾认真读过。许多轻率的否定观点就是在这种情况下产生的。

三、狭隘"启蒙"批评视角的盲点

影响对《李自成》文学价值与文学史地位进行公正评价的因素,还有批判者的狭隘"启蒙"批评视角造成的误读误解。

1985年以后文艺界的主流是追逐新潮,文化思想界的大趋势是以"五四"启

---

① 事件缘起与经过参见许建辉著《姚雪垠传》,湖北人民出版社,2007年,第329—338页。

蒙话语质疑和颠覆以往的阶级与革命话语,史学界和文学界都以"现代性"标准对农民起义乃至整个农耕文化持否定态度。这直接影响到对《李自成》的评价。二月河"清帝系列"与唐浩明《曾国藩》等问世之后,历史题材长篇小说在题材选择与价值取向上来了个陈忠实所谓的"翻鏊子",帝王将相重新成为被同情、被歌颂的对象。然而,当代长篇小说中,最早同情皇帝和封建大臣的,不是二月河与唐浩明的小说,而是姚雪垠的《李自成》。后者在全书的第一、二卷即已对崇祯皇帝及其大臣卢象升、杨嗣昌甚至洪承畴表现出程度不同的同情,第四卷更是把崇祯当作几乎和李自成同样重要的悲剧主人公来写,第三卷以后对清朝方面的君臣也表现出欣赏的态度。但是,由于作品的主线或主体毕竟是农民起义,作者又确是把农民起义的领袖当作英雄来写,在新的潜在的"题材决定论"观念下,它还是显得不合时宜,或难以被时评所容。

其实,写农民起义、同情农民起义,并不意味着作者认为农民起义是推动历史进步的力量。否定《李自成》的学者说《李自成》等作品"建立起了农民起义进步性的神话"①;基本肯定这部作品的,也认为姚雪垠与其他写农民起义的作家一样,"对农民起义根本性质及其在中国历史上的作用是缺乏反思的:往往只看到它的正义性、进步性,而没有看到它的狭隘性、落后性以及给社会带来的破坏性,没有看到它毕竟只是一种没有实际力量的悲剧革命形式"②。因为姚雪垠同情和歌颂了李自成,把李自成写成英雄,就认为他看不到农民起义的局限性、狭隘性、落后性,那是"想当然耳"。对此,姚雪垠本人在不同时期不止一次作过明确阐述。

他认为李自成并不反封建:

> 李自成……他是封建社会的革命英雄,革命的结果必然重新建立一个封建朝代,而他是新朝皇帝。有些人不讲历史唯物主义,不读历史文献,硬说他没有皇权思想,没有天命观,要建立的是所谓"农民政权",未免太不实事求是了。③

> 古代的农民革命,包括李自成领导的革命在内,都是封建社会内部的革命运动,革命者并没有进步到要从根本上推翻封建制度和打倒封建的伦

---

① 丁帆、许志英主编:《中国新时期小说主潮》,人民文学出版社,2002年,第1037页。
② 吴秀明:《中国当代长篇历史小说的文化阐释》,文化艺术出版社,2007年,第32页。
③ 姚雪垠:《李自成为什么失败》,《姚雪垠书系》第19卷,中国青年出版社,2000年,第91页。
本文原载香港《文汇报·文艺副刊》1979年10月21日—12月16日。

理道德。①

> 农民起义，只反皇帝，并不反对中国传统的封建伦理道德，如果把农民起义写得很理想，就违背了历史真实。②

他指出李自成后期并不代表贫苦农民利益，失去民心，导致最终失败：

> 李自成过于着眼和满足于军事斗争的步步胜利，而忽略了切实地"解民倒悬"，这是他的悲剧主因。现代史学界常有人喜欢称道李自成的均田口号，我认为是一偏向。……他也从来没有实行，没有在任何地方试行。……李自成后来遇到的对手是清朝政权，同他的做法恰恰相反。③

> 有些史学工作者就是不肯从事实出发，而一口咬定李自成始终代表农民利益，凡是反对李自成的地方零星武装都叫作封建地主武装。其实，李自成并不代表反封建革命，他做的事情触犯了农民和一般地主利益的时候必然遭到反抗。④

> 由于"左"的思潮在史学领域的影响，过去多少年中，大家讳言李自成后期的失去人心，讳言由于传统的封建正统观念，北京城中和四郊人民对李自成的敌视态度。好像李自成是农民革命领袖，广大人民当然拥护。其实不然。……李自成此时已经不代表贫苦农民。⑤

他知道李自成及其农民军不代表先进生产力：

> 在李自成身上，连当时在长江下游的江南地方已经出现的市民思想也没有，而只有封建思想和流寇思想。到了武装斗争的后期，他只能建立封建政权，不可能走另一条道路。⑥

这些多是公开发表的观点。在改革开放之前，姚雪垠的公开表述中，不可

---

① 姚雪垠：《〈李自成〉人物谈·序——关于李自成等人物形象的塑造问题》，《当代文学》1982年第2期。
② 姚雪垠：《文学创作问题答问（根据1990年10月24日录音整理）》，《姚雪垠书系》第18卷，中国青年出版社，2000年，第468—469页。
③ 姚雪垠：《李自成为什么失败》，《姚雪垠书系》第19卷，中国青年出版社，2000年，第99—100页。
④ 姚雪垠：《论历史小说的新道路》，《姚雪垠书系》第19卷，中国青年出版社，2000年，第215页。
⑤ 姚雪垠：《创作体会漫笔——〈李自成〉第五卷创作情况汇报》，《文艺理论与批评》1990年第2期。
⑥ 姚雪垠：《创作体会漫笔——〈李自成〉第五卷创作情况汇报》，《文艺理论与批评》1990年第2期。

能明确说农民起义破坏生产力(在当时的中国大陆绝大部分人都做不到),所以《李自成》第一卷1977年第二版的《前言》在充分论述了李自成的帝王思想、天命观等历史局限性以后,还是捎带了一句"在一定程度上推进了社会生产力的发展"。而后来在私下与助手的谈话中,他却明确指出:

> 当《李自成》第一、二卷投入创作的时候,正是"在中国……只有农民的阶级斗争、农民的起义和农民的战争才是推动历史发展的真正动力"的论点在历史界占统治地位的时候。而《李自成》的主题却是:历史上的大规模农民起义,只能破坏旧的政权和一部分旧制度,而不可能推动历史前进。社会的发展一般情况下只能出现在阶级斗争比较缓和、政治比较清明、社会比较安定的时代,如文景之治、贞观之治等。黄巢起义的规模倒是很大,时间也长,但其结果不仅对当时的社会经济造成极大破坏,而且随后导致了唐末的军阀割据。太平天国运动也没有推动中国社会经济的发展。从这种历史观出发,李自成将被写成一个只能适应"人心思乱"而不能适应"人心思治"的人物,并且最终的归宿只能是悲剧。①

四、不该写农民英雄、阶级斗争?

质疑《李自成》的"现代性"并因而贬低其价值的论者,除了说它过高评价农民起义的历史作用,还有一种理由就是认为它不该写英雄,更不该写农民造反英雄:

> 作者是以《战争与和平》和《红楼梦》为榜样的,……你能从那两部名著中找到英雄人物吗?而《李自成》全书就是写英雄的,而且是农民造反英雄。文学史上的英雄时代早已经过去,特别是中国历史上这种专制与愚昧相结合,欲做奴隶而不得和暂时坐稳了奴隶的一治一乱的改朝换代,也已经被鲁迅先生用"阿Q式的革命"做了判决,为什么还要把他们当作英雄来写呢?②

这里的逻辑有些荒唐可笑:
大前提——《战争与和平》和《红楼梦》是名著。

---

① 许建辉:《与雪垠老谈毛泽东》,陈浩增主编:《雪垠世界》,中国青年出版社,2001年,第9页。
② 姜弘:《姚雪垠与毛泽东》,《黄河》2000年第4期。

小前提——名著《战争与和平》和《红楼梦》没有写英雄,而《李自成》写了英雄。

结论——《李自成》不可能成为名著。

事实上,文学史上的名著中,写了英雄的不也不胜枚举吗?比如《荷马史诗》、《悲惨世界》和《静静的顿河》。即使当下的文艺作品,写英雄且给人留下深刻印象、得到首肯的,也并不鲜见。以"现代性"标准,"农民"成了"愚昧落后"的代名词。但是,不代表新的生产力不等于成不了英雄。谁规定的只有知识分子或皇帝、贵族才能成为英雄?"英雄"和阶级出身有必然联系吗?当农民"欲做奴隶而不得"时,不该为求得起码的生存权而奋起反抗?斯巴达克斯是奴隶,在西班牙名著中不也是被写成了英雄?最"现代"的美国不是也将斯巴达克斯的故事拍成了同名电影?

若真按职业特征,其实李自成也并非最典型的"农民"。他三十几年的生涯中大部分时间在军旅中度过,可以说是个军人——早期是"体制内"的军人,后来成了"体制外"的军人(朝廷的"叛军")。如果说农民不能做英雄,那么李自成可以以"军人"身份做,他当了皇帝(虽然极短暂)后还可以以贵族地主身份做。

还有人否定《李自成》的价值,认为它"过时",是因它重点写了阶级斗争。笔者认为,既然历史上的确曾存在阶级斗争,现实中经济地位、财富多寡、社会地位不同的人,确实存在利益与价值观念上的差异和矛盾冲突,文学作品就有必要表现。我们不应从过去的唯阶级论走向另一极端,变为讳言阶级和阶级斗争。判定《李自成》因其"坚硬的"阶级斗争框架而"过时",这是对作品的误解。姚雪垠多次表示,虽然小说名为《李自成》,但他的创作意图并非单纯为李自成树碑立传,或揭示"哪里有压迫,哪里就有反抗"的简单主题。在与日本作家松本清张的对话中,姚雪垠表示,"我绝不是写农民受压迫而起义的主题,因为这个主题很一般。我力求写出一些历史的规律"①,"要在一部小说中写出明清之际封建社会的各种矛盾和比较广阔的生活画面"②。实际上,这部小说除了写农民阶级与地主阶级的阶级斗争,还将明朝(以及大顺)与清朝之间的民族矛盾作为极重要线索,全书的开端与结尾都是写民族矛盾,在第五卷中民族矛盾甚至成为主要矛盾。除此之外,小说还以不少篇幅写了农民军内部、地主阶级内部各种错综复杂的矛盾,到最后还写到了由于李自成已不代表贫苦农民利益,失去人心,以及一些百姓的正统思想,农民军与底层农民的矛盾!

了解历史、正视现实的人,谁也不该否认阶级和阶级斗争的存在。至于僵

---

① 姚雪垠:《漫谈历史小说创作——与松本清张对话录》,《当代文艺思潮》1984 年第 3 期。
② 姚雪垠:《〈李自成〉创作余墨》,《红旗》1978 年第 1 期。

化的阶级论,其错误在于把一切矛盾看作阶级矛盾,对人们的立场观点简单地按照阶级出身一刀切地定性,而看不到社会关系的复杂多元性。僵化阶级论者的偏颇,与当下某些僵化的性别文化论及僵化女性批评视角一样,但我们不能因有"性别矛盾扩大化"的偏向就否认性别歧视、性别矛盾的客观存在,以及性别观念分析的必要性、有效性,同样也不能因为曾有机械阶级论与"阶级斗争扩大化"现象,而否认阶级和阶级斗争的客观存在,否认阶级分析的必要性和有效性。古人不会使用"阶级"的概念术语,但可以有朴素的、不自觉的、非系统的阶级意识,后来的作家在写到古人的生活时,也可用阶级观点来解释其思想与行为方式,只要不是简单机械地将人物按阶级出身作"好"与"坏"、"正面"与"反面"的划分即可。这本不应成为问题,但现在的一些文学批评中,谁要运用了"阶级"之类术语或运用了阶级分析观点,谁就被认为机械僵化、守旧过时。有趣而奇怪的是,阶级区分"过时",性别区分却一直"时髦",虽然两者把握不好都可能走向机械、偏颇或僵化、僵硬。事实上,总体说来,《李自成》的阶级观点并不机械和僵硬。作品固然在许多地方体现了作者的阶级分析观点,但它与当时及后来一些作品不同的是,没有把每个阶级和阶层写成铁板一块。作者固然同情李自成,但同样也同情崇祯皇帝①,把崇祯、杨嗣昌也写成了悲剧人物②,甚至对清朝统治者的描写还透出作者某种欣赏赞美的态度。

五、不应试图揭示历史规律?

《李自成》要揭示历史发展的本质和某些规律,也是它被认为"过时"或"没落"的原因之一。西方现代哲学反对历史决定论和各种本质论,如今国内批评界似乎一看到"必然"、"本质"、"规律"就觉得不合时宜。事实上,认为历史发展单由于"偶然"与认为其单由于"必然"一样,都不合乎实际。在姚雪垠的历史观中"偶然"也占有一席之地:在明朝灭亡问题上,他多次指出并在小说中交代,当时崇祯除了亡国自杀,还有多次逃出北京、在南方另立朝廷的机会;李自成除了急于进北京,还有许多更好的选择;吴三桂的降清也不是"必然",虽然姚雪垠不同意"冲冠一怒为红颜"之说,但他认为吴的降清是因他看出大顺政权不能长

---

① 这在《李自成》前三卷初版的年代里作者不可能公开承认,就像茅盾不可能公开承认自己同情吴荪甫、蒋光慈不可能公开承认自己同情丽莎一样。
② 美学上,只有正面人物才能成为悲剧主角,因为"悲剧是将人生有价值的东西毁灭给人看"。

久。虽然现在很少有人相信先于"存在"的宿命般"本质",但在历史与现实泡沫般的表象后面,还有某种深层的东西在起作用,这即使在今天也是具有理性思维能力的人不会否认的。如果不把"规律"看作宿命般的"必然"而只理解为某种现象的周期性出现,那么揭示某种"规律"就仍有必要。气象观测及一切自然科学、社会科学研究,就是建立在对于这种"规律"和"本质"承认的基础之上。

那些"题材决定论"式的指责,也与《李自成》本身的文学价值无关。

六、历史题材的"现代化"

自《李自成》诞生迄今,谈及其缺点,批评者说得最多的,就是其在艺术描写方面的"现代化"和人物塑造方面的"理想化"问题。即使在该作被交口称誉的年代里,这种声音也一直存在。而对《李自成》的这一判断,又与前述对作者创作动机的误判互为因果。因而,若评价这部长篇小说的艺术成就和文学价值,这两个问题首当其冲,不能回避。两个问题既互相联系,又有所区别。这里先说所谓"现代化"。

许多读者和论者可能不知,姚雪垠本人最不能接受也最戒备的,就是历史题材的非历史化。他一再强调写历史小说要"深入历史",就是为还原和再现特定的历史环境。他多次明确表示反对历史题材创作中借古喻今、影射现实的做法:

> 有些人写历史小说或剧本,临时找一些材料进行创作,目的在于借古喻今,不讲求如何忠实地反映历史生活,反映历史事变的本质和规律。《李自成》这部小说的写法,走的是另一条新的道路,就是先深入研究历史。到底有多深入?这是相对的,但要尽我的力量,力求它忠实于历史。……过去有些写历史题材的作品,虽然名字是历史的,但是穿的衣服未必经过研究,说的话是现代的,思想感情也不一定是古人的,这叫作"借他人杯酒,浇自己块垒"。这类作品缺乏历史生活感,就是这个道理。……假如我对于中国历史生活没有认识,所写的是明朝末年的历史生活,但看来和我们现代的生活差不多,人物差不多,这样,艺术效果就失去了。①

谈到20世纪二三十年代出现的历史剧本或诗剧时,姚雪垠不满于"剧中人物发挥着现代人的思想感情,对话是现代人的说话口吻。作家并没有考虑如何

---

① 姚雪垠:《与杜渐谈历史小说〈李自成〉的创作》,香港《开卷》1979年第3期。

表现古人,仅是急于表现自己"①。

他也承认《李自成》在再现历史时个别细节有反历史或疏漏之处,但这有些是因特定环境下不得已而为之,有些是因篇幅太长、赶进度,未及仔细检查、推敲、修改,还有的是校对疏忽,或干脆是编辑硬加上去的。对于环境的压力,姚雪垠是尽力顶住,"在大的地方不让步,但在小的地方作了些让步"②。"文革"结束以后,创作条件改善,他对此更加注意。所以,《李自成》的创作中绝不可能出现作者为政治投机而搞影射的有意"现代化"倾向。

批评者关于李自成形象存在"现代化"倾向的判断,除了认为他过于高大(这属于下文将讨论的"理想化"问题),主要依据是"作者赋予他不少现代无产阶级军事家和政治家的素质(如'一分为二'的辩证法观点、阶级分析等)。为了表现李自成高于其他义军领袖,作者着力强调他'路子'对头,这显然是受了'四人帮'把一切都说成'路线问题'的形而上学观点的影响"③。若仔细阅读作品便可发现,上述批评的依据其实经不起推敲:了解一点中国哲学史的人都知道,辩证法思想并非在现代社会里凭空产生,中国古代早就有朴素的辩证法思想;阶级的存在如果是客观事实而非思想家的杜撰,那么不同出身造成的思想与行为方式的差异,即使是古人也不会感觉不到;至于"路子",做任何事都有"路子"对头不对头的问题,此事并不分古今。比如解一道数学题,比如种庄稼,比如治军。只是"辩证法"、"阶级"和"路线"这些术语是近现代才出现的,只要不让古人口里出现这些专门术语,就不算"现代化"。对于有人开玩笑说李自成爱护百姓、懂辩证法,像共产党员,姚雪垠自己的解释是:

> 我们中国历史上并不是光八路军纪律好,我们历史上有不少这样的例子。比如岳飞的部队即是如此,据史书记载,岳飞的部队每到一处,在开拔前总要把场院打扫干净才出发。后来,冯玉祥也以这一套来带兵。这说明,并非纪律好的军队,就都是八路军。那么,李自成是否懂辩证法呢?实际上,辩证法的观念从《易经》就有了,老子、庄子也都充满了辩证法思想。从经验而不是从理论方面懂得辩证法,是自古就有的,汉刘邦用陈平就是

---

① 姚雪垠:《论历史小说的新道路》,《姚雪垠书系》第19卷,中国青年出版社,2000年,第186页。
② 姚雪垠:《与杜渐谈历史小说〈李自成〉的创作》,香港《开卷》1979年第3期。
③ 郭志刚等主编:《中国当代文学史初稿》,人民文学出版社,1980年,第892页。张钟等著《当代文学概观》以及后来的一些当代文学史著作也持类似观点。

一个典型的例子。①

真是很有意思,很"吊诡",包括许多以质疑和颠覆以往权威的意识形态话语为己任的启蒙者在内的嘲讽《李自成》"现代化"倾向的人,居然认为在漫长的中国历史上,只有共产党、八路军的纪律好,纪律好的军队都是八路军!以治思想史的方法研究文学作品的学者中,居然有人认为古人不可能产生朴素的辩证法思想和阶级观点!

有趣的是,当年姚雪垠出版《长夜》后,左翼批评界对该作的指责却是"没有把农民形象提高",姚说:"我何尝不愿意将农民形象提高,写他们有阶级觉悟,有进步思想呢?但我以历史观点写人物,决不能将人物拔高,现在看来,我这么做是正确的。"②

七、人物形象的"理想化"

对《李自成》指责最多的,除了上面所说的"现代化",就是这个与"现代化"相关的"拔高",即人物塑造的"理想化"。有一种流行的说法,叫"高夫人太高,红娘子太红,老神仙太神,李自成太成熟,老八队像老八路",说的就是《李自成》人物塑造中的"拔高"和"理想化"问题。

姚雪垠在《李自成》中确是有意塑造英雄人物的,他曾明确表示:"我的创作意图是要塑造一个封建社会后期农民革命的杰出的英雄人物,而不是一般的英雄人物,……我将高夫人这一小说人物作一位'巾帼英雄'的形象塑造,而不是作平平常常'女流之辈'写,当然要将她写高。不然,我何必写她?"③但是,姚雪垠一直注意在特定历史条件许可的范围内、在不违反可能性的前提下塑造人物。他认为自己塑造的李自成"他的光辉行事都没有超出封建社会所提供的历史舞台(或历史基础),许多故事细节都是古人曾经有的,我不过移用到李自成身上并在使用时加以改造罢了"④。他写李自成的优秀品质都有历史依据。留传至今的正史野史,没有一种是参与或同情起义的人士所修,都是在农民战争

---

① 姚雪垠:《文学创作问题答问(根据 1990 年 10 月 24 日录音整理)》,《姚雪垠书系》第 18 卷,中国青年出版社,2000 年,第 464 页。
② 姚雪垠:《文学创作问题答问(根据 1990 年 10 月 24 日录音整理)》,《姚雪垠书系》第 18 卷,中国青年出版社,2000 年,第 467 页。
③ 姚雪垠:《〈李自成〉人物谈·序》,《当代文学》1982 年第 2 期。
④ 姚雪垠:《〈李自成〉人物谈·序》,《当代文学》1982 年第 2 期。

中利益受到损害、对起义深恶痛绝的封建文人所撰,他们不可能把李自成当作正面英雄来写,不可能故意突出其优秀品质。可即使如此,我们还是不难从中发现关于李自成优秀品质的只言片语。例如,关于李自成的俭朴自持,《明史》记载:"自成不好酒色,脱粟粗粝,与其下共甘苦。"① 而被一些《李自成》的否定者嘲讽的李自成的"民主集中制"作风,其实史书中也有明确记载:

> 每有谋划,集众计之,自成不言可否,阴用其长者,人多不测也②。

批评者大概没读过这段史书,以为《李自成》中姚雪垠对李自成主持会议情景的描写是"现代化",是"拔高"。

至于高夫人,史书中记载极少,但写到了李自成死后她成为大顺军残部的精神领袖,以太后身份在决策上起了很大作用。姚雪垠根据这些,以及当时明朝湖南巡抚堵胤锡去见她时行跪拜大礼、隆武帝封其为"贞淑夫人"之事,把她塑造成巾帼英雄的形象。可以推断,如果是一个平庸女性,又非皇室贵胄,在丈夫死后,怎还能享有如此地位?

《李自成》第一、二卷中有一些表现李自成出众胆略见识的情节,比如义送摇旗、谷城会献、石门谷平叛,既曾成为脍炙人口的故事被传诵改编,又成为后来被否定者指为"拔高"的靶标。笔者认为,这些情节并无不合情理之处。

"石门谷平叛"和"谷城会献"都有很强的冒险性,但这两件事或是不得已而为之,或是战略上必走的一步。其实,古代和现代都有许多这类孤胆英雄的故事。姚雪垠自己说,前者是受唐代《郭子仪免胄图》、李秀成苏州平叛和西班牙伊丽莎白女王平叛救子故事的启发。大家熟知的"关云长单刀赴会"也属此类。张钟等所著《当代文学概观》(以下简称"张著")认为"谷城会献"一段中李自成对张献忠说"有朝一日打了天下,只要你张敬轩对百姓存仁义……我李自成愿意解甲归田,做一个尧舜之民,绝不会有非分之想",就把李自成的帝王思想掩盖了,不符合人物的思想状况③。张著误把姚雪垠对李自成的语言描写当成了心理描写。其实,不是姚雪垠把李自成的帝王思想掩盖了,而是姚雪垠在写李自成把自己的帝王思想掩盖了。这是李的一种话语策略。小说交代,李自成说过这番话后张献忠根本不信,李自成也知道他不信。但李自成此时的想法是"不管你多么诡诈,只要你肯暂时同我合作,肯听我的话在谷城起义就成"。小说从第一卷起就写李自成的帝王思想,而在第三卷中又写李自成几乎杀掉前来

---

① 《明史》第 26 册,中华书局,1974 年,第 7960 页。
② (清)谷应泰:《明史纪事本末》第 4 册,中华书局,1977 年,第 1355 页。
③ 张钟、洪子诚等:《当代文学概观》,北京大学出版社,1980 年,第 461 页。

投靠他的张献忠,谁看了李自成这段表白会认为这是真心话呢?在处于弱势时李自成避开张献忠的锋芒,"以大局为重",并非是"把李自成写得过高,过分成熟了"①,这是李自成为了自保的不得已选择,这样写没有什么不真实。

关于"义送摇旗"的情节,对于李自成没有杀掉因受不了苦而欲带兵出走、前来辞行的郝摇旗,反而赠其军资马匹,并告之以后倘遇困难就来联系,"我好立刻帮助你"云云,近年也有学者认为"不可思议",理由是"历史上的李自成也绝无这样的思想境界",并举出他与张献忠、罗汝才互相猜忌乃至残杀之事为证。对《李自成》这一段描写的指责,其谬误如同前面张著对"谷城会献"时李自成的表白的指责一样,是把小说所写李自成口头说的与他实际心里想的混为了一谈。读者稍微留意一下就会发现,作品明确交代,李自成得知郝摇旗出走的消息时,第一反应也是杀掉他。而李自成稍微冷静下来以后,想到杀掉摇旗会使其他义军将士寒心,放走他倒可以使其牵制一部分官兵,以后还会"重新拢家",为己所用,遂决定不杀。本来这写得合情合理,可批评者带了有色眼镜后,硬是将其解释为对李自成的"拔高"和"纯化",把小说对李自成真正动机的明确交代,解说为是批评者自己"窥见"的。倘若平心而论,姚雪垠能让读者"窥见"这些,并且感到李自成"很深的个人用意",感到他这些言行"多少有些虚伪"②,正说明作者这些描写是现实主义的。

"英雄"并不等于"理想人物",虽然有些作品中的英雄(包括武力英雄、智慧英雄和道德英雄)同时也是理想人物,比如《三国演义》中的诸葛亮,《红岩》中的许云峰、江雪琴等。而从《李自成》全书来看,姚雪垠虽然把李自成当作英雄来写,但并没有把他塑造成一个完美的理想人物,尽管在前两卷中他的优秀品质写得更突出,有点接近理想人物。其实,李自成一出场作者就写了他一个重大失误:错误判断形势,坚持向潼关进军,陷入官兵重围,导致几乎全军覆没。第三卷以后,随着由逆境逐步转入顺境,事业走向顶峰,李自成的弱点和失误越来越多。在围攻开封时,李自成暴露了草莽英雄残忍的一面:捉住那些被迫给开封送粮的五百名老百姓以后,竟将其每人砍去一只手。而这些描写,在认定姚雪垠"拔高"李自成的论者看来,竟也成了他"拔高"的论据:

> 一旦对地主老财、敌对阶级进行了命名,找出了历史的罪人,实际上便已对这些历史罪人进行了非人化处理,使之物化成了草、萝卜和白薯。甚至于被迫给开封送粮的五百老百姓,一旦落入"救民水火"的李闯王手中,不杀头也得砍去一只手。历史的残酷一旦被历史的进步神话所笼罩,一切

---

① 张钟、洪子诚等:《当代文学概观》,北京大学出版社,1980年,第461页。
② 吴秀明:《中国当代长篇历史小说的文化阐释》,文化艺术出版社,2007年,第189页。

对流血的反思和残酷的规避,都可能视为对革命的凶残和敌人的怜悯[1]。

这段情节见于五卷本《李自成》第三卷下册第五十一章。笔者重新细读,觉得它恰恰是有意揭示李自成弱点的重要一笔:本来李自成同意按郝摇旗的办法杀掉这些百姓。田见秀劝阻,说"老百姓并没有罪,他们是被迫给开封送粮",劝闯王慈悲为怀,牛金星和李岩也为百姓说情,李自成这才将"杀头"改为"砍手"。小说前面已明明白白交代,这些百姓是普通的"青壮农民",运粮是在官军"逼迫之下"的无辜之举。他们并非"地主老财"、"敌对阶级",并没被作者写成"历史罪人",进行"非人化处理"!李自成和郝摇旗把这些百姓"物化成了草、萝卜和白薯",并不等于小说《李自成》及其作者姚雪垠将他们"物化成了草、萝卜和白薯"!这一情节倒是让人联想到现代京剧《杜鹃山》中柯湘劝阻雷刚不要伤害为地主干活的田大江一段。不过,这里的李自成不是"柯湘",而是"雷刚"。有的论者在谈及《李自成》一书的缺点时曾指出"在李自成身上写出些草莽气,可能增加这一形象的可信程度"[2],而这段恰是李自成"草莽气"的表现!全书中表现李自成"草莽气"的笔墨还不止这一处,即使在前两卷中也有,比如李自成发怒时打人,石门谷平叛时在丁国宝住处一脚将被丁掳来的民女踢翻等等。

前两卷确实主要写了李自成的优点,因为那是李自成事业处于低潮、从逆境向顺境上升的时期,如果那时不写他超出一般草莽英雄的杰出之处,就无法令人信服地说明他何以有后来的辉煌。批评"李自成"人物塑造的"拔高"或"理想化"的人,主要是针对前两卷,许多人并未认真读完其后的三卷。关于李自成起义的宗旨,虽然前两卷曾不止一次让他本人说过"救民水火",但又写他心里想得更多的是推翻旧王朝,自己做新皇上。小说写他越到后来越将"救民水火",几乎忘得一干二净,失去民心,导致最终失败被杀。由此,读罢全书的读者有理由认为,所谓"救民水火",与其说是他起兵的根本宗旨,毋宁说是与"剿兵安民"、"不纳粮"一样的宣传策略。作者同情李自成,把他当英雄来写,却并未放弃现实主义原则,这使得"救民水火"之说也具有了某种反讽意味。所以"砍手"一段不但不是"拔高"李自成,反应看作者有意进行的现实主义描写,不但不是败笔,反而体现了作者的匠心。

还有一些论者认为第三卷"洪水滔滔"单元对张成仁、香兰一家悲剧的大段描写脱离主题,过于冗长,属于"累赘"。笔者却以为,这些描写的意义在于揭示战争的破坏性和悲剧性,在于反思战争(不论是农民军发起的还是官军发起的)给普通百姓带来的深重灾难,体现出强烈的人道主义精神,具有强烈的艺术震

---

[1] 丁帆、许志英主编:《中国新时期小说主潮》,人民文学出版社,2002年,第1037—1038页。
[2] 张钟、洪子诚等:《当代文学概观》,北京大学出版社,1980年,第461页。

撼力。之所以有人认为它"脱离主题",是因他们先入为主地认定《李自成》的主题是单一地歌颂农民起义,反映农民战争的"进步性"。

现在的语境中,似乎一提到"理想人物",就意味着"拔高"和"虚假"。评论文学作品时,常见批评者说作者倾力描写的一号主人公不及那些"落后人物"或"反面人物"。这反映出塑造文学作品理想人物的难度:果戈理《死魂灵》第一部写现实的地主很成功,当他试图在第二部中塑造理想地主形象时却失败了;评价柳青的《创业史》时,许多人认为梁生宝写得不及梁三老汉;同样,评价《李自成》时,许多论者也说李自成写得不及张献忠、郝摇旗、崇祯皇帝成功。事实上,中外文学名著中也不乏给人留下深刻印象的理想人物形象,例如《三国演义》中的诸葛亮,《悲惨世界》中的米里哀、冉阿让,《天龙八部》中的乔峰(萧峰)等。如果不带意识形态偏见的话,还应包括《红岩》里的许云峰、江雪琴,《钢铁是怎样炼成的》里的保尔·柯察金。这些理想人物给古今中外大量读者带来精神鼓舞、被当作行为楷模的社会作用,是难以否认的。《李自成》第一、二卷也曾激励鼓舞过众多读者。

文学作品里的理想人物产生社会作用有一个前提,就是读者有相应的精神需要,首先是相信理想人物的存在。在 20 世纪 80 年代中期之前,普通读者还是欢迎作品里的英雄或理想人物形象的,甚至《李自成》第三卷部分章节在刊物上发表时,还有工人读者不满于作品写李自成的封建思想,希望这一形象更完美些。① 直至 90 年代央视版电视剧《水浒传》播出时,一些观众还因李雪健塑造的宋江形象不够高大、英雄气不足而感到不满。电视剧《还珠格格》里的紫薇也是个理想人物。青春偶像剧里的主人公也都是理想人物。不过,如今"后现代"文化语境中的读者和观众比较容易接受的是能力英雄(武力的和智力的)或能力方面的理想人物,道德方面的理想人物越来越被认为虚假,没人相信。"神圣"纷纷被拉下"神坛",请出"圣殿"。社会价值尺度多元化固然是时代进步的标志,但一个时代也需要全社会公信的道德楷模、精神标杆,否则这一社会就失去了整合力、凝聚力。只以成功与财富衡量人的价值,而没有道德理想、道德底线的社会,是一个病态和野蛮的社会。

所以,塑造理想人物不应是作品受到诟病的理由。"理想的"永远是彼岸的、非现实的,那只是人试图达到的目标,是促人前行的动力源。《李自成》前两卷中比较理想的李自成形象之所以越来越被质疑,除了由于前述阶级斗争、农民起义的历史作用被否定,还因"农民"形象本身如今被妖魔化:它从"真正的英雄"一下子沦为落后、狭隘、肮脏、野蛮的代名词。其实,作为社会群体的"农

---

① 姚雪垠:《〈李自成〉人物谈·序》,《当代文学》1982 年第 2 期。

民","英雄"的一面和"落后"的一面、"干净"的一面与"肮脏"的一面都是客观存在。阿Q、闰土形象的真实性,不应成为否定朱老忠、梁生宝、李自成形象真实性的理由。更何况,李自成并非真正地道的"农民"呢。

八、走出"跨元批评"的怪圈

《李自成》篇幅有5卷320万言之多,从第一卷到最后两卷出版历时36年,特别是第三卷和第四、五卷的出版间隔18年,其间跨越了不同历史时期。这使得包括专业研究者在内的许多读者并未看完全部5卷,一些人甚至连第三卷都未看过,大部分人谈及《李自成》时其实头脑中的印象主要是第一、二卷。说李自成形象过于高大完美、性格没有发展的人,没有看到第三卷中李自成缺点的开始暴露,第四、五卷中他与下属的逐渐隔膜、与穷苦百姓的离心离德。而全书出齐后,一些专业研究者在没有读完整部作品或没有以平常心认真读完作品的情况下,仍按以往印象作评论、下断语,并且以此影响了众多青年学生和普通读者的观点和阅读选择,这是治学态度和方法上的问题,不能不说是令人十分遗憾的事情。

在对《李自成》的评价中,还暴露出我们当代文学批评和当代文学史研究中存在的另一偏向,就是以对作家的评价、对文学生产机制的阐释代替对作品本身的具体分析。评论文学作品当然需要"知人论世",但熟悉文学批评史的人知道,"文"与"人"不尽一致的现象并不鲜见,不应完全以"人"论"文",亦不宜完全凭"文"推"人"。说到底,文学批评的核心还应是对作品文学价值、艺术魅力本身的审美分析。对作家经历与思想的研究、对作品产生年代的了解、对作品反映内容历史本相的了解和揭示有助于我们解读作品中含蓄隐蔽的内涵或费解之处,但也有另外一种情况,就是我们对作者为人了解不多、不深、不具体,作品完全凭其本身的文学魅力征服读者:事实上,我们被《窦娥冤》《西厢记》《三国演义》《水浒传》的艺术魅力所征服,并非因为我们对关汉卿、王实甫、罗贯中、施耐庵的生平与为人了解很多;不去研究"曹学"、考证《红楼梦》的"本事",也并不会对非专业研究者的读者欣赏这部作品造成根本障碍。近年常见有研究者"爆料"某著名作品生产的"内幕"如何如何并因此断定该作品毫无价值,说《李自成》的创作动机是迎合毛泽东,也属这种情况。有些不曾读过《李自成》全书的读者,有可能就因此而随着贬斥该作。

严家炎在《走出百慕大三角区——谈二十世纪文艺批评的一点教训》一文中,曾指出了20世纪中国文学批评中存在的"异元批评"或"跨元批评"误区:

就是在不同质、不同"元"的文学作品之间,硬要用某"元"做固定不变的标准去评判,从而否定一批可能相当出色的作品的存在价值。譬如说,用现实主义标准去衡量现代主义作品或浪漫主义作品,用现代主义标准去衡量现实主义作品或浪漫主义作品,用浪漫主义标准去衡量现实主义作品或现代主义作品,如此等等①。

他认为这种"跨元批评"现象在20世纪中国文学史上普遍存在。笔者在论及学界对叶绍钧小说的评价时,也认为以"革命现实主义"标准衡量叶绍钧小说犹如以斤两论短长,导致了不良后果。② 在对《李自成》的评价中,这种"跨元批评"的现象同样存在,而且表现得相当严重,直接导致了某些中国当代文学史著作对《李自成》的误解、贬抑、无视或遮蔽。比如,有学者在只读了前三卷(而且估计第三卷读得也不细)的情况下说《李自成》"人物性格没有发展",这属于前面所说的治学态度和方法上的问题;而指责它没有写出人物"灵魂的搏战",则是用胡风"七月派"的创作方法要求与之艺术观点不合的姚雪垠;断言《李自成》对李自成杀李鸿恩、慧梅大义灭亲时心理矛盾的描写"只是层次较浅的内心冲突而已",属于用现代主义标准衡量现实主义小说;指责《李自成》"没留一点'神秘的余数'去让人养家糊口"③,那是按《红楼梦》甚至《尤利西斯》的尺度评判另外一种风格的作品。文学史上的名著中确有能让研究者不断阐释、供其"养家糊口"的类型,但小说的首要功能是供普通读者阅读,而非供专业研究者"养家糊口",那些故意留下"神秘的余数"以使专业研究者不断解读分析的作品只是文学大家族中的一支,托尔斯泰、契诃夫、莫泊桑的小说就不属这一类型,"所以研究托尔斯泰、契诃夫、莫泊桑的学者寥若晨星"④。

若不带偏见成见、不以"跨元"标准衡量《李自成》,就不会无视这部小说所取得的巨大成就:它追求历史科学与小说艺术的结合,实现了塑造人物性格与描述历史事件、展现历史风貌、揭示历史规律的有机统一;实现了全景展示时代风云与细腻描写日常生活情景的有机统一;在长篇小说的结构艺术上,它"横云断岭"的单元联合体式网状复线结构独具一格,与其巨大容量和超长篇幅相适应,达到了中国长篇小说的艺术高峰,在世界小说史上也独树一帜;艺术描写上,作者追求"笔墨变化,丰富多彩",人物语言充分体现出其阶级身份、文化修

---

① 严家炎:《中国现代小说流派史·附录》,人民文学出版社,1989年,第329页。
② 阎浩岗:《重新认识叶绍钧小说的文学史地位》,《文学评论》2003年第4期。
③ 以上引文均见王彬彬《论作为"人学"的〈李自成〉》,《上海文论》1988年第1期。
④ 以萨克·辛格语。转引自崔道怡等编:《"冰山"理论:对话与潜对话》(上册),工人出版社,1987年,第126页。

养、职业习惯与地域特色,战争描写打破了《三国演义》以来的模式,更具真实感与现场感,气势恢宏,多而不乱,互不重复,视角变换方面借鉴了《战争与和平》而又有所超越。《李自成》还创下中国 20 世纪文学史的诸多"之最":它不仅是第一部现代白话长篇历史小说,第一部正面反映大规模农民战争的长篇历史小说,也是当代第一部以如此多篇幅详细描写古代帝王和宫廷生活的小说,第一部把封建皇帝及其文臣武将作为悲剧人物予以正面表现的当代小说。它不仅同情最终失败了的李自成,也同情地写崇祯,赞美地写皇太极、多尔衮和庄妃等满清人物,因而又是第一部不以成败、不按阶级或民族界限论英雄的当代小说。它的史诗规模与恢宏气魄、它的一系列悲剧人物和悲剧故事构成的总体悲剧氛围具有强烈的艺术震撼力。对于取得如此成就的当代长篇小说杰作,文学史是不应该忽视和遮蔽的。

原载于《中国现代文学研究丛刊》2011 年第 2 期

走向最后的历史主义典型化写作
——评《李自成》后两卷的艺术成就兼谈历史小说的典型观问题

吴秀明　蒋青林

姚雪垠的《李自成》自1981年第三卷出版,又经过了风雨坎坷的18年,其后两卷第四、第五卷终于于1999年得以面世。遗憾的是,后两卷至今未有评论,这似乎有失公允。应该说,后两卷是《李自成》全书的有机组成部分,它也具有相当不俗的艺术成就,其中较为突出的就是历史主义典型化。所谓历史主义典型化,就是作家创作主体严格恪守历史的本质规律,其所描写的人事都按照必然性原则进行高度概括和提炼。这也是老作家姚雪垠一种自觉的艺术追求,他曾从创作方法的角度将其《李自成》创作称作"历史现实主义"写作,认为这种"历史现实主义"即我们所说的历史主义典型化,"既遵守一般现实主义创作方法的传统,也有新的特点"①,也就是"通过小说艺术写出历史事变的基本真相,它的运动规律,它所包含的错综复杂的因果关系,以及它向后人提供的历史知识和值得重视的经验教训"②。

姚雪垠如上的理念在《李自成》前三卷中曾取得令人瞩目的成就。一般说来,典型化程度愈高,典型观念的透析力就愈强,相应的,典型人物的艺术价值也就愈大。崇祯、洪承畴、皇太极、牛金星、宋献策、刘宗敏、郝摇旗、张献忠、慧梅等一批形象的成功塑造在这方面就是很好的例证。所有这些,在《李自成》后两卷中也较好地得到了贯彻,并且在20世纪90年代文化转型环境中成为一个独特而又相对孤寂的存在。这与同时期中青年作家创作的文化历史小说、新历史小说形成了明显的反差。《李自成》后两卷的此般遭遇,是否意味着历史主义典型化写作已不适应新时代的历史小说创作?它是偶然的还是带有某种深刻的必然?这些问题不仅关系到对《李自成》后两卷乃至全书总体艺术成就的评价,同时也对当下及未来历史小说的整体创作和发展都具有重要的现实意义,因此有必要引起我们的重视。

---

① 姚雪垠:《创作体会漫笔》,《文艺理论与批评》1990年第2期。
② 姚雪垠:《从历史研究到历史小说创作》,《文学评论》1990年第4期。

一

用理性之光烛照农民起义军及其上层领导集团在取得政权之后,如何逐渐偏离原来的运行轨道而走向一意孤行、腐化堕落和失去方寸,最后滑入失败的大悲剧,这是《李自成》后两卷重点探讨的问题,也是该书历史主义典型化写作时必须正视并解决的难点问题。在《李自成》前三卷中,也许是为了强调官逼民反的正义性,姚雪垠为我们更多地展现了李自成及其领导的义军革命造反的合理性与光明面,并由此带来不少歧义。而在后两卷中,这一切随着时势的转移,在作者冷峻之笔的审视下,李自成和他的部属却发生了令人震惊的三次蜕变:

首先是在进京途中,因为以往的流动作战取得了接二连三的胜利,李自成等人不仅未能审时度势,及时采纳李岩的先巩固中原以作进退之据的建议,反而由于太原之战的胜利进一步坚持错误的军事方针。更令人担忧的是他还急于求成,没让饱受战争之苦的百姓休养生息,埋下了后来兵败如山倒的隐患。

其次是进入北京以后的剧变,这也是后两卷的重头戏,是作者写得最用力并且最具艺术震撼力的重要篇章之一。此时,农民义军自身的蒙昧、腐败和短视迅速地蔓延开来,从上到下都陶醉在胜利的赞歌声中:李自成在群臣一片劝进声中踌躇满志地演习登极大典;刘宗敏不带兵追击残敌,却盲目地按照既定方针进行拷掠追赃;李过、田见秀等将领都住进了明朝大官僚的豪华府第;大学士牛金星只对教习登极大典和拜客热心,俨然一派太平宰相风度;士兵们不能自律,开始抢掠奸淫,导致北京城内人心思变。更为严重的是,作为义军的最高统帅——李自成在关键时刻也不能保持清醒,采取有效措施扭转危局,反而默许刘宗敏的"拷赃"行为,自己也沉迷于女色不能自拔……总之,从军事、政治到理想、道德,义军及其领袖都出现了大面积的滑坡,所有这一切,都直接导致了大顺军从胜利巅峰向失败深渊迅速坠落。

最后是败退北京直至大悲剧的结局,义军在进退失据之际,非但没有及时吸取教训,相反却相互猜忌、攻讦和陷害。李自成在这方面尤甚,逃亡不久,他便偏听谗言,错杀了李岩兄弟,致使军心涣散、士气低落,内部出现严重的分崩离析。其后他更变本加厉,越发偏狭、迷信、多疑,不仅不再自信,同时也对身边的人失去了信任。小说第5卷第24章讲到李自成在走投无路之际,对忠心耿耿保护他的部下白旺也心存芥蒂,原因就是白旺不是延安府一带的人,起义也较晚。这一细节非常逼真地写出了李自成等农民领袖的狭隘,他们不能代表当时的先进文化。

由上可知,尽管姚雪垠不像时下诸多的文化历史小说或新历史小说作家那样对农民起义进行嘲讽与解构,而是对之充满同情与理解,将其视为推动社会前进的根本历史动力,但他并没有一味地对其予以美化,而是按照自己的理解和认识,尽力给予合历史、合目的的展示。随着故事情节的推进,小说后两卷更多地发掘的是农民起义的落后性与破坏性,尤其是在起义军进入北京之后,更是对此作了集中描写。李自成等人迥异于前三卷的表现,发生了惊人的蜕变,他由先前的高大伟岸(应该说小说前三卷在这方面的分寸把握得不甚理想,有颇明显的美化和拔高之弊)变成现在的平庸粗鄙,将我们对农民起义的浪漫幻想拉回到温煦的现实人间。这是作家对历史主义的高度尊重,也是历史主义的艺术力量之所在。因为历史主义文学编码严格遵循理性主义逻辑规范,这就从根本上决定了作家要遵循必然性的悲剧阐释原则,将上述一系列人事凝聚、串联在李自成及其农民起义功败垂成的事理逻辑上。

于是,大顺军悲剧的发生就成为必然,李自成注定也只能扮演悲剧英雄的角色,最后在英雄末路上落寞地死去。这是他作为一个小农生产者难以逾越的历史局限。

当然,作为一个历史小说的大家,姚雪垠没有将这场历史大悲剧全都归咎于以李自成为代表的农民阶级,他还放开眼光将知识分子摄入自己的艺术视野,从中挖掘其身上的悲剧内涵。众所周知,农民起义军中的知识分子是一个特殊的群体,他们因拥有治国安邦之术和在民众中享有的威望而成为朝廷与义军争夺的对象,而他们自身的远大抱负与独立的价值取向又让其与后两者都难以相容。知识分子在更多的时候扮演的是某种工具的角色,兔死狗烹、鸟尽弓藏之际,往往就是他们的悲剧命运降临之时。在《李自成》前三卷中,姚雪垠曾细致入微地向我们展示了宋献策、牛金星、李岩等知识分子在朝廷与义军争夺过程中的艰难选择及其所具有的近乎左右时局的巨大作用。在此基础上,后两卷对他们的悲剧结局进行了叙述,前后对比,就更发人深省,它蕴含了作家对知识分子命运的深刻忧思。与起义军领导集团中的其他人物相比,牛金星、宋献策、李岩等人的眼光更为高远,对时局及个人命运的思考也更具有独立性。如:李岩在义军进军北京以前就提出借鉴朱元璋的经验,"高筑墙,广积粮,缓称王",用意深远;在义军东征以前,宋献策、李岩主张不可过于冒险,苦劝罢兵;义军退出北京之后,李岩更是想临危受命,力图恢复河南以作进一步打算。然而知识分子毕竟处于依附的地位,他们无法决策天下,甚至连自身的性命也难以保全。宋献策尽管足智多谋,在山海关之战中他也是无力回天;李岩兄弟一片耿耿忠心,换来的竟是杀身之祸;牛金星的宰相也难以为继,最后只好来个金蝉脱壳,一走了之。知识分子的价值何在?他们的出路在哪里?上述这些描写浸透着作家对历史和现实中知识分子的生存状态(也包括自己的坎坷命运)的深切体悟,叙述的背后闪烁着作家理性审视的"第三只眼",历史主义的理性逻辑在这里又一次显示出它的强大的穿透力和概括力。从牛金星、宋献策、李岩等知识分子身上,我们可以聆听到一些历史规律穿越时空发来的不绝如缕的回音。

将研究目光再投向义军的其他人物,《李自成》后两卷还会带给我们许多新的思索,如高夫人、红娘子两位女性。前者面对李自成后期的纳妃、偏听、多疑,自始至终给予宽容忍让,甚至将全军覆灭都归之于"天命"、"气数";后者也并未因李自成错杀自己的丈夫而颇多微词,相反为完成李岩的遗愿而苦苦奋斗,历尽千难万险去追随高夫人。她们对大顺命运的反思,可谓知天达命。这种抛弃个人恩怨的艺术描写,实则反映了作家从更高的层次去理解和把握历史的思维与观念。这中间,虽然滤去了不少鲜活的人性内容,却向我们展示了历史的另一面和另一种阐释方式,它显得高屋建瓴,大气磅礴。而这往往是当下新历史小说所无法比拟的。

如果说《李自成》后两卷对李自成及其义军的描写还存在着一些理念化的倾向,那么对以崇祯为代表的明王朝历史的叙述却达到了很高的典型化的水准。尤其是对崇祯的描写,在前三卷的基础上又有新的推进。他既是高度本质化了的,又是充分人性化了的,达到了个性与共性的有机统一。这突出表现在他临死前后的有关描写,从中我们看到了一个刚愎自用、色厉内荏的封建专制帝王,随着朝廷的"气数"渐尽,是怎样痛苦无奈地由穷途末路命赴黄泉的:当大顺军队攻破了北京的外城,他开始异想天开地要御驾亲征,还幻想着吴三桂会来京勤师。这些不切实际的想法,从文化学的角度反映了崇祯作为一个饱受儒家思想教育的皇帝的封建正统思想:国家有难,君主临危受命,扶大厦之将倾;君主有难,正是为臣的舍身报效之时。而当后来局势明朗,一俟得知自己在劫难逃,这时候他反而不再慌乱,十分镇定,先是急急忙忙但也有条不紊地处置关乎朱明王朝声誉和前途的一些大事,包括逼后宫皇妃自尽、砍杀公主、躲匿太子以图东山再起等等,然后在心腹太监王承恩的陪同下,从容而又悲愤地写下"宁毁朕尸,勿伤百姓"的衣带诏,自缢于煤山。这些描写,极大地开拓了人物的内在心理空间,将崇祯作为帝王的人与人的帝王的一面刻画得酣畅淋漓。可以说,他既是一个暴君,同时也是一个家长、丈夫、晚辈乃至一个生不逢时、想有所作为而作困兽斗的年轻弱者;他有着丰富的感情,却无法享受作为人之父、人之夫、人之子理应得到的天伦之乐和亲情温暖;他与李自成一样,同样也是一个悲剧性的人物。作家就是这样,在《李自成》后两卷中,没有因为崇祯是"反面"人物就丑化之,而是从政治、文化、人性、心理等多个维度对其进行描写。这就突破了固有的社会政治化的框范,赋予了人物丰富鲜活的思想内涵,使之成为小说中最璀璨夺目的艺术典型。

当然,类似这样的描写在《李自成》后两卷中不是很多,因而它们并不能改变包括后两卷在内的全书艺术整体坚硬的阶级论框架,也无法扭转其按照必然性事理原则进行叙事的逻辑趋势。这里的原因分析起来自然有与前三卷主题框架和谐一致的实际考虑,否则恐有损于这部史诗性作品的完整性与统一性,同时也跟作家长期信奉并实践的阶级斗争思想观念密切相关。以姚雪垠这样的年龄层次、价值取向和知识结构,要他抛开前三卷的写作套路而另起炉灶,像新历史小说作家那样采用纯人性或纯文化的视角来进行《李自成》后两卷的创作,这显然是强人所难,也似乎没有这个必要。

二

《李自成》后两卷历史主义典型化的另一重要表现是民族关系的处理。作家遵循现实主义原则,一方面如实写出李自成所处时代的满汉之间的民族冲突和斗争,甚至是满族对汉族的掠夺及其给汉族人民带来的灾难,另一方面又理性地显示这种民族矛盾和斗争毕竟是中华民族内部的兄弟阋墙,它虽然是不幸的,但在客观上却为推进中华文化或文明的进一步繁衍发展注入了强大的生命力。现在有种叫"边缘活力说"的文化理论,它就是从中华文化或文明的总体结构的高度,考察少数民族与汉族即游牧文明与农业文明的冲突、互补和融合的:"当中原的正统文化在精密的建构中趋于模式化,甚至僵化的时候,存在于边疆少数民族地区的边缘文化就对之发起新的挑战,注入一种为教条模式难以约束的原始活力和新鲜思维,使整个文明在新的历史台阶上实现新的重组和融合。"① 这是中华文化或文明之所以具有世界上第一流的原创能力、兼容能力和历经数千年生命不竭的一个很重要的原因。在《李自成》后两卷有关民族关系特别是有关满族文化的描写上,虽然在总体上少数民族仍处于劣势,但对他们虚心学习汉族文化,后来居上、积极进取的描写——如:小博尔济吉特氏即庄妃多情而又稳重,处理家国大事恰到好处;幼主福临聪颖好学,是大清未来圣君的希望;豪格虽然居功自傲,但是亦能忍辱负重为大业着想等等,其实也涵盖了上述这样一种新思想、新理念。当然,从历史人物典型化的角度看,它突出体现在对多尔衮和吴三桂这两个形象的塑造上。

多尔衮是继皇太极之后大清的实际权力的操纵者,是名副其实的无冕之王。小说后两卷集中叙述了多尔衮的英雄事迹,将其置于大清的中心。作家是从历史人物所起的作用而不是依其所拥有的名号进行定位的。换句话说,他是站在历史和时代的高度来对多尔衮进行评价和把握的。传统经典历史小说受

---

① 杨义:《"北方文学"的宏观价值和基本功能》,《南京师大文学院学报》2002年第4期。

正统的大汉族主义影响,少数民族往往被视为落后和野蛮的代名词,甚至连称谓上都含有轻视的意味,所谓南蛮、北狄、西戎、东夷等,此之谓也。至于具体的描写就更不用说了,什么茹毛饮血、劫掠成性、愚顽无知,一副可憎可怕的样子。这种描写虽然能够在一定程度上描述历史的个别现象,但从根本上说,却是非历史的,它不可能正确反映历史的深层本质,显然属于封建性的糟粕。我们从多尔衮身上却完全看不出上述的迹象,恰恰相反,在《李自成》后两卷中,作家为我们塑造了一位甚为高大的满族青年领袖形象:首先,作为一名政治家,他能够以大局为重,兼听善从。例如第4卷第4章讲到多尔衮为避免争夺皇位的内讧,拥护福临登极,他甘愿和郑亲王做辅政亲王。因为郑亲王无法与之抗衡,所以多尔衮既名正言顺地掌握了实际权力,又维护了清朝的稳定,为后来的成就霸业奠定了基础,可谓一箭双雕,深谋远虑。在处理肃亲王豪格一事上,也可以看出多尔衮不凡的政治家眼光与出色的政治斗争能力,他一方面镇住了肃亲王居功自傲的嚣张气焰,另一方面做事又留有余地,只将豪格废为庶人,并不赶尽杀绝。其次,作为一名将领,他骁勇善战,战功赫赫。夺取山海关一战最能看出多尔衮的军事才华,他巧妙地利用李自成与吴三桂之间的矛盾,以自己强大的军事实力作后盾,居然"不战而屈人之兵",用一个平西王的空头衔就赚取了吴三桂和他镇守的山海关。最后,作为一名年轻英俊的男子,他多情勇敢,爱我所爱,同时又能自我克制,发乎情而止于礼。多尔衮与小博尔济吉特氏之间可谓两情相悦,多尔衮通过各种方式向小博尔济吉特氏表达自己的爱慕之意,对其子福临也异乎寻常地关心,但是这一切基本上都在叔嫂的名分之下进行,并无任何僭越之处。这样大智大勇的少数民族"邦主"入主中原,他当然不能不给趋于僵化的汉文化注入一股前所未有的激情、野性和灵气,使之在相互碰撞以后实现新的重组和融合。作家开放、开阔的现代民族观也由此可见一斑。

与多尔衮不同,吴三桂代表了民族关系的另一种取向。在《李自成》后两卷中,随着北京城被攻破和崇祯自戕,吴三桂实际上充当着明朝的代言人。历史的进程在明末充满了戏剧的意味,任何不经意的变化都可能导致它整体结构的改变,而吴三桂的取向就成了整体结构变化的转捩点。众所周知,吴三桂向来被视为不齿的"民族叛徒",因此对他降清的描写就显得比较敏感和棘手。作家于此体现的历史观和民族观是很有见地的,他努力按照历史的本质规律进行价值取舍。小说后两卷叙述了吴三桂思想转变的三个阶段:先是迫于崇祯的压力,名为率兵前往北京勤王,实则作壁上观,故意拖延;北京被攻破后,欲学申包胥借兵复国,以期达到既握权柄又得忠名的双赢目的;为对付李自成向多尔衮借兵不成反而落入多尔衮的铁腕之中,最后被迫投降大清。吴三桂的降清当然是极其利己的,但他同时也有民心向背的考虑,至于汉满之分,对他来讲倒是次要的。第4卷第21章中吴三桂给其父吴襄的信,就很好地揭示了他的这种心态,显然,在这里吴三桂对吴襄的怒骂是针对李自成的,因为李自成此时已经失去民心,他不再是吴的心仪对象。通过上述对吴三桂的简要描述,再来反观明末清初这个充满玄机的转捩点,我们不得不佩服作家在民族关系处理上所体现出来的现代的文化立场与多元的价值取向。他并不把李自成的失败简单归因于吴三桂的降清,也没有因此对吴三桂进行简单的道德鞭挞,而是将其放在当时的历史环境中,给予如同黑格尔所言的"既真实也合乎现代旨趣"的解释。这样,他就有效地跳脱传统小说的窠臼,真正达到对历史深层本质和本真的理性把握和透视。姚雪垠上述的民族观在当代历史小说中具有开创性的意义,它深刻地影响了后来同题材的一大批作家作品。如徐兴业的《金瓯缺》,凌力的《少年天子》、《倾国倾城》等等,我们从中可看到其在观念上与姚氏的承续关系。

当然,《李自成》后两卷的历史主义典型化的民族关系描写远未臻理想,它还存在着一些明显的不足。其中较为突出的,是在艺术向度上重"大历史"的政治生活而轻"小历史"的日常生活。由于思维观念的限制和主题思想的规约,与前三卷一样,作家主要从政治生活角度评价、把握李自成及其与关外的大清之间的斗争,以此来揭示李自成的思想性格,至于政治生活之外并与之相连接的日常生活,虽写到一些,如第4卷第15章写李自成进驻北京之后仍不失农民本色,未喝完的茶也要喝掉,三四天没有洗脚等等,但却非常有限,而且主要是用来为政治生活服务的。这就不可避免地使小说后两卷有关李自成及其民族关系的描写、处理出现了政治化或泛政治化的倾向,失去了历史和艺术固有的丰富复杂而又鲜活丰润的内涵。特别要指出的是,由于受时代大环境的影响与创作主体自身思想的局限,作家基本还是站在阶级论的立场来评价、把握农民起义的,未能很好地放开手脚去写农民领袖的历史局限,以至不惜牺牲人物的真实性去增强典型性。像李自成内在心理空间的开拓问题,现在看来写得还很不够,甚至比前三卷还要粗疏。对吴三桂、多尔衮的描写也有类似的缺陷。前者突出表现在吴三桂降清的处理上,作家一反"冲冠一怒为红颜"的传统之说,代之以民心向背的选择动机,这种单一的典型化的方式似乎失之简单。后者主要体现在对多尔衮与小博尔济吉特氏暧昧关系的把握上,小说对之强调得有些过分,它不仅不能对多尔衮政治生活描写起到有效的丰富、补充和延伸的作用,相反却对它产生抵牾乃至颠覆、消解的作用。再从满汉民族关系的叙述来看,后两卷也有颇明显的失误之处,如将民族战争山海关大战的描写与小说首卷的潼关大战作一对比,我们可以发现,这里的人物只是匆匆地走了个过场。按照姚雪垠的文史功力与艺术素养,这样的缺失是不该有的。其中的一个很重要原因,恐与他高龄的身体有关。

附带指出,姚雪垠在创作《李自成》后两卷时,可能已预感到自己不能理想、如愿地实现预定的写作计划。为了给这部"超大河"式的巨著画上句号,他先从

第五卷写起,然后倒过来再写第四卷,并对不少内容进行了压缩。所以在第四卷的开头,作家不得已采用"注解"的形式,将李自成破襄阳、杀罗汝才、建大顺直至回米脂祭祖这样一些极具审美价值的历史内容一笔带过。这就不能不影响和遏制包括民族关系在内的作品艺术整体的审美内化和细化,给我们留下了永远无法弥补的艺术遗憾。

三

姚雪垠的历史主义典型化写作对新时期中国历史题材小说创作产生了很大的影响,不仅传统历史小说,而且革命历史小说或红色经典也均循此例。20世纪40、50年代出生的中青年历史小说作家如凌力、刘斯奋、唐浩明、二月河、熊召政、吴因易、韩静霆、王顺镇、马昭、刘恩铭、张笑天等,也在不同程度上继承了姚雪垠上述的典型观,不同的只是他们在作品中弱化了阶级斗争或政治意识形态,强化了大文化或大人文的观念。到了苏童、格非、叶兆言、刘震云、孙甘露、余华、刘恒、北村等一批更加年轻的、以60年代出生为主体的作家群那里,他们按照"一切历史都是当代史"、"一切历史皆文本"的观念,潇洒从容地展开艺术想象,对老一代作家的历史小说的创作路子来了一个釜底抽薪的颠覆,历史主义的典型观在这里似乎再也找不到自己的位置。可以说,从《李自成》第四、第五卷发表的90年代迄今,姚雪垠所崇尚的典型观受冷落已是不争的事实。那么,这是否意味着历史主义的典型观已经过时,它不再具有新的生命力了呢?这个问题,有必要加以辨析。

首先从文学体裁来看,运用历史主义典型观进行创作的多为社会剖析型的历史小说。这种创作体裁具有悠久的历史传统,而且长盛不衰,从《三国演义》、《水浒传》到《两汉演义》、《洪秀全演义》,再到《李自成》、《星星草》等,它们一直在向我们展示其不竭的生命力。中国作为一个政治色彩非常浓厚的国家,政治历来就是生活中的一件大事,在一些特殊的年代,譬如"文革",政治是每个人生活中压倒一切的头等大事,古往今来,概莫能外。当下社会转型时期政治的影响力较之以前虽大为削弱,但它作为意识形态领域里的重要的一维,仍然存在并且继续在发挥着不可忽视的作用。作为政治的艺术反映的社会剖析型历史小说具有其他历史小说体裁不可代替的功能价值,这不仅在于它所反映的社会政治生活内容,而且也在于它叙事上所具有的独特的美学魅力,这是历史小说领域中的一笔蕴含丰富的艺术资源。就《李自成》来说,皇皇五大卷、三百二十余万字,全景式地反映明末清初的社会政治,这种史诗式的写作本身就显得非常大气。加上有政治强力的介入和帮助,它不仅有助于提高作家理性审视和概括生活的思维及能力,而且还会因此而给作品的思想艺术增添许多深度和苍莽。再进一步从社会消费需求来看,社会剖析型历史小说也有相当可观的发展前景。以历史题材电视剧为例,《三国演义》《水浒传》《末代皇帝》《唐明皇》等都有较高的收视率,陕西电视台还准备将《李自成》改编为100集的电视连续剧。这些社会剖析型历史题材影视剧都强调艺术创作与历史原型之间的"异质同构"关系,都带有历史"正剧"的性质,并受到广大观众的欢迎。由此我们可以看出,社会剖析型历史小说由于其强大的历史概括力与透析力,在今天同样需要存在和发展,它对"异质"历史的积极的投入姿态以及由此给作品平添的历史质感,也自有其独特的价值。我们大可不必因为它在典型化方面存在问题,就轻易地对这种形态的创作进行否定。那样,既不符合事实,也不利于历史小说整体的生态平衡。

其次从艺术旨趣来看,历史主义典型观主要强调历史的本质与必然,是一种典型的理性化的创作观。同所有的历史小说一样,它当然也讲艺术虚构和创造,但却将虚构和创造纳入理性认知的范畴:一方面在大关节上遵循历史真实,不作随意更改;另一方面通过因果事理逻辑透视历史真实背后的历史本质规律和必然发展趋势,以便让读者更加清晰地把握历史的主动脉。因此历史主义典型观总是十分强调"深入历史,又跳出历史",强调作家所应有的史家禀赋和唯物史观的指导。因为借助这种理性思维,作家可以有效穿越真假掺杂、是非相混的历史表象而更能逼近历史本质和本真。如关于李自成悲剧发生的原因,姚雪垠就是这么认为的:历史上旧的因果关系"同新的因果关系互相作用,使中国的历史形势迅速酝酿,不依李自成及其左右群臣的意志为转移,而是依照因与果交互变化的历史规律向前发展,愈发展速度愈快,最后使李自成的大悲剧来一个飞跃发展"[①],这也是衡量一部作品是否典型化以及典型化程度和水平如何的一个重要标准。从文学发展史的角度观照,它那超强的理性思维与思想文化上的反封建的结合,还曾在20世纪70、80年代的历史小说创作过程中掀起过一个高潮,给我们留下颇丰的创作成果。这一点,只要翻看一下当年从文坛宿将萧军的《吴越春秋史话》到中年主力军蒋和森的《风萧萧》、再到后起之秀凌力的《星星草》等作品,就不难得知。当然,理性也绝不是万能的。如果不加分析地认为抽象思辨是认识所有对象唯一最佳的方式,并拿它来规范一切,尤其是规范感性、现象与偶然,那将自觉不自觉地委顿了历史小说的活泼生机,使创作又陷入一个新的误区。在这方面,应该说《李自成》及其新时期之初的不少历史小说是存在一些问题的,甚至有的作品其艺术上应有的立体为一种非文学的理念的纵深所代替。但这不等于说理性就不重要,或像当下某些新历史小说那

[①] 姚雪垠:《从历史研究到历史小说创作》,《文学评论》1990年第4期。

样,在对理性矫枉过正的同时又不适当地将作家对历史生活的反映看成是一种纯粹的非理性的感性活动。结果面对丰富复杂的历史出现迷茫失语,甚至是非不分、美丑莫辨,走向历史相对主义与虚无主义。

最后从创作实践来看,历史主义典型观也有存在和发展的充分理由,它不可轻易否定,也否定不了。个中的原因,主要在于典型化有较强的艺术概括力,它可以打破时间之维的线性限制和空间之维的立体限制,通过历时性与现时性的移植,将其他种种不同的人事凝聚到某一人事之上,使之如毛泽东所言"比普通的实际生活更高、更强烈、更有集中性、更典型、更理想,因此就更带普遍性"。因而历史主义典型化虽不是唯一的,但长期以来仍被不少作家所信奉,并代有精品力作。凌力、刘斯奋、唐浩明、二月河等中年作家的创作于此就是很好的例证,其他如蒋和森、任光椿、鲍昌、杨书案等稍年长作家的创作也很能说明这个问题。可以这样说,新时期成功或较成功之作都基本遵循历史主义典型观,是历史主义典型观熔铸的产物,至少与之趋近或较为一致。历史小说是小说而不是历史教科书,它当然可以对历史人物或历史事件进行典型化的移植、加工和创造,甚至像鲁迅所说的"嘴在浙江,脸在北京,衣服在山西,是一个拼凑起来的脚色"①,也无不可。问题是这些典型化要建立在亚里士多德所说的可然性、必然律原则基础之上,而不是作家主观随意的派生物。就《李自成》这样的自觉以"历史现实主义"方法创作而成的作品来说,更应该按照因果事理逻辑进行文本叙述。以茅盾所谓的"人与事虽非真有,但在作品所反映的时代社会条件下,这些人与事的发生是合理的,是有最大的可能性的"②,来对它进行评判,应该说是合适的。以此反观《李自成》,我们对它在典型化方面存在的问题便有一个较为客观的认识。显然,这里李自成形象之所以给人以过于高大、完美之感,主要不在作家对他的思想性格作了典型化的集中移植,而是在集中移植时未能很好地实施真实性原则并将它与典型化有机地结合起来。由此可知历史主义典型化并不是纯艺术的活动,它从本质上讲不能不说是历史与文学的"双语写作"。这也许就是姚雪垠所说的"历史小说是历史科学与小说艺术有机统一"的主要缘由之所在吧。

原载于《河南大学学报》2006年第3期

---

① 鲁迅:《鲁迅全集》第4卷,人民文学出版社,1984年,第513页。
② 茅盾:《茅盾文艺评论集》,文化艺术出版社,1981年,第1013页。

观念与小说
——关于姚雪垠五卷本《李自成》

董之林

1999年8月,姚雪垠①逝世三个月后,他的长篇历史小说《李自成》第四、五卷终于杀青付梓。自1963年《李自成》第一卷问世,历时三十六年,这部小说五卷共十二册,约合三百三十万字已全部出版。

当代中国小说史上,没有哪一部作品经历如此漫长的时间。姚雪垠"一九五七年秋天动笔"②,1963年7月《李自成》第一卷上、下册出版,1976年12月第二卷上、中、下册出版,1981年8月第三卷上、中、下册出版,80年代中期,作家"完成了四、五卷口述录音书稿,之后经不断修改,部分单元在《小说》上连载"③,直到1999年第四、五卷(每卷各上、下两册)同时出版,其间近四十二年。这还不包括据姚雪垠自述,抗战期间,"即四十年代开始时,他就想到要写历史长篇小说"④,萌生了"写作《李自成》的念头,并开始为此搜集、研究明末史料"。如果把这前前后后都加起来,小说经历了20世纪五十多年的风风雨雨,不仅凝聚作家大半生心血,也从一个侧面,反映中国小说观念在现代社会复杂的变化过程。

一

顾名思义,以明末农民起义领袖"李自成"命名历史小说,这是把农民起义作为事变轴心,表现王朝更替、天崩地裂的历史大变局。20世纪有关阶级和阶

---

① 姚雪垠,1910年10月10日生于河南省邓县姚家寨,1999年4月29日病逝于北京。
② 姚雪垠:《我的粗浅经验——给青年同志们的一封信》,原载1981年2月17日《浙江日报》。转引自《姚雪垠研究专集》,黄河文艺出版社,1985年,第181页。
③ 姚海天:《〈李自成〉第五卷·后记》,《李自成》第五卷下册,中国青年出版社,1999年,第794页。
④ 茅盾:《关于长篇历史小说〈李自成〉》,原载《文学评论》1978年第2期。转引自《姚雪垠研究专集》,黄河文艺出版社,1985年,第517页。另参见《姚雪垠致茅盾(1974年7月27日)》,《茅盾 姚雪垠谈艺书简》人民文学出版社,2006年,第5页。

级斗争理论对小说的影响,由此可见一斑。然而,受观念影响的小说却没被束缚在观念预设的小说框架内,在讲求观念的时代,小说与历史形成一种张力:一方面,小说不可能脱离一定的历史观念及其话语范畴;另一方面,文学想象又不断地开拓并僭越特定观念的边界,就像"新的语言不断加入到旧的语言之中,形成老城区周围的新区"①。在"新"与"旧"中间,我们很难划一条严整的界限,辨明谁新谁旧,或此或彼,但模糊的新、老交融的景象让人不得不承认,"语言"或"城区"的面目已判然有别。

我这里想特别说明,小说的复杂性正植根于现代观念的总体特征。与新中国一批当代小说家经历相似,姚雪垠的文学道路横跨新旧两个时代。20 世纪 30 年代,左翼文化运动方兴未艾,马克思主义、无政府主义、女权主义、唯美主义等各种思潮都十分活跃,伴随革命运动蓬勃发展,马克思主义在芜杂多变的文化思潮中独领风骚。新思想的浪潮也迅速波及姚雪垠正在求学的河南开封。据作家回忆,开封求学是他一生的关键,他的文学准备是在"中国共产党在白区执行左倾路线"的环境中完成的。姚雪垠 1929 年从家乡河南邓县考入开封的河南大学预科,"因参加中国共产党所领导的政治斗争及学潮被捕",出狱不久,"又以'思想错误,言行荒谬'的罪名被学校开除"②。回想那段生活,姚雪垠说:"当时我正是一个可塑性很强的小青年,我永远不能忘记进入河大预科后中国共产党的地下活动给我的启蒙教育。倘若没有这一思想教育,我不会走后来几十年的生活和工作道路。"③姚雪垠在《我的道路》一文中写道,左倾路线"使学生运动遭到不必要的损失","但政治思想方面的确教育和锻炼了一大批青年"。他参加文学界正在"鼓吹"的"普罗文学运动",从大量介绍苏联的新作品和文艺理论中,"我对文学的使命有了新的认识","我读了一些介绍马克思主义的书籍,初步掌握了一些关于历史唯物主义、辩证唯物主义以及政治经济学的理论常识,对我以后的学习起了启蒙和引路作用"④。他 40 年代的作品《春暖花开的时候》(长篇小说,1940)、《牛全德与红萝卜》(中篇小说,1941)、《差半车麦秸》(短篇小说,1943)和《长夜》(长篇小说,1947)等,与青年时期这些经历有密切的关系。

姚雪垠写"普罗文学"倾向的小说,但对历史学和古文典籍却情有独钟。他读梁启超的《清代学术概论》,"清代朴学家们的治学精神、方法和严肃态度使我

---

① 高空蔚:《姚雪垠简介》,《姚雪垠研究专集》,黄河文艺出版社,1985 年,第 6 页。
② [法]让·弗朗索斯·利奥塔:《后现代的条件》,武波译,韩少功、蒋子丹主编:《是明灯还是幻象》,云南人民出版社,2003 年,第 16 页。
③ 高空蔚:《姚雪垠简介》,《姚雪垠研究专集》,黄河文艺出版社,1985 年,第 3 页。
④ 姚雪垠:《向母校师生汇报》,《姚雪垠研究专集》,黄河文艺出版社,1985 年,第 57 页。

受到了很大教育",同时"很爱好古典文学。我不停留在一般欣赏,而能从古典文学中汲取了有益的营养"。他不仅粗通文言文和骈体文的写作方法,写旧体诗文,"日后读书渐多,这方面的修养也有所增进"①。热衷新文化与热衷古典并重,投身革命同时,对历史和古典文学也有浓厚的兴趣,这种经历当年也许并非姚雪垠所独有,但是穿越不同的知识结构,把新观念和"老故事"一起当作欣赏对象,不太强调知识谱系之间明显的分歧与界别,这在姚雪垠经历中是比较值得关注的现象。

初看起来,姚雪垠的选择与新文化运动倡导的人性启蒙是矛盾的。经过马克思主义"理论常识"的"启蒙和引路",又亲历共产党领导的学生运动,他在学术倾向和艺术趣味上却并不想从旧文学营垒冲杀出来。至少姚雪垠的自述,很少有那一时代青年激烈的、对旧文化毅然决绝的姿态,反倒像要复兴被五四新文化运动声讨的"《选》学妖孽"与"桐城谬种",倾心于《文学革命论》批判过的"古典文学"、"贵族文学"和"山林文学"。从局部看,似乎可以这么说,但问题是我们不能不通过作家广博的知识兴趣,向现代思想史进一步追寻,重温启蒙文化赋予那一代知识分子的使命。

现代启蒙运动对作家和知识分子的意义,特别关于人对"自我觉醒"的认识,并不局限于对个人经验的描摹或个人喜怒哀乐的范围,不局限在对个人爱情、婚姻的想象。尽管这是一般印象中的启蒙文学,但如果这就是启蒙时代的标志,这种现象却非现代文学独有,在古代社会和古典文学也屡屡可见。现代启蒙运动是这样一个历史过程:与以往的经验不同,同样是对生活不满,但人们不再相信有任何所谓万古不变的教条。"我思故我在",笛卡儿的名言成为新时代的精神主题。它倡导一种无畏的、富于挑战的"反思"意向,鼓励并激发人要"敢于去知"②。对"知"的理解,不是在以往的知识结构内寻寻觅觅、修修补补,反之,它是对亘古以来的生活方式、价值观念、伦理道德,以及由此形成的历史普遍性的大胆质疑与批判,是对传统社会一次全面的、颠覆性的清算。而马克思主义便是西学东渐潮流为中国知识分子提供的有力的思想武器。接受马克思唯物史观,以新思想重新确定和衡量一切,是现代思想启蒙在中国获得的标志性成果。

据姚雪垠回忆:"当时以历史唯物主义为指导的新史学运动正处在草创阶

---

① 姚雪垠:《我的道路》,原载《中国现代作家传略》,四川人民出版社,1981年。转引自《姚雪垠研究专集》,黄河文艺出版社,1985年,第46页。
② 姚雪垠:《我的道路》,《姚雪垠研究专集》,黄河文艺出版社,1985年,第46页。

段,关于中国社会性质和社会史问题的讨论甚为热闹。我对这一运动也很感兴趣。"①不仅追随时代潮流的青年对"新史学"感兴趣,历史学家也有对新史学运动的回忆可为佐证:"研究历史,和研究任何学问一样,是不允许轻率从事的。掌握正确的科学的历史的观点非常必要,这是先决问题。"②历史研究的关键不在于搜集和铺排史料,尽管那是必不可少的,但在这种常识背后,历史显然不是纯粹的客观存在,只等着历史学家原样叙述就可以了。叙述不再听凭正史记载中冠冕堂皇的宏大叙事,或者野史逸闻中零星的、支离破碎的段简残篇。研究历史的"先决问题"在于能否"掌握正确的科学的历史的观点",如果观念不变,即使汇集了大量材料,也不能形成理想的表述。换句话说,现代启蒙意识赋予人重新讲述历史的权力。当时"一切学问家,不但对于流俗传说,就是对于过去学者的学说也常常要抱有怀疑的态度,常常和书中的学说辩论,常常评判书中的学说,常常修正书中的学说;要这样才能有更新更善的学说产生"③。在这样的时代背景当中,思想文化领域产生了不断自我否定的倾向:

> 对于古代社会的看法,在学者之间很难取得一致,主要的原因之一也就在这里。就拿我自己来说吧,二十多年来我自己的看法已经改变了好几次,差不多常常是今日之我在和昨日之我做斗争。④

这段话出自郭沫若《中国古代社会研究》的"新版引言"。这本书出版于1930年,50年代作者借重版机会,以"引言"的方式,对二十多年来自己的史学经验加以清理和总结。30年代,姚雪垠曾把郭沫若的《中国古代社会研究》当作"心爱的书",以郭沫若的"私淑弟子"自诩⑤。像一种历史的巧合,史学家和小说家的命运如此紧密地连在一起,不唯郭沫若一生走在"今日之我在和昨日之我做斗争"的路上,姚雪垠的《李自成》也体现了不断否定的现代逻辑。1977年,《李自成》第一、二卷出版(其中第一卷为再版,两卷共五册,一百三十五万字,距离五卷十二册的《李自成》已接近半数),第三卷正在加紧写作,姚雪垠写信对朱

---

① 福柯:《什么是启蒙?》,汪晖译,见韩少功、蒋子丹主编《是明灯还是幻想》,云南人民出版社,2003年,第3页。
② 姚雪垠:《我的道路》,《姚雪垠研究专集》,黄河文艺出版社,1985年,第46页。
③ 郭沫若:《中国古代社会研究·1954年新版引言》,《中国古代社会研究》,人民出版社,1954年。
④ 顾颉刚:《怀疑与学问》,《学问人生》(上),高等教育出版社,2007年,第30页。(编者附注:此文于1934年由吴世昌代为草拟,顾颉刚改定。刊于中华书局高中《国文》教本。后收入1981年北京师范大学附属实验中学语文组编的教改试用教材初中《语文》第四册。)
⑤ 郭沫若:《中国古代社会研究·1954年新版引言》,《中国古代社会研究》,人民出版社,1954年。

光潜说,"我的探索尚在进行,心中不明确的地方还很多",仍然有"种种问题,横在我的面前,迫使我通过写作实践做些探索,更恰当地说,一面探索一面写作"①。这种"探索"是不是也包含"今日之我在和昨日之我做斗争"呢?答案是肯定的。

现代启蒙运动就像所罗门的瓶子,瓶盖一旦打开,那个背信弃义、僭越一切规范和准则的"魔鬼"就收不回去了。现代反思和批判的矛头不仅指向传统和历史,也包括对于当下、对现代定义中的现行法则。

二

就这一部长篇历史小说而言,不断反思和"斗争"的现代逻辑主要不体现为一种抽象的理论表达,也不是简单化的否定之否定:作品前后自相矛盾,构不成合乎情理的叙述线索。尽管对不成熟的作家作品有可能出现这种情况,但《李自成》绝非如此。

姚雪垠是一位杰出的小说家。关于这一点,首先要说作家对历史小说所下的苦功。姚雪垠把大半生心血都奉献给这部三百多万字的文学巨著:"许多年来我没有假日,没有节日,不分冬夏,每日凌晨三时左右起床,开始工作,每日工作常在十个小时以上。"②1997年初春,姚雪垠"因写作过于紧张劳累而突发中风倒在书桌旁",当家人把他抬到病床上,他说:"我要起来写《李自成》,写不完对不起读者。"③小说家几十年如一日地辛勤劳作,最终如愿以偿,他的执着与勤奋固然是一方面;另一方面,他对现代观念与小说艺术关系敏锐的感悟,还有在此基础上卓越的见识与才情,也是不能不说到的。

中国是历史悠久的国家,也是史料如山、史笔如椽的史学大国。这部小说写作之前,已经有比较确定的材料摆在那里。明末农民起义于1644年(甲申年,即崇祯十七年)初推翻明王朝,同年四月多尔衮率清军入关,李自成刚刚建立的大顺朝在与清军交战中一败涂地,军队溃散后一路逃亡,最后他本人死于湖北通山县境内的九宫山。但历史也有不那么确定的一面,比如史家采取什么角度,怎样讲述,孰详孰略,这中间有许多缝隙和富于弹性的地带,使后来者可

---

① 姚雪垠:《与友人讨论〈李自成〉创作问题的书信四封·致朱光潜》,《姚雪垠研究专集》,黄河文艺出版社,1985年,第340页。
② 姚雪垠:《〈李自成〉·前言》,《李自成》(第一卷上册),中国青年出版社,1978年,第4页。
③ 姚海天:《〈李自成〉·后记》,《李自成》(第五卷下册),中国青年出版社,1999年,第795页。

以不断地继续发挥。《李自成》以多角度的小说布局,复杂的人物心理刻画和汪洋恣肆的细节描写,让那些被重新组织起来的历史事件和人物故事更典型、更传神、更清晰地映入当代接受者的脑海,并形成小说与历史的一种张力。

小说向故有的历史挑战,并不意味着小说家存心要和历史作对。小说毕竟是小说,它似乎在不经意间,对原有的历史观念及其定义形成游离或僭越的倾向。姚雪垠在《李自成》第一卷1978年版《前言》中把这种"不经意"所体现的艺术必然性,概括为历史小说家"深入"和"跳出"的关系。他说:"历史小说应该是历史科学和小说艺术的有机结合,而历史小说家在处理两者的关系时必须做到深入历史,跳出历史。不深入历史就不能达到历史科学,不跳出历史就完不成艺术使命。"也就是说,"历史科学"为小说摆脱旧格套提供了新的契机,同时不可忽略"艺术使命"在实践过程中又使一定的观念或"历史科学"处于松动或解体的状态。需要说明的是,"历史科学"和"艺术使命"呈现的这种矛盾状态,并不是针锋相对、有意相互颠覆的那种。小说家不可能摆脱他身处的历史环境,就像人无法拔着自己的头发硬要离开地球,小说必然传递不同时代的各种信息,不管后来的人是不是赞同那个时代,或赞同他的意见。这里所发生的"松动或解体",确切地说应该是一种修正,原来的概念和定义在艺术转化中被赋予新意。

这一点,历史小说与80年代兴起于美国学术界的新历史主义有相近之处:"人们不愿意把历史叙事看作是语言虚构",但实际上,"历史的语言虚构形式同文学上的语言虚构有许多相同的地方"。因为"没有任何随意记录下来的历史事件本身可以形成一个故事,对于历史学家来说,历史事件只是故事的因素。事件通过压制和贬低一些因素,以及抬高和重视别的因素,通过个性塑造、主题的重复、声音和观点的变化、可供选择的描写策略,等等——总而言之,通过所有我们一般在小说或戏剧中的情节编织的技巧——才变成了故事"①。海登·怀特讲的是历史而非小说,之所以采取"故事"一词,由于新历史主义认为,历史学家所要形成的历史叙事,其结构和修辞手段可以和文学的"故事"媲美。

有志于写历史小说的作家大概都会贴近这种看法。不是说作家有意打破原有的观念或历史格局,也不是说姚雪垠在八九十年代想迎合新历史主义。这是历史与叙述、小说与观念在实践过程中必然经历的一种状态。有关的新历史主义理论,只是把操纵历史写作的"隐秘的手"揭示出来,也为历史小说摆脱庸常之见——所谓恢复历史原貌——提供了一个更好的理由,即从叙事的角度看

---

① [美]海登·怀特:《作为文学虚构的历史文本》,张京媛译。见张京媛主编《新历史主义与文学批评》,北京大学出版社,1993年,第161、163页。

待历史和小说的关系。既然历史写作需要某种类似文学的修辞手段才能达到"叙事",何况小说?小说本身是虚构的,它给历史小说家更宽泛的思考空间,以一种极尽情理的表述,连缀文学所认知的历史"实情"。

三

把农民起义和农民战争作为推动中国社会发展的动力,这是用马克思主义唯物史观观察和阐述中国历史得出的重要结论。对历史本质的这种判断和解释,使建国以来的文艺运动,始终把塑造工农兵形象,塑造阶级斗争中"叱咤风云"的无产阶级革命英雄的典型形象当作文艺工作的首要任务。从许多材料看,姚雪垠赞成、拥护这种主张,并以《李自成》参与了这一意识形态的文化建构①。但结构的复杂性在于,历史小说描写的一系列"事件"和"必须符合思维法则地加以认识的行为,两者之间的界限并不是确定的"②。规约在创作中不断实现的过程,实际上也是在撒播与移植中不断变形的过程,正如小说家关于只有"深入历史"和"跳出历史"才能完成"艺术使命"的比喻。因此,无论从小说的整体布局还是具体描写,《李自成》实际上要比意识形态规定的范围丰富、复杂得多。

《李自成》第一卷分上、下两册,所写故事发生在崇祯十一年(1638年)冬到第二年夏。其时农民战争处于低潮,李自成在潼关附近陷入明军包围,几乎全军覆没,妻女失散。为彻底镇压农民起义,明王朝调集最优势的兵力,像洪承畴、孙传庭、曹变蛟、贺人龙等朝廷重臣都分别率领各路人马,对活跃在川陕鄂交界的农民起义军围追堵截。重压之下,起义军败的败、降的降,名噪一时的义军领袖张献忠、罗汝才一时都归顺了朝廷。小说开始就把李自成放在严峻的政治和军事形势下,突出他的胆识,以及作为一位农民出身的政治家和军事家的个人素质:千钧一发之际,不胆怯,不投降,言而有信,又机警果断,这是他比其

---

① 1951年,姚雪垠离开上海回到河南,后调到武汉。他"准备写三部宏大的长篇历史小说:《李自成》、《天京悲剧》、《大江流日夜》(写辛亥革命)……就是要为社会主义祖国的文学事业做出贡献;并通过李自成、太平天国和辛亥革命的历史悲剧,来说明一个真理,只有无产阶级和共产党的领导,只有马列主义和社会主义能够救中国"。参见段景轩、李兴盛《成功者的足迹——姚雪垠访问漫记》,原载《黑龙江青年》1981年第4期。转引自《姚雪垠研究专集》,黄河文艺出版社,1985年,第36、37页。

② [英]A·吉登斯:《论社会学方法新规》,黄平译,见韩少功、蒋子丹主编《是明灯还是幻象》,云南人民出版社,2003年,第42页。

他义军首领别具人格魅力的地方。后来他在商洛山重整旗鼓,终于与突围到豫西的高夫人会合,并促使张献忠、罗汝才重新起义。

潼关南原大战,是历来评论《李自成》文章特别称赞的。名为"大战",实际上是李自成几乎全军覆没的一次"突围"。小说描写崇祯九年至十一年,义军领袖高迎祥战败被朝廷杀害后,李自成继任闯王,被朝廷军队堵截在陕西潼关,眼看就要被势力强大的官军消灭,他不得不率领人马"从潼关突围"。结局是悲惨的,起义军上千人从潼关突围,最后冲出去的只有十八个人。但小说描写这一过程却极为壮观,全没有凄惨哀怨的情绪,是全书塑造这支农民军队的点睛之笔。比如,写大战前紧张的气氛:"张鼐和三、四百名身经百战、犷悍异常的骑兵紧紧地跟着他。举在手中的刀和剑在阳光下闪着寒光……马蹄猛烈地踏着山石和坚硬的红色土地,像海潮,又像狂风暴雨。"写大战中起义军将领刘宗敏冒着疾雨似的箭矢,连换三匹坐骑,"稳如砥柱,竭力要看清官军的主将是谁?在什么地方?"写李自成身先士卒,英勇过人,和袁宗第"率一小队骑兵杀开一条路,直冲进官军的方阵中心",从祖大弼手里夺回张鼐;写高夫人胆大心细,运筹帷幄,带领义军的老幼妇孺趁机突出重围;写孩儿兵在闯王义子双喜的带领下,像突然插入敌阵的一把尖刀,打乱了左光先部队的阵脚。其中既有敌对双方斗智斗勇、布阵周旋,也有贺国英(贺人龙之侄,外号万人敌)与郝大勇(即郝摇旗)捉对厮杀……这些场面有声有色,扣人心弦。诚如茅盾所言:"第一卷写战争不落《三国演义》等书的旧套,是合乎当时客观现实的艺术加工,这是此书的独创特点。以潼关南原之战为例,有时写短兵相接,有时写战局全面的鸟瞰,疏密相间,错落有致。义军分兵两路同时突围而略有先后,写了李自成一面,接写高夫人一面,重点在李自成,而高夫人一面仍然声势不凡。"①

把惨烈的突围描写成起义军所向披靡的"潼关南原大战",以突显李自成和农民起义军的英雄形象。对此,可以理解为小说家实践其历史观念使然。但另一方面,小说中起义军有那么高的起点,会不会影响李自成最终归于失败的事实呢?60年代,阿英看过《李自成》第一卷就提出这个问题:

> 使人感到有些反历史主义,觉得完全是写游击战争,而不是李闯王时代的农民革命。如当时闯王和部将都是这样,革命早成功了。……历史上的农民革命,从纲领起(按此句记录有误,意思不清楚),有许多缺点,如不

---

① 茅盾:《茅盾致姚雪垠(1974年12月23日)》,《茅盾姚雪垠谈艺录》,人民文学出版社,2006年,第22页。

写这些缺点,就是替他擦粉,不能在典型环境中写典型人物。①

姚雪垠对阿英这个"重要意见"没做解释,70年代再版的《李自成》第一卷对这次战争场面也没做什么修改。姚雪垠的坚持,除了要表现农民起义和农民战争是历史发展的动力说之外,还有一个重要的原因,就是小说家从青年时代即怀有热心新史学运动的历史情结,他曾有志于明史研究,并一直怀有重述历史的雄心。如果仅仅是一部歌颂农民起义的小说,作家尽可以在相对完整的历史观念中构筑一个相对完整的故事;如果承认"擦粉"也是一种虚构方式,那么只写成功,不写失败,只写李自成"过五关斩六将",不写"败走麦城"也无不可,尽管阿英不赞成这种写法。值得留意的是,姚雪垠在这一点上与阿英没有分歧,他不打算在一种类似新历史主义的虚拟轨道上走得更远,而倾向于以现实主义的结构方式重写明末历史,把向来被忽略,或受到轻视的农民起义作为重要的历史因素之一。唯物史观使姚雪垠增强了重新讲述明史的信心,但他不是按观念亦步亦趋地图解历史的思想的侏儒,而是领时代风气之先、富于艺术个性的历史小说家。他从这里打开缺口,突出农民起义军由弱到强的经历,但笔墨又不局限于此,为的是通过描写明末农民起义、明王朝和清王朝这三股政治势力,展示明末社会的总体政治环境与历史格局。

这三股政治势力在明末历史舞台上既彼此排斥又彼此依存,此消彼长,此长彼消,最终"天下归一"的过程,不仅提供了能够支撑五卷十二册写作的广大空间,而且使历史小说的描写更加五彩斑斓,仪态万方。这种写法有一个重要的前提:向来被历史所忽视的农民和农民起义一定要成为势均力敌的一方,与明、清王朝形成鼎足之势。

小说以潼关南原大战先声夺人,对势若星火的农民起义军施以浓墨重彩,便是要从小说结构上,扭转以往历史叙述对农民起义轻视和忽略的倾向。在此意义,小说《李自成》既不是传统的王朝兴衰、帝王将相史,也不是阵脚分明的地主与农民两大阶级对抗史,更不是异族入侵中原、宣扬爱国主义的反侵略斗争史。虽然它们各有表现,却都无法总揽全局。

这还不仅是一种主观推测。《李自成》农民起义军的悲剧结局直到第三卷中、下册"洪水滔滔"和"慧梅之死"才越来越清晰起来。《李自成》第三卷1981年8月出版,阿英已于四年前(1977年6月)逝世,没能看到悲剧全过程。小说

---

① 阿英:《阿英、吴晗、李文治谈〈李自成〉》,《姚雪垠研究专集》,黄河文艺出版社,1985年,第526、527页。该文有注释:阿英的话由姚雪垠的回忆文章中摘出。姚雪垠文中说:"阿英另外有一个重要意见,在同我谈话时他没有说;江晓天同志当时整理的阿英的这个意见摘抄于下。"同上,第526页。

家以作品回答读者(文学史家和批评家也是读者)的问题是常有的事。但值得重视的是,姚雪垠并不打算回避阿英的"重要意见"。他说,第一卷"敢于放开手写潼关南原大战",的确采用了"夸张"的笔法。关于李自成,实际上"将古代别的人物的优秀品质和才干集中到他的身上。虚构了许多动人的情节,好使他的形象丰满而典型化"。关于潼关南原大战,"根据我的研究,根本没有发生过这次战争,但在写小说的时候,我从完成小说的使命着眼,采用了这个传说"①。小说的"使命"与他所说的"不跳出历史就完不成艺术使命"应该是一致的。这一"使命"的目的,是让李自成和农民起义军"在小说一开始就成为崇祯皇帝的主要对手",所以他要"将李自成在崇祯十三年冬天以前的重要性作些夸张"。也就是说,在第二、三卷描写起义军破洛阳,杀福王,将明末农民战争推进到新的阶段之前,作家已经在整体上有了"三分天下"的历史考虑和小说布局。

四

《李自成》是当代第一部以如此众多篇幅详细描写古代帝王和宫廷生活的长篇历史小说。对明王朝的朝廷政治决策,对崇祯与周皇后、田妃和袁妃的后宫私人生活,小说都有生动的描写。对清王朝,小说通过"燕辽纪事"、"甲申初春"等篇章,重点刻画了皇太极、多尔衮、庄妃和大学士范文程的人物形象,还有对洪承畴受降、多尔衮专权、福临发蒙读书等事件的大段铺陈。李自成做大顺朝皇帝时间很短,登基与逃亡几乎同时。虽然大顺朝一切朝政按牛金星、宋献策等人的建议沿袭明制,但动荡的时局,加上这些来自社会底层的读书人不仅没有朝政经验,为人行事也忒心胸狭隘,目光短浅,或攀龙附凤,或但求自保,使大顺朝与明、清王朝相比,最为荒唐、草率和混乱不堪。

表现明末总体政治格局的小说,却不以王朝史一类的标题命名,这种看似名实不符的矛盾,其实包括另一层巧妙的蕴意,即小说构思上多维互动的艺术格局。实际上,作品无论突出哪一方面,都以一种反衬的方式在突显对方,对其他两方面的描写也是有力的引导和铺垫。小说题目正是这种小说结构的体现,李自成农民起义是明王朝岌岌可危的政治局面的爆发点,明、清朝代易位正是明王朝自身矛盾、自我崩溃的必然结果。深入描写明王朝内部矛盾,不仅有利于了解明末农民起义何以剿而不衰、愈演愈烈,而且揭示了农民起义中诞生的

---

① 姚雪垠:《〈李自成〉第一卷上册·前言》,《李自成》(第一卷上册),中国青年出版社,1978年,第8页。

新王朝与旧王朝在政权文化上的同构倾向,从而进一步理解大顺朝迅速崩溃的原因。同时小说对新兴的清王朝的关注和描写,它一系列的政治举措,野心勃勃,充满进取的活力,对于成熟到逐渐衰朽的中原文化是一股巨大的冲击力,这又使作品富于文化反思的品格。"李自成"不是孤立的,而是明、清转换之际的历史产儿。换句话说,没有明王朝积重难返的政治危机,就没有李自成农民起义;没有李自成农民起义,就没有明朝的灭亡和清军入主中原;没有大顺朝的覆灭,就没有清王朝的一统天下。促成明末历史大变局的这三者之间,缺一不可。如果说,小说描写李自成、牛金星、李岩、宋献策等人被"逼上梁山"、投身农民起义,与《水浒传》相似,那么由于明、清王朝在小说描写中所占的分量,特别对各方高层人物的着意刻画,使这部看似表现农民革命的"水浒传",毋宁是一部描写明末历史的"三国演义"。

　　崇祯是小说描写明末历史的焦点人物。起义军势力的长与消,清军的退与进,都与崇祯息息相关。一方面起义军和清王朝都渴望攫取"大明江山";另一方面,摇摇欲坠的崇祯王朝仍然占据明末局势的主导地位。崇祯的每一个决策,都势必影响历史舞台上不同政治势力的胜负结局。明王朝投入镇压农民起义的力量多一些,清军势力就自北向南迅速扩张;明王朝全力以赴对付清军,李自成和农民义军的势力随即成星火燎原之势。崇祯由于夹在两股政治势力之间,国力逐渐被削弱,国土逐渐被蚕食,导致最终灭亡。

　　历史固然由历史的"合力"促成,也绝非个别历史人物的历史。但注重描写的小说艺术,更看重历史生活中的人物和细节,看重历史人物的主动性,因此在小说中,这些人物也绝不会是一些"历史必然发展规律"的玩偶。在这里,小说艺术似乎与历史哲学兜了个圈子,小说艺术的向心力在于发掘人物的具体复杂性,而不在于抽象的历史观念,甚至有意地反其道而行之,就像它标新立异的禀赋使然。实际上,任何抽象的历史观念只是对以往历史和历史人物的总结,而无法倒推过去,指导小说家照此结论去演绎人物。恰恰由于小说家注重历史人物的具体可感性,作为一种艺术象征,才使这样的人物故事更令人信服地体现了一种历史的宿命。因此,崇祯的确是"生于末世运偏消"的亡国之君,成王败寇,也是向来比较流行的舆论势力。但姚雪垠是一位对历史深怀悲悯之心的小说家,他没把崇祯写成一个咎由自取、天性顽劣的坏人,而详细地描写崇祯与命运抗争,写他的"励精图治"、"宵衣旰食"。尽管结局很失败,偌大的皇室家族,从朝廷到个人互相攻讦,互相拆台,简直就是自取灭亡。对于这些"不配享有好的命运"的人,小说家也沉得住气,描写崇祯如何在做"大明中兴"君主的个人愿望与这种愿望最终不可能实现之间苦苦挣扎,他和他的王朝如何一步一步地走向不可预知的历史黑洞,并最终被这个黑洞吞没。

正如历史选择崇祯来完成明朝覆灭的悲剧,小说家选择这个人物作为叙事焦点,对充分实现小说的艺术使命也同样地恰如其分。第五卷上册描写崇祯自缢前痛心地说:"可叹我辛辛苦苦、宵衣旰食、励精图治、梦想中兴,无奈文臣贪赃、武臣怕死,朝廷上只有门户之争,缺少为朕分忧之臣,到头来落一个亡国灭族的惨祸。一朝亡国,人事皆非,山河改色,天理何在!……唉,苍天!我不是亡国之君而偏遭亡国之祸,这是什么道理?"这并非全是皇帝为自己辩解的一面之词。

《李自成》从崇祯十一年写起,离明朝覆灭还有六年时间。在这六年,身为一国之君,唯一一件让崇祯自己做得了主的事,就是选择在煤山自尽。确切地说,那是没有选择的选择。崇祯错过了种种机会:年初李自成军队在山西,朝中有大臣建议朝廷迁往南京,崇祯怕担"偏安"罪名,"讳言南迁";后来有人建议,改送太子去南京,但"一经言官反对,便不许再有南迁之议,遂使一盘活棋变成死棋";李自成刚过大同,离居庸关尚远,天津巡抚冯元彪"具密疏"请崇祯乘海船南下,他率一千精兵到通州"迎驾",果真如此,崇祯也"必不会身殉社稷",并有可能从天津转道南京;李自成进北京五天前,崇祯还有机会,但"朝廷上下壅塞之祸,从来没人敢说",冯元彪的密疏终成画饼,崇祯必死无疑。

祖宗家法,皇亲国戚,满朝文武,无一不像绳索紧缚着崇祯。朝廷每道政令都出自崇祯,但每一道又都是这位"真命天子"多方妥协和无奈的结果。小说第一卷开头写崇祯十一年,清军打过通州,矛头直指京师。明朝的军费本来入不敷出,又受到"安内"和"攘外"两面夹击,崇祯打定主意向清廷赔款或割让土地,以求退兵。但他唯恐丢了祖宗的颜面,绕来绕去,就是不直言"议和"两个字。第一卷上册,崇祯面色沉重地说:"崇祯九年初,虏骑入犯,昌平失守,震惊陵寝。凡为臣子,都应卧薪尝胆,誓复国仇。可是刚过两年,虏骑又长驱直入,蹂躏京畿。似此内乱未息,外患日急,如何是好?"与清廷议和的主意已定,崇祯说这番话,其实是在等他的心腹太监高起潜和兵部尚书杨嗣昌像猜谜一样婉转地说出自己的心事。事情挑明后崇祯不放心,反复叮嘱"力求机密,不使外廷知道才好"。崇祯自以为高明,但"议和的消息不但朝廷上文武百官都已经知道,连满城百姓也都在议论纷纷"。高起潜、杨嗣昌、陈新甲等人再精明,也不能不代皇帝担起"议和"的投降恶名,好像皇帝只是被他们所蒙蔽,并非始作俑者。这一来,那些坚持对清廷主战的文臣武将坚信"抵御东虏"就是效忠皇上;而深知内幕的高起潜和杨嗣昌力主议和,"务必为皇上留此一点家当"。但无论坚决主战的卢象升,还是比卢象升颇知底细的高、杨,还有后来的陈新甲的下场都十分不妙。所有人从皇帝那儿得到的都是自相矛盾的旨意:执行哪一种,都是尽忠职守;执行哪一种,也都是大逆不道!因此,小说中文臣武将被崇祯换得像走马灯似的,有战死沙场的,有被疑作谋反砍头的,有为辱君命自杀的,有自觉委屈说出实情而被下狱或斩首的……但官僚毕竟不是韭菜,割了一茬还有一茬,最后崇祯实在找不着可用的人,便从监狱或流放地"赦免"一些人重新启用,直到他们死无葬身之地。那些早死的人,反而免去了这番折腾,真不知自己是幸或不幸。

历史上的王朝建立在血缘基础上。朱姓皇亲国戚不仅是明朝世袭俸禄的贵族,由于与王朝一荣皆荣、一损皆损的命运,他们对这个帝王家族也有比一般人更大的责任和更多的承当。但这只是从道理上说。当内忧外患、王朝危在旦夕之时,这个家族却是众叛亲离、分崩离析。第三卷中册描写崇祯十三年春天,"半个中国,无处不是灾荒惨重,无处不有'叛乱'",在川陕鄂围剿张献忠农民义军的杨嗣昌"迭次飞奏,征剿诸军欠饷严重,军心十分不稳"。朝中大臣相互推诿拿不出办法,崇祯只好求助于"京师诸戚畹、勋旧",也就是向皇亲国戚、有爵位的世家借钱。他思来想去,选中"隔了两代"的武清侯李国瑞,而闭口不提比李国瑞和其他皇亲国戚"都较殷富"的田妃和周后的娘家。内阁辅臣薛国观对皇帝的决定顺水推舟,以为可以不担责任。但"柿子专拣软的捏"的做法随即在李国瑞那里碰了钉子,李国瑞被崇祯送入大牢。表面看是李国瑞同皇帝作对,实际上所有皇亲国戚都站在李国瑞一边。李国瑞是明万历(神宗朱翊钧)孝定太后的侄孙,孝定太后是崇祯皇帝的曾祖母,从神宗皇帝算起,李国瑞还是崇祯的表叔。孝悌纽带是加在崇祯身上的又一条绳索,并不是崇祯对这位表亲心有不忍,而"戚畹和勋旧多结为亲戚,一家有难,八方牵连。所以那些在京城的公、侯、伯世爵对戚畹都表示同情,暗中支持,希望武清侯府用各种办法硬抗到底"。他们找亲戚向周皇后、田妃行贿,行贿的银子花得如流水一般,就是不借皇帝一文钱。后来李国瑞的家人买通皇五子(崇祯最喜欢的小儿子)的奶妈和宫女,装神弄鬼,把皇子吓死。皇帝见借助戚畹这条路实在走不通,也只好不了了之。

崇祯向命运的每一次抗争,都在王朝内部酿造一次惨祸,加速了王朝灭亡。仅崇祯向戚畹借助这件事,平白无故死去的小太监、小和尚、宫女、都人、奶妈和他们的家人,书中较为详细描写的就有十来个。再看高层,首辅薛国观被"赐死",武清侯李国瑞在监狱吞金自尽,田妃从此一病不起,终致身亡。朝廷的言官、大儒有的惨遭廷杖,有的瘐死狱中,有的被遣回原籍……受牵连、遭横祸的人不计其数。

五

一般小说通过刻画人物性格表现人物命运,所谓"性格即命运";历史小说家在人物性格背后,发掘出更为复杂的历史因素。从这个角度也可以说,历史即性格,历史即命运。

还以崇祯为例。小说描写崇祯性格焦躁,"猜疑多端,刚愎任性",稍有些头脑的朝臣都明白这一点。但皇帝的性格也不是一贯如此、时时如此,只是随着内忧外患不断加剧而愈演愈烈。"国库如洗,司农(即户部)无计",崇祯越是对国事缺乏信心,越是刚愎自用、猜忌多疑。其实崇祯的性格也与各位朝臣有关。那些满口阿谀献媚之辞的太监、佞臣自然帮助不了崇祯,那些一心为国分忧的忠臣也实在让崇祯心烦意乱。无论什么场合,他们都能出口成章,起承转合,滔滔不绝。明朝科举不断向朝廷输送一批又一批只会做光鲜文章的人,文章大国,文章治国,文章误国:"诸臣住在京城,全凭意气,徒逞口舌,捕风捉影,议论戎机。他们并未亲历其境,亲历其事,如何能说到实处!"杨嗣昌死后托梦的这番话(第三卷上册),其实就是崇祯心里想的,忠臣们多是历届科举状元,朝廷智囊,但他们"尽是书生之见,知经而不知权",要么立意高远、云山雾罩,要么远水不解近渴,解决不了任何问题。这些忠臣的"苦口良言"并不"利于病",反而对情绪已十分焦躁的崇祯如同火上浇油。第二卷中册描写为筹措军费,崇祯与黄道周、叶廷秀和刘宗周发生"廷争",崇祯责备他们"不顾国家急难,不思君父忧劳,徒事口舌之争以博取敢谏之名",但这些大儒和他们的门生根本听不进其中的一点道理,只知道一个接一个地挺身而出,崇祯实在耐不住性子,终于棍棒相加,把这些言官、大儒通统赶入大牢了事。

最让人啼笑皆非的,是受这种"徒事口舌之争"、虚伪的朝政影响,皇帝自己也有意做一篇流芳千古的文章。第三卷中册描写崇祯十四年八月,蓟辽总督洪承畴率领明军在辽东战场一败涂地,被清军围困在松山堡,次年二月防守松山南城的明军副将夏承德与清军里应外合,洪承畴全军覆没,本人被俘。还没得到洪承畴是否阵亡的确切消息,京师士民"街谈巷议,都认为洪承畴必死无疑"。"洪府故旧门生都关心朝廷荣典",洪府的管事家人"便共同给皇帝上了一道奏本,陈述洪承畴确已就义"。无论家人还是同僚,都好像唯恐洪承畴不死,抢先断了他活着回来的生路,人情世态冷酷到极点。于是朝廷决定为洪承畴举办"荣典",崇祯亲自撰写《祭文》,诵读其中段落"泣不成声":

……古人云:慷慨赴死易,从容就义难。慷慨与从容卿兼而有之矣。又闻卿绝食数日,气息奄奄,并不能兴,鼓卿余力,奋身坐起,南向而跪,连呼"陛下!陛下!"气噎泪流,欲语无声,倒地而死,目犹不瞑。君子成仁,有如是耶?呜呼痛哉!

本来祭文不必崇祯动笔,礼部两天前已经写好,但崇祯非要"亲自拟一祭文","传令名于万年"。在大厦将倾、狂澜即倒的危急关头,皇帝以祭文传世的想法已不大吉利,何况洪承畴没死,就在朝廷紧锣密鼓准备荣典的时候,洪承畴已经投降清朝。崇祯遂将《祭文》付之一炬。

正剧变成一出闹剧,悲剧不时流露喜剧的色彩,除了小说家把同情心分别赋予不同的政治势力,也在于他一身兼有二职,既是历史参与者,也是旁观者。小说家"参与"历史,仿佛与历史人物一起歌哭,一时山呼海啸,引得读者"听三国掉泪,替古人担忧"。"旁观者"的身份又使小说家对历史有一种洞悉,在值得同情的人物身上看到他必然覆灭的悲剧下场,比如对崇祯和李自成失败结局的描写;在曾被历史贬抑的人物身上看到希望和前景,比如对清廷入主中原的描写。

小说对清王朝采取两种描写方式:一种为虚写,通过崇祯推行"和议"主张,写清王朝企图入主中原咄咄逼人的气势;一种为实写,比较集中的描写从第三卷中册开始,更确切地说,从对原明朝蓟辽总督洪承畴的劝降开始。洪承畴被俘前有一段清廷描写十分有趣。清朝皇帝皇太极从叶赫(今辽宁开原旧城东北)回到盛京,在清宁宫参加夕祭,看萨玛跳神,祈祷松山战事顺利。小说描写参加这次夕祭的都是清廷贵族中重要人物:

>······他们在毡上坐下以后,侍卫在每人面前放一盘白肉、一杯酒、一碗白米饭、一碗肉汤。当时关外不产大米,大米是向朝鲜国李氏朝廷勒索来的。各人从自己的腰间取出刀子,割吃盘中猪肉。虽然贵族们将皇帝赐吃肉堪称莫大荣幸,但是又肥又腻的白猪肉毕竟难吃。幸而御前侍卫们悄悄地在每位大人面前放一小纸包的盐末,让他们撒在肉上,自然他们事后得花费不少赏银。

仪式、规则和变通的方法也适用于清廷对国事的处理。清廷自多尔衮入关前一直驻扎关外,朝廷内部懂汉字的人很少,不仅朝政上没有许多繁文缛节,仪式的外表也不奢华,甚至有些粗陋可笑。比如用跳神、皇帝赐白肉象征神灵、天道和荣誉等庄重的主题。但关键在其中变通的过程,清廷却处理得十分精细,务要切合实际。皇太极继位于努尔哈赤,早有入主中原的野心,他改努尔哈赤国号"后金"为"清","清与金音相近,却避免刺伤汉人的民族感情"。为一统天下,皇太极亟需汉族的文化和人才,所以一心想劝洪承畴降清。苦战被俘后的洪承畴本来已体力不支,又绝食三天,生命危在旦夕,皇太极急忙请内廷大学士范文程商议劝降办法,范文程建议皇太极对洪承畴用"美人计"。洪承畴出身名门,二十三岁即中状元,"少年为宦,位至尚书",花团锦簇,应有尽有。更难的是关外不比北京或江南,到哪去找?找什么样的"美人"才能"引动他欲生之念"?

最后皇太极找的"美人"的确不同凡响,不仅姿容秀丽、温文尔雅,而且神情高贵、能言善辩,寥寥数语便使洪承畴喝下参汤,动了"欲生之念"。最重要的是这位清廷的贵族丽人改变了洪承畴对清廷野蛮粗陋的"东虏"印象,使他对异族文化萌生一种体认和好感:"他想着满族女子不缠足,像刚才那位'丽人',步态轻盈中带着矫健,不像近世汉族美人每每弱不禁风,于是不觉想起曹子建形容洛神的有名诗句'翩若惊鸿,婉若游龙'。"直到受降仪式上观看歌舞节目,洪承畴才发觉那位丽人正是皇太极的宠妃博尔济吉特氏(庄妃),是皇位继承人福临的母亲,也就是后来的圣母皇太后。清廷这样做,自然让降臣感激涕零、肝脑涂地以报答"圣恩",但洪承畴"多年身居猜疑多端之朝",随即想到"清主命庄妃做此事必然极其秘密,将来如果泄露,或者他对清廷稍有不忠,他将必死无疑;而且,倘若清主和庄妃日后对此事稍有失悔,他也会有不测之祸。这么一想,他不禁背上冒出冷汗,再也不敢抬头偷望庄妃了"。看萨玛跳神、赐大臣吃白肉的皇太极,在和庄妃商量"美人计"的时候,势必早想到这层。

六

《李自成》第四、五卷是这一段惊心动魄历史的结局篇。第四卷上册结尾描写李自成攻进北京,崇祯自尽。第五卷上册描写多尔衮任清廷摄政王,于甲申年四月开始南征,五月占领北京。清王朝占据中原、统一中国近三百年就从"多尔衮时代"开始。第五卷下册描写李自成在清军追剿中,于顺治二年,也就是1645年初放弃长安、又逃离武昌,军队完全溃散,他最后单枪匹马,在九宫山被当地乡勇杀害。李自成死后不久,另一路农民义军领袖张献忠在四川被清军杀害。十九年后,已经归顺南明王朝的李自成旧部高夫人、李来亨等人被清兵包围在湖北兴山境内的九莲坪、茅芦山一带,战败后高夫人和慧英自焚于茅庐山顶慈庆宫钟楼。之后,又有红娘子和红霞在川陕鄂一带传播白莲教,以至一百五十多年后,这一带爆发了白莲教起义。小说终篇结尾写道:

> 这时正值清朝嘉庆初年,人们只知道起义蔓延数省,震动了全国,却没有想到,一个半世纪前,红娘子和红霞暗暗地传下了白莲教的种子。人们更不晓得,红娘子出家后,上承明朝初年的唐赛儿。嘉庆年间白莲教起义的领袖虽然已是好几代以后的徒弟,但她们都还记得自己的祖师。只是官府抓住她们的时候,不管如何审问,没有一个人吐出实情,为的是怕泄露了王屋山上尼庵的秘密。

卒章显志,白莲教起义像一道谶语,预示反抗压迫和屈辱命运的斗争必将薪火相传。

小说不以成败论英雄,对李自成农民起义怀有无限同情。古代英雄之所以称为英雄,其中悲剧是最具震撼力的原因,英雄的别称应该是一场悲剧。小说对明、清王朝的描写间或还有滑稽的成分和喜剧色彩,对李自成则完全不同。李自成是真正的悲剧人物,不仅因为他最后孤家寡人、身首异处的下场最为凄惨,也不仅由于他个人的种种过失,使他最终丢失了大顺朝皇帝的宝座。关于李自成农民起义失败的原因,小说第五卷后半部分描写茅芦山上高夫人、尚炯(老神仙)和红霞等人谈话中有片断流露,比如:起义军流动性大,在地方没有牢固的社会基础;忽视了清廷对大顺朝的威胁,对吴三桂降清缺乏思想准备;进入北京后,军纪败坏,丧失民心等。这是小说描写高夫人等人在茅芦山壮烈牺牲前的一些心理活动,是从人物的角度,表现他们作为亲历者和知情人对事变经过的追思。故事至此已接近尾声,但小说依旧笔力均衡,从而有力地勾画出人物慨然赴死前从容不迫的样态。然而,这一切都还不能表明小说对李自成悲剧的看法。

把以往被史书写成"乌合之众"或"流寇"的农民起义军,写得有如此气魄,这种艺术开掘及其表现方式的确反映了小说家的立场。姚雪垠始终以深厚的历史同情心关注和表现李自成农民起义的全过程。或者说,他始终站在底层社会受侮辱、受损害的阶级和阶层一边。正因如此,《李自成》与一般史传小说有根本的区别。通过对农民起义军的描写,小说将笔触伸向社会底层,从李自成身上看到他所属的社会阶层悲惨的命运。如果说,明代社会在李自成造反前就已衰朽、崩溃了,那么崇祯王朝完全体会不到,承受这一后果的下层社会简直就是一座人间地狱。出于这种社会环境,李自成的悲剧不是外在的,固然有外部原因,但他的悲剧几乎与生俱来。潼关突围后,李自成曾先去投奔张献忠,张献忠在军师徐以显鼓动下,差一点把李自成一干人全部杀掉。这次逃亡经历带有寓言性,李自成只有联合其他义军才能完成使命,战胜明王朝,但各路起义军首领绝不满足于劫富济贫,不论李自成还是张献忠都一定要做皇帝,于是在起义军之间和起义军内部,永无休止的争夺、猜忌随之而来。

争权夺利,猜忌谋杀,这些情节主要出现在外部压力减弱的情况下。面对朝廷重兵围剿,李自成必须扩大自己的军事力量,除了攻下山寨,开仓放赈,吸收老百姓加入义军,最有效的办法是把"杆子"(其他起义队伍)收编为自己的队伍。小说第二卷描写宋家寨寨主宋文富请马三婆串通侄儿马二拴,利用高官厚禄收买义军将领。寨主奶奶担心此计不成,因为她听说义军中人颇讲义气,这时"马三婆撇嘴一笑,'义气?江湖上的义气也早晚行情不同。目前大军压境,贼兵败将各人性命难保，义气该值几个钱一斤？'"底层社会鱼龙混杂，马三婆为典型一例。但也正因为她出身底层，了解那些人普遍的想法，从她的话里可以看出李自成军队的不稳定性。李自成破了宋家寨，接着平定石门谷"杆子哗变"，第三卷描写"慧梅之死"，李自成把义女慧梅嫁给袁时中，也是企图收编小袁营这支杆子队伍的二三万人马，最后袁时中带部队脱离闯王，被李过杀死在乱军中，已经怀孕数月的慧梅自尽，"她真是能狠下心，一抹脖子就去了两条性命"。李自成始终在收编杆子军队和"杆子哗变"之间煞费苦心，收编的军队要么叛逃，要么由于成分复杂，让李自成很难管理。慧梅的悲剧就是李自成军队扩编付出的代价，连同小说描写起义军围攻开封张存仁一家的惨剧，昔日繁华的开封变成一座死城。李自成向北京每前进一步，都愈加偏离起义军最初的愿景。如果李自成原本就打算"一将功成万骨枯"，是一个心狠手辣、性情歹毒的人，即使失败了也罪有应得，谈不上英雄，遑论悲剧。但小说描写李自成的悲剧在于他天性仁厚，对下层百姓有强烈的同情心，他越是要解救民众于水深火热，扩充军队，清除异己，推翻明王朝，就越向失败的结局靠近一步，越要背叛他原本善良的天性。这种悲剧性的深刻之处就在于它是无法避免、无以克服的，如果消灭了问题一方，事物本身亦不存在。难道真应了意大利人的那两句话："凡以人民起家的必沾染污秽"，"未掌权势者，权势会磨灭他"①？

　　这样总结李自成的悲剧，也许并非姚雪垠本意，但作为一部现实主义长篇力作，小说家对明末历史生动的叙述，使人物的悲剧性不局限于某一细节，或某一具体的失误，而是贯穿在他对整个历史生活的描写和诠释当中。一部小说诞生，正像婴儿脱离母腹，虽然保留着他脱胎于那个世界的遗传基因，同时却又独立于那个世界，成为一个自在的生命个体。这也是姚雪垠长篇历史小说《李自成》给我的启示，其中既有小说所映现的时代语境和社会规约，又有小说艺术和历史叙事的独到之处。归根结底，小说家究竟写了些什么。

原载于《文学评论》2008年第2期

---

① 美国电影《教父》第三集，影片的英文原文："He who build on the people builds on mud." "Power wearsout those who don't have it."

《李自成》在中国现当代文学史上的贡献

王维玲

　　今年是《李自成》出版五十年,从1963年出版第一卷,1976年出版第二卷,1981年出版第三卷,1999年出版第四、五两卷,五卷本出齐。从第一卷出版至今整整五十年,对一部作品来说,五十年的社会检验,可以"论定"了。一部成功的历史小说,不仅应该给读者提供丰富的艺术享受,而且应该给读者提供丰富的历史知识,同时通过小说中塑造的人物形象,历史事件的发展进程,各种成败的经验教训,使读者能从中得到启发,受到启示,这是读者在一般历史专著中得不到的。

　　五十年来,《李自成》这部著作在国内受到广大读者的热烈欢迎,来信之多,在中国青年出版社出版的长篇小说中是少见的,读者来信可以概括为四句话:开眼界、长知识、受教益、有收获。读者对李自成起义过程中的失败、受挫、壮大、胜利、又失败等重大历史事件的经验和教训,反映是强烈的。他们说,李自成和他的将士们坚韧不拔、万死不屈的精神和气概,具有很大的震撼力,很鼓舞人,他们失败的教训也很有借鉴意义。还有不少读者给姚老写来贺信、贺诗,抒发他们对《李自成》这部著作的感受和热爱。有一位读者用毛笔工工整整地给中国社会科学院写信建议"授予姚雪垠先生特殊荣誉,并给予相当优厚的奖励"。相当多的读者来信都提到"这是继我国的《三国演义》《水浒传》《西游记》《红楼梦》等小说以后的一部历史性的好小说,也是近年来最好的小说,是人类文学宝库中一颗璀璨的珍珠"。而建议改编电影、电视连续剧的读者来信就更多了。

　　同样,《李自成》出版以后,在国内有影响的知名人士和专家学者中的反映也是相当热烈的,其层次之高,受重视程度之深,可以说也是新中国成立以来出版的长篇小说中少见的。特别让我感动的是茅老,当时他已八十高龄,身体又不好,双目患老年性白内障,左目视力0.3至0.4,右目患老年性黄斑盘病,一尺外不见五指。可是茅老怀着极大的兴趣和热情,不仅看了《李自成》第一卷,而且将《李自成》第二卷初稿(八十万字)看了两遍。茅姚二人往来信件共58封,其中包括茅盾读《李自成》第二卷《商洛壮歌》到《河洛风云》的十个单元的详细审读意见。姚老说:"茅公对《李自成》第二卷的关怀和热忱,使我十分感激。""他有丰富的创作经验⋯⋯善于从小说艺术的特点评论小说作品。""许多意见精辟入微,探出作者匠心。"在姚老逝世后,他的儿子姚海天先生把茅盾和姚雪垠从1974年到1980年的七十多封无比珍贵的信件,以《茅盾、姚雪垠谈艺书简》为题,出了一本专集,详细记录下了不为外人所知的两位老人在《李自成》出版前后对《李自成》和《李自成》创作中的许多重大问题的分析和探讨,这是一本关于《李自成》创作的十分珍贵的记录。

讲到《李自成》的成就时,是茅老最早提出:"用历史唯物主义和辩证唯物主义来解剖这个封建社会,并再现其复杂变幻的矛盾本相,'五四'以后也没有人尝试过,作者(指姚雪垠)是填补空白的第一人。""作者在《李自成》中,打算为中国封建社会生活(包括它的各阶层间的相互关系),描绘一幅绚丽多彩的画卷。"这以后,夏衍、林默涵、秦牧也都提到这一点。而胡绳就更加明确指出:姚雪垠"不只是单纯地反映明末农民起义这一历史事件的过程,而是以这支农民起义军为中心,写出一部中国封建社会的'百科全书'"。到了1990年10月祝贺姚雪垠八十寿诞暨从事文学创作六十周年的时候,对于姚老运用历史唯物主义和辩证唯物主义的原理解剖中国封建社会,揭示当时复杂的社会矛盾,展示社会风貌,大家的议论就更多更详尽了。

1993年春节我去给姚老拜年时,讲起《李自成》第四、五两卷虽然还没有出版,但从第一、二、三卷出版三十年来的反映,书界人士公认姚老是现当代文学史上一位有突出成就和重要贡献的老作家。取得这样的声誉和成就,不是吹出来、捧出来的,是摆在那里的实实在在的事实,而这些成果不是从天上掉下来的,它们是姚老几十年的苦读与笔耕的硕果。是他几十年不息的奋斗,最终使自己拥有了牢固的基础和独有的优势,成为大家公认的一位学识渊博、知识深厚、具有较高艺术造诣和理论修养的学者型作家。这就是为什么在30年代出现的大批作家中,姚雪垠当时就比较突出和有名;为什么这以后他能够跨越几十年光阴,到了老年仍能够在创作上充满实力和创造力,创作活力始终不衰,而且取得辉煌成绩;又为什么至今他已80岁,仍笔耕不辍,努力奋进,并对自己的创作潜力和创作前景充满信心。就因为他具有雄厚的实力所形成的属于自己的综合优势!当时姚老对我讲的"综合优势"四个字很感兴趣,于是这天我们就围绕姚老具有哪些"综合优势"展开交谈,后来我把这次交谈概括为五个方面。

第一,姚老虽然不是专门研究马克思主义哲学的,但是在20世纪30年代初马克思主义思潮在中国大发展的浪潮中,他对马克思主义,对辩证唯物主义和历史唯物主义的哲学思想就产生了浓厚兴趣。在以后的几十年中,他对马克思主义的信仰矢志不渝,无论是在写作中,还是在教学中,他都坚持学习和运用马克思主义,而且贯彻在《李自成》的酝酿、构思、写作的整个过程之中。对此,茅老、胡绳等都给予了充分的肯定和很高的评价。正因为姚老比较早地就在自己的创作实践中运用马克思主义的哲学思想认识问题、分析问题,所以他对史学界和文学界出现的问题都有自己独特的见解,从不为一般潮流所左右。比如,在50年代,极"左"思潮流行,片面强调阶级立场、阶级对立,破坏了现实主义的文学创作手法。如是现实题材,对蒋介石必得尽量丑化,加以贬词;如是历史题材,对帝王将相不能正面去写,要写也必须加以丑化。姚老写《李自成》从一开始就打破了这个禁锢,他写崇祯皇帝,是将他作为全书中一个悲剧典型来塑造,与李自成合成旗鼓相当、双峰对峙的艺术典型来安排设计的。他说,在阶级社会中,单有一个阶级不能构成社会,必须有两个主要阶级,加上其他阶层,各种社会力量互相矛盾斗争,也互相依存。写农民起义当然是写农民阶级和地主阶级两方面领导力量的生死搏斗,不写李自成的对立面能行么?既然要写崇祯皇帝这个典型人物,不写他的宫廷生活、朝政活动,不写他周围的皇妃、宫女、太监、文臣、武将等人物,就构不成他的典型环境。姚老说,这一起码的历史唯物主义态度,使我敢于用大量笔墨塑造崇祯"这个"帝王的真实可信的形象。就是对李自成的塑造,姚老也认为,决不能违背历史唯物主义,李自成生在封建社会,存在决定意识,他和他的义军反对的是朱明王朝的统治,他们并不反孔,也没有想从根本上推翻封建制度。姚老坚持历史唯物主义的态度,加上丰富的历史知识,使他在写《李自成》的整个过程中,对遇到的许多难题,都能够保持清醒的头脑,既看得清楚,又敢于坚持原则,还能一一化解,写得更加深刻。

第二,姚老在中国史学方面有较深的修养,他自青年时代起,就开始收集和研究晚明史,阅读了大量史学方面的专著,包括正史、野史,连明史专家吴晗都说"论晚明史研究,我不如你"。白寿彝教授则誉他为"学者型的作家"。史学修养对历史小说家来说是极其重要的条件,姚老在《李自成》前三卷中已经表现出了他在史学修养方面的优势,到了后两卷,特别是写明朝灭亡和崇祯自缢殉国,写清朝廷的活动和清兵入关,更显出他丰富厚实的修养。

第三,姚老在中国古典文学研究上有较高的修养,这一点已为众人所公认。在《李自成》的创作中,首先一条就是在小说人物的对话中不能说出现代词语,如出现这种现象,就破坏了小说的历史气氛。其次,在写历史人物中的士大夫阶层的对话时,一定要写出这个阶层的特点,不如此就失去了历史的真实面貌。姚老为小说中的人物写出的诗、词和不同风格的古典散文很多,不仅没有失真,而且都达到了很高的水平。可以说在老一辈的专家学者中,具有这一套本领的人还不少,但在写历史小说的作家中,恐怕已是绝唱。在《李自成》中,上层士大夫的语言特色最为突出,包括诗、词和古典散文。

第四,姚老以历史唯物主义为指导,最早为中国当代历史小说创作开创出一条新的道路。这条创作道路的基本原则有二:一是主张历史小说是历史科学与小说艺术的有机结合,而深入历史科学是前提、是基础;二是要以历史唯物主义和辩证唯物主义为指导,运用小说创作的艺术规律,跳出历史,这样才能出新、创新。所以,要学习、钻研掌握小说艺术技巧。不掌握高超的小说技巧,就很难使历史小说成为激动人、感染人的文学作品,而不激动人、不感染人的文学作品,就没有达到历史小说的创作目的。

第五,《李自成》打破了"五四"以来中国长篇历史小说在内容上单线发展的程式和传统,开辟了百科全书式的创作规模。姚老在小说结构的方法上,在美学思想的运用和实践上,对长篇历史小说的创作,提供了丰富的经验。恐怕就因为这样,读过《李自成》之后,常常让我们既认识了封建社会里错综复杂的历史现象,又认识了各种历史事件的真正意义。《李自成》丰富而深刻的内容和多彩的艺术魅力,是姚雪垠创作个性中最突出、最活跃的特征,也是他不衰的艺术生命的源泉。在我们交谈中,有一个共同认识,这就是姚老在六十年的文学生涯中,把他在其他作品中做过的成功探索和经验,都吸收到《李自成》这部小说中来了,而《李自成》中的许多成功的探索和创造,却是他以往的作品中所没有的。所以在《李自成》出版五十年的时候,我们研究探讨《李自成》的创作,可以总结出许多宝贵的经验,提出许多题目,诸如美学思想与创作方法、悲剧思想与悲剧艺术、民族气魄与民族风格、传统手法与创作个性、文学语言与文学大众化、历史科学与小说艺术等,但所有这些都离不开对《李自成》的整体认识,离不开姚雪垠对历史小说创作的开创性贡献。这五十年,《李自成》的出版影响催生了一大批历史小说和作者,促成了历史小说的繁荣和发展,给我们文学的百花园生辉增色。研究和探讨《李自成》与中国当代历史小说的兴起和繁荣,研究这一社会文学现象,是很有意义、很有价值的。

总之,姚老的创作成就是开创性的,是他第一个填补了"五四"以来中国当代长篇历史小说的空白,这是值得我们思考和重视的。姚老的创作经验,绝不仅仅是他个人的财富,还是我们中华民族的财富,是我们整个文学界、出版界、史学界的财富。他的经验和成就,将影响几代人,事实上中国历史小说的作者们就在学习,就在实践,而这些实践结出了累累的硕果。

如果我们从文学理论、文学实践、文学史的角度进行评论和研究,总结姚老为社会主义文学创作,特别是历史小说的创作提供的宝贵经验,会有助于文学创作,特别是历史小说的开拓和繁荣。事实上,我们对《李自成》的研究,已经大大地扩展开来了,那就是从研究《李自成》的内容形式、风格手法、开拓创新等,扩展到了研究和探讨整个历史小说的发展和成就。形成这样一种局面,这不能不说是姚雪垠的贡献,这贡献远远超过了《李自成》的自身价值,从这点来说,在纪念《李自成》出版五十年的时候,进一步开展对姚雪垠和《李自成》的研究是一件很有价值和意义的事。

原载于《新文学评论》2014年第1期

《李自成》中的悖论

姚 伦

茅盾与姚雪垠同为"五四"以来第一、二两代的老作家。自1938年姚雪垠的短篇小说《差半车麦秸》发表在茅盾主编的《文艺阵地》起,两人即结下了长达40年之久的师生之谊。姚雪垠在贺茅公81岁生日的诗中有这样两句:"少作虚邀贺监赏,暮琴幸获子期心。""少作"是指姚雪垠青年时创作的《差半车麦秸》,"暮琴"则是指他老年时写的《李自成》。从短篇小说《差半车麦秸》到历史长篇小说《李自成》,茅盾都给予了积极的评价和鼓励,不难看出,姚老对于茅公的赏识与推崇十分感激。茅盾对长篇小说的创作一直十分关注,生前特将自己毕生积蓄的25万元,全部捐献出来设立茅盾长篇小说文学奖。而第一届"茅盾文学奖"颁发给《李自成》(第二卷),则与茅盾对姚雪垠创作的长期关心与支持是分不开的。茅盾曾给予《李自成》高度的评价:"用历史唯物主义和辩证唯物主义来解剖这个封建社会,并再现其复杂变幻的矛盾的本相,'五四'以后也没有人尝试过,作者是填补空白的第一人。"[①]然而20世纪80年代中期以来,《李自成》的研究日渐沉寂下去,当下,谈论《李自成》的声音更是稀薄。当年用阶级斗争历史观去解读农民起义,为《李自成》赢得鲜花与掌声,如今,阶级斗争历史观的运用又成了它的"罪状"。从1963年《李自成》第一卷问世,到1999年小说第四、五卷最后付梓,《李自成》创作历时36年,在时代风云的不断变幻中,作家的观念也产生了复杂的变化。阶级斗争历史观并不能囊括《李自成》的整个创作过程,将五卷本《李自成》纳入研究视野,对其全部文本集中梳理,从整体上把握《李自成》的创作流变,对于给予这部作品公正、客观的评价,很有必要。

一、作者小说观念的悖论

1. "现实主义"对"革命现实主义"的消解

姚雪垠在20世纪30年代就接受了马克思主义,与许多作家被动地"思想

[①] 茅盾:《关于长篇历史小说〈李自成〉》,《文学评论》1978年第2期。

改造"所带来的痛苦和创作才能衰竭相比,姚雪垠则积极主动得多,可以说他终其一生都是马克思主义的忠实信徒。他在多篇创作回忆录中谈到《李自成》运用的是"历史唯物主义"的创作原则,详细说来,就是哲学上的历史唯物主义与文学创作方法上的革命现实主义相结合。为了说明农民战争是推动历史发展的巨大动力,姚雪垠"努力在《李自成》中把每一个人物都放在一定的阶级地位、阶级关系中去处理"①,在泾渭分明的阶级话语下,《李自成》全书围绕崇祯和李自成这两个对立阶级的典型代表之间的殊死搏斗来展开,在他们背后,分别是以统治阶级和被统治阶级为基准划分的官军及农民军两大阵营。在阶级斗争理论的观照下,革命与反革命的话语色彩十分浓厚,对于明末李自成领导的农民军,作家显然更为偏爱。农民军从大将到普通士卒,上下一心,为创造一个"清明的太平世界"而努力,官军打仗要么是被逼无奈,要么是贪图功名利禄,如同一盘散沙,一击即溃。义军将士被官军杀害谓之"牺牲",他们杀了官军则称为"消灭"。四川名将张令、秦良玉,本为抗清做出了卓越的贡献,而在阶级话语的宰制下,明朝官员不论是谁,在历史上起过什么样的作用,地位如何,只要他们曾参与镇压农民军,就会被贴上反动阶级的标签。

姚雪垠是一位悲天悯人、对下层劳苦大众饱含同情的作家,他始终站在受侮辱、受损害的底层人民的立场下去书写历史。在小说开始,李自成部队打着"救民于水火"的旗号,攻州掠府,解民倒悬,老百姓十分拥戴他。但从小说第三卷开始,农民军和老百姓的"鱼水"关系悄然地发生了变化,尽管此时阶级斗争的视点仍然顽强地存在着,但作者已不再一味歌颂农民战争了。

开封攻城战中,作者在写出战争残酷景象的同时,将目光对准了城内居民,重点描写了张存仁一家在恶劣战争条件下的生存状态。作者花费大量笔墨去写城内张存仁一家的不幸,透过一个小家庭的遭遇,折射出战火纷飞、民不聊生的大环境下的众生相。姚雪垠在第三卷中将叙述目光更多地投向了战争状态下的普通老百姓,表现了他创作观念的转向。如果在小说《李自成》第一、二卷中,作者还有意回避农民军的负面影响和对社会生产的破坏,那么在第三卷中,农民军的破坏性被铺陈开来写,最初农民军那种进步的正面形象逐渐遭到瓦解。因此不难理解那么拥戴李自成的老百姓,此刻会发出这样的声音:"人家姓李的和姓朱的争天下,把咱们百姓也拖在里头,叫咱们怎么活?"②姚雪垠一反革命现实主义的创作成规,直面农民军的种种弱点和错误,虽然意在总结农民战争的经验教训,却不免使农民军在前两卷中被用心塑造起来的高大形象瞬间崩

---

①姚雪垠:《谈〈李自成〉的若干创作思想》(下),《文艺理论研究》1984年第2期。
②姚雪垠:《李自成》第三卷(下),中国青年出版社,1981年,第1258页。

塌。现实主义对革命现实主义的消解,使得农民军一开始表现出的"正义性"、"进步性"受到挑战。

不论是作家观念更迭,还是时代环境使然,小说《李自成》表现出既存在图解历史,也追求历史真实性的矛盾状况。两方面共时性地存在于同一文本中。一方面,姚雪垠用饱蘸"同情之泪"的如椽大笔书写那支在巨大失败中不绝望、不气馁的农民起义军,塑造出形形色色的英雄群像,完成他对革命现实主义的理解;另一方面忠实于现实的艺术追求也使得他在理想与现实的夹缝中无处遁逃。我们不能苛求作家应该如何写作,他写《李自成》既充满政治激情,同时,他改写了什么,忽略了什么,又可以说是基于时代氛围的无奈之举。

2. 多元复合历史观的冲突

作家姚雪垠把向来被忽略,或受到轻视的农民起义作为重要的历史因素,在明末清初的社会大动荡中,将它推向历史大舞台的风口浪尖。为了体现"农民战争是推动历史前进的真正动力"[①],在史料较少的情况下,姚雪垠虚构了许多动人的情节,对李自成农民军在崇祯十三年前的作用"做了某些程度的夸张",赋予农民起义领袖李自成及其部下艰苦朴素、英勇作战、疾恶如仇、关心下层人民等众多高贵的品质。但不可避免的是,农民战争在他的笔下无论多么波澜壮阔、振奋人心,最终也难逃失败的命运。如果对照李自成在北京登极后,农民军迅速败亡这一事实来看前两卷,很容易产生这样一个疑问:起初富有朝气、人心归附的农民军,为何在几个礼拜的安逸生活里就会立马腐朽变质,导致最终垮掉呢?

作为一部创作时间跨度如此之大的小说,《李自成》在文本间的过渡并不平滑,产生的诸多"裂缝",留给我们许多思考的空间。在《李自成》这部多卷本历史长篇小说中出现风格不统一的情况:一方面,作家要借助唯物史观考察明末的这支农民军,为说明农民军巨大的历史作用,有意采取"仰视"的角度来刻画这支军队;另一方面,治学严谨的作家在史学和文学两方面都不愿"流俗",不得不忠实于历史,写出历史进程中的多重合力。如何在文本中弥合两者间的缝隙,小说作者煞费苦心,他采取的切入点是毛泽东的"在先进的阶级出现以前,农民不能独自取得革命的胜利"的著名论断[②]。因此,无论大顺军的起点有多高,总免不了失败的命运。

问题在于把阶级斗争视为历史发展的唯一动力,势必忽视其他社会力量对历史发展所起的作用,以阶级斗争代替一切,容易忽视社会结构和社会生活的

[①] 毛泽东:《毛泽东选集》第2卷,人民出版社,1991年,第625页。
[②] 毛泽东:《毛泽东选集》第2卷,人民出版社,1991年,第625页。

多样性和复杂性。姚雪垠写《李自成》的目的并不仅仅是反映农民战争的成败规律那么简单,他的雄心壮志还包括要"围绕这一历史事件,广泛描写明清之际社会变动中各阶级、阶层、政治集团、军事集团、各种社会力量的复杂关系",写出"封建社会的百科全书"。自小说第三卷始,越来越丰富的历史内容已经无法完全用阶级斗争理论统一起来。随着小说主题的开掘,历史上的一些重要人物被浓墨重彩地推向历史舞台,特别是关外皇太极、多尔衮等人,他们左右时局的作用被突显,成为被作家肯定的对象。在民族政策上,他们重用汉族官僚,在文化上,采取兼容并包的态度,积极利用汉族文化为己所用。作家对清朝年轻且充满活力的文化极为赞扬,多元的历史观在这里产生了冲突。姚雪垠站在民族融合的角度,对满洲部落这一政治力量给予了特别的关注。如果按照阶级斗争理论来看,满洲的上层人物同崇祯一样,是"吸民脂民膏"统治阶级,关外铁骑经常骚扰畿辅,造成边境地区饿殍遍野、民不聊生,他们不仅杀人放火,每次入关还会劫掠普通百姓,破坏性极大。立足于开阔的民族观,作家没有将满洲方面纳入阶级斗争史,反而倾心于他们的生机与活力。

"历史不再只是由农民起义和农民战争推动的,而是由人民群众和圣君贤相共同创造的,后者的作用甚至被认为更显著。"①有评论家指出,20世纪80年代以后,农民英雄不再成为历史小说的主角,在《少年天子》《曾国藩》《张居正》《康熙大帝》等历史小说中,圣君贤臣在历史进程中展示出强大的推动力,《李自成》中体现的历史观念受时势的影响不得不说是十分明显的。同样是皇帝,对比内外交困的崇祯,皇太极更显出开国明君的雄才大略。"他不断招降和重用汉人协助他创建国家的工作,积极吸收高度发达的汉族封建文化为他所用"②,汉族官员在满洲贵族定鼎中原的过程中起到了不可忽视的作用。作家在谈到洪承畴这个人物时说:"我考虑到洪承畴这个历史人物从24岁中进士开始步入仕途,虽然前半生已经做了大官,但对中国历史并没有起重要作用,到降清后进入后半生,在中国历史上起了重要的作用。这个人在处理政治和军事问题上表现得才华横溢、思路敏捷。"③洪承畴做过明朝的大臣,多次打败农民军,是镇压农民起义的主要军事统帅,从这一点上看,他确实"没有起重要作用";而在洪承畴的后半生,他凭借真才实学,促进清朝一统中国,从这个意义上讲,他在中国历史上却"起了重要的作用"。观念支配着作家笔下的人物,作家站在民族融合的角度,对皇太极、洪承畴等"圣君贤

---

① 雷达:《关于历史小说中的历史观》,《文艺报》2003年10月21日。
② 姚雪垠:《李自成》第三卷(上),中国青年出版社,1981年,第413页。
③ 姚雪垠:《从历史研究到历史小说创作——从〈李自成〉第五卷的序曲谈起》,《文学评论》1992年第4期。

臣"的处理并没有失之简单化,而是对其做出了中肯的价值判断,正体现了作家的深刻之处。在《李自成》后两卷中,姚雪垠很少作简单的阶级定性,道德的观念也更为开放,小说的艺术魅力也因此得以绽放。

二、人物形象塑造中的悖论

1. 创作意图与艺术效果之间的背反

"历史小说应该深刻揭示主要人物性格的阶级本质"[①],秉承这样的写作观念,在阶级的分野下,作者钟爱笔下的李自成和高夫人,在刻画人物形象时,掺杂了过多的个人感情。正是因为带有感情倾向,姚雪垠才会认为"郝摇旗、张献忠这样的人物好写,李自成、高夫人、刘宗敏等人物难写"[②]。作为"反动阶级"的杨嗣昌、卢象升、洪承畴因为作家的着力刻画,人物形象反而不显单薄,给人的印象更为深刻。正如王先霈所说:"在中心人物形象塑造中,作者被固有的历史观控制太严,而在稍稍次要的人物那里,审美创造的直觉得以脱颖而出。"[③]在小说后两卷中,姚雪垠很少对人物作简单的阶级定性,许多人物因为性格向纵深发展,反而给人耳目一新的感觉。个人情感的渗入和消退,产生的结果就是创作实践和创作理论的矛盾。

受时代因素以及作家观念的制约,80年代以后,小说《李自成》第四、五卷的书写虽然没有完全脱离姚雪垠自三四十年代形成的革命现实主义创作观念的精神制约,但是在具体人物的塑造上呈现出转向的趋势。如作家着力塑造的封建帝王形象——崇祯,在漫长的岁月的淘洗中,逐渐流露出本色:封建帝王人性的一面得到舒张。再譬如封建知识分子的典型代表——李岩,由于主体意识的渗入,对知识分子的忧患意识和漂泊的命运的书写使人物形象增色不少。本应是遭到贬斥的对象却赢得了作者的同情,在开篇受到极力颂扬的农民军最后却在作家冷峻之笔的审视下如一盘散沙,迅速溃败。由于创作意图与艺术效果之间的背反,小说《李自成》在人物形象的塑造方面,超越了作者的期待,却表现出更为丰富的意蕴。

2. 李自成——从"农民英雄"到"孤家寡人"

众所周知,李自成领导的农民军取得了伟大胜利,推翻了明王朝的腐朽统

---

① 姚雪垠:《谈〈李自成〉的若干创作思想》(上),《文艺理论研究》1984年第2期。
② 姚雪垠:《谈〈李自成〉的若干创作思想》(上),《文艺理论研究》1984年第2期。
③ 王先霈:《历史小说作家的历史观》,《文艺报》2002年9月10日。

治,但他的大顺朝仅存四十二天,登基不到两天,就匆匆逃离北京。曾经大军过处,闻者望风披靡,战功赫赫的他,最后竟孤零零地惨死于乡民之手。如此巨大的人生落差本可以为挖掘人性的深度提供多种可能,但是在《李自成》中,由于作者回避了李自成及其领导的农民军对正常的生产生活秩序的破坏,以及过分强调农民战争的历史正义性和合理性,尤其是过于突出了阶级性,导致人物形象缺乏历史文化心理深度,农民战争的复杂面并没有被揭示出来。而且遗憾的是,作为农民英雄,李自成的形象塑造和性格挖掘并没有向纵深发展,虽然在第四、五卷中,李自成被添加了一些个人化的描写,但已经无法整体挽回他整个人物形象支离破碎的局面。正如一位评论家所言:"作家只注意将前三卷中李自成的性格翻转过来,将他性格中的负面因素放置到突出的地位并进行量上的积累与强化。"[1]但是不能简单地认为这种描写是革命意志的动摇,其深层次的原因是作家观念的变化。

小说第三卷是一个转捩点,开封攻城战中,李自成已逐渐有脱离群众的表现。农民军占领北京后,李自成开始对手下大小将领论功行赏、加官晋爵,并积极筹备登极大典的诸项事宜。实际上,自1642年李自成在襄阳称新顺王后,他已经由农民军领袖过渡为封建统治阶级,完成了阶级转化。"封建帝王的成型"使得李自成率领的那支充满朝气和活力的农民军一度消失在读者视野中,农民军种种弊端浮出水面。当披在李自成身上"神性"的外衣被作家撕去后,被典型化了的人物和支配周围一切的"个人英雄"不见了,取而代之的是一个有七情六欲的普通人。进驻皇城后的第一晚,李自成的"革命魂灵"就被富丽堂皇的宫殿和貌美贤淑的宫廷仕女所摄,新纳的宠妃窦氏让他十分满意,几乎改变了他多年早起的习惯。登上权力的顶峰,过于轻易到手的胜果让他不禁飘飘然,选妃纳妾、封赏功臣、拷掠追赃,这些都是不急之务,却被当成进入京城后的头等大事来处理,反而是赈济灾民、减免赋税这样有关人心背向的大事被大顺朝文武百官置若罔闻。山海关一战之后,进京前所向披靡的李自成终于尝到失败的滋味。在李自成生命的末期,军事上的接连失利,股肱大臣的背离,使得李自成的行事主张更加独断专行,最后众叛亲离的他孤零零地惨死于乡勇之手。小说最后两卷中,作者对于农民军的态度几乎来了一个大逆转,历史的态度取代了英雄主义,由于英雄主义的退隐,前两卷对李自成理想化、现代化的描写被置换成对其弱点和缺陷毫无保留的剖析。

一部文学作品,尤其是长篇小说,艺术上和思想上的成就,往往体现在它对主要人物形象的成功塑造上。毋庸讳言,由于阶级本质的转化,姚雪垠笔下的

---

[1] 范奇志:《对〈李自成〉四、五卷创作新变的探讨》,《文艺理论与批评》2001年第2期。

李自成形象在性格逻辑发展中存在着断裂之处。虽然作家可以从丰富的历史典籍中撷取材料为小说所用,但是与各种史料的堆砌不同,小说的内容不能孤立地存在,它得遵循一定的叙述逻辑和思维线索。从总体上看,李自成的形象从"农民英雄"到"封建帝王"的性格发展断裂,前面显得单薄,且与后面的异化形象反差过大。

3. 崇祯——从"封建帝王"到"悲剧英雄"

如果说李自成的悲剧带给人们更多的是理性的思考,那么崇祯的悲剧则深深地打动人心。在《李自成》的前三卷中,姚雪垠将崇祯置于不同阶级、阶层的相互关系中来刻画,细致地写出了宫廷中的钩心斗角,宫廷与皇亲的矛盾斗争,朝廷上的矛盾斗争。姚雪垠并不愿对崇祯进行公式化、概念化的描写,崇祯不仅是一位封建帝王,更是一位极具悲剧色彩的典型人物。姚雪垠认为,"所谓悲剧,就是英雄人物,通过他的努力奋斗,不能扭转客观历史条件给他提供的形势。正如恩格斯说的'历史的必然的要求与这个要求实际上不可能实现'"①。身为帝王,崇祯不是不渴望清平盛世,对于明朝的覆灭,崇祯显得并不甘心,即位十七年来,他一直在与命运不断地进行抗争,直到生命的最后一刻,他都不忘做垂死挣扎,一会幻想着吴三桂的救兵会突然赶到,一会又想率军亲征,直至最后落得国破家亡的下场。即位十七载,他无时无刻不承受着巨大的压力,长期累积在心头的愧疚心情使他常常失声痛哭,他越是想有所作为,现实却与期待相去甚远。明代在崇祯一朝已经陷入无可挽回的境地,即使没有"内忧外患",也是强弩之末,并不会撑太久。历史"选择"了崇祯作为亡国之君,这是不可逆转的。崇祯的主观行为动机与行为所产生的结果完全背反,因此,他只能走向悲剧的灭亡。

在小说中,崇祯的死不是农民阶级对封建统治阶级的大胜利,反而透露出一股悲凉的气息。临自尽前,崇祯还在为满城百姓可能遭到"流贼"的烧杀抢掠感到忧心,他在衣服上写道:"贼来,宁碎朕尸,勿伤百姓一人。"李自成以及大顺的一帮文臣牛、宋、李岩等对这句话,不能不受到触动。这个情节本是为了刻画崇祯的虚伪,反而让人感到崇祯作为一国之君身上所具有的道义品质。李自成退出北京时,纵火焚烧宫殿与崇祯拒绝焚烧乾清宫和三大殿形成强烈的对比,反讽的是,一度被"丑化"的封建帝王到死前行事反而比农民军更受人尊敬。

尽管崇祯作为落后反动的历史人物避免不了最终被历史淘汰的悲剧命运,但是姚雪垠并不愿将他作漫画式的处理,他曾谈到,如果李自成不那么快地打

---

① 姚雪垠:《李自成为什么失败?——兼论〈李自成〉的主题思想》,《湖北大学学报》1979年第1期。

到北京去,明朝的历史也许会延续几年。在小说的后半部,姚雪垠对崇祯的刻画不再从阶级立场出发,塑造出一个有血有肉的悲剧角色是他刻画崇祯的落脚点。姚雪垠说:"对崇祯的悲剧不能简单化。他当时可以避免亡国,而他竟然走上了亡国之路,身殉社稷,正显出他的悲剧性特别深刻。另外,崇祯'御极'17年,不是因荒淫昏庸而亡国,在他亡国时必然有许多人从死,为他殉节,也是为朝廷殉节,所以不能将他的死写得冷冷清清。"①从艺术的角度来看,崇祯勤勤恳恳、励精图治地忙于国事,最终仍不免失败的一生,本身就极具悲剧色彩。当政治环境相对宽松的时候,姚雪垠笔下的崇祯就挣脱了阶级立场的束缚,人物形象绽放出悲剧色彩。因此,不难想象作为反动腐朽的封建君主与作为帝王的普通人的崇祯是如何同时出现在作家笔下的。

4. 李岩——知识分子的"是"与"非"

李岩这个人物,据作家姚雪垠考证,在历史上是"绝无其人"的。姚雪垠谈到,他写李岩,是"根据传说塑造另一种封建时代的典型人物",不仅写他"淡于功名","也写出他和农民军并未水乳交融"②,证明如李岩这类知识分子在农民战争中起的作用并不大。但李岩的作用如何呢?我们从小说中来看。李岩在投入闯军之初,即带去了一封十分重要的长信,这封信详细论述了他的战略思想,大体内容是建议闯王立足河南,用心经营,待到民心稳固、生产恢复,再图谋定天下。这本是十分得民心的建议,宋献策和牛金星也十分赞同,可李自成并未采纳,他认为攻克开封才是当务之急。在农民军攻破商丘、睢州后,李自成准备弃城而去,望着坚固的城墙被大军拆毁,李岩觉得十分可惜,他又再次向闯王建议对这些重要城市分兵驻守,设官理民。李自成虽然觉得这意见十分重要,但是由于罗汝才从旁掣肘,这项建议又未被采纳。在闯军即将跨进紫禁城的前夜,又是李岩大胆犯颜直谏,他凭着一片忠心,力劝李自成取消对明朝勋戚拷掠追赃的成命,同时勿许将士驻扎内城,以免扰害百姓。令人扼腕的是,驻军城内和对大臣拷掠追赃都是刘宗敏和陕西将领同李自成早已商量好的,李自成根本不会采纳他的意见。而后的事实惊人地证明,这两项举措正是李自成和他的农民军在北京迅速失去民心的直接原因。小说中李岩最后一次对闯王提出建议是在农民军兵败山海关之后,他向闯王请求带兵两万回河南,经营中原,为农民军收拾残局,重拾人心,为岌岌可危的形势作最后一搏。可是新近尝过大败的李自成对李岩有了猜忌,他怀疑李岩的要求不是出自真心,最后以"莫须有"的

---

① 姚雪垠:《创作体会漫谈——〈李自成〉第五卷创作情况汇报》,《文艺理论与批评》1990年第1期。
② 姚雪垠:《谈〈李自成〉的若干创作思想》(上),《文艺理论研究》1984年第1期。

罪名将他杀害。

直到李岩悲剧的一生结束,他始终是扮演着一个"众人皆醉我独醒"的角色。他对李自成的一片忠心,他尽其所学为大顺朝出谋划策,可是他的大多数意见闯王并不采纳。李岩的悲剧在于,他虽然明白李自成同其他陕西籍将领的思想一样,更愿意定都西安,以关中为根本,不愿在河南立足,但他却有一种"骨鲠性格",敢于直言进谏,尽管他有深谋远虑的见解,但因为不善揣摩李自成的想法,和陕西籍将领的心思也常常背道而驰,所以逐渐受到李自成的冷落。正因为李岩"独怀殷忧",当大家都在热烈地讨论进兵北京时,他常常是一言不发,还面带心事。正是李岩这种"忧戚者"的身份,使得他区别于农民军的其他人物形象。姚雪垠所谓的李岩与农民军"精神上有距离",实际是表现出他对"革命"前途始终保持一份冷静的认识。李岩作为封建知识分子的典型代表,有他书生气的一面,他一直念念不忘的是"食君之禄,忠君之事",在大顺军盲目乐观的情绪下,李岩考虑得更多的是"革命"可能会遇到的挫折,与大顺朝中一味歌颂的声音相比,他的意见很不协调。他竭尽全力地纠偏农民军的运行轨迹,他所缺乏的"革命狂热情绪",可能正是所谓的他与农民军"离心"的地方。

我们看到,李岩这个人物形象实际包含的意蕴已经偏离了姚雪垠最初塑造这个人物时的设想。姚雪垠实际上是在借用李岩这个人物来看大顺军的种种失策。姚雪垠在李岩这个"虚构人物"的使用上,观念在不断发生变化,从一开始批评李岩清高的士大夫气质,到后来对李岩的死充满同情,姚雪垠不自觉地将知识分子改造的现代主题融入对封建士大夫的批判中,作家主体精神的介入赋予李岩这个人物形象更深层次的悲剧内涵。本来是为批驳《甲申三百年祭》中对李岩作用的夸大而对该人物进行重写,对李岩这位官宦子弟出身、封建士大夫阶层的典型人物进行批判,结果却演变成对其怀才不遇反遭杀害的嗟叹,姚雪垠要表达的何尝不是对知识分子命运的悲叹!

三、小说结构中的悖论

1. 喜剧结构与悲剧结构之间的冲突

《李自成》中存在喜剧结构和悲剧结构的冲突。喜剧结构表现之一是小说中充盈着浪漫主义色彩和乐观主义精神。喜剧冲突的解决一般比较轻快,往往以代表进步力量的主人公获得胜利或如愿以偿为结局。

小说前两卷为了突出农民起义英雄们"百折不挠的斗争精神、无所畏惧的英雄本色以及坚信胜利的乐观主义",对农民阶级这一阶层进行了一定程度的

"拔高"。小说《李自成》在农民军这一群体的刻画中,不免出现同质化的趋向。在阶级史观的视野里,农民阶级"天然"地具有进步性,在精神气质、思想境界等方面都超越当时的其他阶层,这不仅仅是内在的设定,而且具体表现在文本中,农民军具有一往无前的英雄气概和军民一心的政治坚定性。喜剧结构中的人物,即便处于人生低谷,也绝不气馁:在商洛山中瘟疫流行、粮食困难的情况下,农民军也不忘赈济灾民;农民军奔袭开封的失败,反而使全军越挫越勇,产生了意想不到的鼓舞作用。小说中的李自成并不像某些史书中记载的那样,因为革命陷入低潮,而沮丧得要自杀,他不仅没有丧失革命斗志,反而鼓舞士气,坚定斗争的信念。在喜剧结构中,农民军面对强敌,也不会有丝毫胆怯的心理。朱仙镇大捷,是农民军对官军取得的一次重大胜利,从此之后,明朝再也无力集结如此众多的部队。这在书中是农民军和官军的首次大规模作战,集中体现了李自成的战略思想和军事才华。农民军对官军设下了数道埋伏,意图将官军的有生力量消灭干净。在农民军离间计的成功运作下,面对大溃败的十七万官军,"将士们恨不得自己比别人多生两条腿,或多长出一对翅膀"①,去消灭更多的敌人,作者调侃式的笔调表达了对官军的蔑视。农民军与官军的战斗力有着天壤之别,义军作战格外英勇,官兵则像一盘散沙,一击即溃。至于刘宗敏在大战将至前的酣睡、飞马跃崖的惊心动魄,李自成在平叛完石门谷的作乱后于马上小憩的情节则于紧张的征战杀伐间,凸显出革命英雄的沉着勇敢,极富传奇色彩。"英雄史诗"的叙述视角使得战争变得更为浪漫,而忽视其中的残酷性。这种叙事结构,产生的阅读效应是读者不自知地把自己摆在农民军的立场上,很难对整个农民战争做出客观的评价。

农民军越失败,小说越显示出喜剧的效果,后来节节胜利,小说反而孕育着失败的因素。处于逆境中的起义军,反而洋溢着开朗乐观的积极情绪,在势如破竹的军事行动中,悲剧气氛却愈演愈烈。从小说第三卷开始,姚雪垠对农民军部队的破坏性有了更多的挖掘。崇祯十三年后,李自成率领农民军部队驰骋中原,在"迎闯王不纳粮"和"三年免征"的口号下,大量饥民响应,纷纷投军,这时农民军的问题也渐渐暴露,如只知攻城略地,不懂恢复生产、固守城池。在小说第四、五卷中,悲剧的气氛达到最高潮。不仅崇祯的死是作为大悲剧来处理的,就连农民军攻入北京也是带有强烈的悲剧意蕴。唯一例外的是满洲贵族势力,吴三桂打错了如意算盘,多尔衮率领清军不费一兵一卒就轻取山海关,进而挺进中原,消灭农民军的过程也十分顺利。农民军的大溃败同样是作为悲剧来处理,由于作家叙事立场的转变,农民军的转变显得过于陡直,缺乏对内在的逻

---

① 姚雪垠:《李自成》第三卷(下),中国青年出版社,1981年,第1160页。

辑发展过程进行深入揭示。

我们看到,从第一卷开始直到全书结束,农民军从巨大失败到苦心经营、军事上达到巅峰状态到最后无可挽救的大溃败,这一循环下来,农民军内部种种弊端和大失人心的地方触目惊心,令人扼腕。显然,明末大顺农民起义与其他历朝历代的农民起义相比,并没有多少进步的地方。这才是真正的历史悲喜剧!

2. 从"双峰对峙"到"三足鼎立"

《李自成》经历了"十七年"文学、"文革"文学、新时期文学等几个时代特征鲜明的时期,创作跨度如此之长,这部历史长篇巨制的时代印记也特别明显。从整体上看,《李自成》大致可分为三部分:第一部分,即创作于"文革"之前的第一、二卷,姚雪垠想要把李自成塑造成一个农民战争的英雄形象,于是从革命低潮开始写起,集中书写李自成及其部队坚忍不拔、英勇乐观的革命精神;第二部分即小说第三卷,创作于 20 世纪 70 年代末,在时代精神和文艺政策松动的双重境遇下,作者表现得比先前更为重视史料和史实,小说的主题明显转入对农民战争经验教训的总结;第三部分即为小说的最后两卷,如前文所述,作者对李自成的态度产生了一个大逆转,英雄主义的立场被彻底摒弃,而转为历史的态度。作者客观而无情地揭露农民军的弱点和致命错误,并让大顺军中对局势清醒的人物站出来说话,分析农民军在节节胜利之下一举攻破北京后迅速溃败的根本原因。

阶级矛盾和民族矛盾作为小说中并存的两个不同主题,共同撑起了小说的叙述结构。从粗略划分的三部分来看,小说两个主题之间的联系被人为地割裂开来,突出阶级斗争时,民族矛盾并未入场,而描写满汉民族矛盾时,阶级斗争观业已退场。"从第一卷至第五卷的前半部,主线是汉民族内部农民和地主两个阶级的斗争,即以李自成为首的农民起义军和以崇祯皇帝为代表的明朝统治集团在政治、军事上的生死搏斗",李自成和崇祯争夺天下是小说的主线情节,随着革命形势的深入,关外的清朝势力对时局的影响加深。到了第五卷,农民军占领北京后,大顺军陶醉于胜利的狂热情绪中,但是吴三桂的拒降和清军的蠢蠢欲动使得形势急转直下,大顺朝从进京的喜悦中冷静下来,但由于大顺军军纪的败坏和士气低落,"伟大的胜利"被蒙上了失败的阴影。随着吴三桂降清,农民军兵败山海关,清朝入主中原,小说也就进入了尾声。尽管在《李自成》前三卷中对清王朝的描写基本上采取的是虚写,但是从整体上看,姚雪垠对新兴的清文化是持肯定态度的。李自成的历史匆匆结束后,多尔衮打开了历史新的篇章。在山海关战役之初,姚雪垠就预言:"李自成的主力军在十几天后就要全师覆灭,他本人将走上无可挽救的大悲剧道路。在中国历史上满族的青年英雄爱新觉罗·多尔衮的时代在炮声中开始了。"①

  写作《李自成》的过程,也是姚雪垠思想不断调整的历程。"《李自成》全书虽未写完,但已经提出的值得探讨的问题不少,我自己也尚在摸索途中。有些我可能已经摸索出一些道理,有些我可能走错了路或收获与失败兼有。"②小说第三卷1981年就已出版,小说却直到1999年才最终出版完成。第四、五卷尽管篇幅不长,却耗费了作家18年的时间和精力,可见作者思想转变的痛苦。在文学与历史之间,作者背负的东西太多,始终无法收放自如。如果说姚雪垠一开始就想要谋划明末"三分天下"的格局,那我们看到,从阶级矛盾到民族矛盾的转变,衔接处缺乏一以贯之的线索。如果要写出农民战争的历史进步性,承认"擦粉"也是一种虚构的话,那么只写农民战争的成功,不写失败,也未尝不可。但是姚雪垠写到后面,视野越来越开阔,已经不满足写阶级斗争。他固有的历史雄心,写出丰富的历史内容的内在要求使得小说向着大历史观的方向展开,前三卷中被虚化处理的满洲贵族在小说第四卷中以大踏步的姿态走向历史舞台,成为主导历史走向的主要势力。③ 由于历史观念的转变,《李自成》这部历史长篇巨作在结构上出现了明显的断层,单独来看,作家在每卷都做出了力求顺应时代要求的努力,可是整体来看,滞后于时代要求的缺陷对于这部小说而言,不能不说是一个遗憾。

原载于《新文学评论》2012年第2期

---

① 姚雪垠:《兵败山海关》,《姚雪垠书系》第9卷,中国青年出版社,2000年,第281页。
② 姚雪垠:《绿窗书简(上)》,《姚雪垠书系》第20卷,中国青年出版社,2000年,第527页。
③ 在清兵入关,打败和消灭李自成的战争中,矛盾的主导力量(历史运动的主人)是清朝的摄政王多尔衮,而不是大顺国王李自成。姚雪垠:《从历史研究到历史小说创作——从〈李自成〉第五卷的序曲谈起》,《文学评论》1992年第4期。

《李自成》的遗憾

许建辉

傅建华先生作《精雕细琢尽善尽美——论〈李自成〉的不足及其弥补》一文，既肯定了"在中国众多的现代历史小说中，写得最好的是《李自成》"，又非常客观地"正视其不足"，提出了十分中肯的批评，其至关重要处，在于指出了"《李自成》第三、四卷之间或缺许多重要内容"的问题。文中写道：

"《李自成》第三卷最后一个单元是'慧梅之死'，描写李自成消灭叛变的袁时中并了结慧梅的婚姻悲剧。在该单元结束时，通过张鼐之口谈及李自成的下一步战略方向是占领襄阳便戛然而止。这是符合该书惯用的一个写作技巧——一个单元行将结束，抛出一点悬念的'话头'，至下一个单元即承此'话头'而展开详叙。然而，紧接着发生于崇祯十五年十一月下旬的'慧梅之死'单元的，却是崇祯十六年十二月中下旬开始的'甲申之春'单元。在相隔的十三个月的时间中，西营和满洲方面的副线发展且不论，仅主线发展就缺少紧扣主题、有史可考的李自成于崇祯十五年十二月攻入襄阳、于十六年三月樊城杀罗汝才、于五月成立临时中央政府、于十月攻破潼关并进入西安、于十月回米脂祭祖等重要事件。"

以此为据，傅建华先生进而批评说："一部小说，虽然要详略得当，但问题是略之太过。由此不足，使全书给人以虎头豹尾麻秆腰的感觉。"

毋庸讳言，引文所说"或缺"内容，实乃"真缺"，即发生于崇祯十六年中的全部故事，都被《李自成》"略"去了。这是《李自成》的遗憾，更是姚雪垠先生的痛苦。刚强而坚韧的老作家，只要还有一线希望，他就绝不会放弃；当明白结局已定无可挽回，则又胸怀坦荡直面相对，唯愿搞一个故事梗概，"锲"在三、四两卷之间，既可联系起前后内容，又可一看即知该部分想写而未及写。这是老作家的嘱托，却终于未能实现，虽然原因是多方面的，但作为他的工作助手，我自觉无论如何也难辞其咎。唯其如此，傅建华先生"略之太过"的批评才让我如坐针毡，"由此不足，使全书给人以虎头豹尾麻秆腰的感觉"一句，更仿佛是我的一种什么罪过：假如当初坚持按照姚老的"既定方针"办了，诸如此类的问题，大概就会被理解且被谅解了吧？

基于这样的愿望与认识，在姚老百年诞辰来临之际，我将当年的工作笔记梳理成文公之于此，权作对《精雕细琢尽善尽美》一文的读后感言，也为匆匆而去的时间留下一点史料，借以寄托对姚老的一份深切怀念。

（一）

1995 年 1 月，为大型诗词汇编《华夏吟友》索稿事，我随同朋友第一次走进了名人聚居的北京复兴门外 22 号院，拜谒了姚雪垠老人。其后不久，即通过姚老的坚持与努力，先"借"而后"调"到中国作家协会，成为他的工作助手。

当是时，姚老正在写作《李自成》第五卷中的《山海之战》单元。"无止境斋"中，印着"中国青年出版社"字样的稿纸摊开在宽大的写字台上，旁边的花瓷盖碗里飘飞着名贵绿茶的袅袅清香。老人面桌面窗而坐，良久的凝思默想之后，偶尔会有一行勾画了了的蝇头小字落在纸上。每周的一、三、五日，当我按规定前往上班时，进门前心里总是装着一个很大的希望，希望那些蝇头小字在刚过去的一天里繁衍出许多许多……然而，现实却总是打碎这希望让它变成泡影——日复日月复月，那些小字不惟不肯繁衍，甚至连原来已经存在的也常常被"废"掉而不知去向！就这样，老人天天都在努力前行，又天天都在"原地踏步"，只有每日里端然静坐岿然不动的身影，悲壮地述说着他的不屈与无奈。

1996 年 7 月，中央电视台中国电视剧制作中心欲买断《李自成》的改编权，由著名女作家徐小斌出面商洽。徐小斌本来只要《李自成》第一至三卷，姚老却主动提出把第四、五卷都算上。而第四、五两卷并未成书，只能约定先提供稿件。于是在姚老指挥下，我把《李自成》第一、二、三卷之后的所有稿子从书柜中翻拣出来，清点数目，开列账单。一个多月后，一大摞稿子被集合起来，分类排列如下：

（一）铅字稿——即已在杂志上正式刊出或已打出清样者，它们是：

《李自成进北京》之一、二、三、四单元；

《多尔衮时代的开始》单元；

《悲风为我从天来》单元之前半部；

《巨星陨落》和《李自成之死》。

（二）录音稿——把录音变成文字后又经过初步整理者，它们是：

《红娘子》2 种，内容大同小异；

《巨星陨落》1 种，与铅字稿大同小异；

《山海之战》数章。这一部分内容最多，最后一章序号为"14"，但显然不是结尾；中间尚有两章缺失。这一批书稿单独装在一个大牛皮纸信袋里，信袋的右上角有红色铅笔所写"作废"二字,毫无疑问是作者本人手迹。

(三)手稿——即重打锣鼓另开张的《山海之战》第1—6章,另有部分散稿。

总其所有,对照许多年前写成的《〈李自成〉内容概要》,知道它们应该集体归属第五卷,那第四卷呢?问姚老,老人默然,目光盯在那一叠散稿上,忽然拿起用回形针别起的最上面的几页说:"这个不要了!"随手捡出扔在一旁,又沉吟良久,才说:"有多少就先让人家拿走多少吧。"

大约是9月11日,我把书稿悉数交给了徐小斌,同时交出去的,还有七万多字的《〈李自成〉内容概要》,作为缺失内容的参考。至于被拣出"不要"的几页,我发现那是可以自成起讫的一段故事,题目是《陈圆圆归吴三桂的插曲》,首页标明属于《山海之战》第四章。我觉得高龄老人一笔一画写出几千字不容易,若不变成铅字真是心疼,便建议在天津《今晚报》上发个单篇。姚老素来对《今晚报》青眼相向,自然点头应允。再找《今晚报》的朋友吴裕成,这一段故事便于1996年11月29日面世,后来收入了《姚雪垠书系》第13卷中。

与中国电视剧制作中心的事情告一段落,寻找第四卷便成当务之急。为此又把"无止境斋"的几个大书柜重新翻个个儿,收获是从书柜底层角落里觅得《三晋云山皆北向》单元录音稿万余字。不过这一叠录音稿与其他录音稿完全不同:笔迹既欠老练,页面也欠规整,错字、别字不少,语句磕磕绊绊,行文之间不时留有空档,估计是听不清录音或者音虽听清了却不知字如何写……总之很稚嫩,很原始。再查"概要",这份录音稿应置于第五卷开头。而本意要找的第四卷,依然不见踪迹。"姚老,第四卷你到底写了没有?"记不清是第几次这样发问了,终于逼得老人皱起眉头说话:"这个问题就不要再问了。你去买几盘磁带来,从明天起我开始录音——第四卷。"其时,已是1996年的9月底。

国庆节过后,录音工作正式开始了。第一次录下的是将要口述的全部内容提要,共分五个单元:①汝南徘徊。几攻开封未下,打乱了既定战略方针,李自成一时不知所之,只好暂驻汝南,养精蓄锐。②襄阳称王。李自成在起义军中鹤立鸡群,骄傲情绪陡涨,迫不及待地建立了新朝,把自己安置于"新顺王"的交椅上。③诛杀"曹操"。李自成的"称王"加深了各路义军间的貌合神离、钩心斗角,他杀了"曹操",也"杀"掉了他的威望,反明统一战线就此彻底瓦解。④大战潼关。这是大顺军与明朝军队的最后一次大战役,既斗志也斗勇。⑤回乡祭祖。李自成自以为大功告成,志得意满,衣锦还乡,建行宫,修祖坟,劳民伤财。录罢提要,姚老很自信地告诉我:"这些东西都在我肚子里装着呢,咱们抓紧录,争取年底弄完它!"

1997年2月8日,时任中国青年出版社总编的陈浩增先生和时任中青社文学编辑室主任的李硕儒先生前往姚家拜年。当着他们的面,姚老之子姚海天也像我一样唐突发问:"爸爸,第四卷你到底写了没有?"众目睽睽之下,老人窝在沙发里,抬起眼睛看看他的儿子,又看看大家,两片嘴唇抿成了一条坚毅的直线,一言不发。又问:"你还能写完吗?"这个问题实在太敏感也太残酷了,老人的眼里"倏"地浮起两片云聆,随即艰难地站起身来,蹒蹒跚跚向"无止境斋"走去,嘴里含混不清地嘟哝着:"能写完!我能写!"

我知道,老人又要去录音了;可我又知道,那录音是何等艰难!从头年的10月到12月,从阳历年到阴历年,4个多月120多天里,老人录了采访机用小磁带数盒,其中除去慧梅死后尚炯赶来安排后事之外,余者几乎都是《〈李自成〉内容概要》相关部分的"克隆版"。但我仍然不死心,仍然希望能再从老人嘴里掏出点东西来,因而不知有过多少回打断老人翻来倒去的讲述急煎煎地进言:"姚老,你不要总是炒剩饭了,快往下说呀!"或许是语气中透露了越来越多的不耐烦,终于把老人惹火了:"你就知道催、催、催,脑子里没有东西,说什么?"

第一次听到从坚毅刚强的老人口中说出似乎不该从他口中说出的话,我怔住了。从此再不敢指望录什么音,只把陈旧报纸杂志上有关《李自成》"已经完成"的那些大大小小的文章,当作救命稻草抓住不放,反反复复从字里行间追寻着第四卷的踪影,一心盼望能有"踏破铁鞋无觅处,得来全不费工夫"的奇迹出现。

曾经打电话向南阳市卧龙区档案馆询问。因为该馆对姚老独具一份桑梓深情,早在十几年前就在筹建"姚雪垠文学馆",而姚老也早就把《李自成》的绝大部分书稿和其他珍贵资料一并送给了他们。档案馆果然十分热心,很快派人送来了《李自成》的录音提纲四本和录音稿一本。录音稿誊写得整整齐齐,内容是"太子案始末"和"李岩之死",前者正可与《悲风为我从天来》稿合为一璧。但这些内容也隶属第五卷麾下,第四卷仍然杳无消息。它们到底在哪里呢?是还没来得及写?是写了不成又"废"了?抑或忽然改变主意,干脆放弃不写了?不得而知,不得而知!

只知道早在十几年前,报纸、杂志就有关于《李自成》已经完成的报道;知道老作家曾有烧掉《白杨树》二十万字书稿的"前科";有把《李自成》手稿落在长途列车上,由北京火车站的同志们捡到又送回去的故事。莫非,《李自成》第四卷文稿,也有了如同《白杨树》们的遭摧?

在我的一大堆问号催逼下,姚老困难地咽下一口唾沫也咽下了他想说的话——时间太久了,他已无从记忆!

1997年2月24日下午,姚老突发脑血栓,于次日下午住进复兴医院。是夜更深人静之际,老人挣扎着往起爬,想同往常一样伴着荒鸡起舞。然而,肢体不遂,他摔倒在地上。现代医学狙击了他血管中的"栓子"却未能消灭栓塞后遗症,加之无法逆转的功能退行性病变,使老人从此失去了自由,腿不能举步手不能秉笔,思维也在日见迟滞,渐渐连话都懒意说了。

4月2日午后,在病房走廊里,姚老坐着轮椅,从七层楼上凭窗远望。窗外蓝天白云,红花绿树。旖旎的春光勾起思绪万千,老人忽然忆起了自己的诗句——"一床青简悲司马,半部红楼哭雪芹",他说这是哭人也是哭己,如今他也是"无可奈何花落去"了。叹息声里,两行老泪潸然而下。而后,他指示说:"《李自成》,只好……这样子了。你……把它……整理……出来,先……出书,以后……要是……还有机会……再……修改吧……"

此后接连几天,《李自成》后两卷的出版问题成为我与姚老在病房里的唯一话题。大约一个星期后,根据姚老断断续续的表述拟就的整理方案,以如下文字呈送姚老面前:

一、尽力保持作品原貌,一章一段,一言一词,能不动之处绝不妄动。

二、宁删百字,不增一语。

三、根据多年以前写就的《〈李自成〉内容概要》,写出第四卷的故事梗概,以《楔子》之名插在前后内容之间。

四、把现有内容一分为二,前者为第四卷,后者为第五卷。

五、出版时搞一个《后记》,把整理工作全程记录下来,给读者一个明确交代。

姚老一一首肯,接连说了几个"好"字。

(二)

《李自成》第五卷的主要内容,本来在80年代初就已经写好,并且在《小说》等刊物上分期连载过,譬如《李自成进北京》,譬如《崇祯皇帝之死》等。然而,姚老对此都不甚满意。"由于第五卷是全书最后的一卷,几条线上的大悲剧至此卷做总的结束,要写出更大的历史思想深度和真正的悲剧艺术。"[1]"争取第五卷从前三卷达到的中途营地出发,再攀登一座险峰。……第五卷是全书大悲剧的结束部分。全书的思想性和艺术性能达到什么水平,这一卷关系重大。"[2]他给当时的助手俞汝捷写信说:"回头望去,都如粪土。打算从零开始,向新的高难度进军。"

---

[1]《致陈东成》,《姚雪垠书系》第20卷,中国青年出版社,2000年,第543—544页。
[2]《致姜东舒》,《姚雪垠书系》第21卷,中国青年出版社,2000年,第221页。

老作家向往着更新的目标。

他要不断超越自己。

他一遍又一遍修改着已经写出的内容,于是同样的内容便有了不同的版本——手抄稿、打印稿、剪贴稿、在发表文本上勾勾画画的修改稿……成堆成摞,各具风采。

由于老人对自己的健康一向充满着自信,做梦也没有想到病魔会突如其来,更没有想到病魔这一来便不复离去,不仅残暴地夺去了他的行动自由、语言自由,甚至连他平日里御风乘奔的思维自由也夺去了。所以,关于这些稿件如何使用如何取舍,老人事先没有做过任何指示,病后则再无从指示,只说:"听……你的,我相信……你。"

怎么办?实在难以取舍,却又必须取舍,只好坐进文稿堆里,翻拣、比较、挑选……内容大同小异的文本,已发表和未发表的比,取发表过的;有改动手迹和没改动的比,取改动过的;先写的和后写的比,取后写的;都未发表又未改动也看不出写作先后的,则以姚老多年以前写就的《〈李自成〉内容概要》为依据,以我之取舍为取舍。

这一项工作,难点在《李自成进北京》之后的一个大单元,姚老说起这个单元时或称"山海之战",或称"决定命运之战"、"生死存亡之战"。这个单元原有录音记录稿十四章,除其中第一章缺失外,余者皆被装入了牛皮纸资料袋中,资料袋右上角有姚老用红铅笔亲手写的"作废"二字。此外另有姚老完整手稿一至六章和正在写作的后续章节,这六章前半部分写吴三桂同李自成的劝降使者张若麒与唐通二人在酒席宴上的周旋,后半部分主要写大顺军领导集团内部关于是战是走的争论。

平心而论,同已出版的《李自成》相比,这一部分手稿只能算是毛坯件,从人物到情节,从结构到语言,都有待于进一步推敲。而且它只是《山海之战》这个大单元的一个开头,其主体部分尚幽藏于姚老的肚腹之中未及出世。因为姚老曾经不止一次说过:《山海之战》是李自成与清军的第一次交战,却是他一生中的最后一次大战,是决定大顺朝命运的一次关键战斗,也是皇皇巨著《李自成》全书中的最后一次大战,所以绝不能等闲视之,"一定要用写《潼关南原大战》的笔力去写,要写得比《潼关南原大战》更有声有色"。由此可推测,在这六章后面,或许还该有第十二章、十八章、二十四章?不管还有多少吧,反正仅以已完成的这一部分内容是远远不够的。

这种情况下,放弃正在写作的手稿,用早写成却已"作废"的十四章来取而代之,应该说是最明智的办法,因为无论如何,那十四章毕竟构成了一个首尾完全的整体。然而权衡再三,最后还是把后写的手稿用上了。倒不仅仅是因为姚老的亲笔批语在,更重要的在于姚老之所以重写这个单元,其根本原因是嫌当初的十四章录音稿在吴三桂的形象塑造方面力度不够,没有完全写出他心中的吴三桂。

姚老康健时,同我曾不止一次说起过吴梅村和吴三桂,言谈话语中丝毫也不掩饰对吴三桂其人其事的惋惜与同情,对吴梅村的《圆圆曲》所造成的历史影响则持颇为激烈的批判态度。他认为吴三桂是中国封建社会中标准的戎马世家出身的武将,有着根深蒂固的封建意识和传统思想。豪爽、侠义,君君臣臣父父子子,所以他绝不会轻易就背弃君恩卖国求荣,更不会为了一个妓女出身的女人就"怒发冲冠"。

姚老说,按照封建社会的传统习惯,"妾"等同于玩物,是可以作为礼品送人的。如果为了一个"妾"就什么都不顾了,这既不符合吴三桂的性格,也不符合历史唯物主义。而在重新写成的手稿中,吴三桂的开关受降已是天、地、人等多种因素综合作用的结果,是不得已而为之。简而言之,另写的"这一个"吴三桂比"作废"的那一个应该说更接近历史的真实,因而也更能体现作者的创作意图,所以得以保留。

再说《红娘子》。两份录音稿的异同是显而易见的:一份专写红娘子——从其背着儿子带着红霞从乡勇的追杀中逃出,路遇猎户搭救,被荐往王屋山白云庵落草,到答应日后继承白莲教衣钵,又随住持老尼圆照下山寻找李岩兄弟尸骨未果的过程,都做了概略的叙述;另一份则主要写以"高太后"为首的"大顺"残余人马在茅庐山的活动情况,红娘子和红霞只在其中发挥穿针引线的作用。两相比较,前者出场人物很多,却与"最后的李自成"关系不甚密切,而这一单元既以《李自成》的尾声赘于全书结尾,自然以写大顺朝的结局为好。所以孰取孰舍,一目了然。

现有的文本择定后,继续寻找第四卷内容又成了首要任务。南阳档案馆的配合与支持,让我充满了感激,也充满了希望,于是特意于1998年初春冒着凛冽的寒风南下中原一趟,却因为种种原因,乘兴而去,败兴而归。

再问姚老的第一任助手——湖北省社科院文学所研究员俞汝捷先生,得到的答复是:八十年代后期,姚老曾写信给他,说打算略去第四卷的《春雨江南》单元,后来又准备把第五卷的部分内容调进第四卷里去,看来那时候姚老就有了压缩第四卷的意图,说明他对第四卷已经进行过缜密的构思。至于是否形成了文字,"反正我在的时候姚老没有写,后来他写了没有我不知道"。

又问姚老的第二任助手——河南大学中文系教授刘文田先生,刘先生回答:"姚老给我的任务是整理论文,他没让我接触《李自成》。第四卷只听姚老自己说写了,而且不止一次说起来,但我是从来没有看见过。"

无望之际，偶从三联书店（香港）有限公司和人民文学出版社联合编辑出版的《中国现代作家选集丛书·姚雪垠》的附录资料部分中见有署名"汝捷"的《姚雪垠生平与著作年表》中有"加紧赶写《李自成》第四卷"、"修改、完成《李自成》第四卷最后一单元"字样，初时一喜，继之又疑："汝捷"，不就是俞汝捷吗？他这不是明明知道第四卷写完了吗？为什么却又说他不知道？为什么？嘀嘀咕咕之中，居然对从未谋面的俞先生有了一份莫名的芥蒂。

也就是说，事情转过一圈之后又回到了原地，找第四卷，还得找老作家本人。可是彼时彼地，姚老早已驾鹤远行，天上人间，云路迢迢难寻觅——当然，这是后话。

（三）

1998年8月，为《姚雪垠文学创作七十年》画册的出版事宜，我到古城开封小住数日。在河南大学的招待所里，与南阳档案馆的吕琦女士同处一室，余暇中谈起《李自成》，她非常肯定地告诉我："第四卷肯定写了！我记得很清楚，1990年10月华中师大为姚老召开文学创作六十周年纪念会，我也去了。有一天晚饭后和姚老出去散步，刚走出一截截路他就急着往回走，要回去写稿子。问他写什么，说是《李自成》第五卷，还说第四卷刚写完不长时间。""你见过书稿吗？""没有。"

依然是希望之后的失望，心里的芥蒂便在这失望中又长大了几分。一直到1999年的春夏之交，俞先生为送别姚老来到北京，一朝相见，竟如故知，对方儒雅、渊博、谨严、谦逊的学者风度，使我自觉心里那点儿疙疙瘩瘩实在是太没来由也太不"君子"了。秉烛长谈中又提起那份"年表"，俞先生听说后一脸惊奇："真的？有这回事？你不说我还不知道呢！"然后，他告诉我，那套《中国现代作家选集丛书·姚雪垠》是早就编成的，附录的资料部分也早就整好了。书稿全部交给出版社之后，因为某些客观原因迟迟未能出版。时间一长，他就再没有过问。"关于《李自成》第四卷已经写完的事情，是后来姚老自己添进'年表'去的，我不知道。"

闻听此言，我起身从书架上抽出这本书递给他，他翻开附录资料部分看罢再递给我。果然，"年表"的最后一节赫然写道："一九九四年八十四岁继续创作《李自成》第五卷。九月，为香港三联书店即将出版的《中国现代作家选集·姚雪垠》一书补写《年表续稿》，提供一九八三至一九九三年的文学创作和活动资料。"

择定的文本交由姚老之子姚海天请人输入电脑,按照《李自成》前三卷的版式打印出来,然后分卷并对个别章节做部分结构调整。

关于分卷。因为原定第四卷内容空缺,只能把本属于第五卷的九十余万字一分为二,前边算第四卷,后边归第五卷。第四卷专写李自成走上坡路:义旗高举,所向披靡,太原、大同、居庸关……铁骑所至,无有能拒者,正所谓"海宇归一,传檄而定"。北京徒具城高池深,不战自降。崇祯走投无路,自绞煤山;李自成前呼后拥,进驻皇城。他的事业已到极致,再往后就要走向反面了。第五卷就写李自成的败亡。山海之战是一个关键,从李自成决定打这一仗起,就注定了他覆没的下场。血染石河,兵败山海,然后一路败逃,最后成单枪独骑,在深山密林里躲避清军的追捕,最后死于乡勇程九百之手。再加上一个一了百了的《尾声》,把《李自成》这一个大悲剧推向高潮,数百万言的皇皇巨著就结束在这个悲剧高潮中。

按照这样的思路分割,《三晋云山皆北向》与《李自成进北京》之一、二、三、四属于第四卷;《多尔衮时代的开始》、《成败存亡关头》、《悲风为我从天来》、《巨星陨落》、《红娘子》归第五卷。再经过章节结构的微调,就变成了如下模样:

第四卷:

《甲申之春》——该单元共五章,系原第五卷第一单元的录音稿《三晋云山皆北向》与原《多尔衮时代的开始》之前两章的合成。原《三晋云山皆北向》前两章主要写高夫人及身边亲兵的宫廷生活,祭灶、拜年、慧英慧琼结婚、邓太妙讲经等,充满了人情味和浓厚的生活气息。第三章写李自成率军北上,渡黄河,进山西,占领太原。之后不空和尚出场,一番谈话,如同俄语,大顺朝的未来已昭然在目。只是内容过繁,而致节奏嫌快,读之有走马观花之感。而原《多》单元的前两章文字以平铺直叙为主,若置之于五卷开头,难免烦冗拖沓。恰好这两个单元写的都是甲申年春天的事情,便以《甲申之春》将其统一在一起,让它们快慢相济,长短互补。

《围城时刻》、《崇祯皇帝之死》、《李自成在武英殿》和《决计东征》等单元,是原来的《李自成进北京》之一、之二、之三、之四,都是姚老重新改写后的定稿,昔日劲风犹在,整理等于校对。当初为对付"四人帮"打棍子扣帽子,老作家不得不在小说中时常添上一些议论文字以备防身自救。这些议论如同"赘疣",早为老作家所深恶痛疾,整理时便随手割去。

插在《李自成在武英殿》与《决计东征》两个单元之间的《招降失败》,由《山海之战》单元的第一、二两章与废弃稿第三章中部分内容混合而成。表现吴三桂从奉命进京"勤王"、中途按兵观望,到下决心与大顺为敌,"虚与委蛇"的全部经过,既为吴三桂后来以"借兵"始以"纳降"终的结局做了铺垫,也在结构上遵循了姚老一贯追求的"笔墨变化"原则。

第五卷:

《多尔衮时代的开始》单元原有四章。将其前两章调入第四卷《甲申之年》单元后,剩下后两章作为第五卷开头,使第五卷开篇就是多尔衮得到崇祯缢死的消息,而后是清廷内部斗争,紧接着是吴三桂借兵;继之以多尔衮趁火打劫,指挥大军直趋山海卫,对吴三桂先威逼利诱再收降。整个单元环环相扣,步步进推,故事节奏舒徐相间,张弛有致。

《兵败山海关》单元共计六章。前面的三分之二取自姚老最后的手稿《山海之战》,另三分之一则是从多年前被判"作废"的录音整理稿中拉来,两相嫁接,略作连缀,算是为该单元画上了一个不太圆满的句号。

《悲风为我从天来》单元原为四章,到李自成对着李岩的背影发出冷笑为止。后来从南阳档案馆送回的稿子中取出一章添进去,李岩之死则由悬念变成了现实。在这一单元里,败逃回京的李自成草草举行了登基典礼,然后匆匆忙忙别窦妃、弃皇城、杀李岩……的的确确是悲风阵阵从天而降。

《太子案始末》单元以南阳档案馆送回的录音整理稿作蓝本,原以李岩被杀为其首章。据此分析,这一部分内容应归于《悲风》单元之中。为单元的大小均衡计,整理时把"李岩之死"前调,余者自成起讫。整个单元以"明太子案"为主线,穿插进顺治登基多尔衮摄政等内容,塑造了钱凤览、刘子政、"画网巾先生"等人物形象。除审问明太子的过程有失烦冗外,其他内容不乏精彩。尤其是不空和尚与洪承畴的晤面,通过不空和尚非要把洪承畴当作"鬼"而拒不相认的细节,羞辱、鞭挞了变节之人,既批判了投降主义,又不伤害民族感情,同时还写出了洪承畴内心的痛苦,使一个封建士大夫的典型性格更趋完善。

《巨星陨落》单元原为四章。第一、二、三章即今本第十八、十九、二十章曾以同名刊于《中国作家》1985年第1期,第四章即今本第二十五章以《李自成之死》为题发表在《小说》1985年第3期上。大顺军在这一单元里树倒猢狲散。饥寒交迫的大顺皇帝李自成一个人躲藏在深山老林里,在单枪匹马的悲凉中咀嚼着众叛亲离的滋味。感人至深的是李自成死后乌龙驹不忘旧主,每日里在落霞中萧萧悲鸣的细节,完全散文化的笔法充满了浪漫韵味,极强的抒情性中洋溢着大手笔描绘的悲剧美。

《尾声》共两章,正面写高夫人及其大顺朝的最后结局,插叙红娘子和红霞。蓝本虽非定稿,文字尚欠推敲,但仰赖老作家的功力,这一单元也无须苛求。尚神仙和王长顺两位老人最后把《大顺朝纪略》的一摞书稿和李自成的一对马镫藏在山洞里留待后人,然后携手登上山门抗击清军;最后一批女兵集结在高夫人身边,在慈庆宫的冲天烈焰中化作了火中凤凰……这些既悲且壮的情节,感人至深,催人泪下。最后由红娘子和红霞祭奠亡灵,又提到百年后的白莲教起义,颇像《药》中瑜儿坟上的花环,不仅给作品增加了一道亮色,而且余音袅袅,留下一丝意犹未尽的深远况味。

上述工作——即对《李自成》第四、五两卷书稿的第一遍梳理,完成于1998年3月上旬。我为此写出一份报告,题为《关于〈李自成〉第四卷、五卷整理工作的说明》,全文五千多字,谈了整理工作的基本原则和实施操作等问题。4月17日上午,由姚海天把中国青年出版社总编陈浩增延至家中,在客厅里正式召开了《李自成》第四、五两卷的第一次编辑会议——说是"正式",是因为1997年9月24日已经研究过一次,但那次没有声明是"会议",故属于"非正式"性质。由于原指定责编李硕儒已赴美定居,与会责编换成了李向晨。会上,我把"说明"从头至尾读了一遍,再穿插进一些必要的解释,大大小小十几个问题,足足用去半天时间。

会议进行中,姚老一直窝在宽大的深紫红皮沙发里,腿上裹着毛毯,一边打着哈欠,一边强撑起精神听着。脑栓塞后遗症加上此前不久的一次高烧,使他的精力、体力、脑力都已无法与一年前相比。当我汇报完毕,大家异口同声"请姚老指教"时,老人的评价只有一个字的重复:"好、好、好……"我很清楚,他的这个"好"字,与其说是对"整理说明"的肯定,不如说是对在座诸人的信任和嘱托。因为实事求是地讲,以老人此时的记忆力,当我们谈"B"时,他未必还能记得"A"是什么;当我们说"C"时,他肯定早已把"B"扔到脑后了。但是不管怎样,只要有他在场,而且点了头,我们的工作就有了依据,心里就踏实。况且,老人并不只是给了一个空洞评价,他同时还贡献了一个思想——他弯起一个指头点着我说:"你……要……写……一个……后记,把……刚才……说的……问题……都……向读者……说……清楚……"

陈浩增总编辑立刻明白了,他顺着老人的心思指示我:"对,你一定要搞个厚重一点的后记,把整理过程向读者做个明白交代。"我郑重地接受了任务,知道这项工作义不容辞,也更知道此时此刻姚老内心的痛苦——一向视文学创作为其生命的老作家,《李自成》就是他的一切!不是万不得已,老人是不会将自己的"一切"交给别人的!记得数月前的一个晚上,姚海天把来自南方的一个信息带进复兴医院病房,说是有一位朋友自愿续写《李自成》第四卷。老人当时没搭腔,姚海天走后他却很激动地告诉我:"我……写的……是……我的,别人……写的……是……别人的,他们……不懂,读者……可是……骗……不了的。《李自成》……千万……不要……乱动……"正是因为怕我会"乱动",所以他要求我把工作全程记录下来,他要用最后的这种"说清楚"来敲打我的敬畏之心,他要用这种办法来履践他终生不渝的追求——对读者负责,对历史负责。

会议之后，初步整理过的书稿连同其"说明"复印稿一并送诸责编初审，我则利用书稿初审的一段时间，再一次认真阅读了《〈李自成〉内容概要》，对李自成的汝南徘徊、襄阳称王、诛杀"曹操"、大战渔关、米脂祭祖等活动有了进一步了解，进而写出了三万余字的故事梗概，准备"楔"在三、四两卷之间，以为李自成从攻开封到进北京之间的过渡。

（四）

初审完毕后，第二次编辑会议于 1998 年 6 月 29 日在中国青年出版社召开。路上堵车，我迟到了，上楼后又找不到具体房间。正向人打听，陈主编闻声出迎，紧紧握手热情问候，其谦逊真诚的态度，着实令人感动。这次会议不仅讨论了《李自成》，而且对"姚雪垠书系"的编辑工作也做了具体部署。会议全部内容都与姚老息息相关，而此时的姚老却躺在医院中，再也无法亲临会议。坐在家中客厅里听我汇报《关于〈李自成〉第四卷、五卷整理工作的说明》的那一次，已经成为老作家一生所莅无数会议中的最后一次了。

书稿初审结束，责编李向晨先生认为"两卷的章节布局基本合乎情理，也比较顺畅，例如把原《多尔衮时代的开始》单元的前半部分纳入第四卷第一单元《甲申之春》、后半部分留作第五卷的开头单元的调配处理等，均比较熨帖自然，也符合姚老一贯主张的'笔墨变化'的艺术特色"[1]。另一位责编吴晓梅女士也"基本同意目前各个章节的安排"[2]。姚老前助手俞汝捷先生则在"读稿印象和建议"中写道："现在的章节安排是大致合理的，可以不再变动。"

两位责编在充分肯定"书稿的大部分内容和基本笔法体现了姚雪垠先生独到的创作意蕴及艺术风格"[3]，"两卷不乏许多精彩之处"[4]的同时，也一一指出了书稿中"未定"部分存在的粗疏现象："有些章节语言粗糙的问题比较突出……人名、地名、文告等留有空白的地方需要查补；有些人物的称呼、官职、名衔混乱，还有时间、日期等前后不一致或矛盾，需要统一处理；有些描述性文字磕磕绊绊、阅读不畅，也需要作进一步的梳理才好"[5]；"有些情节、情景描写比较

---

[1] 引自李向晨《〈李自成〉第四、五卷审读意见》。
[2] 引自吴晓梅《〈李自成〉第四、五卷审读报告》。
[3] 引自吴晓梅《〈李自成〉第四、五卷审读报告》。
[4] 引自吴晓梅《〈李自成〉第四、五卷审读报告》。
[5] 引自吴晓梅《〈李自成〉第四、五卷审读报告》。

重复、拖沓,而且在表现手法上也有重复单一的地方……如李自成决策是否东征吴三桂、决定招降吴三桂、多尔衮对福临之母圣母皇太后的暗自揣想等类似的问题"①。

需要说明的是,两位责编提出的上述问题,基本上都发生在原《三晋云山皆北向》单元录音稿中。如上文所言,这是一份不知出自何人之手的录音记录,水平"很稚嫩,很原始",所以责编要求必须对其"下决心作必要的取舍"②,"加快叙述的节奏,紧凑内容"③。至于其他单元,则主要是对个别情节做善后处理。例如多尔衮"致西据明地诸帅书"一事,经过范文成写、洪承畴改、多尔衮审核等一系列运作,"书子"发出后却如泥牛入海,再无下文。李自成收到信后的诸多戏剧情节,除了姚老,他人一无所知,只好酌情删减,而后于本章结尾处添加一些文字,说明这封信最后被多尔衮压下来没有发出去。再如李自成派人招降吴三桂一事,几次写到"遣使"都只"遣"了唐通一人,到了山海卫却变成了两个,而且后添的一个张若麒似乎更重要一些,删去是不行的。于是便在初议、商定、召见、再召见劝降使者等几处地方添了一些东西,主要是人物对话,其次是必要的叙述交代等内容,以使前后内容衔接起来。诸如此类吧,总之工作进行到这一步,当初拟定的"宁删百字不增一语"原则已无法恪守。为慎重起见,我把《甲申之春》第一至五章的整理笔记打印出来送交两位责编,时间在 1998 年 7 月 11 日。十六天后,吴晓梅女士的信来了:"第一至五章我和李向晨都看了,均以为这样改可以……"

得到责任编辑的肯定后,经过二次审读的书稿连同《楔子》一起送到了远在武汉的俞汝捷先生手上。俞先生很快再次写来了《读稿意见》。他说:"四卷读毕,总的感觉是删除了重复、矛盾之处,较前稿洗练了。一些句、词的改动也是合理的。但也有漏改、存疑、欠妥之处,我一般都在稿上作了处理……""第五卷校样读毕,总的印象也不错,删改大都较合理,又保持了原稿的风格……也有一些不妥或尚可推敲之处,有些我已在稿上作了修改,有些则未动,留待下一步斟酌……"

关于《楔子》,他说:"本来,由于在第三卷和原定的第五卷之间,缺少诸多内容,采用楔子的形式来加以交代,进行连接,不失为一种方法,但这里存在着一个无法解决的文体上的矛盾……"因此,他对《楔子》投了反对票。

关于单元标题,他说:"姚老认为,散文化标题乃与'五四'以后的新文体相

---

① 引自吴晓梅《〈李自成〉第四、五卷审读报告》。
② 引自吴晓梅《〈李自成〉第四、五卷审读报告》。
③ 引自吴晓梅《〈李自成〉第四、五卷审读报告》。

联系。他可以在小说中穿插骈文、诗词,让知识分子用浅近的文言对话,以求真实地再现时代风貌,却不愿采用旧式的标题,更不愿在字数上削足适履。""所以我想,现在为姚老整理书稿,应了解和尊重他在文体风格上的追求,包括采用看似随意的散文化标题。"

关于小说中的人物何腾蛟,他说:"南明史上何腾蛟是个重要人物,在'招抚'义军抗清的过程中起过关键作用。前文所述他拒绝与左良玉同行,开放督署以保护士民,以及企图投江自尽等情节,皆于史有据。事实上他投江后漂流十余里即被渔舟救起……所以这里不妨略费笔墨对上述经历作一交代,而不要随便省略其名姓,更不要用'宠臣'这种不准确的称呼来取代。"

关于我在工作笔记中提出的问题,他说:"致西据明地诸帅书"是一封极重要的信,它充分显示了清方的深谋远虑和主动性,从而与大顺的闭塞、短视形成鲜明的对比……我的看法是,信是一定送出去了的;至于是否送到了李自成手中,尚须考证;即使送到了,也肯定不会引起大顺方面应有的重视——总之,对于这一情节,可以再查查资料,将信压下不送的方法可能不妥。"

对于俞先生的意见,除了"致西据明地诸帅书"问题因解决起来难度较大我未敢轻举妄动之外,余者能落实的都落实了。然而,无论怎样地努力,整理工作也"仍属于消极修辞的范围,不可能把未定稿提高到已定稿的水平"[①],所以俞汝捷先生建议"出版时最好采用两种字体,以示区分。另外可加一简短的出版说明,以求得读者的理解"[②]。

经过第三次处理后的《李自成》第四、五卷书稿,由姚海天请人重新排、校之后印出数份清样,除两位责编之外,又分送江晓天[③]、胡德培[④]、王维玲[⑤]、周勃[⑥]等专家人手一份。时间不长,专家们的意见则反馈回来:除了周勃先生坚决主张拿掉《楔子》、除了胡德培先生提出的几条细致建议之外,专家们对两卷书稿的宏观评价基本上是乐观的。特别是王维玲先生的看法,更是别有见地,他说:内容缺一点儿不要紧,事实上《李自成》已经完成了,因为人物形象都已经鲜明

[①] 引自俞汝捷《关于〈李自成〉第五卷的读稿意见》。
[②] 引自俞汝捷《关于〈李自成〉第五卷的读稿意见》。
[③] 江晓天,当代著名编辑家,《李自成》第一卷责任编辑。20世纪五六十年代任职中国青年出版社文学编辑室主任期间,发现并扶持了《红岩》、《红日》、《风雷》等文学名著的创作与出版。
[④] 胡德培,原人民文学出版社当代文学编辑室主任,《新文学史料》副主编,《当代》杂志副主编。著有《〈李自成〉艺术谈》和《〈李自成〉人物谈》。
[⑤] 王维玲,原中国青年出版社副社长,《李自成》第二、三卷责任编辑。
[⑥] 周勃,湖北大学中文系教授,文学理论家。

地站起来了，整个大悲剧也全部结束了。剩下一点儿无关紧要的内容，写不写都无所谓。

王维玲先生的话语辟开了另一条思路，似乎是理所当然地得到了相关人员的认同。我虽然不敢随声附和，却也借机走出了第四卷遍寻不见的阴影，从而有时间有心情去品读第五卷，细细体味姚老先将其写出的决策之英明。惨淡的人生，淋漓的鲜血，是构成第五卷的基本内容。崇祯死了，周后死了，公主死了，太子死了；忠臣死了，奸臣也死了；李自成死了，刘宗敏死了，罗虎死了，双喜死了，李岩死了，李侔死了……明朝完了，大顺完了，张献忠的大西朝也完了……都完了，都死了，真个是"白茫茫一片大地真干净"。写出了这个结局，就完成了一个大悲剧，一个由许许多多小悲剧叠套而成的大悲剧；完成了这个大悲剧，就客观地揭示了一条历史规律：农民起义和农民战争，只能是封建社会改朝换代的工具，而不可能成为推动历史前进的动力。因为生产力只有在社会环境相对安定的情况下才能发展，而农民战争必定造成生产力的极大破坏。至于李自成建立的政权性质以及他突然失败的原因等等，则为后来人提出了颇具深意的问题，可供研究，可资借鉴。

专家们审定书稿后，我觉得任务已经完成，就准备着手写《后记》。姚海天知道后，说我前一阵子太紧张，当务之急是抓紧休息。"《后记》好写，"他说，"到最后你要没时间我来写都行。或者你写个初稿，我再过过目，有个两三千字就行，写多了也没人爱看。"他的夫人也说："你就让海天写吧。他写方便，你不好说的话，由他说出来会更合适些。你看你这一阵明显瘦了，赶快去医院好好检查一下吧。"我想不出我会有什么"不好说的话"，但我感谢这种诚心诚意的关心。而且我当时已经确诊为"甲亢"，正需要静养，便赶紧就着情势交卸了任务。那是1999年的2月16日上午，姚老就一直坐在我身边的沙发里，腿上搭着一床毛毯，脸上自始至终挂着恬静的微笑，样子一直像在倾听，但我相信他已经听不明白我们正在谈论的是什么。然而我却怎么也没想到，短短两个半月之后，老人便与世长辞了。

1999年5月初，第三次编辑会议召开，《李自成》第四、五两卷的整理出版工作进入最后阶段。俞汝捷先生特意从武汉来到北京，住在中国青年出版社的招待所里，一方面编纂《姚雪垠书系》，一方面最后一遍审读"最后的"《李自成》。我则躲在自己家中，被俞先生遥控着，从4月初到5月底，把《李自成》录音提纲中的一部分内容整理出来，作为第五卷的第二十一章、二十二章、二十三章、二十四章插入《巨星陨落》单元中；对个别没来得及写出的情节，如何腾蛟的跳河自杀未遂、李自成诛杀罗汝才等都做了内容提要式的交代；又根据俞先生提供的柳义南著《李自成纪年附考》——中华书局1983年版中有关张献忠的资料，写了张献忠之死一段，作为第五卷的第二十六章妄附骥尾。

至此，《李自成》第四、五卷的整理工作算是画上了句号。

光阴荏苒，白驹过隙。上文所记，已是十多年前的事情了。十多年来，随着对姚老及其《李自成》的认识不断加深，我越来越为自己那时的不知天高地厚而惶恐莫名。"无知者无畏"，真真是也！每念及此，总会想到《李自成》的伯乐江晓天先生几年前大病初愈后的一次瞋目裂眦怒发冲冠："《李自成》那是经典著作，任何人都不能随便动的，这是起码的规矩！怎么能连这个都不懂！"虽然惹他发火的原因并不在我，但我仍然羞愧难当无地自容！前几天又读到河北大学文学院教授阎浩岗的两万字长文，那关于《李自成》是"当代长篇小说艺术高峰"的滔滔雄辩更如空谷足音，振聋发聩之同时也让人惊心动魄！不知道曾经的"无知无畏"给《李自成》第四、五卷造成了多少伤害，只知道单是整理录音提纲一类简单工作，也留下了如今看来十分明显而当时竟毫不知晓的问题。譬如既然有关左良玉部分的录音提纲能收进第五卷，那么《襄江奔流》和《梦江南》两个单元的录音提纲为何就不能也收进书中呢？再譬如清方曾致信李自成一事，姚老1961年的读书笔记中就有《清顺治帝致西据明地诸帅书稿》一节，其中有史料，有分析，有判断，而整理第四、五卷之时对此竟全然不知！诸如此类缺憾，不堪回首更不敢回首，能聊以自慰的只有自己的真挚与热情——的的确确，我是一心一意想把事情做好而且勉力做了。如今按照姚老的嘱托写出这一份"交代材料"，唯愿傅建华先生们理解并谅解，如果《李自成》第四、五卷中还有其他一些低级错误存在，请千万别再把账错记到姚老头上了。

1999年7月28日于北太平庄寓中写毕
2010年5月31日于樱花园新居再审定
原载于《新文学史料》2010年第3期

《李自成》研究的现象及其反思

徐亚东

在当代小说研究史上,还没有哪部作品像《李自成》这样,其研究出现了由冷遇到热潮再到相对沉寂和再度兴起的现象。总结和反思这一现象不仅对推进《李自成》研究大有裨益,而且对历史小说批评也不乏启示和借鉴。

一

1963年《李自成》第一卷出版,旋即在读者中形成一股"阅读热",并引起最高领导人的关注,然而在评论界却受到了冷遇。从1963年至"文革"开始前,研究界没有发表一篇研究文章。"文革"十年中,《李自成》第一卷的研究更是无人问津。但是,从1974年到1980年,姚雪垠与茅盾先生以总计80余封书信交流探讨《李自成》的创作问题。① 截至"文革"结束,两人共有40余封往来书信,这是特殊年代一种特有的《李自成》研究方式。《李自成》第二卷(上、中、下三册)和第三卷(上、中、下三册)分别于1976年、1981年出版(第一卷修订本1977年出版),至此《李自成》这一宏大工程已完成2/3的工作。随着"文革"的结束,从1977年至1982年,短短的几年间,有关《李自成》前三卷研究的专著就有6部之多,数量众多的研究文章更是散见于各种报纸杂志,"甚至还举办过几次大型研讨会,成立了一个专门研究会,一时掀起了一股颇具规模的'李自成热'"②,并延续至20世纪80年代中期。自此以后,一直到90年代,《李自成》研究又进入一个相对的沉寂时期。1985年《中国作家》第1期和1986年《小说》第1期,分别发表了《李自成》第四、五卷中的精彩片断《巨星陨落》与《崇祯皇帝之死》,1990年第2、3期的《小说》上刊登了《李自成》第五卷中的《李自成进北京》一个单元,评论界一片漠然。1999年,在姚雪垠逝世三个月后,《李自成》第四、五卷出版,又出人意料地受到冷遇,更没有出现像样的研究成果。然而,从新世纪开始,

---

① 姚海天:《茅盾 姚雪垠谈艺书简》,人民文学出版社,2006年,第67页。
② 吴秀明:《长篇历史小说的文化阐释》,文化艺术出版社,2007年,第183页。

《李自成》研究又出现了再度兴起的迹象。姑且不论新世纪十余年间,一些著名的当代文学研究专家发表高水平的研究文章,仅2010年,中国新文学学会、湖北省文联、邓州市委、市政府、中国作家协会和中国现代文学馆陆续召开研讨会、座谈会,纪念姚雪垠诞辰一百周年。在一定程度上,它们表征着《李自成》研究的再度兴起。

《李自成》第一卷从出版到"文革"前几年间研究的空缺有其特殊原因,有研究者指出:"据说是上边有指示,他是'摘帽右派',对他的《李自成》不要评介。"①从20世纪50年代文学批评的政治化倾向在"1962年'重提阶级斗争'后多变的政治形势"②下被强化的现实语境来看,这一说法具有一定的合理性。"文革"十年,以"文艺黑线专政论"为代表的文艺"极左"路线全盘否定"十七年"乃至左翼文学以来的文学成就,在这种背景下,研究界根本不可能开展对《李自成》第一卷的研究工作。如果说这一时期《李自成》研究的空白是时代政治规约的必然结果,那么,新时期头几年里《李自成》研究迅速升温,时代政治因素同样是主要的推动力。这种推动作用鲜明地体现在,《李自成》研究者几乎无一例外地以《李自成》的创作成就为例,批判"极左"文艺理论观点,并以此投身文艺界以正本清源、拨乱反正为目标清算"极左"路线罪恶的理论批判中。有研究者曾指出,《李自成》是作者"遵循历史唯物主义和辩证唯物主义观点认识生活的结晶,是按照革命现实主义和革命浪漫主义相结合的创作方法指导创作所取得的成果。今天我们阅读这部作品,认真探讨一下作者在运用历史唯物主义观点表现历史英雄人物方面所提供的宝贵经验,这对彻底批判'四人帮'所宣扬的以'三突出'为核心的一整套反马克思主义的创作谬论,进一步繁荣社会主义文艺创作,是很有现实意义的"③。

从20世纪80年代中期开始,中国社会由政治/文化型向市场/经济型转变的步伐加快,"我们民族生活的'中心'已从阶级斗争转到经济建设,我们的经济已从封闭型转向开放型……我们的文学则从单一的颂歌型转向了多元求索、多元竞赛"④。社会转型为文学观念多元并存的格局提供了一定的空间,由此也为文学回归文学自身提供了可能性。文学观念嬗变中文学"自律性"的强化,在一定程度上逼仄了文学批评政治批判功能的空间。因此,《李自成》研究不可能再

---

① 吴秀明:《长篇历史小说的文化阐释》,文化艺术出版社,2007年,第183页。
② 董之林:《由历史小说看五四时代的延续——论〈李自成〉研究再度兴起》,《现代中文学刊》2011年第2期。
③ 陈美兰:《光辉的形象,成功的创造——试谈〈李自成〉一、二卷李自成形象的塑造》,《〈李自成〉评论集》,湖北人民出版社,1978年,第30页。
④ 刘再复:《刘再复谈文学研究与文学论争》,《文汇月刊》1988年第2期。

像前一阶段那样,因学术研究的政治批判倾向而形成热潮。但是,政治推力的缺失并不是使《李自成》淡出研究者视野的根本原因。对于《李自成》被读者和评论者遗忘的历史命运,有研究者将其归结为"人物性格没有发展","没有处理好人与物的关系"①。另有研究者则认为,《李自成》的历史主义典型观因为大文化或大人文的文化史观和新历史主义主导历史小说创作而落伍。"从《李自成》第四、五卷发表的90年代迄今,姚雪垠所崇尚的典型观受到冷落已是不争的事实。"②此外,还有研究者认为:"由于作家的年龄增大和精力的衰退,后两卷更多依靠录音整理来完成,更多停留在史实的叙述和对结局的交代上,缺乏主题的提炼、情节的剪裁、人物性格的刻画和结构布局的匠心。"③长篇小说由于艺术结构的宏大,艺术表现上不可避免会出现一些问题,更何况多卷本《李自成》,就此意义而言,它们也应该不是造成《李自成》研究沉寂的根本原因。在笔者看来,《李自成》研究"遇冷"的最大问题出在评论界自身。

新时期以来,文学批评逐渐摆脱了过去政治意识形态传声筒和留声机的附庸地位,获得了批评本身的相对独立性,尤其到20世纪90年代中期,"一批从学院走出、拥有较高学历和较深学术功底、少谈学术而多谈'思想'的中青年学者成了批评阵容中的重要力量"④。不可否认,正是他们的努力,提升了文学批评的规范化与学理化水平。但是,20世纪90年代的文学批评也丧失了它本身的一些功能和使命。"文学批评不对文学作品说话;文学批评失去锐气;文学批评没有文学性。"⑤"批评就是批评本身,就是创造……最缺的是文本批评。"⑥与此同时,批评理论的"西化"倾向盛行于批评界。一位作家对理论界"西化"这样形象描绘:"看看如下名单的运行:精神分析、存在主义、俄国形式主义、新批评、符号学、阐释学、后现代主义、后殖民话语。只是一份多重的周边签证。它暗含着'此地是他乡'、'生活在别处'这样诗意的循环法则。"⑦客观地说,诸多西方理论激活了我们"在'他者'参照下的'自我意识',为中国文学批评的发展提供了新的理论动力和构成因素"⑧。然而,在批评的具体运作上,出现了被一些批评

---

① 王彬彬:《论作为"人学"的李自成》,《上海文论》1988年第1期。
② 吴秀明:《长篇历史小说的文化阐释》,文化艺术出版社,2007年,第194页。
③ 权绘锦:《转型与嬗变——中国现代历史小说研究》,光明日报出版社,2007年,第381页。
④ 贺桂梅:《批评的增长与危机》,山西教育出版社,1999年,第43页。
⑤ 谢冕:《批评的退化》,《北京文学》1997年第5期。
⑥ 金元浦:《闲话批评》,《中华读书报》1998年5月27日。
⑦ 孙甘露:《虚构》,文汇出版社,1997年,第102页。
⑧ 贺桂梅:《批评的增长与危机》,山西教育出版社,1999年,第30页。

家称为贴标签——"理论对文学作品的'强权'"①的批评方式,有作家愤怒地指责这种方式为"媚洋的文学批评",是"贴洋标签"②。这里固然有批评家因代际差异而形成的对西方理论认识的差异,甚至还有一种民族的情感掺杂其中,但无法否认,他们非常犀利地指出此种批评方法的痼疾——批评不再需要花力气细读文本,只需要以西方理论为依托,按图索骥,尔后再转身阐释西方理论,为其寻找中国注脚。在20世纪90年代文本批评缺失、西方理论处于主宰地位的批评语境中,《李自成》被批评界遗弃是不可避免的。这一时期,凌力、二月河、杨书案等作家的历史小说也曾遭受和《李自成》一样的命运。历史小说普遍被遗忘的命运,乃因为批评界无法对其"贴标签"。

《李自成》研究在新世纪再度兴起,有其新的学术研究背景。20世纪90年代,当代文学研究出现了重新认识"十七年"文学以及"重返八十年代"的学术思潮,并一直延续至新世纪。它的出现不仅是面对日趋紧张的全球化/本土化冲突,学术界采取回归本土文化以对抗全球化策略的必然结果,而且是现当代文学学科自身学术研究内在发展的需要。而回归这两个时期的文学研究,《李自成》自然是无法避开的。不仅如此,《李自成》对古典文学和"五四"新文学传统的继承和发展以及对其后历史小说创作的影响还有待深入研究。正是这些综合因素,共同推动了《李自成》研究的再度活跃。

二

充分肯定《李自成》的思想和艺术价值,是《李自成》研究热和再度兴起中的一个共同特征。如果加以辨析,共同之中也存在着一定的差异,这种差异折射出时代变迁和由此导致的文学观念嬗变等因素对《李自成》研究的影响。在《李自成》研究热最初两三年中,一些研究者不约而同地以"两结合"和现实主义为理论支撑,肯定《李自成》(第一、二卷)在思想和人物形象塑造上所取得的成就。"两结合"创作方法对《李自成》思想成就的作用和意义在于,它一方面表现在作者"坚持历史唯物主义的观点,准确地抓住明末社会的主要矛盾","充分揭示了农民革命战争的必然性、正义性和历史主动性",另一方面又"不拘泥于农民起义失败这一历史事实,而是在忠于这一历史事实的前提下,在历史条件提供的

---

① 贺桂梅:《批评的增长与危机》,山西教育出版社,1999年,第27页。
② 丛维熙:《漫话"剃头挑子"——关于新潮文学批评与刘心武、冯骥才的对话》,《随笔》1995年第5期。

舞台上,让农民英雄充分地发扬他们摧毁旧王朝的英勇无比的奋斗精神,扮演出一幕幕能够扭转乾坤的威武雄壮的戏剧来"①。而运用"两结合"创作方法塑造人物形象的成功实践,有研究者认为高夫人最具代表性,并指出作家以高桂英在潼关南原大战和潜伏峭函山中的情节和细节描写,"把高桂英宽广的革命胸怀、昂扬的革命斗志、乐观的情绪和胜利的信心,生动形象地表现出来。革命的现实和革命的远大理想在高桂英身上总是交织在一起。这里,作者正是把革命浪漫主义手法,融合在革命现实主义手法之中,使人物的色彩更加强烈,更加感动人心,也更能启发读者的想象"②。对《李自成》的现实主义成就,研究者大都以作品人物形象,尤其是李自成和崇祯形象的成功塑造作为明证。例如,在论述《李自成》人物形象塑造的一篇长文中,研究者以"典型环境中典型人物"的经典理论为旨归,结合作品具体的艺术描写,从典型人物性格的丰富性、鲜明性、深刻性以及性格不是静止的,而是发展变化的层面上分析李自成、崇祯等人物形象,以论证《李自成》在现实主义方面取得的巨大成功。无论是运用上述两种理论中的哪一种来总结、分析《李自成》在思想和形象塑造上取得的成就,研究者的最终理论指向都落脚于批判"三突出"等"极左"文艺观点以繁荣新时期文学艺术这一目标上。例如,有研究者在分析崇祯形象的文章中曾指出:"《李自成》作者的创作实践,包括崇祯形象塑造的巨大成就,有力地驳斥了'四人帮'的谬论,证明了人与人的关系是阶级关系,而不是什么'突出'、'陪衬'、'铺垫'之类的关系,从而宣告了'三突出'创作公式的彻底破产。"③这样的批评虽然不乏精彩的文本分析,但它并没有完全脱掉既往文学批评的政治化痕迹。这恰恰说明了新时期之初文学批评的过渡性特征。因为彼时清算"极左"文艺理论,肃清其流毒的主导社会思潮仍然需要文学批评发挥其政治批判功能,更何况批评者自身批评思维方式的惯性作用。

在《李自成》研究热中,还有一批研究者对作品本身从历史真实与艺术真实、民族风格和民族艺术传统以及艺术表现和结构等方面进行深入的研究。如前所述,文坛巨匠茅盾先生不仅以书信的方式探讨、指导《李自成》的创作,而且还专门撰写研究文章,并从史料的考辨、潼关南原大战和商洛壮歌的艺术描写、宫廷内部斗争和崇祯形象塑造几个方面,论述了《李自成》达到历史小说创作所要求的历史真实和艺术真实有机统一的高度,并由此肯定其文学史上的地位。④

---

① 李悔吾:《一位光彩照人的巾帼英雄——试论〈李自成〉第一、二卷中高夫人形象的塑造》,《湖北师范学院学报》1978年第1期。
② 孙子威:《论〈李自成〉的人物塑造》,《〈李自成〉评论集》,湖北人民出版社,1978年。
③ 王毅:《深刻的方面典型 成功的艺术创造》,《武汉师范学院学报》1978年第2、3期。
④ 茅盾:《关于长篇历史小说〈李自成〉》,《文学评论》1978年第2期。

而张国光、李悔吾则以李自成形象的塑造为例来说明此问题。他们在翔实的史料和严谨的考证基础上,从八个方面论析了作家"夸张"李自成在崇祯十三年以前的重要性是符合艺术真实原则的,同时又从五个方面论析了李自成的英雄形象既符合历史真实又基本上符合历史上李自成的原型,由此不仅充分肯定李自成形象塑造的历史真实和艺术真实的高度统一,也回应了一些研究者认为李自成形象存在现代化倾向的质疑。对于《李自成》的民族风格问题,严家炎先生从民族化与现代化的关系、民族文化心理和审美心理、传统艺术手法运用和吸收传统美学思想几个方面,系统地论述了《李自成》的民族化特色。①1982年,吴功正出版《精湛的史诗艺术》一书,从形象塑造艺术、情节结构艺术、艺术形式美、艺术辩证法和悲剧艺术成就等方面,较为全面系统地总结、分析《李自成》在艺术方面的成就和特征。上述这些研究更多是针对作品本身,从审美的层面总结、分析其艺术方面的特征,并由此拓展到历史小说创作的一些重要美学原则问题,因此研究的学理性特征得到充分的体现。上述这两类研究都存在着这样一个问题:在充分肯定其成就的同时,几乎很少论及其艺术表现上的不足。不仅如此,在理论方法运用上,除了"两结合"创作方法和现实主义之外,缺乏更为多样和更为宏观的研究。其中,时代因素和研究者自身的理论观念是造成这些不足的主要原因。正是这些成就和不足为后继的研究提供了启示和借鉴。

  较之此前的研究,新世纪的《李自成》研究因学术研究环境和研究者自身理论等因素的影响而表现出走向深化的特征。这首先体现在研究者能够以更加学理性的眼光,客观、公允地分析、评价《李自成》的成就和不足。例如,有研究者一方面充分肯定《李自成》对开创新中国历史文学史诗范式的积极作用,另一方面也指出:"《李自成》的前半部有很多跌宕精彩、令人回味的篇章,具有较强的文学魅力,李自成这个主要人物形象,特点鲜明,富有智慧和昂扬的革命乐观主义精神;后半部则味同嚼蜡,没有什么亮点,第四、五两卷的篇幅本来就少,而又大量花在这样图解和分析历史的地方,使得小说文学性越来越低。"②其次,体现在研究视野的开阔和理论多样上。董之林先生2008年发表《观念与小说——关于姚雪垠的五卷本〈李自成〉》一文。她在翔实的资料基础上论述新史学运动中唯物史观和清代朴学家治学精神对姚雪垠历史观念的影响,以及姚雪垠深厚的古典文学修养和接受现代启蒙运动洗礼而形成的质疑精神。同时,又以扎实细腻的文本分析,从观念与小说创作的角度宏阔地论析了《李自成》的思

---

①严家炎:《漫谈〈李自成〉的民族化风格》,《河南大学学报》1986年第2期。
②邓菡彬:《长篇巨作〈李自成〉的成功与失误》,《阅读与写作》2003年第9期。

想和艺术成就。① 这篇长文不仅是针对一些研究者认为《李自成》无法摆脱时代制约是阶级史观规约的产物而做出学术的回应,而且也因其谱系学的化用而体现出理论方法上的创新。蒋守谦先生则活用互文性理论,通过《李自成》与《永昌演义》的比较,论述了唯物史观对《李自成》创作的指导意义及其艺术成就。② 此外,还有一些研究从悲剧性、史诗性等视角,分析《李自成》的思想和艺术成就,兹不赘述。

在《李自成》研究的历史进程中,学术界也曾出现过否定《李自成》的声音。1988年2月,刘再复在《文汇月刊》和《人民文学》上发表两篇文章。在涉及《李自成》时,他指出,《李自成》第一卷是"伪浪漫主义猖獗时代"③的产物,《李自成》"一卷不如一卷",是由于"姚先生坚持了'三突出'、'高大完美'等文学观念。按这种理论精心设计自己的人物,人物就不能不成为抽象的寓言品和简单的时代精神的号筒,李自成、高夫人这些主要人物,都成了这种号筒。人为地把古人现代化,甚至把古人经典化,就显得不伦不类"④。这两篇文章都不是《李自成》研究的专论文章,其中一篇是为一本新时期中国文学作品的外文译本写的序言,而另一篇则是他与刘绪源的谈话。但文中针对此前姚雪垠与之商榷文章中的批评,他进行反批评而提出上述看法。1986年、1987年,姚雪垠在《红旗》杂志上撰文,对刘再复的"两种规律说"表示不同看法,并以《李自成》创作为例,强调人物塑造不能摆脱"错综复杂的历史条件(环境)"的制约,"作家的历史知识、哲学思想、创作态度和创作方法"⑤对人物塑造具有指导作用,由此指出刘再复关于中国古代文学消除了人的主体性的观点,"既背离了马克思主义,也缺少严肃的学风"⑥。本来,针对不同的理论观点开展学术争鸣和批评,是文艺发展中的正常现象,也是推动理论建设不可缺少的重要条件。但是,刘再复在论争中却把《李自成》与"极左"文艺的"三突出"原则联系起来而予以否定。这种直接从政治角度立论的做法使原本属于学术争鸣的问题政治化了,就此意义而言,这种批评方法是不可取的。

姚雪垠和刘再复之间的这场论争已成为文坛上的历史往事,但也留给我们进一步反思的空间。新时期之初,《李自成》被作为与"三突出"原则斗争的胜利

---

① 董之林:《观念与小说——关于姚雪垠的五卷本〈李自成〉》,《文学评论》2008年第5期。
② 蒋守谦:《〈李自成〉与〈永昌演义〉互见录》,《文学评论》2009年第2期。
③ 刘再复:《近十年的中国文学精神和文学道路》,《人民文学》1988年第2期。
④ 姚雪垠:《创作实践和创作理论——与刘再复同志商榷》,《红旗》1986年第21期。
⑤ 姚雪垠:《继承和发扬祖国文学史的光辉传统——再与刘再复同志商榷》,《红旗》1987年第9期。
⑥ 咸方:《评刘再复对姚雪垠及〈李自成〉的新价》,《文艺理论与批评》1988年第4期。

方而受到肯定,但事隔10多年之后,富有戏剧性的是,《李自成》又因以"三突出"原则为指导塑造人物而被否定。何以形成如此巨大的反差?如果说前者是时代政治影响的结果,那么后者除去否定者的意气用事因素之外,恐怕文学观念的分歧是最为根本的因素。

如上所述,《李自成》研究所出现的这一现象,折射着不同时代政治因素的强弱和研究者文学观念的分野对文学批评的影响。更为重要的是,这一现象也涉及历史小说研究的根本问题之一,即研究者在意识形态和自身文学观念的影响下,如何返回历史现场,回到文本本身,以历史和审美的眼光进行批评,以最大程度地实现批评的学理性目标,保证历史小说批评的独立性品格。这正是《李自成》研究现象带给历史小说研究的启示和借鉴。

原载于《中州学刊》2012年第4期

姚雪垠与当代文学批评

熊元义

一、当代中国美学转型的前奏

从 1974 年 7 月到 1980 年 2 月,在这七年时间里,姚雪垠为长篇历史小说《李自成》的创作问题和茅盾通信 88 封,而《茅盾、姚雪垠谈艺书简》收入了他们围绕长篇历史小说《李自成》的创作问题和其他重要文艺理论问题的通信 73 封。茅盾和姚雪垠这些信中的美学思想曾经极大地推动了 20 世纪 70 年代末和 80 年代初中国文艺界的思想解放。其实,当代中国美学转型从 20 世纪 70 年代中期就开始了,绝不是始于 20 世纪 70 年代末期。而茅盾和姚雪垠的这些美学思想就是当代中国美学转型的前奏。

茅盾和姚雪垠至少从两个非常重要的方面推动了当代中国美学的转型。

（一）推动了中国当代文学评论的深入

茅盾和姚雪垠在通信中不但有力地抵制了当时文艺批评不谈艺术的不良倾向,而且尖锐地批评了当时文学创作的简单化、公式化、表面化的现象。姚雪垠认为茅盾关于长篇小说艺术方面的探讨"正是我们文艺评论界多年来所忽略了的或回避不谈的"[1]。而"许多年来,没有人能细谈艺术,文学作品的欣赏和评论,只剩了几条筋,影响很坏"[2]。姚雪垠反对文艺创作的简单化、公式化、表面化,"不论小说或电影,看了开头就大体知道结局,好人和坏人都可以一眼看清,连儿童都立刻知道刚出现的是好人或是坏人。满足于将敌人从表面上加以丑化,千篇一律,千人一面,而不肯写人物的深处,不追求写典型环境的典型性格"[3],不追求"艺术的完美和深度"。姚雪垠关于人物描写的美学思想直接影响了后来的朱光潜和刘再复。不过,朱光潜在 1980 年的《谈美书简》中反对描写见不出冲突发展的"平板人物",提倡描写见出冲突发展的"圆整人物",刘再复

---

[1] 姚海天:《茅盾、姚雪垠谈艺书简》,人民文学出版社,2006 年,第 67 页。
[2] 姚海天:《茅盾、姚雪垠谈艺书简》,人民文学出版社,2006 年,第 91 页。
[3] 姚海天:《茅盾、姚雪垠谈艺书简》,人民文学出版社,2006 年,第 85 页。

在 1984 年提出"人物性格的二重组合原理",虽然和姚雪垠关于人物描写的美学思想一脉相承,但比姚雪垠的文艺思想僵化得多。

"为什么我们读有的作品除得到思想教育之外同时也得到较多的美学享受,而读另外的作品,尽管它反映的内容很不错,却得不到美学享受?为什么《红楼梦》在艺术上那么感人,具有魅力?"①姚雪垠在提出这个尖锐的问题时正确地指出,"一部长篇小说应该给读者积极的思想教育,也应该给读者丰富健康的美学享受。忽略了后者,小说就不能感人深刻,更不能使读者百看不厌"②。姚雪垠在写《李自成》的过程中有意识地探索长篇小说的美学问题,包括民族传统问题。姚雪垠认为:"写历史小说毕竟不等于历史。先研究历史,做到处处心中有数,然后去组织小说细节,烘托人物,表现主题思想。这是历史真实与艺术虚构的关系,也就是既要深入历史,也要跳出历史。深入与跳出是辩证的,而基础是在深入。"③姚雪垠在致茅盾的信中提出了"长篇小说的美学问题",茅盾和姚雪垠的通信从《李自成》的创作实际出发,除内容方面的问题之外,集中探索了一些艺术上的问题,包括如何追求语言的丰富多彩,写人物和场景如何将现实主义手法和浪漫主义手法并用,细节描写应如何穿插变化、铺垫和埋伏,有虚有实,各种人物应如何搭配,各单元应如何大开大阖,大起大落,有张有弛,忽断忽续,波诡云谲,姚雪垠把这些要在文学创作实践中探索的艺术技巧问题统称"长篇小说的美学问题",茅盾则用"艺术技巧"概称。姚雪垠非常重视茅盾的文艺评论,认为茅盾"具有十分丰富的创作经验与学力,总是从小说创作的角度看小说作品,而不同于从干枯死板的条条框框出发"④。茅盾的这些文字,是茅盾晚年留下的重要文献,会引起后代的重视。它们之所以能为后人重视,不仅因为茅盾是"五四"新文学运动以来很有贡献的老作家,而且因为它提供了不少关于长篇小说艺术方面的精辟意见。1977 年,《光明日报》发表了茅盾致姚雪垠的主要谈论小说艺术技巧的书信摘抄,极大地提高了人们对艺术的认识⑤。茅盾和姚雪垠的这种文学研究在 20 世纪 80 年代中期形成了潮流。1985 年,有人提出,近年来文学研究的重心已转移到内部规律,即研究文学本身的审美特点,文学内部各要素的相互关系,文学各种门类自身的结构方式和运动规律等,总之,是回复到自身。只是茅盾和姚雪垠的文学研究没有后起潮流的片面。因此,茅盾和姚雪垠提出的很多深刻的美学思想,至今仍然没有过时。

---

① 姚海天:《茅盾、姚雪垠谈艺书简》,人民文学出版社,2006 年,第 141 页。
② 姚海天:《茅盾、姚雪垠谈艺书简》,人民文学出版社,2006 年,第 70 页。
③ 姚海天:《茅盾、姚雪垠谈艺书简》,人民文学出版社,2006 年,第 18 页。
④ 姚海天:《茅盾、姚雪垠谈艺书简》,人民文学出版社,2006 年,第 69 页。
⑤ 姚海天:《茅盾、姚雪垠谈艺书简》,人民文学出版社,2006 年,第 106—115 页。

（二）推动了中国现代文学史写作的深入

茅盾和姚雪垠推动了中国现代文学史写作的深入,提出中国现代文学史的两种编写方法。1980年1月15日,姚雪垠在致茅盾的信中认为中国现代文学史应对"五四"前夜的文学历史潮流给予充分论述。

"我们论述'五四'新文学运动的时候应该设立专章论述清末的风气变化和一些曾起过重要间接作用的前驱者。梁任公、黄遵宪等人的新运动(新小说运动和所谓的'诗界革命'),已经在动摇着旧文学的阵脚,同时在一定程度上替'五四'新文学准备条件。至于清末的翻译西方文学和各地出现的白话小报,都是'五四'新文学运动的前驱,这是大家都比较重视的,现代文学史的前边也应有篇幅论述。"①接着,姚雪垠提出了关于中国现代文学史的两种编写方法。一种是目前通行的编写方法,只论述"五四"新文学以来的白话体文学作品。另外有一种编写方法,打破这个流行的框框,论述的作品、作家、流派要广阔得多,故名之曰"大文学史"的编写方法。姚雪垠所说的"大文学史",要包括"五四"新文学运动以来的旧体诗、词,还有民国初年和"五四"以后的章回体小说家,也应该将其中较有成就的在新文学史中加以论述。"以上是对中国现代文学史考虑的另一种编写方法,仍以'五四'以来的文学主流为骨架,旁及主流以外的各派作家和诗人,决不混淆主次之分。"②姚雪垠着重提了与新文学运动对抗的流派"礼拜六派"。在发表此信所加的《跋》中,姚雪垠又提了这样几个作家:从"礼拜六派"分化出去,为"五四"新文学运动做出过贡献的作家刘半农,在包笑天和张恨水这一部分作家中起过较大影响的徐枕亚,抗战末期和大陆解放前夕应该提一提徐訏,当时上海的女作家应该提到张爱玲。另外,有些住在海外的华籍作家,只要具有一定影响,当然也应该写进中国现代文学史中。这种"大文学史"就是对当时通行的中国现代文学史的"重写"。而茅盾和姚雪垠这种独特的贡献被那些仅为改变价值观的"重写文学史"的人埋没了。在这种埋没的同时,还有忽略和遗忘。

茅盾和姚雪垠重视对历史运动规律的认识和反映。长篇历史小说《李自成》就深刻地揭示了李自成失败的历史命运,"英雄人物在事业发展和有巨大成就时,他同广大群众(甚至旧日战友)之间的关系发生变化,有时是自觉的,有时是不自觉的,往往是二者兼具。随着身份地位的改变,总会有一批人由于各种原因在领袖人物周围筑起一道墙,甚至几道墙"③。这是《李自成》在历史哲学上

---

① 姚海天:《茅盾、姚雪垠谈艺书简》,人民文学出版社,2006年,第129页。
② 姚海天:《茅盾、姚雪垠谈艺书简》,人民文学出版社,2006年,第131页。
③ 姚海天:《茅盾、姚雪垠谈艺书简》,人民文学出版社,2006年,第123页。

对历史上的长篇历史小说的根本超越。而20世纪80年代中期兴起的"重写文学史"潮流恰恰引导当前中国文学回避对历史运动规律的认识和把握。姚雪垠提出的"大文学史"一方面要求尊重客观的文学事实,另一方面坚决反对无原则的兼容并收,即没有主次的分别。而有人扩大中国现当代文学研究范围,认为不能停留在形式上,最根本的是要转变文学观念,修正文学批评尺度,即坚决否认鲁迅、茅盾、张恨水、程小青、王度庐、还珠楼主、周瘦鹃等作家的文学作品存在价值高下的分别①。可见,茅盾和姚雪垠与这些鼓吹"重写文学史"的人是根本不同的。因此,这些鼓吹"重写文学史"的人埋没、忽略和遗忘茅盾和姚雪垠的独特贡献就不是偶然的了。

二、作家应有接受批评的雅量

当前有些作家抵制文学批评的气势很盛,以至于真正优秀的文学批评家的生存处境变得空前艰难。有的作家在受到一些文学批评家的批评后就不和这些文学批评家来往,甚至断交。即使不得不来往,也是面和心不和。作家和文学批评家成为诤友的几乎闻所未闻。这种现象在20世纪70年代末期开始抬头,并逐渐形成当代文学界的一种暗流。1983年,胡乔木针对文学创作达到了繁荣的地步而文学批评却远没有达到繁荣的地步的现状指出:"在整个新文学运动的历史上,文学批评从来是比较薄弱的一个方面。"②认为这是因为批评家的产生总比作家的产生困难得多。因此,胡乔木提出,我们更需要努力培养批评家,更需要爱护良好的文学批评,而这就要求有一种健康的批评空气。可惜,将近三十年过去了,这种健康的批评空气仍然没有出现。而这种健康的批评空气之所以难以出现,主要是因为一些作家缺乏接受文学批评的雅量。

其实,当前有些作家并不是完全厌恶文学批评。他们只是拒绝"说坏处"的文学批评,还是接受"说好处"的文学批评的。可见,当前有些作家厌恶文学批评,不是或者至少不完全是对历史上曾经出现过简单化的、幼稚而粗暴的批评心有余悸,恐怕是过于计较个人的得失。这种现象一是反映了有些作家缺乏应有的自省,不能自觉地主动地优化自身的精神结构。"流水不腐,户枢不蠹。"人的精神世界也是一样,一旦失去了自我调节,必然要导致贫困和腐败。这在文学创作上表现为审美感知力的消解,是非辨别力的异化,与人民群众离心力的

---

① 高玉:《放宽评价尺度,扩大研究范围》,《文艺争鸣》2008年第3期。
② 胡乔木:《胡乔木谈文学艺术》,人民文学出版社,1999年,第291页。

增大。因此,进步的作家总是将自我净化作为一种贯穿艺术生命始终的自觉行动。在这个过程中,文学批评无疑可以发挥促进作用。而有些作家故步自封,缺乏应有的自省,很难自觉自愿地接受帮助他们进步的文学批评。二是反映了有些作家缺乏必要的自信,不能与外部世界进行广泛的交流。其实,一部文学作品如果经不起批评,或者一批就倒,那么,这部文学作品的价值是值得怀疑的,甚至可以说是没有价值的,反而不少优秀的文学作品都是在文学批评中日益完善起来的。在世界文艺史上,大多数成功的文学作品都是在反复修改的中出世的。而这个不断修改的过程就是批评和自我批评的过程。因此,只有那些缺乏自信的作家,才拒绝接受各种文学批评。

在20世纪70年代后期推动中国当代美学转型的先驱茅盾、姚雪垠等大家在自觉地推动中国当代文学批评的科学发展上既是清醒的,即能够认识到自身局限是不可避免的,也是自信的。因此,他们在文学批评上成为真正的诤友。姚雪垠对茅盾虽然充满了敬意,但绝不是盲目的。姚雪垠认为:"每个历史运动中的有功之士,都是历史的产儿,既参与对历史的缔造,也不能摆脱历史的局限。他们是在历史的局限中做了历史前驱的战士。"[1]姚雪垠就是这样对待伟大作家茅盾的。而茅盾也是清醒的,认为"彼时眼光短浅,而胆大敢为,所谓箭在弦上不得不发。及今思之,常自汗颜"[2]。茅盾没有文过饰非,而是在接受批评的基础上进行了自我批评。姚雪垠在文学创作上做到了"生命不止探索和追求不止。"[3]而在文学批评上,他是闻过则喜,闻过必改。阿英批评长篇历史小说《李自成》在融化西洋长篇小说同中国章回体长篇小说的手法的过程中还存在不统一的地方。姚雪垠很快就在文字风格上重新推敲一遍,修改的地方很多[4]。吴晗指出长篇历史小说《李自成》在作家叙述部分,连"满清"一词也要避免使用。不要无意中流露出大汉族主义思想。姚雪垠马上仔细检查了全书并改正了一些地方。而姚雪垠主动倾听茅盾的批评更是一种典范。姚雪垠认为茅盾对长篇历史小说《李自成》的分析和评论"实为文艺评论的典范"[5]。茅盾对长篇历史小说《李自成》的分析和评论有什么特点呢?姚雪垠指出,茅盾"具有十分丰富的创作经验与学力,总是从小说创作的角度看小说作品,而不同于从干枯死板的条条框框出发"[6]。茅盾"对《李自成》第一卷和第二卷稿子所做的分析和

---

[1] 姚海天:《茅盾、姚雪垠谈艺书简》,人民文学出版社,2006年,第13页。
[2] 姚海天:《茅盾、姚雪垠谈艺书简》,人民文学出版社,2006年,第15页。
[3] 姚海天:《茅盾、姚雪垠谈艺书简》,人民文学出版社,2006年,第71页。
[4] 姚海天:《茅盾、姚雪垠谈艺书简》,人民文学出版社,2006年,第67页。
[5] 姚海天:《茅盾、姚雪垠谈艺书简》,人民文学出版社,2006年,第57页。
[6] 姚海天:《茅盾、姚雪垠谈艺书简》,人民文学出版社,2006年,第69页。

评论,有许多是关于长篇小说的艺术技巧的共同问题",认为"五四"以来,人们极少谈论这些问题。姚雪垠认为茅盾这些分析和评论"深切了解作家的创作意图和艺术匠心,对作家特别有用"。①

姚雪垠不仅是重视茅盾的文学批评,而且努力推动这种科学的文学批评成为中国文学批评的发展方向。姚雪垠反对简单化的文学批评,认为"简单化是目前文艺批评与创作的大病"②。提倡茅盾式的文学批评。姚雪垠将茅盾关于《李自成》的所有来信,包括对第二卷各单元的意见,用厚道林纸粘贴,装成一册(以后的信件都陆续汇集装册)。姚雪垠认为这些茅盾晚年留下的重要文献会引起后代的重视。它们之所以能为后人重视,不仅因为茅盾是"五四"新文学运动以来很有贡献的老作家,而且因为它提供了不少关于长篇小说艺术方面的精辟意见,而这种探讨正是文艺评论界多年来所忽略了的或回避不谈的。"③后来,姚雪垠从茅盾的信中将谈论小说艺术的部分抄出来发表,"推动重视艺术性的文艺风气"④。

而姚雪垠和茅盾之所以能够推动文学批评的科学发展,是因为他们不计个人得失,不断追求真理,不断追求进步。姚雪垠追求真理,认为他对历史"翻案的目的必须仅限于弄清历史真相,而不能是为着追求个人有所创获而标新立异"⑤。不断追求进步,姚雪垠创作长篇历史小说《李自成》没有匆忙完成,而是必须在艺术上有比较显著的新探索,方才脱手。

当前中国文学界迟迟没有出现伟大的作家作品,批评和自我批评开展不起来恐怕是主要原因之一。从俄国文学批评家别林斯基对俄国作家果戈理晚年文学创作的批评中,我们可以看到19世纪俄国文艺批评激烈和尖锐的程度。别林斯基从三个方面对果戈理晚年文学创作进行了批评。一是深刻地批评了果戈理晚年文学创作发生的可怕癌变。果戈理曾经借优美绝伦、无限真诚的作品,如此强有力地促进俄国的自觉,使她能够像在镜子里一样地看到自己,而现在却凭着基督和教会之名,教导野蛮的地主榨取农民更多的血汗,更厉害地辱骂他们。二是透彻地把握了果戈理的声名迅速衰落的根本原因。在19世纪俄国社会中,新生的力量沸腾着,要冲出来,但被深重的压迫紧压着,找不出出路。只有在文学里面,还显示出生命和进步的运动。在我们这儿,每一个拥有所谓自由倾向的人,纵然才能如何贫弱,都受到普遍的注意;那些诚意或非诚意地献

---

① 姚海天:《茅盾、姚雪垠谈艺书简》,人民文学出版社,2006年,第58页。
② 姚海天:《茅盾、姚雪垠谈艺书简》,人民文学出版社,2006年,第84页。
③ 姚海天:《茅盾、姚雪垠谈艺书简》,人民文学出版社,2006年,第67页。
④ 姚海天:《茅盾、姚雪垠谈艺书简》,人民文学出版社,2006年,第91页。
⑤ 姚海天:《茅盾、姚雪垠谈艺书简》,人民文学出版社,2006年,第17—18页。

身于正教、专制政治、国粹主义的伟大才能,声名迅速地在衰落。著名诗人普希金只写了两三首忠君的诗,穿上了宫廷侍从的制服,立刻就失去了人民的宠爱;著名作家果戈理对自己以前的作品表示不满,声言只有当沙皇满意时,才会满意。作为一个作家,尤其是作为一个人,降低了身价,这还有什么可奇怪的吗?三是尖锐地挖掘了果戈理创作反动的《与友人书信选集》的现实动机。果戈理写成《与友人书信选集》不是一天、一星期、一月之功,也许却是在一年、两年或三年里写成的;这之间有着前后呼应的联系;在随意的抒写中可以看出深思熟虑、对最高权力的歌颂圆满地解决了果戈理在地上的境遇。这种批评的尖锐程度似乎是当代中国作家没有感受过的。在这个文艺批评中,别林斯基提出了文学批评应该坚守的的根本原则。这就是别林斯基在《给果戈理的一封信》中指出的:"自尊心受到凌辱,还可以忍受,如果问题仅仅在此,我还有默尔而息的雅量;可是真理和人的尊严遭受凌辱,是不能够忍受的;在宗教的荫庇和鞭笞的保护下,把谎言和不义当作真理和美德来宣扬,是不能够缄默的。"而19世纪俄国文学之所以能够出现伟大的文艺批评家、作家和文艺作品,别林斯基的这种不留情面、入木三分的文学批评在19世纪俄国能够存在并发生重要作用不能不说是一个重要原因。在中国文学界,别林斯基这种尖锐的文学批评是很难出现的。即使偶尔出现这种文艺批评的萌芽,也会遭到围攻,甚至被指责为是恶意的。

当前中国文学批评不景气,原因是很多的,但有一个不可忽视的原因,就是很多作家缺乏接受文学批评的雅量。而没有这种雅量,就不但没有文学批评的发展和繁荣,也没有文学创作的发展和繁荣。

原载于《平顶山学院学报》2010年第4期

作品年表

姚雪垠作品年表

1929 年

《两个孤坟》(短篇小说),《河南民报》副刊 1929 年 9 月 9—10 日。
《强儿》(短篇小说),《河南民报》副刊 1929 年 9 月 20 日。
《通讯——致灵涛信》,《河南民报》副刊 1929 年 9 月 23 日。
《秋季的郊原》(诗),《河南民报》副刊 1929 年 10 月 31 日。

1932 年

《土戏中的滑稽趣味》,《河南民国日报》副刊《民众乐园》1932 年 2 月 20 日。
《东西文化之搀和》,《河南民国日报》副刊《民众乐园》1932 年 2 月 21 日。
《唠子腔》,《河南民国日报》副刊《民众乐园》1932 年 3 月 3 日。
《小喜子赶嫁妆》,《河南民国日报》副刊《民众乐园》1932 年 3 月 5—6 日。
《女子变物的故事》,《河南民国日报》副刊《民众乐园》1932 年 3 月 14 日。
《老妻少夫》,《河南民国日报》副刊《民众乐园》1932 年 3 月 16 日。
《征途——死后之什一》,《河南民国日报》副刊《平沙》1932 年 6 月 3 日。

1933 年

《风马随笔》(散文),《大陆文艺》1933 年第 1 期。
《沧桑曲》(散文诗),《大陆文艺》1933 年第 1 期。
《我要复活》(散文),《河南民报》1933 年 2 月 9 日。
《元剧录》,《河南民报》副刊《艺术周刊》1933 年 2—3 月连载。
《生命的寻找》,《河南民报》1933 年 3 月 2 日。
《土戏中的滑稽趣味》,《河南民报》副刊《茉莉》1933 年 3 月 16 日。
《论元剧底扮演》,《河南民报》副刊《茉莉》1933 年 3 月 25 日。
《寄》(诗),《河南民报》副刊 1933 年 3 月 27 日。
《词以后清歌文学底解放》,《河南民国日报》、《新圃周刊》1933 年 4—5 月连载。
《大诗人曹子建》,《河南民报》副刊《艺术周刊》1933 年 4—5 月连载。
《百姓》(独幕剧),《河南民报》副刊《艺术周刊》1933 年 5 月 28 日。
《寡妇及其儿子》(独幕剧),《河南民报》副刊《寒笳周刊》1933 年 5 月 21 日。

《读陶诗》上,《河南民报》《黄河》1933年5月23日、5月28日。

《洛滨梦》,《河南民报》副刊《平野》1933年6月18日、6月25日、7月27日。

《迷惘之曲》(诗),《河南民报》副刊《平野》1933年6月18日。

《各自不同的三个画展》,《河南民报》副刊《平野》1933年6月25日。

《血衣》(短篇小说),《茉莉》月刊1933年6月创刊号。

《一封旧信》(诗),《河南民报》副刊《平野》1933年7月27日。

《从吃菜说到张友仁的画》,《河南民报》副刊《平野》1933年8月13日。

《登禹山》(诗),《河南民报》副刊《平野》1933年8月27日。

《到处老鸦一般黑》,《河南民报》副刊《平野》1933年9月24日。

《最后的一面》(诗),《河南民报》副刊《茉莉》1933年8—9月。

《埋怨》(诗),《河南民报》副刊《平野》1933年10月1日。

《无题》(诗),《河南民报》副刊《平野》1933年10月22日。

《赋得神通广大》,《河南民报》副刊《平野》1933年10月22日。

《沧桑曲》,《大陆文艺》创刊号1933年12月1日。

《风马随笔》(随笔二则),《大陆文艺》创刊号1933年12月1日。

1934年

《这一天》(散文),《河南民报》副刊《平野》1934年1月14日。

《畜生》(杂文),《今日》1934年2月16日创刊号。

《瞿射十日》,《河南民报》副刊《平野》1934年3月24日、4月8日、4月11日。

《论小品文》,《河南民报》副刊《平野》1934年4月15日、4月22日。

《大团圆之后》,《河南民报》副刊《平野》1934年5月1日、5月9日。

《草虫章——〈诗经〉今译之一》,《河南民报》副刊《平野》1934年5月20日。

《最后的一面》(剧本),《河南民报》副刊《平野》1934年5月24日、6月6日、9月27日。

《屈原集》(书评),《河南民报》副刊《平野》1934年7月5日。

《天地开辟、毁灭及重建》,《河南民报》副刊《平野》1934年8月3日、8月10日、9月3日、9月9日。

《文人与装鳖》(杂文),《论语》1934年第52期。

《教育四征》(杂文),《论语》1934年第61期。

1935 年

《群绅》（独幕剧），开封《文艺月刊》1935 年第 5、6 期合刊。
《咒——年头小景之一》，开封《文化批判》1935 年第 2 卷第 2、3 期合刊。
《经验、观察、与认识》，《华北日报》《每日文艺》1935 年 1 月 5 日。
《写实主义文学与科学》，《华北日报》《每日文艺》1935 年 1 月 17 日。
《洛川之滨》，《华北日报》《每日文艺》1935 年 1 月 23—24 日。
《英雄非典型》，《华北日报》《每日文艺》1935 年 2 月 6 日。
《梦归》（诗），开封《青春诗刊》1935 年 3 月创刊号。
《诗人的天禀与运命》（诗），开封《青春诗刊》1935 年 3 月创刊号。
《出家人之歌》（诗），开封《青春诗刊》1935 年 3 月创刊号。
《鸟文人》（杂文），《芒种》1935 年第 3 期。
《老马识途》（杂文），《芒种》1935 年第 5 期。
《日子倒走》（杂文），《芒种》1935 年第 6 期。
《京派与魔道》（杂文），《芒种》1935 年第 8 期。
《苍蝇主义》（杂文），《芒种》1935 年第 9—10 期合刊。
《阴影里》（小说），《晨报》1935 年 7 月 1 日。
《野祭》（小说），《新小说》1935 年第 2 卷第 1 期。
《论潇洒》（杂文），上海《申报》1935 年 7 月 1 日。
《中国产日月的女神》（散文），上海《申报》1935 年 7 月 12 日。
《嫦娥补考》（散文），上海《申报》1935 年 7 月 25 日。
《渡船上》（散文），天津《大公报》1935 年 9 月 29 日。
《山上》（小说），《文学季刊》1935 年第 2 卷第 4 期。

1936 年

《小罗汉》（小说），《国闻周报》1936 年 2 月 17 日第 13 卷第 6 期。
《大众的话和文学》（散文），《河南民国日报》1936 年 3 月 6 日。
《碉堡风波·乡间国难曲之一》（小说），《光明》1936 年 11 月 25 日第 1 卷第 12 期。
《捉肉头》（小说），《群鸥》1936 年 12 月创刊号。

1937 年

《一九三七年是我们的》，《群鸥》1937 年第 1 卷第 2 期。
《夜行曲第一章——红灯日记序》，《群鸥》1937 年第 1 卷第 3 期。

《汉奸变种》(杂文)，《群鸥》1937年第1卷第3期。
《一部伟大作品的提议》，《光明》1937年第2卷第5号。
《援兵》(小说)，《光明》1937年3月第2卷第7号。
《M站》(小说)，《光明》1937年4月第2卷第9号。
《生死路》(小说)，《光明》1937年6月第3卷第1号。
《选举志》(小说)，《光明》1937年7月第3卷第3号。
《查夜》(小说)，天津《大公报》1937年1月6日。
《春天里》(译文)，天津《大公报》1937年1月10日。
《文字宣传到乡间》，《河南民国日报》1937年2月2日。
《酒》，《立报·言林》1937年2月23日。
《编者的话》，《风雨》1937年9月11日创刊号。
《给他们救亡的工作》，《风雨》(刊期不详)。
《通俗文艺论·主题论之一》，《风雨》1937年第2期。
《兴奋的日子开始了·主题论之二》，《风雨》1937年第3期。
《怎样写汉奸·主题论之三》，《风雨》1937年第4期。
《是否还要反帝反封建·主题论之四》，《风雨》1937年第8期。
《不动(杂感之一)》，《风雨》1937年第9期。
《从汉奸谈起(杂感之二)》，《风雨》1937年第9期。
《应该特别强调的两口号·主题论之五》，《风雨》1937年第10期。
《论大众文学的风格(上)·主题论之六》，《风雨》1937年第11期。
《忽然想到》，《风雨》1937年第12期。
《杂感》，《风雨》1937年第13期。
《论大众文学的风格(中)·主题论之七》，《风雨》1937年第14期。

1938年

《故乡杂感》，重庆《新民报》副刊《血潮》。
《烈士》，重庆《新民报》副刊《血潮》。
《捕奸故事——事出西华县》，重庆《新民报》副刊《血潮》。
《论现阶段的文学主题》，《抗战文艺》1938年第1卷第2期。
《奠定保卫河南的胜利基础》，《风雨》1938年第16期。
《对于保卫河南的几项紧急建议》，《风雨》1938年第17期。
《淮北战地巡礼》，《河南民国日报》1938年2月2日。
《蚌埠沦陷后》，开封《行动》(半月刊)1938年3月。
《为保卫黄河贡献一点愚见》，《河南民国日报》1938年3月2日。

《白龙港》(小说),汉口《自由中国》1938年第1卷第2号。
《差半车麦秸》(小说),香港《文艺阵地》1938年第1卷第3期。
《论现阶段的文学主题》,《抗战文艺》1938年第1卷第2期。
《母子篇》,汉口《大公报》1938年6月18日。
《悼烈士梁雷》,汉口《大公报》1938年8月15—16日。
《通俗文艺短论》,《抗战文艺》1938年第1卷第5期。
《离散》(随笔),《抗战文艺》1938年第2卷第5期。
《战地书简》,汉口上海杂志公司,1938年。

1939 年

《随县前方的农民运动》(通讯),《群众周刊》1939年第3卷第2期。
《红灯笼的故事》(小说),《文艺新闻》1939年10月号。
《界首集》(通讯),《全民抗战》1939年第94期。
《红灯笼故事(一部长篇小说中的片段)》,《抗战文艺》1939年第4卷第2期。
《雁门关外的雷声》(散文),《抗战文艺》1939年第5卷第1期。
《四月交响曲》(收入《四月交响曲》《界首集》《血的蒙城》《鄂北战场的神秘武装》《随县前方的农民运动》等篇),桂林前线出版社,1939年。

1940 年

《春到前线》(散文),《淮流》1940年第7期。
《鄂北战场上的神秘武装》(通讯),《全民抗战》1940年第109期。
《归来感》,《阵中日报》1940年2月22日。
《文人眼中看军纪》,《阵中日报》1940年2月25日。
《论典型的创造(上)》,《阵中日报》1940年3月17日。
《论典型的创造(下)》,《阵中日报》1940年3月21日。
《〈春雷集〉题记》,《阵中日报》1940年3月27日。
《红灯笼故事》(短篇小说集,收入《红灯笼故事》《选举志》《差半车麦秸》《碉堡风波》等四篇),大地图书公司,1940年。
《神兵》(小品),《战地画刊》1940年第6期。
《感情和理智》,《阵中日报》1940年7月22日。
《家的故事》,《阵中日报》1940年7月27日。
《论南洋风云——对于太平洋大战的预测》,《阵中日报》1940年8月10日。
《一开始统一个大圈子》,《阵中日报》1940年8月11日。

《谈论争》,《阵中日报》1940年8月15日。
《战术补例》,《阵中日报》1940年9月5日。
《〈雷雨〉碎语》,《阵中日报》1940年10月12日。
《文学上的两种风格》,《阵中日报》1940年12月1日、12月28日、12月29日连载。
《病中杂感》,《阵中日报》1940年12月9日。
《春暖花开的时候》(长篇小说),《读书月报》1940年第2卷第1—10期连载。
《〈春雷集〉题记》,《读书月报》1940年第2卷第3期。
《敌人几次冲过来》,桂林《自由中国》1940年第1卷第1期。

1941年

《略论辞赋的发展道路》,《阵中日报》1941年1月22—23日连载。
《大别山文艺巡礼》,《中原副刊》1941年第1卷第2期。
《五四与中国新文艺》,《中原副刊》1941年第1卷第2期。
《文艺反映论》,《文艺丛刊》1941年第2卷第2期。
《日本行动方向之谜》,《中原》1941年第4卷第1期。
《怎样描写人物个性》,《文艺丛刊》1941年第2卷第5—6期合刊。
《我怎样学习文学语言》,《中原文化》1941年第1卷第1期。
《论创作的学习过程》,《中原文化》1941年第1卷第2—3期合刊。
《牛全德与红萝卜》(中篇小说),《抗战文艺》1941年第7卷第4—5期合刊。
《希特勒的最后一张牌》,《中原副刊》1941年第4期。
《苏联前线三元帅》(译文),《中原副刊》1941年第5期。
《封存日本资金与上海贸易》(译文),《中原》1941年第4卷第2、3期合刊。
《戎马恋》,《中原副刊》1941年第3—6期连载。
《关于〈戎马恋〉》,《中原副刊》1941年第6期。
《罗斯福是否会牺牲中国》(译文),《中原文化》1941年第1卷第1期。
《文艺与宣传》,《抗战半月刊》1941年10月。
《欧战现势与远东》,《抗战半月刊》1941年11月。
《德苏开战后的世界新局势》,《编译月报》1941年第2卷第6期。
《文艺反映论》(论文),《文学月报》1941年第3卷第6期。
《关于写小说》,《学生界》1941年12月创刊号。
《中国不会败》(译文),《阵中日报》1941年12月16—20日连载。
《急风骤雨的太平洋》,《中原》1941年第4卷第6期。

1942 年

《一九四二年国际局势展望》,《抗战半月刊》1942 年第 6 期。
《扩大的世界战争》,《中原》1942 年第 5 卷第 1 期。
《反侵略统一作战的明确化》,《中原》1941 年第 5 卷第 1 期。
《抗战文学的语言问题》,《中原文化》1941 年第 1 卷第 5 期。
《太平洋战局》,《中原》1942 年第 5 卷第 1 期。
《长沙三捷》,《中原》1942 年第 5 卷第 2 期。
《印度问题》,《中原》1942 年第 5 卷第 3 期。
《母子篇》,《学生界》1942 年第 4 期。
《土耳其的危机》,《中原》1942 年第 5 卷第 4 期。
《创作漫谈》,《中原文化》1942 年第 2 卷第 1 期。
《孩子的故事》,《大地文艺》1942 年创刊号。
《启事》,《大地文丛》1942 年创刊号。
《江边》(《戎马恋》之一章),《中原文化》1942 年第 2 卷第 2 期。
《M 站》(短篇小说集),桂林文学编译社,1942 年。
《诗人,正义的象征》,《皖报》1942 年 6 月 18 日。
《屈原诗的产生问题》,《中原文化》1942 年第 2 卷第 3、4 期合刊。
《关于〈差半车麦秸〉及其它》,《中原文化》1942 年第 2 卷第 5 期。
《〈创作论初集〉后记》,《中原文化》1942 年第 2 卷第 5 期。
《小说是怎样写成的》,《中原文化》1942 年第 2 卷第 6 期。
《春到前线》(散文集),桂林文学编译社,1942 年。
《红灯笼故事》(短篇小说集),桂林文学编译社,1942 年。
《牛全德与红萝卜》,重庆文座出版社,1942 年。
《屈原的文学遗产》,《文艺生活》1942 年第 3 卷第 2 期。
《戎马恋》(中篇小说),重庆大东书局,1942 年。
《M 站》(英汉对照文艺丛书),桂林远方书店,1942 年。

1943 年

《创作漫谈》,《文艺杂志》1943 年第 2 卷第 2 期。
《需要批评!》,重庆《新华日报》副刊 1943 年 2 月 12 日。
《大别山中的文艺孤军》,《抗战文艺》(文协成立五周年纪念特刊)1943 年 3 月 27 日。
《重逢》(中篇小说,"东方文艺丛书"之五),《文艺先锋》1943 年第 2 卷第

2—4 期连载,重庆东方书社,1943 年。

《出山》,《文化先锋》1943 年第 2 卷第 2 期。

《略论士大夫的文学趣味》,《大公报》副刊《战线》1943 年 5 月。

《我的学校》(一、初学记),《国民公报》1943 年 6 月 27 日。

《论深刻》,《新华日报》1943 年 8 月 2 日。

《少女与小孩》(《新生颂》之二章),《文学修养》1943 年第 2 卷第 1 期。

《风雨时代的插曲》(又名《恐怖之夜》),《抗战文艺》1943 年第 8 卷第 4 期。

《新苗》(又名《新生颂》),现代出版社,1943 年。

《小说是怎样写成的》("大时代文艺丛书"之一),商务印书馆,1943 年。

《差半车麦秸》(短篇小说集),桂林远方书店,1943 年。

《差半车麦秸》(英汉对照文艺丛书),桂林远方书店,1943 年。

《崇高的爱》(《新苗》第一部),现代出版社,1943 年。

《戎马恋》(中篇小说),重庆大东书局,1943 年。

1944 年

《小说结构原理》,《文艺先锋》1944 年第 4 卷第 1 期。

《夏光明》(《新生颂》中部分章节),《抗战文艺》1944 年第 9 卷第 1、2 期合刊。

《写长篇和写短篇——小说创作经验谈》,《文学修养》1944 年第 2 卷第 3 期。

《春夜》(短篇小说),《当代文艺》1944 年第 1 卷第 2 期。

《论目前小说底创作》,《半月文萃》1944 年第 3 卷第 1 期。

《现代田园诗》,《当代文艺》1944 年第 1 卷第 5、6 期。

《春暖花开的时候》(共三册),重庆现代出版社,1944 年。

《三年间》(中篇小说),《微波》1944 年创刊号。

《伴侣》(小说),《微波》1944 年创刊号。

《北方生活与北方语言》,《新华日报》1944 年 10 月 3 日。

《硬骨头》,《高原》1944 年创刊号。

《母爱》(《新苗》第一部),重庆现代出版社,1944 年。

《读史随笔》,河南《前锋报》副刊《燧火》1944 年 12 月 6 日。

《历史的悲哀》,河南《前锋报》副刊《燧火》1944 年 12 月 16 日。

1945 年

《生活·思想·语言》,《诗文学丛刊》第一辑《诗人与诗》,1945 年 2 月。

《自省小记》,河南《前锋报》副刊《燧火》1945年11月3日。

1946年

《我的老祖母》(散文),《华西晚报》1946年1月。
《外祖母的命运》(散文),《华西晚报》1946年2月。
《我抗议》,《华西晚报》1946年2月14日。
《夏光明》(《新生颂》中部分章节),《抗战文艺》1946年第9卷第1、2期合刊。
《金千里》(《戎马恋》修订本),上海东方书社,1946年。
《大嫂》(散文),《华西晚报》1946年4月。
《三年写作计划》,《河南民报》副刊1946年7月5—6日。
《老祖母》,开封《春潮》1946年创刊号。
《长夜》,《河南民报》副刊《民众乐园》1946年7—9月连载。

1947年

《希特勒的猴子》(寓言),《文汇报》1947年1月16日。
《面具与手套》(寓言),《联合晚报》1947年1月29日。
《中国新文化的源流》,开封《山河》(文学半月刊)1947年第3期。
《等待》(中篇小说),《文潮月刊》1947年第3卷第5期。
《论胡风的宗派主义》,北平雪风社《雪风》(半月刊)1947年第3期。
《一个被压杀的天才——记独轨火车发明家卢镕轩先生》,《人物》1947年第3—8期连载。
《差半车麦秸》(短篇小说集,《雪垠创作集》第一种),上海怀正文化社,1947年。
《长夜》(长篇小说,《雪垠创作集》第二种),上海怀正文化社,1947年。
《牛全德与红萝卜》(中篇小说,《雪垠创作集》第三种),上海怀正文化社,1947年。
《记卢镕轩》(传记文学,《雪垠创作集》第四种),上海怀正文化社,1947年。

1948年

《杜甫与李白的友谊》,《文艺工作》1948年第1号。
《万里哀鸿》(电影剧本),南京《剧影春秋》第1卷第1—3号连载。
《崇祯皇帝传》,上海《幸福》月刊第23—26号连载。
《明初的锦衣卫》,上海《中国建设》第7卷第6期。

1949 年

《因为我也是工人》(小说),《小说月刊》第 3 卷第 3 期。

《母爱》(现代文艺丛书),现代出版社,1949 年。

1950 年

《刚摸着工人生活的边》,《河南文艺》1950 年第 1 卷第 4 期。

《论所谓〈纯文艺〉》,《河南文艺》1950 年第 1 卷第 4 期。

《一封信》(剧本),上海劳动出版社,1950 年。

1951 年

《庆祝苏联十月革命三十四周年》,《翻身文艺》1951 年第 7 卷第 5 期。

《突围记》,南京《文艺月刊》1951 年第 2 卷第 6 期。

《突围记》(河南文艺丛书之一),河南省文联编印,1951 年。

1952 年

《改造的初步》,《河南日报》1952 年 7 月 16 日。

《再读鲁迅的〈论第三种人〉》,《河南日报》1952 年 10 月 19 日。

1953 年

《端午节与屈原》,《翻身文艺》1953 年第 12 本。

《携手》(小说),《长江文艺》1953 年 10 月号。

1954 年

《试论〈儒林外史〉的思想性》(论文),《长江文艺》1954 年第 4 期。

《牛全福和百泉发电厂》(报告文学),《新观察》1954 年第 7 期。

《读〈太阳出来的时候〉》,《河南文艺》1954 年第 14 本。

《广播员》(小说),《河南文艺》1954 年第 20 本。

1955 年

《论俞平伯底美学思想底腐朽性及其根源》,《长江文艺》1955 年第 1 期。

《胡适和白话运动》,《长江文艺》1955 年第 3 期。

《回到祖国的岗位上》(小说),《长江文艺》1955 年第 5 期。

《正告胡风反党集团》,《长江文艺》1955年第6期。
《为征服黄河的事业欢呼》,《长江文艺》1955年第10期。

1956年

《从几个村子看高潮》(散文),《长江文艺》1956年第1期。
《谈打破清规戒律》,《长江文艺》1956年第8期。
《现实主义问题讨论中的一点质疑》,《文艺报》1956年第21期。
《读〈带经堂诗话〉有感》,上海《文汇报》1956年11月25日。
《读〈带经堂诗话〉有感之二》,上海《文汇报》1956年12月21日。

1957年

《创作问题杂谈》,《文汇报》1957年1月10日。
《惠泉吃茶记》,《新观察》1957年第2期。
《实习的第一课——长篇小说〈青春〉中的片段》,《奔流》1957年第5期。
《乐观与信心》,《文汇报》1957年5月16日。
《登景山——北京散记之一》,《旅行家》1957年第5期。
《卢沟桥礼赞——北京散记之二》,《旅行家》1957年第6期。
《朴素、豪迈、富于生活色彩的艺术——看安阳市豫剧团演出笔记》,《文艺报》1957年第6期。
《打开窗户说亮话》,《文艺报》1957年第7期。
《要广开言路》,《文艺报》1957年第8期。
《田野上的鲜花》,《戏剧报》1957年第8期。

1962年

《为〈借妻困城〉抱不平》,《武汉晚报》1957年2月7日。
《草堂春秋》(短篇小说),《长江文艺》1962年第10期。

1963年

《李自成》第一卷,中国青年出版社,1963年。
《重阳登高漫记》(散文),《长江文艺》1963年第12期。

1964年

《我所理解的李自成》,《羊城晚报》1964年3月12日。

1976 年

《李自成》第二卷,中国青年出版社,1976 年。

1977 年

《李自成》第一卷,中国青年出版社,1977 年。
《高夫人东征小记》,《上海文艺》1977 年第 2 期。
《谈〈李自成〉的创作》,《人民文学》1977 年第 4 期。
《在毛泽东思想指引下探索前进》,《光明日报》1977 年 9 月 24 日。

1978 年

《〈李自成〉创作余墨》,《红旗》1978 年第 1 期。
《言志篇》(七律六首),《诗刊》1978 年第 1 期。
《张献忠破襄阳》,《解放军文艺》、《湖北文艺》1978 年第 1—2 期。
《三雄聚会》,《辽宁文艺》1978 年第 3 期。
《给〈李自成〉讨论会的一封信》,《武汉师范学院学报》1978 年第 2—3 期。
《致文学青年的一封信》,《武汉文艺》1978 年第 3 期。
《给武汉师院中文系的一封信》,《中学语文》1978 年第 3 期。
《〈红楼梦〉故事图题诗》,《社会科学战线》1978 年第 3 期。
《向武汉的同志们致意》(书信),《长江日报》1978 年 4 月 2 日。
《咏史五首——奉寄茅盾同志》,《长江文艺》1978 年第 5 期。
《李自成自何处入豫》,《历史研究》1978 年第 5 期。
《燕辽纪事》,《人民文学》1978 年第 6 期。
《〈李自成〉人物图咏》,《诗刊》1978 年第 6 期。
《题册子》,《上海文艺》1978 年第 7 期。
《辽海崩溃》,《鸭绿江》1978 年第 9—10 期。
《乾清宫的空前巨震》,《长江文艺》1978 年第 8—9 期。
《关于〈李自成〉的书简》,《文学评论》1978 年第 4 期。
《我的感激与决心》,《文教资料简报》1978 年第 9 期。
《五七干校诗二首》,《雨花》1978 年第 10 期。
《讽事》(诗),《解放日报》1978 年 10 月 5 日。
《值夜》(诗二首),《文汇报》1978 年 10 月 22 日。
《〈北京十六景〉序》,见《北京十六景》,科普出版社,1978 年。
《对徐迟同志〈关于诗歌的意见〉的意见》,《诗刊》1978 年第 12 期。

1979 年

《给故乡的文学青年》,《河南日报》1979 年 1 月 1 日。

《春节感怀》,《河南日报》1979 年 1 月 28 日。

《关于〈忆向阳〉诗集的意见——给臧克家同志的一封信》,《上海文艺》1979 年第 1 期。

《咏〈红楼梦〉七律一首》,《红楼梦学刊》1979 年第 1 期。

《李自成为什么失败？——兼论〈李自成〉的主题思想》,《武汉师院学报》1979 年第 1 期。

《漫谈历史的经验》,《文艺报》1979 年第 2 期。

《袁时中叛变》,《长江》文艺丛刊 1979 年第 2 期。

《感怀二首——五七干校杂诗》,《北京日报》1979 年 3 月 25 日。

《题〈李自成〉第一卷原稿》,《花城》文艺丛刊 1979 年第 1 辑。

《一封谈创作规划的信》,《广州文艺》1979 年第 4 期。

《己未杂诗》,《解放日报》1979 年 4 月 29 日。

《关于典型问题的一封信》,《北京文艺》1979 年第 5 期。

《给江晓天同志》,《文艺论丛》1979 年第 6 辑。

《关于繁荣文学创作的若干意见》,《读书》1979 年第 7 期。

《吊张志新烈士》,《中国青年报》1979 年 7 月 7 日。

《步韵和沈老祝文艺之春》,《中国青年报》1979 年 10 月 1 日。

《慧梅出嫁》,《收获》1979 年第 4 期。

《天涯若比邻》,《当代》1979 年第 4 期。

《春节唱和》(姚雪垠春节感怀),《滇池》1979 年第 5 期。

《谈〈有感〉诗的写作》,《西湖》1979 年第 10—11 期。

1980 年

《祝贺〈艺丛〉创刊》,《艺丛》1980 年创刊号。

《为重印〈长夜〉致读者的一封信》,《中国现代文学研究丛刊》1980 年第 1 辑。

《论〈圆圆曲〉——〈李自成〉创作余墨》,《文学遗产》1980 年第 1 期。

《怀念崔嵬同志》,《电影创作》1980 年第 2 期。

《项城战役》,《芳草》1980 年第 2 期。

《风雨》(七律三首),《艺丛》1980 年第 2 期。

《朱仙镇》,《长江》(文艺丛刊)1980 年第 2 期。

《无止境斋书简抄（一）》，《社会科学战线》1980年第2期。
《李自成箭射天安门》，《旅游》1980年第3期。
《关于创作〈李自成〉的艺术追求和探索》，《华南师院学报》1980年第3期。
《中国现代文学史的另一种编写方法》，《文教资料简报》1980年第4期。
《洪水滔滔》，《长江》（文艺丛刊）1980年第4期。
《第二次开封战役》，《解放军报》1980年6月7日。
《致全国〈红楼梦〉学术研讨会的贺信》，《北方论丛》1980年第7期。
《七十述略》，《芳草》1980年第7—9期连载。
《一部值得重视的古典长篇小说——〈歧路灯〉》，《长江文艺》1980年第7期。
《〈姚雪垠著作小集〉序》，《河南日报》1980年8月21日。
《历史生活的画卷——〈绿窗随笔〉之一》，《羊城晚报》1980年9月24日。
《请勿"溢美"——〈绿窗随笔〉之二》，《羊城晚报》1980年9月30日。
《不因誉存，不以毁亡——〈绿窗随笔〉之三》，《羊城晚报》1980年10月3日。
《我的心仍在武汉》，《长江日报》1980年11月18日。
《〈歧路灯〉序》（见《歧路灯》），中州书画社，1980年。
《学习追求五十年（一）（二）》，《新文学史料》1980年第3—4期。

1981年

《长夜》（长篇小说），人民文学出版社，1981年。
《牛全德与红萝卜》（姚雪垠著作小集之一），河南人民出版社，1981年。
《李自成》第三卷，中国青年出版社，1981年。
《无止境斋书简抄（二）》，《社会科学战线》1981年第1期.
《大嫂》（散文），《芳草》1981年第1期。
《谈小说创作的中国风格和中国气派》，《当代文学》1981年第1期。
《景物与情思》，《旅行家》1981年第2期。
《〈李自成〉人物谈序》，《当代文学》1981年第2期。
《我对学习中国文学史的一点意见》，《郑州大学学报》1981年第2期。
《大地春光上笔端》，《光明日报》1981年2月5日。
《我的粗浅经验》，《浙江日报》1981年2月17日。
《评〈甲申三百年祭〉》，《文汇月刊》1981年第1—3期连载。
《如何在生活中经受考验》，《八小时以外》1981年第3期。
《略谈中国古典长篇小说》，《中国通俗文艺》1981年第3期。

《在困难的条件下努力前进——给故乡青年的一封信》,《河南青年》1981年第3期。

《〈中国现代作家作品欣赏丛书〉序》(见《冰心作品欣赏》),广西人民出版社,1981年。

《读旧信追怀哲人》,《解放日报》1981年4月19日。

《一代大师,安息吧!——悼茅盾同志》,《中国青年报》1981年4月23日。

《老将殊勋青史在——浅谈茅盾同志在中国现代文学史上的贡献》,《新港》1981年第5期。

《洛阳鸿爪》,《牡丹》1981年第5期。

《给青年作者的一封信》,《南苑》1981年第5期。

《党,我的精神母亲》,《长江文艺》1981年第7期。

《和青年们谈治学》,《黑龙江青年》1981年第7期。

《谈中国现代文学史的另一种编写方法》,《语文教学通讯》1981年第8期。

《谈古代诗歌的教学》,《中学语文》1981年第9期。

《我对三峡的向往》,《文汇月刊》1981年第10期。

《〈李自成〉大悲剧》,《文献》1981年第10辑。

《人物与细节》,《星火》1981年第10—11期。

《慧梅之死》,《中国通俗文艺》1981年第4期。

《中国当代文学学会第二次年会闭幕词》,《当代文学》1981年冬季号。

《学习追求五十年(三)(四)(五)(六)》,《新文学史料》1981年第1—4期连载。

1982年

《大嫂》(姚雪垠著作小集之二),河南人民出版社,1982年。

《叛旗》(《李自成》第一卷日文版),陈舜臣、陈谦臣合译,日本讲谈社,1982年。

《回顾、思索、期望》,《昆仑》1982年第1期。

《〈〈李自成〉人物谈〉序》,《当代文学》1982年第2期。

《同中学生谈〈李自成〉》,《语文教学通讯》1982年第4期。

《我走过的学习道路》,《河南师范大学学报》1982年第5期。

《作家要重视理论学习》,《学理论》1982年第5期。

《关于现实主义的若干问题》,《芙蓉》1982年第6期。

《关于崇祯形象的塑造》,《当代文学研究参考资料》1982年第7期。

《〈大嫂〉序》,《河南日报》1982年9月19日。

《学习追求五十年（七）（八）（九）（十）》，《新文学史料》1982 年第 1—4 期连载。

1983 年

《关于当代长篇小说的一些认识》，《十月》1983 年创刊号。
《无止境斋书简抄》，《芙蓉》1983 年第 1 期。
《〈一百零三天〉重印序》，《文学报》1983 年 2 月 17 日。
《〈82 年农村题材优秀小说选〉序》，《文艺》1983 年第 2 期。
《〈纸壁斋集〉序》，香港《文汇报》1983 年 3 月 20 日。
《〈无止境斋书信抄〉初集序》，香港《文汇报》1983 年 4 月 17 日。
《与荒芜谈旧体诗》，《光明日报》1983 年 5 月 8 日。
《谈〈李自成〉第五卷》，《文汇报》1983 年 5 月 11 日。
《我获得首届茅盾文学奖的感想》，《辽宁大学学报》1983 年第 4 期。
《陶行知的儿童诗》，《人民日报》1983 年 7 月 26 日。
《九宫山麓吊李自成墓》，《文汇月报》1983 年第 10—11 期。
《〈姜东舒学生魏碑字帖〉序》，《中学生语文报》1983 年 11 月 21 日。
《毛泽东同志给我的巨大支持》，《人民政协报》1983 年 12 月 28 日。

1984 年

《谈〈李自成〉的若干创作思想（上、下）》，《文艺理论研究》1983 年第 1—2 期连载。
《姚雪垠与松本清张漫谈历史小说创作》，《当代文艺思潮》1983 年第 3 期。
《关于散文的语言美》，《文汇月报》1983 年第 6 期。
《我与早晨》，《北京晚报》1983 年 4 月 9 日。
《长夜》(法文版)，李治华、雅克琳·阿雷依思合译，法国弗拉马利翁出版社，1984 年。

1985 年

《巨星陨落》，《中国作家》1985 年第 1 期。
《著名作家姚雪垠向南阳地区史志工作者做学术报告》，《南阳志通讯》1985 年第 3 期。
《三毛其人及其作品》，《文艺报》1985 年 7 月 20—21 日连载。

1986 年

《崇祯皇帝之死》,《小说》1986 年第 1 期。

《李自成评传略》,《史志文萃》1986 年第 1 期。

《李自成的归宿问题》,《湖北大学学报》1986 年第 2 期。

《我的座右铭》,《武汉晚报》1986 年 5 月 15 日。

《创作实践与创作理论——与刘再复商榷》,《红旗》1986 年第 21 期。

1987 年

《历史与传说——关于如何处理历史题材的若干问题之一》,《湖北作家论丛》1987 年第 1 辑。

《关于我国社会主义文学的发展方向刍议》,《人民日报》1987 年 4 月 30 日。

《继承和发扬祖国文学史的光辉传统——再与刘再复同志商榷》,《红旗》1987 年 8—9 期连载。

《请澄清史实》,《新文学史料》1987 年第 4 期。

《创作实践与创作理论》(论文集),红旗出版社,1987 年。

1990 年

《创作体会漫笔——〈李自成〉第五卷创作情况汇报》,《文艺理论与批评》1990 年第 1—2 期连载。

《当代中国文学的光辉道路——纪念〈在延安文艺座谈会上的讲话〉发表四十八周年》,《人民日报》1990 年 5 月 24 日。

《重读七律〈长征〉》,《文艺报》1990 年 6 月 23 日。

1992 年

《从历史研究到历史小说创作》,《文学评论》1992 年第 7 期。

《谈革命浪漫主义诗歌》,《中流》1992 年第 6 期。

1993 年

《我创作〈李自成〉的艰难历程与毛泽东的及时保护和帮助》,《新文化史料》1993 年第 5—6 期连载。

1996 年

《〈姚雪垠回忆录〉自序》,《北京晚报》1996 年 1 月 31 日。
《李自成究竟魂归何处》,《长江周末》1996 年 8 月 16 日。
《袈裟难易闯王旗》,《长江周末》1996 年 9 月 13 日。
《回忆茅盾》,《北京晚报》1996 年 7 月 4 日。
《陈圆圆归吴三桂的插曲》,天津《今晚报》1996 年 11 月 29 日。

1998 年

《姚雪垠代表作》,易咏枚编选,华夏出版社,1998 年。

1999 年

《姚雪垠诗抄》,俞汝捷编著,华中师范大学出版社,1999 年。
《李自成》第四、五卷,中国青年出版社,1999 年。
《姚雪垠书系》(前十卷),中国青年出版社,1999 年。

2000 年

《姚雪垠书系》(全二十二卷),中国青年出版社,2000 年。

研究资料索引

姚雪垠研究资料索引

(1938年1月—2016年2月)

报纸期刊文章

周斯畲:《〈差半车麦秸〉论》,《文坛》1938年第6卷第2—3期。
茅盾:《八月的感想——抗战文艺一年的回顾》,《文艺阵地》1938年第1卷第9期。
玄(茅盾):《战地书简》(书报述评),《文艺阵地》1938年第2卷第2期。
黄绳:《抗战文艺的典型创造问题》,《文艺阵地》1939年第3卷第6期。
李良冬:《牛全德与红萝卜》,《文艺先锋》1943年第2卷第3期。
茅盾:《读书杂记》,《文哨》1945年第1卷第1期。
辛冰:《我所知道的姚雪垠》,《文艺新闻》1946年第4期。
龚鸾:《骑士的堕马——评姚雪垠著中篇小说〈戎马恋〉》,《中原、文艺杂志、希望、文哨联合特刊》1946年第1卷第4期。
黄阳:《评姚雪垠的〈出山〉》,《文艺生活》(光复版)1946年第6期。
胡绳:《评姚雪垠的几本小说》,香港大众文艺丛书《人民与文艺》1948年第1期。
李广田:《论姚雪垠的文学语言》,见于《创作论》,开明书店,1948年。
谢国桢:《关于李自成》,《历史教学》1951年第5期。
陈霞:《作家的旧社会的生活经验——从姚雪垠先生〈创作问题杂谈〉想到》,《萌芽》1957年第3期。
俞林:《也打开窗户说亮话——致姚雪垠》,《文艺报》1957年第7期。
李宜:《事实不容歪曲——驳〈打开窗户说亮话〉》,《长江文艺》1957年第9期。
《礼赞的什么》(读者来稿综述),《旅行家》1957年第10期。
《姚雪垠的怪声叫好》,《文艺报》1957年第23期。
江平:《姚雪垠的〈戎马恋〉宣扬了什么——驳姚雪垠的"生活经验作为创作源泉看,并没有阶级性"论》,《长江文艺》1958年第2期。
陈安湖:《姚雪垠的〈草堂春秋〉宣扬了什么?》,《江汉学报》1964年第12期。

新翰：《〈草堂春秋〉是一株毒草》，《湖北日报》1965年1月10日。

宋漱流：《在历史题材的掩盖下——评姚雪垠的〈草堂春秋〉》，《长江文艺》1965年第1期。

古平：《波澜壮阔的农民战争历史画卷——读历史小说〈李自成〉一二卷》，《湖北文艺》1977年第5期，《湖北师范学院学报》1977年第1—2期。

姚雪垠：《高夫人东征小计——长篇历史小说〈李自成〉第三卷中的一个单元》，《上海文学》1977年第2期。

徐朔方：《和友人谈历史小说〈李自成〉第二卷》，《语文战线》1977年第3期。

杨建业：《访问作家姚雪垠》，香港《大公报》1977年5月15—16日。

茅盾：《关于长篇小说〈李自成〉的通信——致姚雪垠》，《光明日报》1977年6月25日。

张松泉、张碧波：《中国农民战争的英雄史诗——评姚雪垠的长篇历史小说〈李自成〉第一、二卷》，《哈尔滨师范学院学报》1977年第3期。

华思理：《论〈李自成〉的人物塑造》，《华中师范大学学报（人文社会科学版）》1977年第4期。

姚雪垠：《谈〈李自成〉的创作》，《人民文学》1977年第4期。

《李自成》（新书介绍），《解放军报》1977年8月14日。

古平：《"尽力飞腾逐大波"——访〈李自成〉的作者姚雪垠同志》，《武汉师范学院学报（哲学社会科学版）》1977年第1—2期，《长江日报》1977年9月22日。

钟平：《光辉的形象，成功的塑造——试谈〈李自成〉一、二卷李自成形象的塑造》，《湖北文艺》1977年第5期。

华思理：《马克思主义美学的胜利——论〈李自成〉的人物塑造》，《武汉文艺》1977年第6期。

叶德新：《努力再现典型环境中的典型性格——浅析〈李自成〉第二卷第二十八章的创作手法》，《武汉文艺》1977年第6期。

童恩翼：《匠心写出风光细，不绘清明上汴河——谈〈李自成〉风俗画描写》，《湖北文艺》1977年第6期。

王毅：《坚持"古为今用"，反对"古为帮用"——读历史小说〈李自成〉札记》，《武汉文艺》1977年第6期。

村祥、傅率：《〈李自成〉略析》，《开封师范学院学报》1977年第6期。

徐民和：《"是党给我的艺术新生命"——访作家姚雪垠》，《人民日报》1977年11月27日。

符之盛：《读〈李自成〉散记》，《理论与实践》1978年第1期。

吴调公:《评长篇小说〈李自成〉的历史依据与艺术加工》,《南京师范学院学报》1978年第1期。

李悔吾:《一位光彩照人的巾帼英雄——论〈李自成〉一、二卷中高夫人形象的塑造》,《武汉师范学院学报》1978年第1期。

秦牧:《读长篇历史小说〈李自成〉》,《上海文艺》1978年第2期。

钟平:《大起大落,波澜壮阔——谈〈李自成〉的艺术结构》,《延河》1978年第2期。

韩春军:《谈艺术形象李自成的塑造》,《哈尔滨师范学院学报(社会科学版)》1978年第2期,

王德勇:《长篇历史小说〈李自成〉中崇祯形象的塑造》,《河北大学学报》1978年第2期。

茅盾:《关于长篇历史小说〈李自成〉》,《文学评论》1978年第2期。

陈光福:《抓住今天——从姚雪垠同志的写作态度谈起》,《长江日报》1978年4月25日。

邱胜威:《试论李自成的性格特征》,《武汉师范学院学报(哲学社会科学版)》1978年第2—3期合刊。

周敦厚、黎敏茜:《浅谈张献忠的形象》,《武汉师范学院学报(哲学社会科学版)》1978年第2—3期合刊。

张国光、李悔吾:《"深入历史"和"跳出历史"——谈李自成形象的历史真实和艺术真实》,《武汉师范学院学报(哲学社会科学版)》1978年第2—3期合刊。

王毅:《深刻的反面典型,成功的艺术创造——试论〈李自成〉一、二卷中的崇祯》,《武汉师范学院学报(哲学社会科学版)》1978年第2—3期合刊。

汪伯嗣、郭农声、葛楚英:《革命英雄主义的颂歌——试谈刘宗敏的形象塑造》,《武汉师范学院学报(哲学社会科学版)》1978年第2—3期合刊。

杨建文:《诗歌的艺术形式与小说的人物塑造——〈李自成〉民族风格管窥》,《武汉师范学院学报(哲学社会科学版)》1978年第2—3期合刊。

熊德彪:《妙手传神落笔细,金针绣象摄魂深——谈〈李自成〉的细节描写》,《武汉师范学院学报(哲学社会科学版)》1978年第2—3期合刊。

阳涛平、洪昶:《人民群众是历史的主人——浅谈〈李自成〉一、二卷中人民群众形象的成功描写》,《武汉师范学院学报(哲学社会科学版)》1978年第2—3期合刊。

李悔吾:《红杏枝头春意闹——〈李自成〉讨论会纪实》,《湖北日报》1978年5月14日。

俞汝捷:《历史的"复活"——读历史小说〈李自成〉随笔之一》,《文汇报》

1978年5月18日。

《武汉师范学院举行〈李自成〉学术讨论会》,《光明日报》1978年5月27日。

杉沐:《丹青细写悲壮史——评〈李自成〉运用"两结合"的艺术特色》,《湖北文艺》1978年第3期。

吴士余:《谈"写心"》,《西湖》1978年第3期。

张粤民:《两条黄瓜一条命——读〈李自成〉随笔之一》,《长沙文艺》1978年第3期。

夏衍:《关于〈李自成〉的一封信》,《文汇报》1978年6月23日。

吴功正:《从王吉元伪降说开去——〈李自成〉的艺术辩证法漫谈》,《新疆文艺》1978年第4期。

李悔吾:《农民革命战争的英雄颂歌——介绍长篇历史小说〈李自成〉第一、二卷》,《河南文艺》1978年第4期。

李悔吾:《〈李自成〉讨论会简介》,《文教资料简报》1978年第4—5期。

李悔吾:《论高夫人的形象塑造》,《长江文艺》1978年第5期。

邓家琪:《跃马中原来雨露,义旗指处讴歌忙——略谈〈李自成〉的突出成就》,《语言教学》1978年第5期。

祁福林:《"使用"生命的计划》,《黑龙江文艺》1978年第5期。

朱兵、国贞:《肩挑五岳,胸罗百川——谈李自成谷城之行》,《河北文艺》1978年第5期。

黄新康:《〈李自成〉一、二卷艺术特色琐谈》,《广州文艺》1978年第6期。

俞汝捷:《根植在作者心中的形象——读历史小说〈李自成〉随笔之二》,《文汇报》1978年6月13日。

林默涵:《关于〈李自成〉的一封信》,《战地》1978年第1期,《人民日报》1978年6月13日。

俞汝捷:《从河南馆子的风味说起——读历史小说〈李自成〉随笔之三》,《文汇报》1978年6月27日。

薛迪芝:《试论〈李自成〉中"两结合"创作方法的运用》,《西北大学学报(哲学社会科学版)》1978年第3期。

吴功正:《试论〈李自成〉的形象塑造艺术》,《钟山》1978年第3期。

董健:《谈长篇历史小说〈李自成〉》,《钟山》1978年第3期。

李锦全:《试论李自成思想——兼与姚雪垠同志商榷封建社会中有关农民革命的几个理论问题》,《学术研究》1978年第3期。

叶伯泉:《要敢于写出人物的波澜》,《黑龙江日报》1978年7月26日。

严家炎:《〈李自成〉初探》,《北京大学学报(哲学社会科学版)》1978年第

3期。

刘羽升、冯日乾:《张献忠为啥反不掉奉承话》,《陕西日报》1978年8月20日。

顾诚:《李自成起义军究竟从何处入豫?——同姚雪垠同志商榷》,《北京师范大学学报(社会科学版)》1978年第4期。

邱树森:《古代起义农民有没有自己的思想武器——与姚雪垠同志商榷》,《南京大学学报(社会科学版)》1978年第4期。

董健:《姚雪垠的历史观和他塑造的李自成》,《南京大学学报(哲学社会科学版)》1978年第4期。

漆侠:《读〈李自成〉——论农民的革命民主主义》,《文史哲》1978年第6期。

吴功正:《悲喜相照》(评〈李自成〉),《福建文艺》1978年第8期。

胡绳:《关于〈李自成〉的通信》,《鸭绿江》1978年第10期。

吴功正:《评〈李自成〉的情节结构艺术》,《文艺论丛》1978年第5辑。

郑长禄:《姚雪垠和〈李自成〉》(摄影),《人民画报》1978年第6期。

王瘦梅:《访友人姚雪垠》,《黑龙江日报》1978年10月22日。

聂华苓:《姚雪垠与〈李自成〉》,香港《七十年代》1978年12月号。

胡德培:《试论李自成的英雄形象的塑造》,《文艺学研究论丛》1979年第1期。

刘德洪:《杂谈历史小说〈李自成〉》,《文艺学研究论丛》1979年第1期。

《我院成立"〈李自成〉研究小组"》,《武汉师范学院学报(哲学社会科学版)》1979年第1期。

冯天瑜:《革命的政治内容与完美的艺术形式的统一——评长篇历史小说〈李自成〉第一、二卷》,《武汉师范学院学报(哲学社会科学版)》1979年第1期。

胡德培:《气氛的渲染与艺术魅力——〈李自成〉艺术谈》,《春风》1979年第1期。

倪鹤笙:《敬爱的周总理和作家姚雪垠——回忆与访问》,《新华日报》1979年1月7日。

胡德培:《试谈历史小说〈李自成〉中崇祯形象的塑造》,《武汉师范学院学报(哲学社会科学版)》1979年第2期。

张葆莘:《姚雪垠和〈李自成〉》,《鸭绿江》1979年第2—3期。

内蒙古师院中文系76级《作家小传》编写组:《姚雪垠》,《语言文学》1979年第2期。

张松泉:《我国当代长篇历史小说的里程碑——评姚雪垠的〈李自成〉第一、二卷的艺术特色》,《北方论丛》1979年第2期。

胡德培：《呼之欲出——〈李自成〉"接谕降书"一节的动人艺术》，《新文学论丛》1979年第2辑。

胡德培：《悬念与艺术的活力——〈李自成〉艺术谈》，《花城》1979年第2期。

时萌：《"并写一两面"》，《雨花》1979年第2期。

熊德彪：《姚雪垠小传》，《中学语文》1979年第3期。

杜渐：《姚雪垠先生谈历史小说〈李自成〉的写作》，香港《开卷》1979年第3期。

李悔吾：《喜借春风拂杏枝——记作家姚雪垠谈〈李自成〉的创作》，《湖北日报》1979年3月18日。

王禾、士余：《浓墨彩笔绘英雄——略谈〈虎吼雷鸣马萧萧〉的艺术特色》，《语文学习》1979年第3期。

徐涛：《战略转移的英雄颂——初读〈虎吼雷鸣马萧萧〉》，《中学语文》1979年第3期。

刘德鸿：《小说〈李自成〉地理方言小议》，《社会科学战线》1979年第3期。

张友济：《姚雪垠和〈李自成〉》，《解放日报》1979年5月10日。

吴功正：《谈〈虎吼雷鸣马萧萧〉》，《教学与研究》1979年第3期。

王绍今：《精心的人物刻画——读〈虎吼雷鸣马萧萧〉》，《中学语文》1979年第4期。

李国权、汪剑光：《致姚雪垠同志的一封公开信》，《上海文学》1979年第4期。

王延才：《严谨的构思，多样的手法——读〈李自成·商洛壮歌〉札记》，《辽宁师范学院学报》1979年第4期。

周脉柱：《深入历史，跳出历史——历史小说〈李自成〉的形象浅析》，《破与立》1979年第4期。

伍丹戈：《略论明代官场称呼——从姚雪垠〈李自成〉用语"老先生"谈起》，《复旦学报》1979年第4期。

姚敏勇：《〈虎吼雷鸣马萧萧〉的人物语言》，《语文学习》1979年第5期。

舒其惠：《〈虎吼雷鸣马萧萧〉浅析》，《语文教学通讯》1979年第5期。

刘锡诚：《实事求是、历史主义及其他——评小说〈李自成〉》，《长春》1979年第5期。

胡德培：《〈李自成〉艺术结构琐谈》，《宁夏文艺》1979年第5期。

王梦喜：《对小说〈李自成〉的不同意见》，《语文教学通讯》1979年第6期。

胡德培：《忠心耿耿、光明正直——〈李自成〉中的郝摇旗形象剖析》，《甘肃文艺》1979年第6期。

周修强:《关于〈李自成〉的几个主要人物及其他》,《文学评论》1979年第3期。

时萌:《〈李自成〉第一卷的结构艺术》,《雨花》1979年第7期。

刘以鬯:《关于〈雪垠创作集〉》,香港《开卷》1979年第8期。

舒英、张成觉:《洪承畴的两次弹土》,《广西文艺》1979年第9期。

黄伊:《姚雪垠谈〈李自成〉第三卷及其它》,《中国青年报》1979年11月10日。

王正武:《读〈李自成〉的点滴意见》,《出版工作》1979年第10期。

殷波:《乌柏经霜叶更丹——访姚雪垠》,《体育报》1979年11月28日。

严晖:《姚雪垠及其〈春暖花开的时候〉》,新加坡《星洲日报》,1979年12月6日。

徐传武:《"大雄无与比,苍茫莫之先"——试谈〈李自成〉艺术风格》,《菏泽师专学报(社会科学版)》1980年第1期。

申殿和:《浅谈刘宗敏的形象》,《牡丹江师范学院学报(哲学社会科学版)》1980年第1期。

吴功正:《〈李自成〉中的风景画》,《名作欣赏》1980年第1期。

胡德培:《〈李自成〉人物的出场艺术》,《四川大学学报(哲学社会科学版)》1980年第1期。

吴调公:《怎样辅导学生阅读〈李自成〉》,《语文学习》1980年第2期。

胡德培:《描绘农民革命战争的壮丽史诗——谈长篇历史小说〈李自成〉的成就》,《齐鲁学刊》1980年第2期。

邱胜威:《大厦将倾,独木难支——略论〈李自成〉中的杨嗣昌》,《武汉师院汉口分部校刊》1980年第2期。

胡德培:《开头的艺术——〈李自成〉艺术谈》,《名作欣赏》1980年第2期。

吴调公:《钢成百炼,威慑千山——〈虎吼雷鸣马萧萧〉的英雄人物内心世界的刻画》,《教学与进修》1980年第2期。

汪诚:《凝眸春日千潮涌——作家姚雪垠近况》,《长江日报》1980年4月16日。

彦火:《文坛长跑者姚雪垠》,香港《当代中国作家风貌》1980年5月。

冯天瑜、于朝端:《明清间民族斗争的艺术画卷——读〈李自成〉札记》,《武汉师范学院学报(哲学社会科学版)》1980年第3期。

胡德培:《感情的抒写与性格的刻画——〈李自成〉艺术谈》,《求是学刊》1980年第4期。

段柄仁:《简评〈李自成〉的战争描写》,《东岳论丛》1980年第4期。

吴功正:《张弛兼济——〈李自成〉中兴归山会张献忠一节的艺术手法》,《广州文艺》1980年第4期。

吴功正:《"放开眼光,自己来拿"——谈〈李自成〉对艺术创作传统经验的继承》,《长安》1980年第5期。

胡德培:《性格复杂而真实可信的农民英雄——关于张献忠的艺术形象及其他》,《边疆文艺》1980年第6期。

胡德培:《巧合的艺术——〈李自成〉艺术谈》,《新港》1980年第6期。

校征:《小说〈李自成〉中的几个地名方位》,《人文杂志》1980年第6期。

万揆一:《对〈论圆圆曲〉的一点质疑——与姚雪垠同志商榷》,《书林》1980年第6期。

胡德培:《红娘子形象的性格刻画》,《江淮论坛》1980年第6期。

汝捷:《〈李自成〉和〈第二次开封战役〉》,《解放军报》1980年7月5日。

吴功正:《遍借金针,转益多师——略论〈李自成〉对艺术传统的继承和创新》,《文艺论丛》1980年第10辑。

黄裳:《陈圆圆》,《读书》1980年第10期。

吴功正:《慷慨激昂,悲壮天地——〈虎吼雷鸣马萧萧〉析》,《教学与研究》1980年第10期。

胡德培:《李岩形象的性格刻画》,《当代文学研究丛刊》1980年12月。

范恩绮:《访姚雪垠谈〈李自成〉》,台湾《时报杂志》1980年。

魏德忠:《作家姚雪垠》(摄影),《河南画报》1981年第1期。

朱则杰:《姚雪垠先生〈论圆圆曲〉献疑》,《文史知识》1981年第1期。

叶君远:《也论〈圆圆曲〉——与姚雪垠先生商榷》,《社会科学辑刊》1981年第1期。

徐传武:《〈李自成〉的辩证艺术浅析》,《山东大学文科论文集刊》1981年第1期。

王传斌:《试谈〈李自成〉的艺术特色》,《天津师院学报》1981年第2期。

杨廷治:《评〈李自成〉的创作手法》,《柳泉》1981年第2期。

童恩翼:《〈圆圆曲〉辨——与姚雪垠同志商榷》,《文学遗产》1981年第2期。

慎思:《〈李自成〉小说中运用诗词刻画人物的艺术手法》,《河北大学学报(哲学社会科学版)》1981年第2期。

杨建业:《长篇历史小说〈李自成〉第三卷即将出版,姚雪垠感谢党和人民对他创作给予热情支持》,《光明日报》1981年2月13日。

《著名作家姚雪垠回豫讲学》,《中州学刊》1981年第2期。

汝捷:《家庭题材、节奏感、人情味——试谈〈洪水滔滔〉的构思》,《长江》

1981 年第 2 期。

王毓:《高尚的情操,真挚的友谊——读作家姚雪垠书赠图书馆员蒋联仲诗》,《高校图书馆工作》1981 年第 2 期。

徐民和:《我爱史诗彩色多——姚雪垠谈〈李自成〉三、四、五卷》,《瞭望》1981 年第 1 期。

吴功正:《论〈李自成〉的艺术风格》,《当代文学研究丛刊》1981 年 10 月第 2 期。

里晖:《姚雪垠写作的故事》,《内蒙古日报》1981 年 4 月 26 日。

王通讯、康宏志:《宝刀不老雄风在——访老作家姚雪垠》,《工人日报》1981 年 6 月 7 日。

《姚雪垠谈〈虎吼雷鸣马萧萧〉》,《教研资料》1981 年第 3 期。

胡德培:《无可挽回的历史悲剧的典型形象——〈李自成〉中的杨嗣昌形象剖析》,《河北师范大学学报(哲学社会科学版)》1981 年第 3 期。

段景轩、李兴盛:《成功者的足迹——姚雪垠访问漫记》,《黑龙江青年》1981 年第 4 期。

范文质、白玉权:《文如看山不喜平——谈〈李自成〉"谷城之行"的情节》,《黑龙江青年》1981 年第 4 期。

刘弢:《也评〈甲申三百年祭〉——与姚雪垠先生商榷》,《文汇报》1981 年 9 月 7 日。

顾诚:《如何正确评价〈甲申三百年祭〉——与姚雪垠同志商榷》,《中国史研究》1981 年第 4 期。

厚声:《不应苛求前人》,《读书》1981 年第 8 期。

黄裳:《不是抬杠》,《读书》1981 年第 9 期。

稼薪:《壮志豪情未易催——访著名老作家姚雪垠》,《中岳》1981 年第 5 期。

胡德培:《移情动人——李自成与高夫人南原突围前离别的感人场面》,《语文教学通讯》1981 年第 6 期。

胡德培:《创造各种各样的人物——〈李自成〉艺术杂谈》,《鹿鸣》1981 年第 7 期。

范文质等:《曲尽其妙——〈李自成〉的"谷城行"描写》,《长春》1981 年第 8 期。

刘宣:《作家姚雪垠在河南讲学》,《文献》1981 年第 8 期。

冯天瑜:《揭露封建专制主义的艺术画卷——读〈李自成〉札记》,《黄石师院学报》1981 年第 4 期。

《长篇小说〈李自成〉第三卷出版》,《文汇报》1981 年 9 月 21 日。

王自立:《姚雪垠庐山谈教育》,《江西教育》1981年第9期。

岑少先:《姚雪垠长篇历史小说〈李自成〉第三卷出版》,《北京晚报》1981年10月12日。

汝捷:《走向壮美——谈小说〈李自成〉具有的艺术美》,《长江日报》1981年10月20日。

《文艺批评应当"唯实"——对〈李自成〉、〈大河奔流〉评价的一些见解》,《河南日报》1981年10月21日。

王殿、魏泉鸣:《姚雪垠谈〈李自成〉》,《甘肃日报》1981年11月5日。

王春瑜:《李岩〈西江月〉、〈商雏杂记〉——与姚雪垠同志商榷》,《光明日报》1981年11月9日。

汪诚:《"舒喉振羽上高岭"——老作家姚雪垠近况》,《湖北日报》1981年12月2日。

苏锷:《李岩问题仍宜存疑——兼与姚雪垠先生商榷》,《文汇报》1981年12月2日。

《老作家姚雪垠光荣入党》,《文汇报》1981年12月10日。

汝捷:《失败——胜利——失败——〈李自成〉的悲剧主题及其表现》,《湖北日报》1981年12月20日。

杨永贤:《敢向名家进一言》,《新文学史料》1982年第1期。

朱则杰:《"冲冠一怒为红颜"——向姚雪垠先生请教吴三桂降清问题》,《温州师专学报》1982年第1期。

李砚:《姚雪垠同志来我院讲学》,《武汉师范学院学报(哲学社会科学版)》1982年第1期。

胡德培:《〈李自成〉中卢象升形象剖析》,《扬州大学学报(人文社会科学版)》1982年第1期。

胡德培:《〈李自成〉人物塑造的艺术特色》,《齐鲁学刊》1982年第1期。

王孟白:《吴梅村及其诗歌评价问题——兼与姚雪垠、黄裳同志商榷》,《北方论丛》1982年第1期。

徐传武:《谈〈长夜〉和〈李自成〉的关系》,《中州学刊》1982年第1期。

余荩:《逆笔作胜势,回首传败音——读〈李自成〉"崇祯盼捷"随札》,《名作欣赏》1982年第1期。

冯天瑜:《民族战争的悲壮剧——〈李自成〉第三卷几个单元读后札记》,《长江文艺》1982年第2期。

邱胜威:《论慧梅之死》,《武汉师院汉口分院学报》1982年第2期。

徐传武:《谈〈李自成〉的语言艺术》,《柳泉》1982年第2期。

陈纪滢:《记姚雪垠》(上、中、下),台湾《传记文学》1982年第2—4期。

徐超:《天然去雕饰——谈〈牛全德与红萝卜〉的语言特色》,《郧阳师专学报》1982年第2期。

吴功正:《略谈〈李自成〉(第三卷)》,《芳草》1982年第3期。

徐传武:《牵动长江万里愁——〈李自成〉第三卷悲剧因素浅析》,《河南师范大学学报(哲学社会科学版)》1982年第3期。

吴功正:《论〈李自成〉第三卷的新成就》,《江海学刊》1982年第4期。

黄树森:《〈铁冠图〉、〈永昌起义〉和〈李自成〉的比较——题材的内在规律之二:带有主观性》,《作品》1982年第6期。

申酉时:《"百万雄兵彩墨中"——访老作家姚雪垠》,《辽宁日报》1982年8月7日。

胡德培:《随姚雪垠庐山行》,《小说林》1982年第9期。

吴秀明:《近年来历史小说创作概述》,《当代文学研究参考资料》1982年第9期。

胡德培:《满怀信心的探索——访姚雪垠同志》,《星火》1982年第9期。

《日本版〈李自成〉第一部在日本发行》,《人民日报》1982年10月21日。

江晓天:《读几部长篇历史小说》,《文艺报》1982年第11期。

何镇邦:《六年来长篇小说创作一瞥》,《瞭望》1982年第11期。

吴秀明:《新时期历史小说巡礼》,《光明日报》1982年12月29日。

赵尊党:《还要倾注更多的心血——魏巍、姚雪垠得奖之后》,《河南日报》1983年1月9日。

胡德培:《一本反映旧中国农村土匪生活的小说》,《书林》1983年第1期。

张德祥:《"未将羸马卸征鞍"——访老作家姚雪垠》,《长江日报》1983年1月11日。

古华:《获奖作家的话》,《文艺报》1983年第2期。

戴少瑶:《姚雪垠抗战时期的小说创作》,《重庆师范学院学报(哲学社会科学版)》1983年第2期。

曹复:《长日挥毫起迅雷——访姚雪垠》,《文学报》1983年3月17日。

聂海、刘大伟:《经多实践思方壮——访著名作家姚雪垠》,《山东青年》1983年第3期。

王之平:《论姚雪垠的前期创作》,《淮北煤师院学报》1983年第3期。

李少玲:《一曲明清农民战争的颂歌——〈李自成〉(第二卷)评介》,《语文月刊》1983年第4期。

汝捷:《"块"式描写与散点透视——从〈李自成〉看场面之真》,《星火》1983

年第6期。

汝捷:《悲风为我从天来——〈李自成〉第五卷口述录音大体完成》,《青年之友》1983年7月20日。

汝捷:《将诗意融入画面——漫谈〈李自成〉中的风景描写》,《文谭》1983年第8期。

张德祥:《追求——姚雪垠的青年时代》,《青年作家》1983年第5期。

樊竞:《先难后易　稳操胜券——〈李自成〉全卷何时"竣工"? 为什么不先写第四卷而先写第五卷,姚雪垠做了问答》,《文学报》1983年9月8日。

高擎洲:《长夜难明赤县天——论姚雪垠同志的长篇小说〈长夜〉》,《辽宁大学学报(哲学社会科学版)》1983年第5期。

汝捷:《姚雪垠生平和著作年表》,《河南师范大学学报(哲学社会科学版)》1983年第5期。

姚雪垠:《谈〈李自成〉的若干创作思想(上)》,《文艺理论研究》1984年第1期。

姚雪垠:《谈〈李自成〉的若干创作思想(下)》,《文艺理论研究》1984年第2期。

严家炎、胡德培:《气壮山河的历史大悲剧——〈李自成〉一、二、三卷艺术管窥之一》,《辽宁大学学报(哲学社会科学版)》1984年第2期。

汝捷:《对〈姚雪垠生平和著作简表〉的若干补正》,《河南师范大学学报(哲学社会科学版)》1984年第2期。

吴永平:《〈姚雪垠生平与著作简表〉补遗与辩误》,《河南师范大学学报(哲学社会科学版)》1984年第2期。

李蕤:《对姚雪垠同志〈学习追求五十年〉中的一章的声明》,《新文学史料》1984年第4期。

吴永平:《论姚雪垠抗战前夜的思想和小说创作》,《河南师范大学学报(哲学社会科学版)》1984年第4期。

赵兵战:《从慧梅的结局看长篇小说〈李自成〉的悲剧性》,《陕西师范大学学报(哲学社会科学版)》1984年第4期。

周勃、吴永平:《姚雪垠创作年表(一九一〇——一九四九)》,《湖北大学学报(哲学社会科学版)》1984年第5期。

周勃、吴永平:《姚雪垠创作年表(续)(一九一〇——一九四九)》,《湖北大学学报(哲学社会科学版)》1984年第6期。

甘清波:《论〈李自成〉在我国长篇历史小说中的地位》,《湖南师范大学社会科学学报》1984年第6期。

鞠盛:《李自成死于九宫山是确凿无疑的吗?——和姚雪垠同志商榷》,《社会科学》1984年第9期。

芦新隆:《秦腔艺术重镇,中国剧改先驱——著名作家姚雪垠访易俗社并题词》,《陕西戏剧六十年》1984年第9期。

陈孝英:《姚雪垠笑谈〈李自成〉的幽默》,《当代文坛》1984年第11期。

英奇:《气壮山河的英雄史诗——浅谈〈李自成〉的突出成就》,《语文学刊》1985年第2期。

《在南阳师专全体师生大会上姚雪垠同志的讲话》,《南都学坛》1985年第2期。

群言:《著名作家姚雪垠应邀来我校讲学》,《南都学坛》1985年第2期。

秀垠:《姚雪垠应邀来我校作学术报告》,《湖北大学学报(哲学社会科学版)》1985年第3期。

应红:《桑榆虽晚身犹健——著名作家姚雪垠健身小计》,《体育博览》1985年第3期。

刘增杰:《在语言民族化的道路上不懈追求——姚雪垠文学语言略论》,《河南大学学报(社会科学版)》1985年第5期。

刘文田:《从姚雪垠的题诗看〈李自成〉的美学特征》,《河南大学学报(社会科学版)》1985年第5期。

任访秋:《漫谈〈李自成〉》,《河南大学学报(社会科学版)》1985年第5期。

范丽青:《姚雪垠和台湾女作家三毛》,《新闻记者》1985年第6期。

胡绍芳:《老作家姚雪垠和台湾青年女作家三毛的友情》,《中国建设》(中文版)1985年第1期。

严家炎:《漫谈〈李自成〉的民族风格》,《河南大学学报(社会科学版)》1986年第2期。

江弘基:《试论〈李自成〉中诗词、联语的作用》,《陕西理工学院学报(社会科学版)》1986年第2期。

江弘基:《巧设悬念 紧叩心扉——〈李自成〉艺术谈之五》,《唐都学刊》1987年第4期。

罗炯光:《〈长夜〉——姚雪垠前期最好的小说》,《郑州大学学报》1986年第5期。

杜显志:《试论姚雪垠早期中短篇小说人物形象的塑造》,《郑州大学学报》1986年第5期。

邱紫华:《一部惊心动魄的历史大悲剧——论〈李自成〉的悲剧性》,《华中师范大学学报(哲学社会科学版)》1987年第5期。

林焕平:《再谈片面性与全面性——略谈姚雪垠、刘再复两同志关于封建礼教对文学影响的看法》,《文艺理论研究》1987年第6期。

李乃声:《只有开拓与创造,才会有历史——向姚雪垠先生请教》,《文学评论》1987年第5期。

朱作霖:《不必为李自成开脱责任——对〈甲申三百年祭〉中某些论点的探讨》,《语文学习》1988年第2期。

平心:《笃实考证与飞扬文采结合的新作——评〈李自成之死〉》,《湖北大学学报(哲学社会科学版)》1988年第3期。

戚方:《评刘再复对姚雪垠及〈李自成〉的新价》,《文艺理论与批评》1988年第4期。

宋振中:《略谈〈李自成〉中李岩的悲剧》,《锦州师范学院学报(哲学社会科学版)》1988年第4期。

《刘再复对姚雪垠的答辩》,《今日中国》(中文版)1988年第5期。

吴方:《历史小说的"策略"及其"通变"——兼谈〈李自成〉现象》,《当代作家评论》1988年第6期。

卜昭珵:《中国文学史:人的精神主体性变态图谱——与姚雪垠同志商榷》,《南方文坛》1989年第1期。

宋立民:《"糊涂账"背后的严肃主题——姚雪垠、刘再复"文学"论争断想》,《黄淮学刊》1989年第1期。

刘绪源:《"怪圈"与"传统大儒主义"——拟答戚方、姚雪垠先生》,《文艺争鸣》1989年第3期。

姚雪垠:《我和〈李自成〉》,《语文学习》1989年第11期。

姚雪垠:《创作体会漫笔——〈李自成〉第五卷创作情况汇报》,《文艺理论与批评》1990年第1—2期连载。

方守金:《〈李自成〉新论》,《中国文学研究》1990年第1期。

《姚雪垠同志的讲话(摘要)》,《文艺理论与批评》1990年第1期。

爵之:《姚雪垠笔下的洪承畴》,《青海师专学报》1990年第1期。

吴运铎、姚雪垠、杨沫:《吴运铎、姚雪垠、杨沫为"树立起人生的路标"读书征文活动题词》,《高校图书馆工作》1990年第3期。

李宝玲:《春风又绿江南岸——姚雪垠文学创作手稿捐赠仪式侧记》,《档案管理》1990年第4期。

姚雪垠:《姚雪垠在捐赠仪式上的讲话》,《档案管理》1990年第4期。

周翀:《姚雪垠向南阳档案馆捐赠手稿》,《湖北档案》1990年第5期。

傅华:《著名作家姚雪垠向南阳市档案馆捐赠手稿》,《中国档案》1990年第

7期。

王维玲:《从〈李自成〉的出版谈起》,《理论与创作》1990年第6期。

朱子奇:《献给文学大师姚雪垠的贺辞》,《文艺理论与批评》1991年年第1期。

冯天瑜:《义理·考据·辞章——姚雪垠创作特征探微》,《文艺理论与批评》1991年第1期。

吕琦、王桂芝:《谈谈姚雪垠名人档案的征集工作》,《档案管理》1991年第1期。

范军:《姚雪垠文学创作六十周年学术讨论会综述》,《华中师范大学学报(哲学社会科学版)》1991年第1期。

秦思:《姚雪垠文学创作六十周年学术讨论会在武汉举行》,《中国现代文学研究丛刊》1991年第1期。

吕琦、王桂芝:《浅谈姚雪垠全宗档案的整理》,《档案管理》1991年第3期。

胡良桂:《从取材的角度看〈李自成〉的史诗特性》,《中国文学研究》1991年第3期。

胡良桂:《〈李自成〉的史诗艺术》,《文艺理论与批评》1992年第2期。

君羊:《姚雪垠说:该让优秀知识分子先富起来》,《甘肃社会科学》1992年第3期。

姚雪垠:《从历史研究到历史小说创作——从〈李自成〉第五卷的序曲谈起》,《文学评论》1992年第4期。

邓小军:《姚雪垠文学资料陈列馆筹委会在京成立》,《中国档案》1992年第6期。

《著名作家姚雪垠说我要写到90岁》,《语文学习》1992年第11期。

李树槐:《论长篇历史小说〈李自成〉的节奏美》,《湖南师范大学社会科学学报(哲学社会科学版)》1993年第5期。

武在平:《毛泽东与姚雪垠——长篇历史小说〈李自成〉面世纪闻》,《党史纵横》1993年第6期。

李树槐:《论长篇历史小说〈李自成〉的结构艺术》,《求索》1993年第6期。

姚雪垠:《关于毛主席对我写〈李自成〉的关怀和支持及其它》,《华中师范大学学报(哲学社会科学版)》1994年第1期。

《莫道桑榆晚,晚霞尚满天——访著名作家姚雪垠先生》,《科学大众(中学版)》1994年第2期。

汤胜利:《毛泽东与〈李自成〉》,《湖南党史》1994年第3期。

晓弟:《〈李自成〉艺术辩证法举议》,《景德镇高专学报》1994年第3期。

刘凤艳:《从〈李自成〉看姚雪垠的美学探索》,《殷都学刊》1994年第3期。

陈英茨:《反腐防骄话"甲申"——访作家姚雪垠》,《出版科学》1994年第3期。

蓝雨:《无止境斋中的姚雪垠》,《东方养生》1994年第6期。

《姚雪垠纪念馆筹建座谈旁听记》,《中国档案》1994年第10期。

《姚雪垠更名发奋图强》,《草原税务》1994年第12期。

陈英茨:《〈甲申三百年祭〉疑议——老作家姚雪垠访谈录》,《炎黄春秋》1995年第1期。

杨炳昆:《多灾多难的〈甲申三百年祭〉——关于李自成起义经验教训的讨论》,《郭沫若学刊》1995年第3期。

杨炳昆:《多灾多难的〈甲申三百年祭〉(续)——关于李自成起义经验教训的讨论》,《郭沫若学刊》1995年第4期。

孙达人:《李自成悲剧的再反思——评〈甲申三百年祭〉的贡献和局限》,《史学集刊》1995年第4期。

周世安:《姚雪垠先生二三事》,《语文教学与研究》1995年第9期。

王家进、杨光亮:《姚雪垠与梁雷的友情》,《党史文汇》1995年第12期。

何景春:《毛泽东与历史小说〈李自成〉》,《江汉论坛》1996年第1期。

辛庸:《姚雪垠小说的人物语言》,《郑州大学学报(哲学社会科学版)》1996年第4期。

祝勇:《姚雪垠印象》,《文化月刊》1996年第10期。

徐志达:《李自成失败的责任及李岩其人辩——〈甲申三百年祭〉质疑》,《浙江海洋学院学报(人文科学版)》1997年第2期。

麦群忠:《姚雪垠·〈李自成〉·图书馆员》,《图书馆界》1997年第2期。

李城外:《袈裟难易闯王旗——姚雪垠先生访问记》,《博览群书》1997年第2期。

刘巧云:《真理在胸笔在手,无私无畏即自由——访著名作家姚雪垠》,《河南大学学报(社会科学版)》1997年第3期。

义群:《姚雪垠与〈李自成〉》,《党史博览》1997年第6期。

祝勇:《姚雪垠印象》,《中国图书评论》1998年第5期。

程明、婧红:《姚雪垠健身有方》,《医药与保健》1998年第6期。

程明、婧红:《作家姚雪垠的养生经》,《家庭医学杂志》1998年第19期。

俞汝捷:《〈姚雪垠诗抄〉编后记》,《长江文艺》1998年第10期。

章绍嗣:《姚雪垠在湖北的抗战文学创作》,《武汉文史资料》1999年第1期。

李仁瑞、曲瑞丽:《姚雪垠题赠图书馆的四首诗篇》,《河南图书馆学刊》1999

年第2期。

胡绍华:《姚雪垠与河南档案工作》,《档案管理》1999年第3期。

陈松锋:《姚雪垠与他的座右铭》,《中州今古》1999年第4期。

逄亚平:《与姚雪垠相处的日子》,《绿叶》1999年第4期。

吕琦、张丽、张肖:《百日祭——无止境斋主人姚雪垠》,《档案管理》1999年第5期。

李仁瑞、曲瑞丽:《姚雪垠题赠图书馆的四首诗篇》,《南都学坛》1999年第5期。

秦凯基:《姚雪垠与世界语运动》,《世界杂志》1999年第6期。

周鼎:《我的姨夫姚雪垠》,《国家人才交流》1999年第6期。

王振铎:《老照片演绎文学史——评〈姚雪垠文学创作70年〉的编辑出版》,《中国出版》1999年第7期。

裴高才:《文坛巨匠——姚雪垠与〈李自成〉》,《武汉文史资料》1999年第8期。

江凯波:《毛泽东赞赏的一篇散文——姚雪垠的〈惠泉吃茶记〉》,《语文月刊》1999年第9期。

止敬:《姚雪垠独特养生》,《华夏长寿》1999年第9期。

周止敬:《姚雪垠独特养生著巨作》,《科学养生》1999年第9期。

《姚雪垠致程千帆论文遗札五通》,《文学遗产》2000年第1期。

刘晓红:《毛泽东两次保护姚雪垠》,《党史博采》2000年第1期。

刘增杰:《文学生命之始——姚雪垠在河南大学》,《河南大学学报(社会科学版)》2000年第2期。

王维玲:《怀姚雪垠,说李自成》,《文艺理论与批评》2000年第2期。

李学乾:《文品共长天——怀念姚雪垠先生》,《中州今古》2000年第3期。

姜弘:《姚雪垠与毛泽东》,《黄河》2000年第4期。

谢蔚明:《追思姚雪垠》,《世纪行》2000年第4期。

姜弘:《姚雪垠与毛泽东》,《黄河》2000年第4期。

俞汝捷:《为姚雪垠辩诬》,《长江文艺》2000年第5期。

王维玲:《矢志不渝的姚雪垠》,《文艺理论与批评》2000年第5期。

冯杰:《无止境斋主人姚雪垠》,《东方艺术》2000年第6期。

周鼎:《这一夜,他失眠了——忆姚雪垠》,《戏剧之家》2000年第6期。

邓经武:《姚雪垠与郭沫若比较论》,《郭沫若学刊》2001年第1期。

王达靖:《略论长篇小说〈李自成〉的地域文化特征》,《新乡师范高等专科学校学报》2001年第1期。

范奇志:《对〈李自成〉四、五卷创作新变的探讨》,《文艺理论与批评》2001年第2期。

蔡杰:《大作家姚雪垠》,《章回小说》2001年第2期。

邓经武:《"自恋"与"自贱"的悲剧——论姚雪垠及其〈李自成〉》,《西南民族学院学报(哲学社会科学版)》2001年第3期。

邓艳秋:《从〈李自成〉中张献忠的文章看应用文的语言特点》,《应用写作》2001年第4期。

潘峰:《姚雪垠与高阳的历史小说之比较》,《华南师范大学学报(社会科学版)》2001年第5期。

杨建业:《保护人才天地知——姚雪垠与高层内幕》,《人才瞭望》2001年第4期。

王维玲:《喜看〈姚雪垠书系〉有感》,《人民日报海外版》2001年7月16日。

蔡杰:《"文革"中毛泽东保护的作家姚雪垠》,《党史博览》2001年第8期。

廖丹、黄立培:《淡化的情节,精妙的细节——姚雪垠短篇小说〈差半车麦秸〉赏析》,《四川教育学院学报》2001年第12期。

李保民:《一种值得注意的文化现象——从姚雪垠、张一弓的创作谈起》,《周口师范高等专科学校学报》2002年第3期。

江晓天:《我是怎样编辑〈李自成〉的》,《纵横》2002年第4期。

魏敬民:《毛泽东与姚雪垠的〈李自成〉》,《党史天地》2003年第1期。

刘阳:《新世纪反观历史小说〈李自成〉》,《海南大学学报(人文社会科学版)》2003年第1期。

吴永平:《胡风清算姚雪垠始末》,《炎黄春秋》2003年第1期。

宇恒:《姚雪垠的卡片读书法》,《小学时代》2003年第C2期。

韩爱萍:《"我一生道路开始的地方"——姚雪垠在河南大学》,《光明日报》2003年2月4日。

邓菡彬:《长篇巨作〈李自成〉的成功与失误》,《阅读与写作》2003年第9期。

朱效蕴:《就民俗、语言的描写论〈李自成〉的地域文化特征》,《湖北社会科学》2003年第10期。

马振方:《历史科学与小说艺术的美妙结合——首获姚雪垠历史小说奖作品漫评》,《中国艺术报》2003年第12期。

夏冠洲:《论〈李自成〉的虚构艺术》,《新疆师范大学学报(哲学社会科学版)》2004年第4期。

李树槐:《论历史小说〈李自成〉的叙事节奏》,《海南师范学院学报(社会科学版)》2004年第5期。

张丽、张省、李瑛：《姚雪垠的兰台情》，《档案管理》2004 年第 6 期。

莫元钦：《姚公书尚在——追念姚雪垠老师》，《武汉文史资料》2004 年第 8 期。

姜弘：《也谈胡风清算"姚雪垠"的旧案》，《炎黄春秋》2004 年第 10 期。

萧斌如：《听姚雪垠谈〈李自成〉》，《档案春秋》2005 年第 9 期。

邵子华：《政治对文学的召唤——以河南籍作家姚雪垠、张一弓的创作为例》，《阿坝师范高等专科学校学报》2006 年第 2 期。

吴秀明、蒋青林：《走向最后的历史主义典型化写作——评〈李自成〉后两卷的艺术成就兼谈历史小说的典型观问题》，《河南大学学报（社会科学版）》2006 年第 3 期。

陈晨：《封建末世亡国之君的典型艺术形象——谈〈李自成〉对崇祯皇帝的人物塑造》，《西安文理学院学报（社会科学版）》2006 年第 5 期。

崔力明：《姚雪垠怎样写出的〈李自成〉》，《春秋》2007 年第 1 期。

宗秋：《〈崇祯皇帝〉推出了却姚雪垠遗愿》，《中国新闻出版报》2007 年 1 月 17 日。

朱家席：《〈三国演义〉与〈李自成〉的战争描写比较》，《乐山师范学院学报》2007 年第 2 期。

文新：《〈姚雪垠传〉出版》，《文艺报（周二版）》2007 年第 25 期。

詹玲：《从史诗到反史诗——从〈李自成〉的没落说起》，《西安电子科技大学学报（社会科学版）》2007 年第 5 期。

吴永平：《许建辉著〈姚雪垠传〉失实举隅》，《中华读书报》2007 年 11 月 28 日。

许建辉：《驳许建辉著〈姚雪垠传〉失实举隅》，《中华读书报》2007 年 12 月 5 日。

詹玲：《社会历史与阶级原罪下的悲剧必然——〈李自成〉重评》，《湖北社会科学》2007 年第 12 期。

陈竞：《俞汝捷精补〈李自成〉》，《文学报》2008 年 1 月 3 日。

方文国：《姚雪垠助手"操刀手术" 新版〈李自成〉弥补缺憾》，《中华读书报》2008 年 1 月 9 日。

王维玲：《看姚雪垠如何写〈崇祯皇帝〉》，《中国图书商报》2008 年 2 月 19 日。

詹玲：《为政为文〈李自成〉》，《社科纵横》2008 年第 2 期。

詹玲："纲常之道"与"革命伦理"：慧梅悲剧孰之过——重评〈李自成〉"慧梅之死"》，《沧桑》2008 年第 2 期。

詹玲:《姚雪垠42年创作〈李自成〉的曲折历程》,《文史春秋》2008年第2期。

董之林:《观念与小说——关于姚雪垠的五卷本〈李自成〉》,《文学评论》2008年第2期。

吴永平:《谈俞汝捷先生对〈李自成〉第一卷所作的精简》,《中华读书报》2008年3月26日。

韩爱平:《姚雪垠与〈风雨〉周刊》,《新闻爱好者》2008年第3期。

《毛泽东保护姚雪垠创作〈李自成〉》,《炎黄纵横》2008年第3期。

詹玲:《农民革命及其叙事:重读〈李自成〉》,《南京师范大学文学院学报》2008年第3期。

赵国泰:《姚雪垠谈及笔下人物时》,《写作》2008年第4期。

田海:《两读〈姚雪垠传〉》,《光明日报》2008年4月11日。

程涛平:《我与姚雪垠的忘年交》,《武汉文史资料》2008年第7期。

李从云:《在朴学精神与革命立场之间——对姚雪垠〈李自成〉创作的解读》,《长江学术》2009年第1期。

刘守华:《姚雪垠:堪破浮名意自平——访姚雪垠之子姚海天》,《中国档案》2009年第5期。

李遇春:《姚雪垠的〈璇宫感旧诗〉》,《名作欣赏》2009年第13期。

杨建民:《茅盾点染〈李自成〉:文学知音谱就文坛佳话》,《中华读书报》2010年1月20日。

李德林:《姚雪垠在东西湖农场的日子》,《武汉文史资料》2010年第1期。

胡德培:《姚雪垠和李自成:中国当代文学出版的一面镜子》,《出版史料》2010年第1期。

李遇春:《关于姚雪垠的谈艺诗》,《语文教学与研究》2010年第1期。

蒋守谦:《〈李自成〉与〈永昌演义〉互见录——写在姚雪垠百年诞辰之际》,《文学评论》2010年第2期。

王锦厚:《评〈姚雪垠希望身后发表的谈话〉》,《郭沫若学刊》2010年第2期。

吴永平、姚海天:《关于姚雪垠解放初在上海的档案资料》,《新文学史料》2010年第3期。

吴永平:《姚雪垠创作年谱》,《新文学史料》2010年第3期。

俞汝捷:《沈从文致姚雪垠信》,《新文学史料》2010年第3期。

周勃:《姚雪垠往事——告别东西湖农场》,《新文学史料》2010年第3期。

程涛平:《"文革"中姚雪垠对"三突出"的质疑》,《新文学史料》2010年第3期。

姚海天:《上海解放前夕姚雪垠的革命活动》,《新文学史料》2010年第3期。
许建辉:《〈李自成〉的遗憾》,《新文学史料》2010年第3期。
翟泰丰:《用生命创作——纪念姚雪垠诞辰一百周年》,《平顶山学院学报》2010年第4期。
俞汝捷:《高志不移　征鞍未卸——追怀姚雪垠先生》,《平顶山学院学报》2010年第4期。
刘增杰:《永葆创作活力的中原智者——关于作家姚雪垠的片段回忆》,《平顶山学院学报》2010年第4期。
熊元义:《姚雪垠与当代文学批评》,《平顶山学院学报》2010年第4期。
严家炎:《长篇历史小说〈李自成〉的艺术贡献》,《平顶山学院学报》2010年第4期。
周志雄:《回顾刘再复与姚雪垠的论争》,《广播电视大学学报(哲学社会科学版)》2010年第4期。
赵焕亭:《姚雪垠中篇小说〈牛全德与红萝卜〉中的河南方言》,《语文知识》2010年第4期。
周志雄:《刘再复与姚雪垠论争的回顾与反思》,《艺术广角》2010年第5期。
徐亚东:《论〈李自成〉对古典文学的继承》,《中州学刊》2010年第5期。
许建辉:《〈李自成〉中的文体学》,《当代小说》2010年第5期。
秦方奇:《伏牛山文化圈与五四以来河南作家的小说创作刍议——以徐玉诺、姚雪垠、阎连科为例》,《理论月刊》2010年第6期。
毕文君:《限度与两难中的持续历史书写——论长篇小说〈李自成〉的文体实践》,《河南师范大学学报(哲学社会科学版)》2010年第6期。
余新华:《姚雪垠思想历程与〈李自成〉的时代印记》,《学术论坛》2010年第7期。
王渭:《王亚平与姚雪垠》,《集邮博览》2010年第9期。
赵焕亭:《〈牛全德与红萝卜〉的口语运用与人物形象塑造》,《现代语文》2010年第9期。
杨建民:《姚雪垠"叫阵"到"郭"门》,《中华读书报》2010年9月8日。
冯德华:《邓州举行姚雪垠百年诞辰纪念活动》,《文艺报》2010年10月11日。
易飞、耿光恩、徐劲民:《仰大师风范,承文学薪火——我省文艺界在姚雪垠诞辰100周年座谈会上的发言摘登》,《湖北日报》2010年10月22日。
张炯:《〈李自成〉在当代历史小说中的地位》,《文艺报》2010年10月27日。
石湾:《江晓天与姚雪垠的〈李自成〉》,《时代人物》2010年第11期。

丁声俊:《壮怀常伴荒鸡舞——追忆姚雪垠二三事》,《中国社会科学报》2010年11月11日。

徐亚东:《承续与深化:从〈长夜〉到〈李自成〉》,《文学评论》2011年第1期。

邓树强、熊元义:《中国当代文艺思想解放的先驱——从姚雪垠与刘再复的论战说开去》,《江汉论坛》2011年第1期。

刘阶耳:《自我怅望的叙事对抗——〈长夜〉解读》,《吕梁学院学报》2011年第1期。

董之林:《重读〈李自成〉的意义与方法》,《现代中国文化与文学》2011年第1期。

王维玲:《毛泽东两助姚雪垠》,《美文》2011年第1期。

熊金星、熊元义:《不能为"红学"而"红学"——简论姚雪垠的"红学"贡献》,《黑龙江社会科学》2011年第2期。

阎浩岗、李秋香:《〈李自成〉:被曲解遮蔽的当代长篇小说杰作》,《中国现代文学研究丛刊》2011年第2期。

高有鹏:《论〈李自成〉与中国传统文化的表现问题》,《文学评论》2011年第2期。

董之林:《由历史小说看"五四"时代的延续——论〈李自成〉研究再度兴起》,《现代中文学刊》2011年第2期。

许建辉:《丁玲与姚雪垠的晚年交往》,《文艺报》2011年3月11日。

李从云:《时间·经验·意义——重读〈李自成〉》,《长江学术》2011年第3期。

王维玲:《〈李自成〉的春天从这时开始》,《美文(上半月)》2011年第3期。

赵小琪:《姚雪垠〈长夜〉对江湖世界的想象方式论》,《贵州社会科学》2011年第4期。

李遇春:《论姚雪垠建国后的旧体诗创作》,《福建论坛(人文社会科学版)》2011年第4期。

孙德喜:《姚雪垠与刘再复论争的反思》,《宁夏师范学院学报》2011年第4期。

《纪念姚雪垠诞辰一百周年书画集——〈百年雪垠〉出版》,《新文学史料》2011年第4期。

陈学勇:《不宜忽视的姚雪垠致陈纪滢信》,《博览群书》2011年第6期。

田永清:《姚雪垠的三个座右铭》,《中国纪检监察报》2011年8月23日。

熊唤军:《姚雪垠的文学马拉松》,《湖北日报》2011年9月21日。

许建辉:《姚雪垠与"上海密工站"》,《档案春秋》2011年第9期。

洪洋：《姚雪垠：如何戴着右派帽子完成巨著〈李自成〉》，《爱情婚姻家庭（文学）》2011年第9期。

吴永平：《冯玉祥邀姚雪垠讲学书信四札》，《博览群书》2011年第12期。

许建辉：《姚雪垠〈1947年日记断片〉背景简介》，《现代中文学刊》2012年第2期。

姚伦：《〈李自成〉中的悖论》，《新文学评论》2012年第2期。

何亮亮：《姚雪垠建国前被批"色情作家"》，《工会博览》2012年第3期。

阎浩岗：《〈李自成〉的主题与姚雪垠的立场》，《文艺报》2012年4月18日。

詹玲：《穿透历史的人性光芒：姚雪垠和他的〈李自成〉》，《文艺报》2012年4月18日。

熊元义：《姚雪垠在文艺理论上的贡献》，《文艺报》2012年4月18日。

刘宁：《民国时期的乡村图景与绿林社会——重读姚雪垠的〈长夜〉》，《文艺报》2012年4月18日。

张丹：《姚雪垠对当代文学语言的贡献》，《文艺报》2012年4月18日。

吴永平：《吴组缃致姚雪垠书信三札考》，《博览群书》2012年第4期。

沈大仁：《姚雪垠在华中师大授课》，《世纪》2012年第4期。

徐亚东：《〈李自成〉研究的现象及其反思》，《中州学刊》2012年第4期。

肖向东、孙周年：《论历史小说〈李自成〉的"唯物史观"与"人学"思想》，《江南大学学报（人文社会科学版）》2012年第4期。

陈娇华：《〈李自成〉与中国当代现实主义小说的嬗变》，《平顶山学院学报》2012年第4期。

杨运鹏：《姚雪垠的回民情结》，《回族文学》2012年第5期。

罗维：《重读姚雪垠的现代土匪题材小说〈长夜〉》，《中国现代文学研究丛刊》2012年第6期。

李仲凡：《论〈李自成〉的人物塑造艺术》，《安康学院学报》2013年第1期。

刘法绥：《与姚雪垠先生通信》，《书屋》2013年第5期。

刘朝晖：《姚雪垠〈牛全德与红萝卜〉豫西方言的使用》，《课程教育研究》2013年第6期。

鲁钊：《大家间的"道不同"——二月河与姚雪垠争鸣往事》，《中国文化报》2013年7月24日。

赵诤、张嘉友：《浅谈历史小说〈李自成〉中的"唯物史观"与"人学思想"》，《语文建设》2013年第11期。

凌宇、张建学：《唯物史观视域下历史小说〈李自成〉人物形象审美解析》，《语文建设》2013年第21期。

王庆生：《〈李自成〉：用生命铸成的史诗》，《新文学评论》2014年第1期。

王维玲：《〈李自成〉在中国现当代文学史上的贡献》，《新文学评论》2014年第1期。

刘起林：《在"农民战争史诗"和"社会百科全书"之间——〈李自成〉历史评价中的"农民战争主题说"质疑》，《新文学评论》2014年第1期。

姚海天：《忆父亲姚雪垠》，《文学教育》2014年第2期。

骆寒超：《与大师接触——郭沫若、冯雪峰、巴金、姚雪垠——我的文学记忆之二》，《新文学史料》2014年第2期。

张谦美：《忆采访著名作家姚雪垠——为时代青年创刊65周年》，《时代青年（视点）》2014年第6期。

刘起林：《面对〈李自成〉这个巨大而复杂的存在》，《文学界（专辑版）》2014年第6期。

赵焕亭：《该有一部姚雪垠心态史传记》，《书屋》2014年第10期。

王庆生：《姚老和他的〈李自成〉》，《语文教学与研究》2014年第16期。

姜玉琴：《"两个姚雪垠"：政治时代的艺术创作——重读创作于十七年中的〈李自成〉第一卷》，《江苏社会科学》2015年第1期。

吴静：《姚雪垠〈长夜〉中土匪形象分析》，《名作欣赏》2015年第15期。

张炯：《文铸英豪　心怀卫国——读姚雪垠的抗战文学作品》，《文艺报》2015年10月19日。

吴永平：《姚雪垠在大别山区的文化抗战活动》，《新文学史料》2016年第1期。

许建辉：《"文协""笔征"成果一瞥——从姚雪垠抗战作品〈四月交响曲〉谈起》，《文艺报》2016年2月29日。

著作选集

《文教资料简报——〈李自成〉（一、二卷）研究资料汇编》，南京师范学院中文系资料室《文教资料简报》编辑组编，1978年。

《李自成》评论集，武汉师范学院中文系《长江文艺》编辑部，湖北人民出版社，1978年。

《姚雪垠专集》，南京师范学院中文系编，1979年。

关于长篇小说《李自成》，上海文艺出版社编，上海文艺出版社，1979年。

胡德培：《〈李自成〉艺术谈》，四川人民出版社，1981年。

胡德培：《〈李自成〉人物谈》，宁夏人民出版社，1981年。

徐葆煜、洪民华:《〈李自成〉赏析》,上海教育出版社,1982年。

吴功正:《精湛的史诗艺术——论〈李自成〉(第一、二卷)》,人民文学出版社,1982年。

姚北桦、贺国璋、俞润生:《姚雪垠研究专集》,黄河文艺出版社,1985年。

杨建业:《姚雪垠传》,北岳文艺出版社,1990年。

许建辉:《姚雪垠传》,湖北人民出版社,2007年。

姚雪垠:《姚雪垠回忆录》,中国工人出版社,2010年。

博士硕士学位论文

陈欣:《〈李自成〉悲剧论》,华中师范大学2004届硕士学位论文。

朱家席:《〈三国演义〉与〈李自成〉比较研究》,安徽师范大学2005届硕士学位论文。

马俊燕:《明末清初时事小说研究——以李自成系列小说为中心》,苏州大学2007届硕士学位论文。

袁红媛:《〈姚雪垠书系〉编纂出版研究》,河南大学2007届硕士学位论文。

詹玲:《被规训的历史想象——评五卷本〈李自成〉》,浙江大学2008届博士学位论文。

刘阳:《〈李自成〉发生学研究》,河北师范大学2011届硕士学位论文。

刘丽丽:《李自成传说研究》,华中师范大学2011届博士学位论文。

姚伦:《悖论中的〈李自成〉》,华中师范大学2012届硕士学位论文。

丁文厚:《姚雪垠长篇历史小说〈李自成〉的艺术世界》,华中师范大学2013届博士学位论文。

编 后 记

姚雪垠是中国现当代文学史上影响深远的重要作家。他的长篇历史小说《李自成》曾经获得 1982 年首届茅盾文学奖,受到不同时代读者的广泛赞誉。姚雪垠出生在豫西南地区的偏僻农村,前半生基本上是在中原地区度过的,可以说正是河南这片热土孕育了这位文学巨匠。他一生性格耿直,追求真理,乐观豁达,淡泊名利,和诸多文化界知名人士多有交往,也成就了许多文坛佳话。在 20 世纪中国的革命洪流之中,姚雪垠经常被瞬息万变的政治风暴所裹挟。但是,他不畏任何艰难险阻,凭借着非凡的顽强意志,走出了生命过程中的一个又一个沼泽地,有效支撑起了自己建构的精神乌托邦大厦。正是在这一意义上,姚雪垠把如何看待社会历史、时代政治、个人命运等诸多问题的基本观点,切实融入文学想象之中,给 20 世纪中国文坛留下了浓墨重彩的生命画卷。基于此,我们把姚雪垠作为中原作家群研究资料编选过程中的遴选对象,应该说是具有重要意义的。

在具体编选研究资料的过程中,我也初步制定了一个基本原则:第一,在确定编选体例的前提之下,首先通读前人既有的研究成果,努力做到心中有数。一定要站在今天的研究立场,把那些既具有鲜明历史意识,又富有学术眼光的研究资料遴选出来,夯实基础性工作;第二,在初步确定编选篇目的基础之上,再反复进行斟酌和考量,最终确定入选文章。之后,按照先总论、后分论,以"问题"为中心,努力做到话题相对集中,富有层次感,合理编排研究资料。倘若入选篇目文字没有技术性错误,务必保持文章发表时的最初原貌,尽可能地尊重相关作者的劳动成果;第三、作品年表部分主要按照时间先后顺序排列。其中,只列入相关作品的首发、首印,作品的再版、转载不列入年表。期刊、著作均按年、月排序,报纸具体到详细日期。作家本人的重要散文、回忆录、学术论文等列入年表。但作家编辑的书目、研究资料等均不列入创作年表;第四,研究资料索引主要分为两大部分,即单篇学术论文索引和学位论文索引,时间跨度是 1938 年 1 月——2016 年 2 月。研究论文主要按照刊载的时间顺序进行排列。总体而言,姚雪垠研究资料就是严格遵循上述基本规则来编选的,这些在正文部分都有直接体现,读者完全可以认真体会。

  我要感谢信阳师范学院文学院吴圣刚书记、沈文慧院长、吕东亮副院长等领导的大力支持和精心策划,才使本研究资料得到学院的科研立项资助。信阳师范学院当代河南文学与中原文化建设协同创新中心的各位同仁经常集体研讨,相互砥砺,这种努力把诸多工作做实做细的干事态度,深深地激励着我,也非常有效地推进了工作进度。最后,我要特别感谢河南大学出版社的诸多领导和编辑老师,正是他们的辛勤付出才使本研究资料得以如期出版面世。由于本人学术积累有限,研究资料中间肯定存在着部分错漏,还恳请学界相关专家学者批评指正。

           2017 年 1 月 18 日于信阳师范学院博书苑小区